Annegret Thiem

Repräsentationsformen von Subjektivität und Identität in zeitgenössischen Texten lateinamerikanischer Autorinnen

TCCL - TEORÍA Y CRÍTICA DE LA CULTURA Y LITERATURA
INVESTIGACIONES DE LOS SIGNOS CULTURALES
(SEMIÓTICA-EPISTEMOLOGÍA-INTERPRETACIÓN)
TKKL - THEORIE UND KRITIK DER KULTUR UND LITERATUR
UNTERSUCHUNGEN ZU DEN KULTURELLEN ZEICHEN
(SEMIOTIK-EPISTEMOLOGIE-INTERPRETATION)
TCCL - THEORY AND CRITICISM OF CULTURE AND LITERATURE
INVESTIGATIONS ON CULTURAL SIGNS
(SEMIOTICS-EPISTEMOLOGY-INTERPRETATION)

Vol. 25

EDITORES / HERAUSGEBER / EDITORS:

Alfonso de Toro
Ibero-Amerikanisches Forschungsseminar
Universität Leipzig
detoro@rz.uni-leipzig.de

Luiz Costa Lima
Rio de Janeiro
costalim@visualnet.com.br

Dieter Ingenschay
Institut für Romanistik
Humboldt-Universität zu Berlin
dieter.ingenschay@rz.hu-berlin.de

Michael Rössner
Institut für Romanische Philologie der
Ludwig-Maximilians-Universität München
Michael.Roessner@romanistik.uni-muenchen.de

CONSEJO ASESOR / BEIRAT / PUBLISHING BOARD:

Annegret Thiem

Repräsentationsformen von Subjektivität und Identität in zeitgenössischen Texten lateinamerikanischer Autorinnen:

Postmoderne und postkoloniale Strategien

Vervuert Verlag   Frankfurt am Main 2003

Der Band ist Teil des Projekts
Pluralidad de discursos. Comunicación intercultural e interdisciplinaria en la postmodernidad y postcolonialidad. Latinoamérica y la diversidad de discursos.
Geleitet von Prof. Dr. Alfonso de Toro und gefördert durch die Deutsche Forschungsgemeinschaft (DFG).

Die vorliegende Arbeit wurde 2001 erfolgreich als Dissertation bei der Universität Leipzig eingereicht.

Bibliografische Information Der Deutschen Bibliothek
Die Deutsche Bibliothek verzeichnet diese Publikation in der Deutschen Nationalbibliographie; detaillierte bibliografische Daten sind im Internet über http://dnb.ddb.de abrufbar.

ISBN 3-89354-225-6

Umschlagentwurf: Michael Ackermann
Unter Verwendung der Abbildung „Selbstüberwindung des Materialismus" (2002) von Markus Fräger

The paper on which this book is printed meets
the requirements of ISO 9706
Printed in Spain

Depósito legal: SE-763-2003
Impresión: Publicaciones Digitales, S. A.
www.publidisa.com - (+34) 95.458.34.25. Sevilla.

MEINER MUTTER

INHALTSVERZEICHNIS

Vorwort ... 9

0. Einleitung ... 11

I. Strategien und Grundpositionen der Postmoderne und Postkolonialität ... 17

1. Exkurs: Postmoderne und Postkolonialität im internationalen und lateinamerikanischen Kontext. Ein Überblick ... 17

1.1 Ein kurzer Überblick über die Entstehung des Begriffes Postmoderne ... 18
1.2 Postmoderne und ihr Bezug zur Moderne ... 21
1.3 Philosophische Grundlagen einer postmodernen Literaturbetrachtung ... 22
1.4 Postkolonialität ... 29
1.5 Zusammenfassung ... 33

2. Postmoderne und Postkolonialität in Lateinamerika ... 35

3. Merkmale einer postmodernen und postkolonialen Literatur in Lateinamerika ... 46

II. Feministische Literaturkritik vor dem Hintergrund postmoderner und postkolonialer Theoriebildung ... 51

1. Entwicklungsphasen feministischer (Literatur)Theoriebildung ... 51

1.1 Frauenliteratur und weibliches Schreiben: widersprüchliche Begriffe ... 51
1.2 Vorläuferinnen ... 54
1.3 Amerikanische feministische Literaturkritik ... 56
1.4 Französische feministische Literaturkritik ... 57
1.5 Deutsche feministische Literaturkritik ... 60
1.6 Veränderungen in den 80er und 90er Jahren ... 61
1.7 Feminismus und Postmoderne ... 64
1.8 Feminismus und Postkolonialität ... 75

2. Lateinamerikanische Autorinnen vor dem Hintergrund von Postmoderne und Postkolonialität 78

2.1 Lateinamerikanische feministische Literaturkritik 79
2.2 Lateinamerikanische Autorinnen 89

3. Zusammenfassung 100

III. Repräsentationsformen weiblicher Subjektivität und Identität in zeitgenössischer Literatur lateinamerikanischer Autorinnen 103

1. Vorbemerkung 103

1.1 Yanitzia Canetti (Kuba) *Al otro lado*: Kirche und Beichte als Ort der Subversion des logozentrischen Diskurses 106

1.2 Martha Cerda (Mexiko) *La señora Rodríguez y otros mundos*: Repräsentationsformen weiblicher Subjektivität und Identität im traditionellen familiären Kontext 127

1.3 Milagros Mata Gil (Venezuela) *Mata el caracol*: Negation des Ursprungs 146

1.4 Paula Pérez Alonso (Argentinien) *No sé si casarme o comprarme un perro*: Der/die Andere als Projektionsfläche identitätsbildender Momente 162

1.5 Reina Roffé (Argentinien) *El cielo dividido*: Diskurs des Schweigens. Die eigene Stimme finden 180

1.6 Alicia Steimberg (Argentinien) *Cuando digo Magdalena*: Das Vergessen als Symbol für die Unmöglichkeit der Signifikation 197

IV. Schlußbetrachtung 211

V. Bibliographie 217

VORWORT

Am Anfang könnte mit Recht die Frage stehen, inwieweit es notwendig erscheint, eine weitere Arbeit über derart polemisch diskutierte Phänomene und Begriffe wie *Postmoderne*, *Postkolonialität* oder gar *Frauenliteratur* zu veröffentlichen. Indes erscheint gerade die Diskussion dieser Begriffe in Verbindung mit der Literatur lateinamerikanischer Autorinnen von großem Interesse, da zunächst strittig ist, inwieweit sich diese Ansätze überhaupt kombinieren lassen.

In diesem Zusammenhang war es interessant, die Produktivität der Theorien für die Literatur lateinamerikanischer Autorinnen herauszuarbeiten, zumal es galt, Vorurteile und Ressentiments abzubauen, welche *die* allgemeine theoretische Diskussion prägen und die eine neutrale Sichtweise oftmals erschweren. Denn schon der Begriff *Frauenliteratur* allein betrachtet, bietet genug Stoff für Unstimmigkeiten. Wird nun der Terminus *Postmoderne* einbezogen, vergrößern sich diese – vor allem auch in Bezug auf Lateinamerika – erheblich. Beides zusammen zu diskutieren erfordert daher nicht nur die Einordnung des sehr problematischen Begriffes *Frauenliteratur*, sondern auch eine Auseinandersetzung mit dem der *Postmoderne*. In einem weiteren Schritt schließt sich die Frage nach der Bedeutung des Terminus *Postkolonialität* an und dessen Wirkung in Bezug auf Lateinamerika sowie auf die Literatur lateinamerikanischer Autorinnen.

Um diesem Anspruch gerecht zu werden, sind die einzelnen Begriffe kapitelweise diskutiert worden, um die oftmals so unterschiedlich benutzten Termini einzugrenzen und verständlich zu machen. Ziel war dabei nicht die Postulierung einer neuerlichen Definition, vielmehr galt das Bemühen dem Versuch, eine gemeinsame Basis zu schaffen, die die Analyse der Texte nach bestimmten Kriterien ermöglicht.

Im Verlauf der Erstellung dieser Arbeit galt es jedoch noch eine weitere Hürde zu nehmen, denn die Beschäftigung mit der Literatur von ausschließlich weiblichen Autoren versetzt Forschende in einen permanenten Rechtfertigungszwang. Fragen nach den Gründen für eine in solcher Weise 'eingeschränkte' Betrachtungsweise von Literatur wechselten mit Vermutungen über den Inhalt bzw. die Intention der Texte der in dieser Arbeit behandelten Autorinnen als einer 'männerfeindlichen' Literatur. D.h. anstelle einer Diskussion über literarische Eigenheiten war vorher zunächst zu klären, ob diese Texte auch tatsächlich als Literatur betrachtet werden können.

Die gewonnenen Erfahrungen haben mich in der Ansicht bestärkt, daß es noch lange nicht ausreicht, sich mit Autor*inn*en zu beschäftigen. Solange es nicht möglich ist, Literatur geschlechtsneutral als Literatur zu betrachten, d.h. solange es gesellschaftlich und kulturell geprägte Konventionen gibt, die versuchen, eine Hierarchisierung aufgrund geschlechtlicher Zugehörigkeit vorzunehmen, solange müssen Fragen gestellt werden, die auf diesen Mißstand verweisen.

Ich hoffe, mit dieser Arbeit einen Beitrag geleistet zu haben, nicht nur in Hinblick auf die Diskussion o.g. Begriffe in Bezug auf Lateinamerika, sondern vor allem auch bezüglich des "Sicht- und Hörbarmachens" von Autorinnen aus der sogenannten "Dritten Welt", die aufgrund mangelnder Übersetzungen und der prekären wirtschaftlichen Situation in den jeweiligen Ländern einem deutschsprachigen Publikum weitgehend unbekannt geblieben sind. Die in dieser Arbeit einbezogenen Autorinnen stellen jedoch nur einen Bruchteil des literarischen Panoramas dar, das sich in Lateinamerika bietet und sie stehen stellvertretend für all die Autorinnen, denen es nicht möglich ist zu publizieren oder deren Bekanntheitsgrad nicht über die Grenzen ihres Landes bzw. über den Ozean hinausreicht. Insofern ist meine Arbeit auch als Anregung zu verstehen, das große Potential der Literatur lateinamerikanischer Autorinnen mehr und mehr zu erschließen.

Ich möchte dieses Vorwort nicht schließen, ohne all denen zu danken, die mich bei der Erstellung dieser Arbeit unterstützt haben. Im Besonderen danke ich meiner Familie, Frau Dr. Claudia Gatzemeier, Herrn PD Dr. Kian-Harald Karimi, meiner Familie, Herrn Gerhard Wand und Herrn Prof. Dr. Alfonso de Toro, der diese Arbeit betreut hat.

Leipzig, im August 2002 Annegret Thiem

0. Einleitung

Weltweit hat die Aktualität der Diskussion um Literatur von Frauen, die häufig die zweifelhafte Bezeichnung *Frauenliteratur*[1] erhält, nicht an Brisanz verloren. Allein in den letzten Jahren zeugen zahlreiche Publikationen[2] mit den unterschiedlichsten Forschungsansätzen von einem nicht nachlassenden Interesse an diesem bis heute noch oftmals unterbewerteten und offensichtlich immer noch exotischen Gegenstand. Wie sonst ließe sich erklären, daß in der Juli-Ausgabe 1999 der spanischen Literaturzeitschrift *Qué Leer* – in sicherlich bester Absicht – "El año de las mujeres", "Das Jahr der Frauen" proklamiert wurde, als gelte es weiterhin, die Außenseiterrolle der Frau und der von ihr geschriebenen Literatur zu betonen und aufrecht zu erhalten. Auf ihrem *langen Weg zur (literarischen) Mündigkeit* (vgl. Becker-Cantarino 1989) sind die Autorinnen noch lange nicht ans Ziel gelangt. Im Gegenteil, der Kampf um Anerkennung ihrer Literatur *als* Literatur, entpuppt sich immer wieder als eine *never ending story* der Ausgrenzung, deren Spur sich am Horizont verliert.

Dabei waren die Hoffnungen zunächst groß gewesen, mit den gesellschaftlichen Veränderungen seit den 60er Jahren auch auf kulturellem Boden Vorurteile abzubauen. Ausgehend von der *Neuen Frauenbewegung* und der in den USA entstandenen schwarzen Bürgerrechts- sowie der europäischen Studentenbewegung (vgl. Förster 1973; T.R. Brooks 1974; Franklin 1980; Habermas 1970; Nitsch 1989; Juchler 1996), wurde eine Ausweitung der Feminismusdebatte auch auf die literarische Ebene ermöglicht. Nach und nach etablierte sich innerhalb der Literaturwissenschaft ein Forschungsbereich, der heute als feministische Literaturtheorie bzw. feministische Literaturwissenschaft bezeichnet werden kann und der sich durch eine Vielfalt unterschiedlicher Ansätze

---

1 Die Diskussion um den Begriff *Frauenliteratur* (vgl. auch Kapitel II.1.1. dieser Arbeit) die um die Frage kreist, ob es sich hierbei um Literatur von, für oder über Frauen handelt, soll hier nicht weitergeführt werden. Da in dem Begriff *Frauenliteratur* generell mitschwingt, daß diese Literatur, als außerhalb des Kanons stehend, etwas Exotisches ist, führt diese reduzierende Perspektive die Tradition der Ausgrenzung einer Literatur fort, die ein großes literarisches Potential bietet. Daher möchten wir uns hier von diesem Begriff distanzieren. In Ermangelung einer adäquaten Begrifflichkeit betrachten wir die behandelte Literatur als Literatur, die von Frauen geschrieben wurde, ohne damit *apriori* eine Wertung zu verbinden, die diese reduktionistisch, ausgrenzend oder gar abwertend begreift.

2 Die Themen nehmen in ihrer Vielfalt weiterhin zu. Von feministischer Philosophie über feministische Epistemologien bis hin zur Betrachtung des Körpers und zu den bleibenden Themen *sex*, *race*, *class*, *gender* findet sich in den letzten Jahren ein immer größeres und differenzierteres Angebot, das dem Vorwurf standhält, Feminismus und sein Übergreifen auf andere kulturelle, soziale und gesellschaftliche Bereiche hätten sich überlebt. Zu den neueren Publikationen vgl. u.a. Zack/ Sartwell/Shrage (1998), Jagger/Young (1998), Tanesisi (1998), Welton (1998, 1998a) oder A. Brooks (1997).

kennzeichnet.[3] Die beginnende Akzeptanz dieses Forschungsgebietes darf aber nicht darüber hinwegtäuschen, daß ihm vielfach noch mit Unverständnis begegnet wird.[4]

Die bis heute andauernde Diskussion um die inhaltliche Bestimmung bzw. die Anwendung des Begriffes *Frauenliteratur* bzw. *Literatur von Frauen, literatura femenina* oder *literatura escrita por mujeres*, pendelt zwischen den Polen eines Differenz- und Gleichheitspostulats, zwischen dem integrativen Versuch *Literatur von Frauen* innerhalb des literarischen Kanons gleichwertig zu diskutieren und einer bewußten Selbst-Ausgrenzung seitens der Frauen aus diesem Kanon, um sich als eine Art Gegengewicht einen eigenen Standort erarbeiten zu können. Diese divergierenden Positionen sind Resultat einer stufenweisen Entwicklung feministischer Literaturtheorie(n), die sich durch unterschiedliche Analysemethoden in den einzelnen Ländern kennzeichnen. Neben der nordamerikanischen Kritikerin Judith Butler und ihrem *gender*-Konzept hatten – und haben – dabei vor allem die französischen Theoretikerinnen Hélène Cixous und Luce Irigaray mit ihren Konzepten der *écriture feminine* und des *parler femme* großen Einfluß auf die zunehmende Diskussion um die Literatur von Frauen in Europa. In Deutschland wurden die neuen Theoriemodelle jedoch ebenso zögerlich aufgenommen wie eigene Konzepte herausgebildet wurden. Grundsätzlich lassen sich drei Forschungsansätze unterscheiden:[5]

1. Forschungen, die sich mit den Rahmenbedingungen für die Produktion von Literatur beschäftigen, zeigen bewußt die Gesichts-, Geschichts- oder Ortslosigkeit der Frau sowie ihre fehlende weibliche Stimme in ihrer jeweiligen historischen und sozio-kulturellen Einbettung. Dabei gilt es zu unterscheiden zwischen der *literatur-*

---

3 Vgl. Lindhoff (1995) und Osinski (1998), die eine systematische Darstellung der Entwicklung einer feministischen Literaturwissenschaft bzw. Literaturtheoriebildung präsentieren.

4 Die offensichtlich tief verwurzelte Abneigung gegen ein Forschungsgebiet, das sich explizit mit Feminismus bzw. mit feministischen Theorien auseinandersetzt, zeigt sich u.a. an Äußerungen im öffentlichen Bereich, wie sie z.B. Bundeskanzler Schröder bei der Neubildung seines Kabinetts machte, indem er das neue Ministerium für Familie, Senioren, Frauen und Jugend als "Ministerium für Frauen und Gedöns" bezeichnete (vgl. *EMMA* 6, 1998: 28). Aber auch im Rahmen der Literaturdebatte zeigt sich anhand manch veröffentlichter Meinung, daß Frauen und Literatur immer noch nicht zusammengedacht werden können. Dazu sei die Antwort des andalusischen Lyrikers und Literaturkritikers Francisco Bejarano zitiert, den Cecilia Dreymüller (1996: 13) erwähnt. Bejarano begründete noch 1991 öffentlich seine misogyne Einstellung folgendermaßen:

> Lo mejor que hayan dicho las poetisas más salvables lo han dicho antes y mejor los poetas. A las poetisas, en suma, se les ha tolerado, pero no se les ha hecho demasiado caso. Cuando en el fondo lo que les apetece es un metalúrgico de Bilbao o un jornalero andaluz que les arrincone en una casapuerta, la ponga a fregar, la haga madre de una piara de hijos y la convierta en una matriarca, que es lo que las mujeres han querido ser siempre.

5 Vgl. hier v.a. Osinski (1998), die eine schlüssig strukturierte Zusammenfassung der feministischen Literaturdiskussion vorführt.

historischen Frauenforschung,[6] dem *Feminist literary criticism*,[7] dem *Gynocriticism*[8] und der Erforschung literarischer Frauen*bilder*.[9]

2. In den 70er Jahren entstehen in Frankreich die theoretischen Konzepte der *écriture feminine* und des *parler femme* von Hélène Cixous und Luce Irigaray.[10] Sie sind Resultat der poststrukturalistischen Debatte und basieren auf den nicht feministischen sprach- und kulturkritischen Theorien eines Jacques Derrida oder Jacques Lacan (vgl. Kap. I.1.3. und II.1.4.). Die weibliche Textproduktion wird hierbei von der biologischen Geschlechterdifferenz abgetrennt und zu einer Strategie, die durch metonymische, metaphorische, parodistische, ironische und travestierende Schreibweisen beiden Geschlechtern möglich ist. Die Inanspruchnahme des *Weiblichen Schreibens* als reiner Textstrategie stieß bei den beiden Theoretikerinnen jedoch auf heftige Kritik und sie legten daraufhin insbesondere die Psychoanalyse Jacques Lacans geschlechterspezifisch aus. Sie bestimmen *weibliches Schreiben* von Frauen als rein weiblich, d.h. der Frau eigen, während sie *weibliches Schreiben* von Männern als Strategie betrachten, die Männer als Bereicherung zur Produktion ihrer eigenen Texten nutzen. Diese können sich damit sowohl *männlicher* als auch *weiblicher* Strategien bedienen, um das abendländische Logosdenken in Frage zu stellen, während Frauen einmal mehr auf ihre Ergänzungsfunktion reduziert und zurückgedrängt werden.

---

6 Vgl. Becker-Cantarino (1989). Die literaturhistorische Frauenforschung beschreibt die soziale Geschichte der Frau und die Fragestellung, wie diese sich in ihren Texten spiegelt.

7 Kate Millett (1975) begründet in einer ersten Phase der Entwicklung feministischer Literaturtheorien den *Feminist literary criticism*, eine Forschungsrichtung, die, über die Kritik an der patriarchalen Gesellschaftsordnung, Frauenbilder in der von männlichen Autoren geschriebenen Literatur kritisch hinterfragt und davon ausgeht, daß diese Autoren ihre Phantasien über Frauen und Weiblichkeit in ihre literarischen Texte projizieren.

8 Vgl. hierzu Showalter (1977) und (1979). Diese Phase der feministischen Literaturtheorie des *gynocriticism* geht von der essentialistischen Annahme aus, daß Frauen nicht nur unter anderen Bedingungen anders schreiben als Männer, sondern grundsätzlich anders.

9 Vgl. Silvia Bovenschen (1979). In diesem Buch wird der Zusammenhang zwischen literarischen Frauen*bildern* und deren Auswirkungen auf die soziale und ideologische Realität herausgearbeitet sowie der Frage nach der Literaturproduktion von Frauen nachgegangen.

10 Das von Hélène Cixous entwickelte theoretische Konzept der *écriture feminine* gilt als neue Diskurspraxis, um den Logozentrismus und Phallozentrismus zu untergraben, wobei *écriture feminine* nicht an die Frau gebunden wird, sondern als Schreibweise für beide Geschlechter nutzbar ist. Luce Irigray hat mit ihrem Konzept des *parler femme* Sprache an den weiblichen Körper und die weibliche Sexualität gebunden. Trotz einiger Ähnlichkeiten mit dem Modell von Hélène Cixous begreift sie das "Sprechen von Frauen" als essentialistische weibliche Fähigkeit, und nicht mehr als eine theoretische Kategorie, die beiden Geschlechtern als Konzept zur Verfügung steht (vgl. auch Kap. II.1.4.).

3. Die in den USA entwickelten *Gender Studies* gehen davon aus, daß Männer und Frauen Subjekte sind, deren Erfahrungen soziokulturell diskursiv bedingt sind und befinden sich damit in der Tradition der Diskurstheorie von Michel Foucault, dessen Subjektbegriff den Ursprung negiert und das Subjekt als bloßes Element in einem diskursiven Regelwerk betrachtet (vgl. Kap. I.1.3.). Judith Butler tritt 1990 mit ihrem Buch *Gender Trouble* in die Diskussion ein und wird zur bekanntesten Vertreterin der *Gender Studies*. Sie lehnt jeglichen biologischen Determinismus in der soziokulturellen und sprachlichen Konstruktion der Geschlechter ab. Ihre Grundannahme lautet, daß sowohl Subjekt und Geschlecht als auch die Opposition von Männlichkeit und Weiblichkeit diskursiv konstituiert sind, d.h. soziokulturelle Regeln, Gesetze und Normierungen beschreiben und keine *natürlichen* Geschlechtsidentitäten; vielmehr erzeugen sie *kulturelle* Geschlechtsidentitäten. Damit sind Geschlechts- und Subjektidentität nichts Gegebenes, sondern befinden sich im ständigen Vollzug, ergeben sich performativ. *Gender* im Sinne einer ständigen *performance* bedeutet aber auch die Offenlegung der Geschlechterdifferenzierung als hierarchisches Machtverhältnis und das Zerbrechen von Universalkategorien wie z.B. *der* Feminismus als Identifikationsmöglichkeit für *die* Frau.

In Lateinamerika begann die Rezeption dieser nordamerikanischen und europäischen Theorieansätze schon in den 70er Jahren, die jedoch zunächst zu einer heftigen Diskussion führte, bei der kein Konsens erreicht werden konnte. González/Ortega (1985) geben einen Überblick über die unterschiedlichen Problembereiche und Schwierigkeiten sowie die Unvereinbarkeit von Meinungen, mit denen sich die beginnende feministische Literaturdebatte in Lateinamerika im Gegensatz zu Europa und den USA auseinanderzusetzen hatte (vgl. Kap. II.2.). Die Entwicklung eigener feministischer Theorien wurde dabei von der Debatte um Postkolonialität und den damit verbundenen Kategorien *Zentrum* und *Peripherie* verdrängt und die feministische Fragestellung auf die konfliktive Beziehung Erste-Welt vs. Dritte-Welt verschoben. Wie können sich denn *Erste-Welt-Modelle* mit der Lebenswelt eines *Dritte-Welt-Landes* vereinbaren lassen? In den 90er Jahren zeigt sich innerhalb der kulturtheoretischen Diskussionen in Lateinamerika eine Öffnung nach Europa und den USA, d.h es steht nicht mehr in erster Linie die radikale Abgrenzung und Besinnung auf das Eigene im Vordergrund, sondern der sich entspinnende Dialog wird im Rahmen der postkolonialen Debatte spürbar. Veränderungen machen sich nicht nur in den kulturellen, sozialen und literarischen Diskursen bemerkbar, sondern auch innerhalb der feministischen Literaturwissenschaft. Anstelle einer Vereinheitlichung und Übernahme von Theorieansätzen wird in Lateinamerika die heterogene Entwicklung eines *Feminist writing* betont, das als antihegemonisch und *multiply voiced* betrachtet, einer Forderung nach allgemeingültigen theoretischen Modellen entgegensteht. Das Interesse soll dabei bewußt auf den jeweiligen spezifischen Strategien ruhen und nicht so sehr auf den Versuch gerichtet sein, ein einziges, überspezifiziertes Konzept entwickeln zu wollen (vgl. Kap. II.2.).

Hinsichtlich der Rezeption lateinamerikanischer Autorinnen in Europa und den USA, bleibt festzustellen, daß bis heute nur sehr wenige Schriftstellerinnen über ihre

Landesgrenzen hinaus Bekanntheit erreicht haben und daß dies in einem eklatanten Widerspruch zu der Zahl der Autorinnen und Qualität der literarischen Produktion in den einzelnen lateinamerikanischen Ländern selbst steht. Dazu trägt auch die verheerende Lage der Ansprüche von Nachschlagewerken bei, die nicht sonderlich zu der Verbreitung des Bekanntheitsgrades der jeweiligen Autorin(nen) beitragen. (Nicht nur) lateinamerikanische Autorinnen sind von diesem *Schweigen* betroffen und werden weder in Literaturgeschichten noch in Anthologien oder Nachschlagewerken besonders häufig aufgeführt. Die periphere Behandlung weiblicher Autoren scheint sich nur geringfügig verändert zu haben und dies auch meist nur im Rahmen weiblicher Forschungsarbeit. Das Vorurteil einer qualitativ schlechteren Literatur scheint noch lange nicht ausgeräumt. So gibt es zwar speziell der Literatur von Frauen gewidmete Nachschlagewerke, die sich oftmals auf eine Sprachzugehörigkeit oder ein Land beschränken, oder nur bestimmte Genres erfassen, aber keine "gemeinsame" Literaturgeschichte, die es überflüssig machen würde, doppelte Werkausgaben zu erstellen. Der sogenannte *schielende Blick* (Weigel 1988: 104) bleibt nicht nur hinsichtlich der Rolle der Frau in der Gesellschaft vonnöten, mit dem sie den Spagat ihres gesellschaftlichen Status zwischen dem *nicht mehr* und *noch nicht* zu bewältigen hat – wobei heutzutage die ersten Anzeichen eines *schon wieder* mit in den Blick gerückt werden müssen.[11] Vielmehr muß dieser Blick auch in Bezug auf Literaturkritik und -geschichtsschreibung ausgeweitet werden, um nicht immer die Hälfte des literarischen Geschehens zu über*sehen.*

Versuche, Autorinnen *sicht*bar zu machen, stellen z.B. das *Dictionnaire littéraire des femmes de langue française* (Makward/Cottenet-Hage 1996) dar, oder die Bände *Deutsche Literatur von Frauen* (Brinker-Gabler 1988) sowie das in Argentinien erschienene Sammelwerk argentinischer Dramatikerinnen *Dramas de mujeres* (Tahán 1998). Zuletzt (1998) erschien im Metzler Verlag das *Autorinnen-Lexikon*, das einen ersten Versuch unternimmt, eine internationale Auswahl zu treffen, wobei diese nur sehr willkürlich und subjektiv sein kann.

Das Phänomen der "Ortlosigkeit" von Autorinnen innerhalb der literarischen Welt gilt zwar nicht nur für Lateinamerika, erschwert aber vor allem in Europa zusätzlich den Zugang zu dieser Literatur erheblich, zumal neben den (nur männlichen) lateinamerikanischen Boom-Autoren das Interesse auf eine Handvoll Bestseller-Autorinnen reduziert bleibt. Die Möglichkeiten, sich einen Überblick über die vorherrschende Literaturszene zu verschaffen, bleiben auf Bibliotheks- und Buchhandelsrecherchen beschränkt, es sei denn, es bietet sich die Möglichkeit eines längeren Forschungsaufenthaltes vor Ort. Mit ähnlichen Problemen konfrontiert, haben wir uns nach langer Recherchearbeit für folgende Primärliteratur entschieden: Yanitzia Canetti *Al otro lado*, Martha Cerda *La*

11 Ich möchte hier nur kurz an die Diskussion um *Frauen und Macht* erinnern, die sich im Moment als gesellschaftliches Phänomen herausbildet, wobei zwar die immer noch geringe Anzahl von Frauen in Führungspositionen – zu Recht – bemängelt wird, jedoch leicht übersehen wird, daß Frauen vielfach nur in Berufen Aufstiegschancen haben, die an gesellschaftlichem Stellenwert verlieren. Daß aber im Gegenzug die in einer *globalisierten Gesellschaftsform* wichtigen wirtschaftlichen Führungspositionen weiterhin männliche Domänen bleiben und sich dort deren Vor*herr*schaft weiter ausbaut, darf nicht aus den Augen verloren werden (vgl. Kreissl 2000).

señora Rodríguez y otros mundos, Milagros Mata Gil *Mata el caracol*, Paula Pérez Alonso *No sé si casarme o comprarme un perro*, Reina Roffé *El cielo dividido*, Alicia Steimberg *Cuando digo Magdalena*. Alle Werke der genannten Autorinnen, die in ihren Ländern bekannte und anerkannte Schriftstellerinnen sind, wurden in spanischen und/oder lateinamerikanischen Verlagen publiziert sowie in verschiedene europäische Sprachen übersetzt. Bisher haben aber nur die Romane von Martha Cerda und Yanitzia Canetti Aussicht, demnächst auch ins Deutsche übersetzt zu werden.

Die Romane, die alle in den 90er Jahren publiziert wurden, werden vor dem theoretischen Hintergrund postmoderner und postkolonialer Diskussionen behandelt. Dabei verstehen wir postmoderne Ansätze als Grundlage kulturellen Denkens, welche die Vorherrschaft logozentristischer Strukturen aufbrechen und Raum für bisher Ausgeschlossenes schaffen wollen. Des weiteren legen wir postkoloniale Theorien im Sinne kultureller dialogisierender Strategien zugrunde, die es ermöglichen, die eigene Stimme marginalisierter Gruppen erstmals hörbar zu machen, wobei dies im Fall lateinamerikanischer Autorinnen in doppelter Weise geschieht, einmal als Frau und zum anderen als der sogenannten Peripherie angehörend.

Demzufolge widmen wir das erste Kapitel dem Stand der Theoriebildung, um die Schwierigkeiten der Rezeption dieser theoretischen Ansätze für und in Lateinamerika zu verdeutlichen. Ausgehend von dieser theoretischen Basis soll im zweiten Kapitel versucht werden, in den behandelten Texten Repräsentationsformen weiblicher Subjektivität und/oder Identität nachzuzeichnen, ohne dabei aber eventuelle Manifestationen dieser Aspekte im Sinne eines essentialistischen Weiblichkeitsbegriffes zu verstehen. Ebensowenig ist eine Idealisierung des Weiblichen oder der weiblichen Stimme bzw. Schrift als einziger Wahrheit angestrebt, vielmehr soll gerade durch die Vielfalt der Texte festschreibenden und eingrenzenden Klassifizierungen entgangen werden.

Die Erfahrungen während der Erstellung dieser Arbeit haben gezeigt, daß es immer noch notwendig ist, die "Reduktion" auf Autorinnen zu rechtfertigen. Daher sei darauf hingewiesen, daß das Hervorheben von ausschließlich weiblichen Autoren mit keiner Überhöhung des Weiblichen verbunden ist, sondern sich gegen die immer noch zirkulierende – sehr befremdliche – Annahme wendet, von Frauen geschriebene Literatur sei von vorne herein minderwertig und charakterisiere sich durch einen "unsophisticated use of the expressive capabilities of language" (Castillo 1992: IX), wie die mexikanische Schriftstellerin Sara Sefchovic noch 1992 behauptet. Ebensowenig zielt diese Arbeit auf eine explizite Betonung des *Andersseins* der behandelten Literatur im Sinne einer bewußten Differenzierung. Beide Einstellungen würden das Verharren in einem binären Denksystem fortschreiben, das keine Öffnung oder Veränderung zuläßt. Gerade aber die den Texten inhärente Diversität ist unabdingbar für das Aufbrechen traditioneller Denkstrukturen und die Bemühungen um Akzeptanz einer von Frauen geschriebenen Literatur.

I. Strategien und Grundpositionen der Postmoderne und Postkolonialität

Bietet der Begriff *Frauenliteratur*, allein betrachtet, schon genug Stoff für Unstimmigkeiten, vergrößern sich diese unter Einbeziehung des Terminus *Postmoderne* – vor allem auch in Bezug auf Lateinamerika – erheblich. Beides zusammen zu diskutieren verlangt daher eine doppelte Positionierung: neben der Einordnung des sehr problematischen Ausdrucks *Frauenliteratur* auch die Auseinandersetzung mit dem nicht weniger problematischen Begriff der *Postmoderne* sowie im Anschluß daran mit dem der *Postkolonialität*. Daher soll in den folgenden Kapiteln versucht werden, das Begriffspaar *Postmoderne/Postkolonialität* als ein der Arbeit zugrundeliegendes Konzept verständlich zu machen.

1. Exkurs: Postmoderne und Postkolonialität im internationalen und lateinamerikanischen Kontext. Ein Überblick

Ein Exkurs über *Postmoderne* im Rahmen dieser Arbeit kann nicht zum Ziel haben, die immer noch andauernde Diskussion um diesen Bergriff zu erweitern, sondern soll den Versuch darstellen, den Terminus in seiner Vielfalt in den Rahmen dieser Arbeit einzuordnen und eine Position für das weitere Vorgehen herauszuarbeiten.

Zwar hat der Begriff *Postmoderne* etwas von seinem Status des Reizwortes verloren, aber er bleibt auch heute noch, trotz zahlreicher Veröffentlichungen, umstritten. Besonders deutlich wird dies in der deutschen Lateinamerikanistik und der Diskussion in Lateinamerika selbst.[12] Die Polemik mag sich gegen seinen Legitimitätsanspruch (Welsch 1997: 9) richten, den einige Kritiker in Frage stellen, indem sie die Diskussion um *Postmoderne* als "Reklamerummel profilierungssüchtiger Modepropheten" (ebd.) bzw. als "Fluchtversuch derjenigen, die sich durch Ausrufung eines neuen Zeitalters von den unerledigten Pflichten der Gegenwart davonstehlen wollen" (ebd.), sehen. Aber er erinnert sicherlich, aufgrund der explosionsartigen Ausbreitung auf alle nur denkbaren Teilgebiete und Einzeldisziplinen, an einen "Virus" (ebd.), der alles zu infizieren droht:

> [...] postmoderne Theologie [...] postmodernes Reisen [...] postmoderne Patienten [...] postmoderne Körperkultur [...] postmodernes Meditationsbuch [...]. Und man kann die Reihe unschwer in Gedanken fortsetzen: von der Zweierbeziehung in der Postmoderne [...] über den postmodernen Gastronomie-Führer bis zur postmodernen Zärtlichkeit. [...] Sie reichen

---

12 Vgl. hierzu Kapitel I.2. dieser Arbeit sowie Herlinghaus (1994) und A. de Toro (1990/1996). Im weiteren Verlauf der Arbeit beziehen wir uns auf A. de Toro (1996).
In diesem Zusammenhang sei als Anregung für eine weiterführende Lektüre auch auf die "Affäre Sokal" hingewiesen, die, ausgehend von einem Artikel in der Zeitschrift *Social Text*, zu einer Diskussion um Sinn und Unsinn der Postmoderne-Debatte geführt hat (vgl. Sokal/Bricmont 2001).

mittlerweile von Schickimicki-Postmoderne über Salon-Postmoderne bis zur Kuhstall-Postmoderne [...]. (Welsch 1997: 9f.)

Nicht genug der anscheinend unbegrenzten Anwendungsmöglichkeiten des Begriffes, auch die Auseinandersetzung bezüglich der zeitlichen Einordnung sowie der eigentlichen Inhalte der *Postmoderne* ist entsprechend vielfältig und von unterschiedlichen Sichtweisen geprägt. Zum besseren Verständnis des dieser Arbeit zugrundeliegenden '*postmodernen* Konzeptes' skizzieren wir im folgenden kurz die geschichtliche Entwicklung des Begriffes und seiner Inhalte, die es uns erleichtern, *Postmoderne* als ein "Kulturphänomen" (A. de Toro 1996: 260) zu verstehen, das mittlerweile zu unserem Alltag gehört. Wir versuchen die oftmals beliebig benutzte 'Worthülse' von ihrem Makel der Beliebigkeit, des "anything goes" zu befreien, einem leeren Signifikanten, der als eine Art Platzhalter für Veränderungen in allen kulturellen, gesellschaftlichen, wissenschaftlichen und ökonomischen Bereichen benutzt wird.

In der Diskussion um den Begriff *Postkolonialität* läßt sich eine ähnliche Ungenauigkeit in der Anwendung beobachten. Wir versuchen, ihn vom synonym verwendeten Terminus *Postkolonialismus* abzugrenzen und ihn als eine kulturelle und soziale Haltung dieser Arbeit zugrundezulegen.

1.1 Ein kurzer Überblick über die Entstehung des Begriffes Postmoderne[13]

Der Begriff *Postmoderne* erscheint seit seiner ersten Erwähnung als Bezeichnung für Veränderungen auf den unterschiedlichsten Gebieten. In England um 1870 bezeichnet John Watkins Chapman in seiner Kritik den französischen Impressionismus als *postmoderne* Malerei (vgl. Higgins 1978). Von Rudolf Pannwitz (1917) in "Die Krisis der europäischen Kultur" benutzt, bezieht er sich hier auf den *postmodernen* Menschen als denjenigen, der die Krise der Moderne mit ihrer Dekadenz und ihrem Nihilismus überwindet und damit in der Tradition von Nietzsches Übermenschen steht. 1934 wird er zum ersten Mal innerhalb der Literatur benutzt. Der spanische Literaturwissenschaftler Federico de Onís (1934) unterteilt die spanische und lateinamerikanische Dichtung in seiner *Antología de la Poesía Española e Hispanoamericana* in drei Kategorien, den *modernismo* (1896-1905), den *postmodernismo* (1905-1914) und den *ultra-modernismo* (1914-1932), wobei der Terminus hier eine kurze zurückliegende Periode meint. Der Begriff weitet sich 1947 auf die Historiographie aus, als Arnold Toynbee (1947) in *A Study of History* die gegenwärtige Phase der abendländischen Kultur als *post-modern* im Sinne einer "Nach-Neuzeit" (Toynbee 1952: 39) bezeichnet, wobei sich diese, ausgehend von den Veränderungen 1875, als "Übergang der Politik von nationalstaatlichem Denken zu globaler Interaktion" (Welsch 1997: 14) darstellt.

13 Die folgenden Darstellungen stützen sich weitgehend auf die klar strukturierte Arbeit von Welsch (1994) sowie (1997).

Die Auseinandersetzung um *postmoderne* Literatur, die bis heute andauert, beginnt jedoch erst mit Irving Howe (1959) und Harry Levin (1960) in den USA, die eine resignativ konnotierte Kritik an der zeitgenössischen Literatur im Verhältnis zur großen Literatur der Moderne üben. Ausgehend von dem Phänomen der 'Massengesellschaft' beklagen sie im Grunde das Verschwinden einer innovativen Literatur der Moderne nach Joyce oder Yeats und wollen die Gegenwartsliteratur als *post-modern* im Sinne einer zeitlichen Kategorie von moderner Literatur unterscheiden.

Dieser resignativen Wertung des Begriffes *postmodern* folgt bald eine positive Umwertung durch Literaturkritiker/innen wie Susan Sontag (1966) oder Leslie Fiedler (1969), die das Verdienst *postmoderner* Literatur gerade in der Verbindung von Elite- und Massenkultur sehen (vgl. A. de Toro 1996). Leslie Fiedler (1969) tritt in seinem noch heute gültigen Aufsatz *Cross the Border – Close the Gap* für ein Überschreiten der Grenzen ein, die der elitäre Literaturzirkel der Moderne aufgebaut hatte. Diese Grenzüberschreitungen und der Anspruch der *postmodernen* Literatur, alle Sphären der Wirklichkeit zu berücksichtigen und alle sozialen Schichten anzusprechen, werden zur Grundlage *postmodernen* Denkens. Eine erste Definition der *Postmoderne*, die gegen Ende der 60er Jahre verbindlich wird, bekräftigt vor allem das Moment der Vielfalt:

> Postmodernes liegt dort vor, wo eine grundsätzliche Pluralität von Sprachen, Modellen, Verfahrensweisen praktiziert wird, und zwar nicht bloß in verschiedenen Werken nebeneinander, sondern in ein und demselben Werk, also interreferentiell. (Welsch 1997: 16f.)

Durch die Übertragung des Begriffes auf die Architektur erhält der Terminus allgemeinen Bekanntheitsgrad und wird 1975 ausschlaggebend für die beginnende europäische *Postmoderne*-Diskussion. Charles Jencks (1975/1994) gibt mit seinem Artikel *The Rise of Post-Modern Architecture*, der Ähnlichkeiten mit den Konzepten von Fiedler und Jencks aufweist, den Anstoß in der Architektur. Es scheint, als habe eine Übertragung der literarischen Ideen auf die Architektur stattgefunden. Während Fiedler (1969) vom Künstler als einem Doppelagenten spricht, der versucht, Elite- und Massenkultur miteinander zu verbinden, geht es Jencks (1994) um die Doppelkodierung der Architektur, deren Aufgabe ihm zufolge darin besteht, sowohl die Elite als auch den einfachen Menschen anzusprechen.[14]

Auch die Soziologie und Malerei verschließen sich der sich ausweitenden Diskussion nicht. Amitai Etzioni (1968) spricht von einer *postmodernen* Gesellschaft, deren Ideal er in einer autonomen, dynamischen und pluralen Verfaßtheit sieht. Sein Gesellschaftskonzept findet sich wieder in der Diskussion um die *postindustrielle* Gesellschaft von Daniel Bell (1973), der seine Theorie – in Anlehnung an Arnold Gehlens Begriff der *Posthistoire* – entwickelt hat. Bells Perspektive ist jedoch eine andere: die *postindustri-*

---

14 Die Postmoderne versucht, den Anspruch des Elitären zu überwinden, nicht durch Aufgabe desselben, sondern durch Erweiterung der Sprache der Architektur in verschiedene Richtungen – zum Bodenständigen, zur Überlieferung und zum kommerziellen Jargon der Straße. Daher die Doppelkodierung, die Architektur, welche die Elite und den Mann auf der Straße anspricht. (Jencks 1994: 88)

elle Gesellschaft hat den Wunsch, die "Massengesellschaft zu ordnen" (Welsch 1997: 2-7), während Etzioni die Vorstellung "einer 'aktiven', sich selbst bestimmenden und ständig transformierenden Gesellschaft" (ebd.) hat. Beiden gemein ist jedoch der Aspekt der Pluralität innerhalb einer Gesellschaft.

Der italienische Kunsthistoriker Achille Bonito Oliva prägt in den 70er Jahren für die Malerei bzw. die Kunstszene den Begriff der "Trans-Avantgarde" (ebd.: 23), der sich an *postmoderne* Konzepte anlehnt und versucht einen "Abschied von *einem* utopischen Modell und Übergang zu einer Vielzahl unterschiedlichster Erprobungen" (ebd.: 25) zu erreichen.

In die Philosophie hält das Schlagwort *Postmoderne* Einzug mit den Überlegungen von Jean-François Lyotard (1979), der die Tendenzen heterogener Wissensarten und Lebensformen in *La Condition postmoderne* philosophisch artikuliert. Als Antwort auf Habermas' Adorno-Preis-Rede *Die Moderne – ein unvollendetes Projekt* stellt er in seinem Text *Beantwortung der Frage: Was ist postmodern?*, ausgehend von den Eigenheiten des heutigen Wissens, die Frage nach den Veränderungen, die sich durch den Einfluß der neuen Informations-Technologien für die fortschrittlichen Industrieländer ergeben. Seine Vorstellungen über die *Postmoderne* gehen sowohl von technischen Innovationen als auch von den Ideen der modernen Kunst des 20. Jh. aus. Das Streben Habermas nach soziokulturellen Strategien der Vereinheitlichung als einer ästhetischen Synthese der verschiedensten Rationalitätsbereiche, die vergessen machen soll, es gebe "ein Nicht-Darstellbares, ein Unfaßliches, [...] Brüche und Abgründe" (Welsch 1994: 31), ist der kritische Ausgangspunkt für Lyotards *postmoderne* Konzeptionen. Er will der mit dieser Synthese verbundenen "Funktionalisierung bzw. Unterdrückung des Partikulären" (ebd.) entgegentreten und begreift gerade in der Existenz des Nicht-Darstellbaren das Wagnis eines neuen Wissens. Lyotards Ansprüche an eine *postmoderne* Philosophie (vgl. u.a. Lyotard 1994) sind danach das Hinterfragen und das Aufbrechen der Einheitsvorstellungen sowie die Darlegung der Pluralität, wobei vorrangiges Ziel das Verhindern repressiver und totalitärer Maßnahmen ist, mittels derer allein Einheit zu erreichen wäre. Er wendet sich also gegen Herrschaft und Zwang, muß jedoch gleichzeitig die Inhalte der Pluralitätskonzepte klären, um den aus den heterogenen Lebens- und Wissensformen unweigerlich entstehenden Konflikten etwas entgegnen zu können. Für Lyotard bedeutet *Postmodernismus* einen "Gemüts- oder vielmehr Geisteszustand" (Welsch 1997: 35), den ein *postmoderner* Mensch hat, der "sich jenseits von Einheitsobsessionen der irreduziblen Vielfalt der Sprach-, Denk- und Lebensformen bewußt ist und damit umzugehen weiß" (ebd.). Das Augenmerk der *postmodernen* Philosophie richtet sich seither vor allem auf die Frage inwieweit diese Heterogenität mit Gerechtigkeit vereinbar sei:

> Wie kann mit der Heterogenität der Denk- und Lebensformen so umgegangen werden, daß nicht mehr – wie üblich – das eine Paradigma das andere unterdrückt? Wie kann bei den verbleibenden unvermeidlichen Ungerechtigkeiten auch den Ansprüchen des Unterliegenden Gehör und Geltung verschafft werden? [...] Während die postmoderne Pluralität zunächst die Gerechtigkeitsprobleme erhöht, schärft der philosophische Postmodernismus das Gerechtigkeitsbewußtsein und weckt eine neue Sensibilität gegenüber Ungerechtigkeiten. (Welsch 1997: 37)

Bleibt zusammenfassend zu folgern, daß die Auseinandersetzung mit der *Postmoderne* zu einer affirmativen Haltung gegenüber ihren Inhalten geführt hat, so daß sich diese als "positives Phänomen" (ebd.: 40) von einem "diffusen Postmodernismus" (ebd.: 41) abgrenzt, welcher sich durch Beliebigkeit kennzeichnet und mit dem Schlagwort "anything goes" feuilletonistisch "die Differenzen [...] verwischt und so ein Potpourri erzeugt und damit die postmoderne Pluralität tilgt" (ebd.).

1.2 Postmoderne und ihr Bezug zur Moderne

Der Begriff *Postmoderne* impliziert schon von seiner Wortbildungsstruktur her einen Bezug zur *Moderne*. Nun bietet aber auch *Moderne* ein weites Feld für Diskussionen, so daß zunächst die Beziehung beider Konzepte zueinander einer Klärung bedarf. Der deutsche Terminus *Moderne* kann sich auf verschiedene historische Zeiten beziehen und unterschiedliches meinen. Assoziieren wir damit nun die Zeit der Aufklärung im 18. Jahrhundert, oder den Industrialisierungsprozeß im 19. Jahrhundert oder gar künstlerische Bewegungen der Avantgarde im 20. Jahrhundert? Eine Differenzierung der Moderne ist also notwendig, um die *Postmoderne* verstehen zu können und nicht, wie Jauss von einem "Gespenst" (Jauss 1983: 95) sprechen zu müssen, das sich in unser kulturelles Dasein eingeschlichen habe.

Was macht dann aber den Unterschied der *Postmoderne* zur Moderne aus und vor allem "nach welcher Moderne" (Welsch 1986)? Die Trennung der Moderne des 20. Jahrhunderts von Neuzeit und neuzeitlicher Moderne aufgrund der Veränderungen in der wissenschaftlichen Rationalität bedeutet für die *Postmoderne*, daß sie als nach-neuzeitlich und nicht als nach-modern aufgefaßt werden kann und eigentlich die "Radikalmoderne dieses Jahrhunderts" (ebd.: 84) ist. Das wiederum heißt, *Postmoderne* erhebt nicht den Anspruch etwas Neues zu sein, sich also von der Moderne radikal abzusetzen oder gar eine Epochenbezeichnung zu sein, sondern das Neue an ihr ist, daß sie das schon vorhandene Prinzip der Pluralität positiv wertet und zum obligaten Denk- und Lebensmodell ausruft und dieses so radikal vertritt, daß es zur Grundlage allen Denkens wird. Sie ist "gewissermaßen die Selbstverwirklichung der avantgardistischen Moderne selber" (Helferich 1999: 477), die keiner leitenden Metaregel mehr unterworfen ist. Das *postmoderne* Geschichtsbild lehnt nicht alle vorausgegangenen Geschichtsdeutungen ab, wie es die Moderne im progressiven Sinne getan hat, sondern sie steht allen vorausgegangenen Traditionen offen gegenüber und zieht Nutzen aus der "gegenwärtigen Gleichzeitigkeit des Ungleichzeitigen" (Welsch 1997: 83) und

> [...] realisiert in der Breite der Wirklichkeit (exoterisch), was modern zunächst nur spezialistisch (esoterisch) erprobt wurde. Sie ist die exoterische Alltagsform der einst so esoterischen Moderne [...] Die Moderne des 20. Jahrhunderts hat dann Finitismus, Heterogenität und Pluralität zunehmend erkannt, aber doch nur sporadisch zu realisieren vermocht. Erst die Postmoderne macht sich an die breite Verwirklichung dieses neuen Sinnkonzepts. [...]

> Die Postmoderne ist eine Moderne, die nicht mehr den Auflagen der Neuzeit folgt, sondern die des 20. Jahrhunderts einlöst. (ebd.)

1.3 Philosophische Grundlagen einer postmodernen Literaturbetrachtung

1979 hat mit Lyotard die Postmoderne in der Philosophie paradigmenbildend Einzug gehalten, sein Konzept war jedoch die philosophische Konsolidierung schon Mitte der 60er Jahre entwickelter poststrukturalistischer Konzeptionen (siehe unten), die, vor allem aus Frankreich stammend, die Diskussion prägten. Lyotards vehemente Ablehnung jeglicher einheitsbildender Tendenzen macht postmoderne Philosophie im Sinne eines "präzisen Postmodernismus" (Welsch 1997: 80) zu einer konsequenten Philosophie der Pluralität: "Krieg dem Ganzen, zeugen wir für das Nicht-Darstellbare, aktivieren wir die Widerstreite [...]" (Lyotard 1994: 203).

Durch die Übertragung dieses Konzeptes auf die Kunst wird der Künstler für ihn nicht zu einem Wirklichkeitslieferanten, sondern er sollte "Anspielungen auf ein Denkbares [...] erfinden, das nicht dargestellt werden kann" (ebd.). Mit der Akzeptanz des postmodernen Pluralitätskonzeptes innerhalb der Philosophie und der Übertragung auf die Kunst erfahren rückblickend auch die französischen Theoretiker/innen, die in der poststrukturalistischen Tradition stehen, unter ihnen vor allem Jacques Derrida, Michel Foucault, Gilles Deleuze, Jacques Lacan, Julia Kristeva und Luce Irigaray, Anerkennung; letzere geben mit ihren veränderten Ansätzen eines seit Heidegger und Adorno traditionellen philosophischen Denkens der Differenz,[15] wichtige Anstöße für eine andere Art der Literaturbetrachtung, in der Pluralität, Heterogenität und Mehrsprachigkeit ihren Platz finden. War die Moderne noch gekennzeichnet durch Meta-Erzählungen, d.h. Leitideen, die teleologisch ausgerichtet waren, kann Postmoderne als deren Ende betrachtet werden, wobei jedoch der Verlust der einzigen Wahrheit nicht mehr schmerzlich ist, sondern Platz schafft für Autonomie und Vielheit.

1978 hat Ihab Hassan in seinem Vortrag *Postmoderne heute* einen Merkmalskatalog erstellt, den er als grundlegendes Diskussionsfeld der postmodernen Literaturbetrachtung ansieht. Charakteristika wie Unbestimmtheit(en), Fragmentarisierung, Auflösung des Kanons, der Verlust von Ich und Tiefe, das Nicht-Zeigbare, Nicht-Darstellbare, Ironie, Hybridisierung, Karnevalisierung, Performanz und Teilnahme, Konstruktcharakter und Immanenz zeigen in Variationen das Grundmuster, das sich aus der postmodernen Philosophie und den Theorien der französischen Poststrukturalisten herausgebildet hat.

Michel Foucault, der als einflußreichster Theoretiker für die Literaturwissenschaft gilt, ist Begründer der Diskursanalyse, die als Infragestellung ganzer Denkordnungen verstanden werden kann. Mit seinem 1966 erschienen Werk *Les mots et les choses* be-

15 Vgl. Heidegger (1957/1996) und Adorno (1966). Der traditionelle Differenzgedanke, so Heidegger, ist fast ausschließlich auf das Eine, Identische gerichtet und versucht das Andere von dort aus zu erfassen. Adorno weist auf den Aspekt der Verallgemeinerung im begrifflichen Denken hin, womit all das nicht zu Verallgemeinernde, da nicht-identisch, aus dem Muster herausfällt.

gründet er quasi die poststrukturalistische Theoriebildung, die sich gegen die strukturalistisch einheitsbildende These des sprachlichen Zeichens nach de Saussure wendet und die Vorstellung einer "unaufhebbaren Differenz" (Welsch 1997: 141) strukturalistischen Denkens in Abrede stellt. Foucaults Beschreibung des Wissens unterteilt das abendländische Denken in epistemologische Ordnungen, die eine jeweils unterschiedliche Vorstellung des sprachlichen Zeichens repräsentieren und deren radikale Veränderungen sich an den epistemologischen Brüchen im 17. und im 19. Jahrhundert, an der Neuordnung des Wissens, erkennen lassen. War die Vorstellung des Zeichens im 16. Jahrhundert noch an das Konzept der Ähnlichkeiten gebunden, in denen der Mensch der Mikrokosmos im Vergleich zum Makrokosmos war, hört im 17. Jahrhundert "das Denken auf, sich in dem Element der Ähnlichkeit zu bewegen." (Foucault 1999: 83). Es kommt zu einer Einordnung der Welt nach sie klassifizierenden Merkmalen durch das rationalistische Denken und damit zu einer willkürlichen Beziehung zwischen Zeichen und Gegenstand. Die Sinnkonstitution funktioniert dabei über kausale und finale Zusammenhänge, in denen die Gegenstände einander taxonomisch und nach einer "strikt binären Organisation" (ebd.: 98) zugeordnet sind:

> Es ist das klassische Denken, das die Ähnlichkeit als fundamentale Erfahrung und erste Form des Wissens ausschließt und in ihr eine konfuse Mischung denunziert, die man in Termini der Identität und des Unterschieds, des Maßes und der Ordnung analysieren muß. (ebd.: 85)

Mit der Differenzierung des Wissens im 19. Jahrhundert, aus der sich die Einzelwissenschaften ergeben, verlieren die "im Raum des Wissens verteilten Zeichen" (ebd.: 273) ihre Transparenz, denn es

> [...] wird sich zeigen, daß der allgemeine Raum des Wissens nicht mehr der der Identitäten oder der Unterschiede ist [...], sondern ein Raum, der geprägt ist von Organisationen, das heißt von inneren Beziehungen zwischen den Elementen, deren Gesamtheit eine Funktion sichert. (ebd.: 270)
> [...]
> Es wird die Dinge, mit ihrem eigenen Bau *(organisation)*, mit ihrer geheimen Aderung *(nervures)*, dem sie gliedernden Raum und der sie hervorbringenden Zeit geben. Und dann wird es die Repräsentation geben, eine rein zeitliche Abfolge, in der sie sich stets stückweise einer Subjektivität, einem Bewußtsein, dem einzelnen Bemühen um Erkenntnis, dem »psychologischen« Individuum ankündigen. [...] Die Repräsentation [...] auf dem Wege (ist), nicht mehr die den Dingen und der Erkenntnis gemeinsame Seinsweise definieren zu können. (Foucault 1999: 295-296)

Diese veränderte Sichtweise bringt gleichzeitig den Menschen als epistemisches, d.h. erkenntnissuchendes Konstrukt in das abendländische Denken der Humanwissenschaften mit ein, das sich als lebendes, sprechendes und arbeitendes Wesen selbst reflektiert. Die Auswirkungen auf die Konstitution des Subjekts, das vom Ursprung aller Wahrheit im neuzeitlichen Denken zu einem durch diskursive Formationen gebildeten Konstrukt wird, lassen sich als Subversion des humanistisch rationalen Subjektbegriffes begreifen:

> In unserer heutigen Zeit kann man nur noch in der Leere des verschwundenen Menschen denken. Diese Leere stellt kein Manko her, sie schreibt keine auszufüllende Lücke vor. Sie ist nichts mehr und nichts weniger als die Entfaltung eines Raums, in dem es schließlich möglich ist zu denken. (ebd.: 412)

Gilles Deleuze setzt sich 1968 in seinem Werk *Différence et répétition* mit dem Begriff der Differenz auseinander und beschreibt diese unter Bezugnahme auf Foucaults klassische "Welt der Repräsentationen" (Deleuze 1992: 329) als nur denkbar in der Vorstellung einer "Unterwerfung unter die vierfache Fessel der Repräsentation: der Identität [...], des Gegensatzes [...], der Analogie [...], der Ähnlichkeit [...]" (ebd.). Differenz außerhalb der Oppositionen von Identität und Negation zu denken, setzt er dem Systems eines Trugbildes gleich, dessen Merkmale auf das Konzept des *Rhizom* vorausweisen, das er zusammen mit Félix Guattari 1977 entwickelt:

> Das System des Trugbilds bejaht die Divergenz und die Dezentrierung; die einzige Einheit, die einzige Konvergenz aller Reihen ist ein formloses Chaos, das sie alle umfaßt. Keine Reihe ist privilegiert gegenüber einer anderen, keine besitzt die Identität eines Urbilds, keine die Ähnlichkeit eines Abbilds. Keine steht im Gegensatz zu einer anderen oder ist ihr analog. Jede besteht aus Differenzen und kommuniziert mit den anderen über Differenzen von Differenzen. Die gekrönten Anarchien ersetzen die Hierarchien der Repräsentation; die nomadischen Verteilungen die seßhaften Verteilungen der Repräsentation. (Deleuze 1992: 347)

Differenzen erscheinen so als ein sich bewegendes Netzwerk, in dem sie wie Nomaden von einem Ort zum anderen ziehen, so daß eine Sinnkonstitution nicht mehr erkennbar ist. Der Begriff *Rhizom* bezeichnet die erweiterte Konzeption dieser Differenzen. Der aus der Botanik stammende Terminus meint einen Wurzelstock, in dessen Verästelungen Wurzeln und Trieb nicht mehr voneinander unterscheidbar sind, die aber in Verbindung mit der Umwelt stehen. Das *Rhizom,* dem die sechs Merkmale Konnexion, Heterogenität, Vielheit, asignifikativer Bruch, Kartographie, Dekalkomonie[16] zugeordnet werden, ist zur Metapher für die Wahrnehmung der heutigen Wirklichkeit geworden, da es

---

16 Vgl. Deleuze/Guattari (1977). *Konnexion* und *Heterogenität* meinen hier

> [...] jeder beliebige Punkt eines Rhizoms kann und muß mit jedem anderen verbunden werden. (ebd.: 11)
> [...]
> Ein Rhizom verknüpft unaufhörlich semiotische Kettenteile, Machtorganisationen, Ereignisse in Kunst, Wissenschaft und gesellschaftlichen Kämpfen. [...] es werden also nicht nur ganz unterschiedliche Zeichensysteme ins Spiel gebracht, sondern auch verschiedene Arten von Sachverhalten. (ebd.: 12)

> Eine *Vielheit* hat weder Objekt noch Subjekt [...] Es gibt nichts als Linien, [...] Ein Rhizom und eine *Vielheit* lassen sich aber nicht übercodieren. (ebd.: 13-14)

Das Prinzip des *asignifikativen Bruches* bedeutet:

> [...] nicht monadisch, sondern nomadisch (ist); es erzeugt unsystematische und unerwartete Differenzen; es spaltet und öffnet; es verläßt und verbindet; es differenziert und synthetisiert zugleich. (Welsch 1997: 142)

Ungefähr zur gleichen Zeit setzt sich auch Jacques Derrida mit der westlich-metaphysischen Tradition des abendländischen Denkens auseinander; dabei strebt er eine *Dekonstruktion* der Philosophie an und tritt für ein verändertes Denken an sich ein. Ziel der *Dekonstruktion*, die nicht als Methode, sondern vielmehr als Kritik verstanden werden kann, ist nicht die Zerstörung, sondern das Öffnen und Verändern verhärteter Denktraditionen. Ausgangspunkt dieser "Philosophie der Differenz" (Kimmerle 1992: 15) ist für Derrida die Überhöhung des gesprochenen Wortes – *Phonozentrismus* – im metaphysischen Denken in der Tradition Platons, Leibniz', Hegels und Heideggers. Dieses charakterisiert er mit dem Begriff *Logozentrismus* als "Metaphysik der phonetischen Schrift" (Derrida 1996: 11). Aus dem griechischen *lógos* die Rede, das Wort abgeleitet, ist hier nicht nur die Vernunft der zentrale Terminus, sondern aus dem *lógos* wird das gesamte abendländische metaphysische System abgeleitet. Die Einheit von Signifikat und Signifikant erlaubt es, Sprache zum Mittel der Suche nach Erkenntnis und Wahrheit innerhalb einer logozentristischen Denktradition zu machen:

> Die Geschichte der Metaphysik [...] die trotz aller Differenzen den Ursprung der Wahrheit im allgemeinen von jeher dem Logos zugewiesen hat. (ebd.: 12)
> [...]
>
> [...] der unendliche Verstand Gottes ist der andere Name des Logos als Selbstpräsenz [...] Der Logos aber kann unendlich und sich selbst gegenwärtig nur sein, kann als *Selbstaffektion sich nur ereignen* durch die *Stimme*: als Ordnung des Bezeichnens [...]. (ebd.: 174f.)

Dies bedeutet gleichzeitig die Abwertung der Schrift als Nicht-Wahrheit:

> Die Geschichte der Wahrheit, der Wahrheit der Wahrheit ist, bis auf die verschwindende, aber entscheidende Differenz einer metaphorischen Ablenkung, immer schon Erniedrigung der Schrift gewesen, Verdrängung der Schrift aus dem "erfüllten" gesprochenen Wort. (ebd.: 12)
> [...]
> Derart ist zumindest die Erfahrung – oder das Bewußtsein – der Stimme: Sich-im-Reden-vernehmen: Sie erlebt und versteht sich als Ausschließung der Schrift, denn sie beruft sich

---

> Ein Rhizom kann an jeder beliebigen Stelle gebrochen und zerstört werden; es wuchert entlang seinen eigenen oder anderen Linien weiter. (ebd.: 16)

Kartographie und *Dekalkomonie* entwickeln ihre Strategie entgegen der "Logik der Kopie und der Reproduktion" (ebd.: 20), da sie vom Fehlen einer "genetische(n) Achse und Tiefenstrukturen" (ebd.) ausgehen, denn "die Karte reproduziert nicht ein in sich geschlossenes Unbewußtes, sondern konstruiert es". (ebd.: 21)

> nicht auf einen "äußeren", "sinnlichen", "räumlichen", die Selbstpräsenz unterbrechenden Signifikanten. (ebd.: 175)

Mit der Rehabilitation der Schrift und dem aus der Kunst auf den Text übertragenen Interpretationsansatz, der keine eindeutige Interpretation eines Kunstwerks zuläßt, eröffnet sich die Möglichkeit eines Denkens der Differenz, die die dualistisch geprägte Struktur aufbrechen soll, durch die *lógos* als wesentlicher, wahrhafter und hierarchisch strukturierter Begriff – das Wort Gottes, die Vernunft, der Geist oder das Gesetz – dem Anderen immer als dem nicht-wahrhaften, nicht-wesentlichen, von der Norm abweichenden begegnet. Oppositionen wie Geist/Natur, Subjekt/Objekt, Selbst/Anderes oder Mann/Frau verdeutlichen, daß die in diesem Denksystem festgelegten Hierarchien schon als natürlich gelten, da ihr Ursprung nicht mehr offensichtlich ist. Derrida verabschiedet somit die bisher gültigen Kategorien des Ursprungs und der Wahrheit und versucht durch das Denken der *différance* als eines "Dazwischenliegenden", zu zeigen, daß es hier weder um ein Wort noch einen Begriff geht, sondern:

> [...] daß *différance* die konstituierende, produzierende und originäre Kausalität bezeichnet, den Prozeß von Spaltung und Teilung, [...] weder aktiv noch passiv ist, sondern [...] eine Operation zum Ausdruck bringt, die keine Operation ist, die weder als Erleiden noch als Tätigkeit eines Subjektes, bezogen auf ein Objekt, weder von einem Handelnden noch von einem Leidenden aus, weder von diesen *Termini* ausgehend noch im Hinblick auf sie [...]. (Derrida 1988: 34)

gedacht werden kann. Somit werden die festgelegten Strukturen und Sinnstiftungen erneut in Bewegung gesetzt, damit sich aus der Auflösung der ursprünglichen Bedeutung ein Spiel der Differenzen ergibt, das keine feste Bedeutungszuordnung mehr zuläßt, denn jede Deutung beinhaltet wiederum ein Verdecken anderer Deutungsmöglichkeiten. Diese Sinnstreuung, *dissémination*, in der Sprache, in der sich die Verbindung von Signifikant und Signifikat aufgelöst hat, hinterläßt

> [...] die Erfahrung der unendlichen Derivation der Zeichen, die umherirren und die Schauplätze wechseln und wechselseitig ohne Anfang und ohne Ende ihre Vergegenwärtigung verzaubern. (Derrida 1979: 164f.)

Die Vorstellung Sprache sei ein transparentes Mittel zur Beschreibung von Wirklichkeit, was schon Nietzsche kritisiert hat, wenn er Sprache als Zuchthaus betrachtet, ist auch der Gegenstand der Kritik Jacques Lacans, der die Sprache in das Zentrum des Interesses rückt und vor allem die Signifikationsprozesse in den Vordergrund stellt. Er stellt das sich über Sprache definierende Subjekt in Frage und entlarvt dessen vermeintliche Kontrolle über sein sprachlich strukturiertes Denken als Illusion. Subjektkonstitution funktioniert nur über den Eintritt in die symbolische Ordnung, die Sprache, gleichwohl ist diese seiner Existenz aber vorgängig und Subjektivität wird damit nur innerhalb diskursiver Positionen greifbar. Er geht von einer Urspaltung des Subjekts aus, die sich dann in der symbolischen Ordnung fortsetzt: das Ich steht gegen seine Repräsentation im Diskurs. Diese Spaltung beginnt schon im Spiegelstadium der präödipalen Phase, die er in seinem Aufsatz *Das Spiegelstadium als Bildner der Ichfunktion* (Lacan 1973) verdeutlicht. Hier zeigt sich der imaginäre Charakter der Individuation in den ersten Lebensmonaten als ein narzißtischer Akt menschlicher Selbstfindung, die über die vermeintliche körperliche Einheit des eigenen Spiegelbildes zu einem Verkennen des eigenen Ich führt: "Ich ist ein anderer" (Lacan 1980). Die antizipierte Einheit des Ich/*Je* als eines Idealbildes steht in Konflikt mit der realen Abhängigkeit des Ich/*Moi*. Dadurch kommt es zu einer Entfremdung zwischen beiden Ich-Instanzen:

> Das Spiegelstadium ist ein Drama, dessen innere Spannung von der Unzulänglichkeit auf die Antizipation überspringt und für das an der lockenden Täuschung der räumlichen Identifikation festgehaltene Subjekt die Phantasmen ausheckt, die, ausgehend von einem zerstückelten Bild des Körpers, in einer Form enden, die wir in ihrer Ganzheit eine orthopädische nennen könnten, und in einem Panzer, der aufgenommen wird von einer wahnhaften Identität, deren starre Strukturen die ganze mentale Entwicklung des Subjekts bestimmen werden. (Lacan 1973: 67)

Das Spiegelstadium gilt als Modell aller weiteren Prozesse der Identifikation: der Versuch des Eins-Sein-Wollens mit sich selbst als einem anderen. Das wahre Ich (*Je*) wird erst Subjekt durch den Eintritt in die Sprache, die symbolische Ordnung:

> Die jubilatorische Aufnahme seines Spiegelbildes durch ein Wesen, das noch eingetaucht ist in motorische Ohnmacht und Abhängigkeit von Pflege, wie es der Säugling in diesem *infans*-Stadium ist, wird von nun an – wie uns scheint – in einer exemplarischen Situation die symbolische Matrix darstellen, an der das *Ich* (je) in einer ursprünglichen Form sich niederschlägt, bevor es sich objektiviert in der Dialektik der Identifikation mit dem anderen und bevor ihm die Sprache im Allgemeinen die Funktion eines Subjektes wiedergibt. (ebd.: 64)

Das Unbewußte, in dem sich das wahre Ich/*Je* findet, ist für Lacan strukturiert wie eine Sprache, d.h. das Subjekt ist der symbolischen Ordnung des Unbewußten unterworfen, in der es in den Verschiebungen der Signifikantenketten verhaftet bleibt. Es tritt nicht als schon konstituiertes Subjekt in die symbolische Ordnung ein, sondern es ist gespalten und charakterisiert sich durch einen Mangel, der aus dem Begehren nach der nie erreichten Einheit resultiert, die es mit dem Eintritt in symbolische Ordnung endgültig verliert.

Postmoderne Philosophie führt also zu einem Umdenken bzw. Neudenken, zu einem Neuschreiben und Neulesen vorhandener Ansichten, bringt auf diese Art einheitliches Denken zu Fall und verändert die Wahrnehmung von Welt, Gesellschaft, Kunst und Literatur. Ausgehend von der eingangs erwähnten Aufgabe, eine Annäherung zwischen Elitekultur und Massenkultur zu finden, ist das Ziel postmoderner Roman-Literatur nach Fiedler:

> [...] die Lücke zu schließen zwischen hoher Kultur und niederer, *belles-lettres* und *pop-art* [...] zwischen Kritiker und Publikum [...] zwischen Künstler und Publikum [...] (aber auch) die Grenze zwischen dem Wunderbaren und dem Wahrscheinlichen zu überschreiten, zwischen dem Wirklichen und dem Mythischen, zwischen der bürgerlichen Welt [...] und dem Königreich. (Fiedler 1994: 61ff.)

Die Einschätzung seiner Zeit als

> [...] apokalyptisch, antirational, offen romantisch und sentimental; einer Zeit freudvoller Misologie und prophetischer Verantwortungslosigkeit, mißtrauisch gegen Ironie als Selbstschutz und allzu große Bewußtheit von sich selbst (ebd.: 58),

erfordert von der Literaturkritik eine

> Verknüpfung von tausend Zusammenhängen – sozialen, psychologischen, historischen, biographischen, geographischen – im Bewußtsein des Lesers. (ebd.)

Damit rückt der Leser in den Mittelpunkt der Literaturanalyse. Western, Science-fiction und Pornographie werden *die* Genres, die sich "der Exploitation der Massenmedien am ehesten anbiete(n)" (ebd.: 62). Die Hauptmerkmale einer postmodernen Literatur manifestieren sich also im "anti-künstlerischen" (ebd.: 61) und in einer von Jencks so bezeichneten "doppelten Kodifikation", die A. de Toro für die Grundlage des Begriffes der *Pluri-Kodifikation* (A. de Toro 1996: 281) nutzbar macht. Fiedler bricht hier zwar mit der Tradition einer Höhenkammliteratur, die im Elfenbeinturm produziert nur den Vorstellungen einer hohen Kulturnorm genüge tat, legt aber zu viel Wert auf eine Klassifizierung und Katalogisierung *postmoderner* Literatur in Ausrichtung auf ein bestimmtes Ziel. Damit ist aber das Grundmotto der Pluralität nicht mehr gegeben, denn aus seinem Merkmalskatalog fallen viele Autoren heraus, die sehr wohl als postmodern gelten. Des weiteren rekurriert er zu sehr auf die Perspektive der niederen Kultur, obwohl es doch darum geht, 'die Lücke zu schließen' und in beide Richtungen grenzüberschreitend zu wirken.[17]

Folgen wir der Ansicht Umberto Ecos (1994) liegt das grundlegende einer postmodernen Literatur in der

> Einsicht und Anerkennung, daß die Vergangenheit, nachdem sie nun einmal nicht zerstört werden kann, da ihre Zerstörung zum Schweigen führt, auf neue Weise ins Auge gefaßt werden muß: mit Ironie, ohne Unschuld. (Eco 1994: 76)

Dementsprechend lassen sich für die postmoderne Literatur drei Grundhaltungen erkennen, die auf den Begriffen 'Erinnerung', 'Verarbeitung' und 'Verwindung' beruhen

17 Fiedler (1969/1994) beschreibt hier interessanterweise explizit nur die Veränderungen einer für Jungen und Männer geschriebenen Literatur, was er mehrere Male im Text direkt anspricht. Dementsprechend zitiert er auch nur den männlichen Literaturkanon und die Veränderungen, die sich innerhalb dieser Norm ergeben haben. Frauen werden weder als Autorinnen, noch als Leserinnen miteinbezogen und erscheinen nur als Objekte in der (verharmlosend dargestellten) Pornographie oder als Verführerinnen, deren Prototyp mit Marilyn Monroe bezeichnet wird. In der Literatur der von ihm angeführten Autoren scheint eine Auseinandersetzung mit dem "Angstbild" *Frau* stattzufinden, so daß es nicht recht einleuchten mag, diese Art von Literatur als *die* postmoderne Literatur schlechthin zu bezeichnen. Gerade Postmoderne sollte aber offen sein für bisher Verdecktes und sollte über Bewußtsein bzw. Bewußtwerdung den bisher ungenannten Dingen ihre eigene Existenz zugestehen und Frauen aus ihrer Objektposition heraushelfen.

(vgl. A. de Toro 1996). 'Erinnerung' in Anlehnung an Freuds *Traumdeutung* ist die Bereitschaft und die Fähigkeit, sich der Vergangenheit zu bemächtigen und sich verschiedene Kultur- oder Literaturtraditionen als Material bereit zu stellen. 'Verarbeitung' gilt als eine bewußt gewollte, intentionelle Auswahl und Organisation des Materials in einem neuen historischen, künstlerischen Kontext. 'Verwindung', ein Begriff der auf Heidegger zurückgeht, wird von Gianni Vattimo bezeichnet als

> [...] etwas der *Überwindung*, also dem Überschreiten oder Übersteigen Analoges [...], was sich davon aber insofern unterscheidet, als es weder von der dialektischen *Aufhebung* noch von dem Hintersichlassen etwas an sich hat, wie es das Verhältnis zu einer Vergangenheit charakterisiert, die uns nichts mehr zu sagen hat. (Vattimo 1994: 233)

'Verwindung' bedeutet also nicht die Negierung der Vergangenheit, sondern deren sanfte Integrierung, wobei der Originaltext erhalten bleibt, aber noch Ungesagtes, Ungedachtes hervorgehoben wird. Das Ausgangsmaterial verbindet sich mit dem Neuen und eröffnet so eine neue Perspektive.

Zusammenfassend beschreibt A. de Toro (1996: 281) die Merkmale für eine postmoderne Literatur:

> 'Dekonstruktion', 'Intertextualität' und 'Interkulturalität', [...], 'Historizität', 'sensuale-kognitive Rezeption/Erfahrung', 'Heterogenität', 'Subjektivität', 'Rekreativität', 'radikale Partikularität', bzw. 'Diversität' und demzufolge 'Universalität', 'Textualität' sowie 'Minimalismus', 'Ironie', 'Humor', 'integrative Fragmentierung', 'Collage' und 'spielerische Metadiskurse'.

Mit dieser Anhäufung von Merkmalen wird das Grundmotto der *Postmoderne* noch einmal deutlich: Pluralität, das Verkreuzen von unterschiedlichen Elementen und die Mehrfachkodierung als Mittel um, – im produktiven Sinne – zu irritieren und das Andere, das Dazwischenliegende zu denken:

> Avancierte postmoderne Gestaltung ist in besonderer Weise auf Komplexionseffekte des Pluralen gerichtet. Hybridbildung ist ihr Strukturmerkmal, die dabei entstehende Irritation ihr Ziel. (Welsch 1997: 323)

1.4 Postkolonialität

Das Begriffspaar Postkolonialität und Postkolonialismus führt aufgrund seines oftmals synonymen Gebrauchs häufig zu Mißverständnissen, da vor allem Postkolonialismus mit unterschiedlichen Bedeutungen benutzt wird. Es kann damit im weiteren Sinne die Phase nach dem Ende der Kolonisation und die Diskussion um neo-koloniale Tendenzen bezeichnet werden, also

> [...] all the culture affected by the imperial process from the moment of colonization to the present day. (W.D. Ashcroft 1989: 2)

Im engeren Sinne kann Postkolonialismus eine anti-koloniale Strategie meinen oder eine in der Frühzeit der Kolonisation beginnende Auseinandersetzung mit der kolonialen Situation.

Der Begriff Postkolonialismus erweckt zudem den Eindruck einer historisch linearen Zeitfolge, die den Leitideen einer progressiven Geschichtsentwicklung in die Hände spiele, wie sie Anne McClintock mit dem Wandel von einem primitiven prä-kolonialen über den kolonialen bis zum post-kolonialen Status einer aufgeklärten Hybridität der kolonisierten Länder beschreibt. Sie weist darauf hin, daß der Aspekt der Multiplizität und Heterogenität völlig außer Acht bleibt. Mit der Vereinheitlichung dieser Situation wird das Besondere, das Dazwischen verdeckt und kann nicht zu Wort kommen:

> Metaphorically, the term 'post-colonialism' marks history as a series of stages along an epochal road from the 'pre-colonial', to 'the colonial', to 'the post-colonial' – an unbidden, if disavowed, commitment to linear time and the ideas of 'development'. [...] I am struck by how seldom the term is used to denote multiplicity. (McClintock 1994: 292f.)

Anknüpfend an A. de Toro verstehen wir hingegen unter *Postkolonialität* eine kulturelle und soziale Haltung auf der Grundlage postmoderner und poststrukturalistischer Philosophien, die von der wissenschaftlich-technischen Seite abgekoppelt ist. Ziel ist ein kritischer philosophischer und kulturtheoretischer Dialog zwischen 'Zentrum' und 'Peripherie', der unter den Oberbegriffen Kolonialismus und Imperialismus geführt wird und den sich daraus ergebenden Situationen einer Hierarchisierung von 'Zentrum' und 'Peripherie'. Dabei wird Kolonialismus wie folgt verstanden:

> The conquest and direct control of other people's land, is a particular phase in the history of imperialism, which is now best understood as the globalisation of the capitalist mode of production, its penetration of previously non-capitalist regions of the world, and destruction of pre- or non-capitalist forms of social organisation. (Williams/Chrisman 1994: 2).

Die Kritik richtet sich also gegen den westlichen *logos* und Imperialismus, welche heute als neo-koloniale Tendenzen in der Dominantsetzung westlicher Vorstellungen z.B. aber nicht nur seitens der USA fortbestehen. Die westlichen Mächte nutzen ihre wirtschaftliche und militärische Vormachtstellung, um mit Hilfe politischer und militärischer Interventionen, wirtschaftlicher Dominanz und kultureller Beeinflussung vor allem über die Massenmedien ihre hegemoniale Weltsicht in der ganzen Welt durchzusetzen. Dies geschehe mit einer 'Arroganz der Macht' und der Rechtfertigung Gottes Werk zu vollbringen – "doing God's work, as President Bush put it in the case of Somalia" (ebd.: 3).

Die ehemals kolonisierten Länder haben verschiedene Ausgangssituationen und tragen ihre Kritik daher aus der Perspektive der ihnen eigenen Erfahrung vor. Sie haben das Ziel einer emanzipierten Zukunft sowie kultureller aber auch wirtschaftlicher Eigenständigkeit vor Augen. Im Umgang mit dem kolonialen Erbe in Form von Sprachen,

Denkweisen, Wissenssystemen und Kunstformen lassen sich verschiedene Ansätze erkennen, deren Diskussionsfeld neben Begriffen wie Neo-Kolonialismus und Imperialismus auch solche wie *nativism* – der Glaube an eine authentische ethnische Identität –, Marxismus, Historizität, *négritude*, Subjektivität, Feminismus, *race*, *gender* und Sexualität, aber auch Religion umfaßt.

Postkolonialität kann somit als dialogführende Strategie alle Aspekte der vielfältigen Probleme ehemals kolonialisierter Länder in Betracht ziehen, das Besondere, das Andere artikulieren und eine veränderte historische Perspektive bieten. Postkolonialität findet ihren epistemologischen Ort in einer postmodernen Kultur:

> [...] 'postcolonialidad', entendido como una actitud intelectual, social y cultural pluralista e internacionalista dialogizante entre la periferia y el centro. El lugar epistemológico es la *cultura postmoderna*. (A. de Toro 1997: 28f.)

Daß die Begriffe Postkolonialismus bzw. Postkolonialität kein einheitliches Diskussionsfeld bieten, zeigt die Entwicklung der postkolonialen Debatte, deren drei wichtigste Vertreter/innen hier kurz genannt werden sollen.

Edward Said eröffnet mit seinem Buch *Orientalism* (1978) den Beginn einer neuen Forschungsrichtung innerhalb der Kolonialismus-Kritik und bewegt sich auf der Ebene eines kolonialen Diskurses bzw. der kolonialen Diskursanalyse. Aufgrund seiner eigenen interkulturellen Erfahrungen[18] stellt er sich gegen die einseitig bestimmte Bildung von Wissenssystemen und deren normierte Festschreibung im Sinne einer westlichen Macht und Wissenskonstellation, die schon Michel Foucault kritisiert hatte. Said betrachtet *Orientalism* als Diskurs, der aus einer Anhäufung von Wissen besteht, das von außen auf den Orient übertragen wurde, ohne daß die orientalische Bevölkerung jemals die Möglichkeit einer Selbstdarstellung gehabt hätte, geschweige denn ihr das Wort erteilt worden wäre:

> Orientalism is more particularly valuable as a sign of European-Atlantic power over the Orient than it is veridic discourse about the Orient [...] Orientalism, therefore, is not an airy European fantasy about the Orient, but a created body of theory and practice [...]. (Said 1978: 6)

In der Nachfolge von Saids *Orientalismus*-Konzept haben sich Theorien entwickelt, die von unterschiedlichen Perspektiven aus zu einer Vielfalt dieses Forschungsgegenstandes beigetragen haben. An dieser Diskussion haben sich vor allem Theoretiker/innen aus dem indischen Kulturraum beteiligt, die zum Teil auf poststrukturalistische Theorien zurückgegriffen haben und deren Ansätze wichtige Impulse für den Fortgang der postkolonialen Debatte lieferten. So findet die Philosophie von Derrida und sein Konzept der

---

18 Edward Said ist Literaturwissenschaftler und stammt aus einer arabischen Familie in Jerusalem, genoß eine westlich geprägte Erziehung. Er studierte in den USA, wo er an der Columbia University unterrichtet. In seinem Buch *Out of place* (1999) schildert er die Schwierigkeiten, die Interkulturalität auch bedeuten kann. Vgl. auch *Culture and Imperialism* (1993), eine Analyse, die über den Orient hinausgehend auch andere Kulturen miteinbezieht.

Dekonstruktion im Werk von Gayatri Chakravorty Spivak Anwendung, die Psychoanalyse von Jacques Lacan ist Basis für das Werk von Homi K. Bhabha, die Feminismus-Theorien bilden den Hintergrund für die Gedanken von Chandra Mohanty und Marxismus in veränderter Form findet sich bei Aijaz Ahmad, um nur einige Namen zu nennen. Im Umfeld dieser Diskussionen haben Begriffe wie *Hybridität*, *Alterität* bzw. *Altarität* sowie *Mimikry* bzw. *mimétisme* (siehe unten) ihren Platz innerhalb des Dialoges zwischen 'Peripherie' und 'Zentrum' eingenommen.[19]

Homi K. Bhabha versucht eine Analyse des postkolonialen Diskurses unter dem Gesichtspunkt der wechselseitigen Abhängigkeit zwischen Kolonisierten und Kolonisatoren, die er am Beispiel Indiens erarbeitet. Seine Aufsatzsammlung *The Location of Culture* (1994) gibt einen Überblick über die Entwicklung seiner Mimikry- und Hybriditätskonzepte. Die Konfrontation des Selbst mit dem Anderen und die widersprüchliche Beziehung zwischen Neugier und Ablehnung auf beiden Seiten begründen im Rahmen der postkolonialen Debatte Begriffe wie *Alterität* (zu *Altarität*) neu, als Unterscheidung zum Hegelschen Begriffsverständnis und zu der befremdlichen und erstaunlichen Andersheit im Sinne Jauss' (1977). Um diese befremdende Andersheit in ihrer Opposition aufzubrechen, spricht Bhabha von einer *Mimikry*-Kultur, die in ihrem Bemühen um gegenseitige Anerkennung Assimilationsstrategien anwendet und durch Übernahme bestimmter Elemente im Sinne von Lacans *mimétisme*[20] Veränderungen auf beiden Seiten hervorruft, die zu einer 'Enthierarchisierung' der Opposition Kolonisierte/Kolonisator beiträgt. Das führt zu einem "in between" der Kulturen, zu einem Gefühl des "unhomely", nicht im Sinne von heimatlos, sondern als Hybridität, dem Grundempfinden kolonisierter Länder.[21]

---

19 Der Begriff *Altarität* geht zurück auf das *Altarity* Konzept von Mark C. Taylor (1987), der das Wortspiel *Alterity* vs. *Altarity* als Terminus analog zu Derridas Bezeichnung *différence* vs. *différance* begründete. Er will damit all das ausdrücken können, was in dem Begriff der *différance* ausgelassen bzw. übersehen wurde:

> Though recalling the Derridean gesture of substituting an *a* for an *e*, the writing of *Altarity* is *not* a simple repetition of the translation of *différence* into *différance*. *Altarity* evokes dimensions of difference and aspects of otherness overlooked, excluded, or repressed by the notion of différance. (Taylor 1987: xxix)

20 Die Unterscheidung der beiden Termini *Mimikry* und *mimétisme* verdeutlicht Jacques Lacan in seinem Aufsatz *La ligne et la lumière*, wobei *Mimikry* die Anpassung meint, deren Funktion die Suche nach Schutz ist und *mimétisme* die Einschreibung in ein *tableau* bezeichnet, die auf eine Veränderung beider Seiten abzielt.

21 Der Begriff *unhomely* stammt von Bhabha (1994: 9):

> To be unhomed is not to be homeless, nor can the 'unhomely' be easily accomodated in the familiar division of social life into private and public spheres. The unhomely moment creeps up on you stealthily as your own shadow [...]. Although the 'unhomely' is a paradigmatic colonial and postcolonial condi-

Gayatri Chakravorty Spivak orientiert sich in ihrer postkolonialen Auseinandersetzung mit den Kategorien *race*, *class* und *gender* an Derridas Konzept der *Dekonstruktion* sowie an marxistischen und feministischen Theorien, wobei sie ihre privilegierte Position einer Frau eines Dritte-Welt-Landes kritisch miteinbezieht. Ihr Ansinnen ist es, die heterogenen Verhältnisse der kolonisierten Länder zu berücksichtigen, damit einer eurozentristischen Vereinheitlichung entgegengewirkt werden kann und historische, kulturelle Eigenheiten ihren Platz in der Diskussion finden. Ihr wohl bekanntester Essay *Can the Subaltern Speak?* zeigt anhand der Situation indischer (Ehe)Frauen in der Kombination von *race*, *class*, *gender* sowie Subjekt- und Objektkonstitution deren doppelte Unterdrückung durch Patriarchat und imperialistische Macht, die zu einer ausweglosen Situation für die Frau wird und ihr keine Möglichkeit des Sprechens einräumt: "The subaltern as female cannot be heard or read" (Spivak 1994: 104). Ihre Literaturanalysen sind ein ideologiekritisches *Gegen-den-Strich-lesen*, um die Strategien einer literarischen (männlichen) Kanonbildung zu hinterfragen. In ihrer 1993 veröffentlichten Essaysammlung *Outside in The Teaching Machine* tritt sie für eine veränderte 'Lehrmaschine' ein, die in der Unterrichtung von Literatur den Kanon überprüfen und sich zu einer kultur- und länderübergreifenden Kulturwissenschaft weiterentwickeln sollte.

1.5 Zusammenfassung

Zusammenfassend läßt sich Postmoderne als Grundlage eines kulturellen Denkens beschreiben, das uns die Möglichkeit bietet, durch die Abkehr von einem allgemeingültigen Wahrheitsbegriff und dem Infragestellen einer festverfügten westlich-metaphysischen Tradition das/den/die Andere/n wahrzunehmen und ihnen Raum und Stimme zu geben. Pluralität und Vielfalt ermöglichen das Eintreten marginaler Stimmen in das Denken und in die Diskussion, sie können sich selbst artikulieren und erweitern das Panorama eines auf Einheitlichkeit ausgerichteten Denkens.

Postkolonialität ist eine kulturelle dialogisierende Haltung, die wir in Anlehnung an A. de Toro als Gegendiskurs bzw. Neu-Schreibung des Diskurses des 'Zentrums' sowie des eigenen Standortes betrachten. Durch die Aneignung des zentralen Diskurses mittels der postmodernen literarischen Strategien 'Erinnerung', 'Verarbeitung' und 'Verwindung' kann dieser dann in einer recodifizierten Form in einen neuen Kontext integriert werden und damit eine veränderte Perspektive schaffen:

> La postcolonialidad como categoría epistemológica se puede entender como una re-escritura des discurso del centro, de un "contra-discurso", como un discurso subversivo de descentramiento, en un sentido semiótico-epistemológico (y no ideológico-militante comprometido), y no de la reconstrucción de una identidad sustancial (esencia), sino de una apro-

---

tion, it has a resonance that can be heard distinctly, if erratically, in fictions that negotiate the powers of cultural difference in a range of transhistorical site.

brav, schulmädchenhafte Definitionen

> piación de los discursos del centro y de su implantación recodificada a través de su inclusión en un nuevo contexto y paradigma histórico. (A. de Toro 1997: 29)

Postmoderne bietet allen Theoretiker/inne/n des Zentrums die Möglichkeit ihre Ansichten über *Außenseiter* (vgl. Mayer 1975), so noch nicht geschehen, radikal zu überdenken, und *Außenseiter/innen* als gleichwertigen Bestandteil einer allgemeinen kulturellen Landschaft anzusehen, beziehungsweise diese ausgrenzende Klassifizierung ganz abzuschaffen.

Was kann jedoch der Umgang mit Pluralität im täglichen zwischenmenschlichen Miteinander bewirken, damit Postmoderne nicht zu einem dogmatischen Paradigma wird, das doch wieder nur an der Ausbildung einer alleingültigen Wahrheit interessiert ist? Auf diesen Umstand rekurrierte Lyotard schon 1983 in *Le Différend*, als er auf die Notwendigkeit einer bewußten Handhabe postmoderner Vorstellungen hingewiesen hat. Ist Postmoderne also nur ein Hoffnungsträger, die Utopie eines *gleich*wertigen Nebeneinanders verschiedener Denk- und Lebensformen? Tatsächlich gibt es immer noch Tendenzen, die versuchen, an einer binären, oppositionsbildenden Struktur festzuhalten, z.B. indem sie, wie im radikalen Feminismus, eine Umkehr der bestehenden Verhältnisse anstreben oder aber auf einer Differenz bestehen, sei diese nun geschlechtlich oder religiös, wie z.B. der Kosovo-Konflikt gezeigt hat. Dort hat kein Dialog stattgefunden, der nicht von Machtstreben geprägt gewesen wäre. So klingt es fast resignierend wenn A. de Toro (1997: 28) Postkolonialität als "actitud intelectual" bezeichnet, die nicht aus ihrem Elfenbeinturm herauszutreten vermag.

Die Vorteile einer kulturellen Öffnung im Rahmen einer postmodernen Kultur und einer postkolonialen Haltung trotz aller Schwierigkeiten sehend, verbinden wir damit die Hoffnung, daß durch einen höheren Grad von Bewußtwerdung der/die/das Andere nicht mehr als etwas Exotisches wahrgenommen wird. In Bezug auf die Literatur und vor allem auf die von Frauen geschriebene Literatur, bietet diese Perspektive die Möglichkeit der Integration bisher außerhalb der gültigen Norm liegender Texte sowie deren Betrachtung auf eine der Kanonliteratur entsprechende Weise. Frauen gelten dabei weder als "unfertiger Mann" noch unterliegt ihre Literatur einer Mißbilligung, die sich nicht nur in ihrer raren Anwesenheit in Literaturgeschichten bemerkbar macht, sondern auch in den Kommentaren einzelner Kritiker und auch Kritikerinnen. Erst in diesem Kontext können die Texte von Autorinnen betrachtet werden, ohne sie in logozentrischer Denktradition als das Andere zu werten. Literatur von Frauen erhält einen eigenen Stellenwert. Sie wird nicht mehr an einer männlich tradierten Literaturnorm gemessen, sondern die Autorinnen haben die Möglichkeit, mit eigener Stimme den männlichen Diskurs zu dekonstruieren und in einem neuen Kontext zu rekodifizieren und somit die kanonisierte Norm in Frage zu stellen. Eine gleichwertige Literaturbetrachtung befreit Literatur von Autorinnen, die als etwas Außenstehendes immer noch um Anerkennung kämpft, von dem Anschein des Exotismus und dem Stigma einer anthropologischen Kategorie.

Nur wenn der/die/das Andere nicht mehr als hierarchisches Phänomen einer Beurteilung bedarf, kann Literatur von Frauen im heutigen Panorama der Vielfalt von Modellen, in der Konkurrenz von Paradigmen und bei der Unmöglichkeit einheitlicher und endgültiger Lösungen ihren Platz finden und diesen dann auch behaupten. Denn erst die Irreduzibilität des Differenten macht Postmoderne und Postkolonialität möglich und produktiv.

2. Postmoderne und Postkolonialität in Lateinamerika

Die Diskussion um Postmoderne und Postkolonialität in Lateinamerika ist überlagert von der Begegnungsgeschichte zwischen Europa und Lateinamerika seit der Zeit der Eroberung. Die historische Entwicklung beider Kontinente, innerhalb derer Europa den neu entdeckten Kontinent als Projektionsfläche für die eigene Geschichte nutzte, führte zu Begriffsbildungen und der Etablierung von Binäroppositionen wie Zentrum und Peripherie, Alte und Neue Welt, Zivilisation und Barbarei, die sich bis heute aus dem Denken innerhalb und außerhalb Lateinamerikas nur schwer lösen lassen. Die Metapher des 'zersprungenen Spiegels' (Brunner 1988) verdeutlicht die gespaltene Beziehung zwischen beiden Kontinenten, in der Europa Lateinamerika immer nur als das 'Andere' des eigenen Selbst wahrgenommen hat und die Hegel im 19. Jahrhundert zu einem hierarchischen Bild konsolidiert, denn für ihn war "Geschichtliches (...) nur als europäische Vergangenheit denkbar" (Herlinghaus/Walter 1997: 247):

> Die Welt wird in die Alte und Neue geteilt, und zwar ist der Name der neuen daher gekommen, weil Amerika und Australien uns erst sehr spät bekannt geworden sind. Aber diese Weltteile sind nicht nur relativ neu, sondern überhaupt neu in Ansehung ihrer ganzen physischen und geistigen Beschaffenheit. [...] Von Amerika und seiner Kultur, namentlich in Mexiko und Peru, haben uns zwar Nachrichten erreicht, aber bloß die, daß dieselbe eine ganz natürliche war, die untergehen mußte, sowie der Geist sich ihr näherte. Physisch und geistig ohnmächtig, hat sich Amerika immer gezeigt und zeigt sich noch so. (Hegel 1985: 107f.)

Lateinamerika hat es nie recht geschafft sich aus dieser ihm zugewiesenen Position zu befreien und dem binären, hegemonialen Zentrum-Peripherie-Modell zu entkommen. Von außen, d.h. von Europa bzw. von den USA aus als das *Andere* betrachtet zu werden,[22] und im Laufe der letzten Jahrhunderte immer wieder eine eigenständige Geschichte oder Entwicklung abgesprochen zu bekommen, mag ein Grund für die zögerli-

22 Daß Lateinamerika immer noch den Stempel des unterentwickelten, wilden Kontinents trägt, zeigte sich z.B. beim FIFA *Confederations Cup* 1999 in Mexiko, als am 02.08.99 im ARD-Morgenmagazin nicht vorrangig über den fußballerischen Erfolg im Halbfinal-Spiel Mexiko-USA gesprochen wurde, sondern über die schwierige Beziehung zwischen Mexiko, dem unterentwickelten, verarmten Land und den wirtschaftlich potenten USA. Daß Mexiko das Spiel gewonnen hatte und es im Anschluß an das Spiel nicht zu Ausschreitungen gekommen war, wurde zurückgeführt auf den Respekt, den die Mexikaner vor dem US-amerikanischen Fußball haben, nicht aber auf ihre spielerische Leistung. Befragt wurden ausschließlich Spieler der US-amerikanischen Mannschaft, während von den mexikanischen Gastgebern nur Fans mit der Kamera eingefangen wurden, die mit Kostümen aus präkolumbinischer Zeit erschienen waren, ohne daß ihnen jedoch das Wort erteilt worden wäre.

che Annäherung lateinamerikanischer Theoretiker/innen an postmoderne Konzepte sein, zumal sich die Modernisierungsprozesse in den einzelnen Ländern und Bereichen unterschiedlich entwickel(te)n und zu einer strukturellen Heterogenität führten, die wirtschaftliche Gegensätze und soziale Spannungen verstärk(t)en statt abzubauen. Dergestalt war auch die Diskussion um Moderne, Postmoderne und Postkolonialität von unterschiedlichen Phasen gekennzeichnet, die in den 1980er Jahren zu einem Paradigmenwechsel (vgl. A. de Toro 1999: 35) führte, welcher eine Öffnung Lateinamerikas nach außen erkennen läßt.

Haben die Diskussionen um Postmoderne und Postkolonialität im internationalen Kontext schon für genug Zündstoff gesorgt, potenziert sich dies im lateinamerikanischen; geht es doch nicht nur darum, die Begrifflichkeiten zu klären, um einem "diffusen Postmodernismus" (Welsch 1997: 41) konstruktiv entgegentreten zu können, sondern auch darum, sich bewußt zu machen, daß Postmoderne vor allem ein europäisches bzw. nordamerikanisches Phänomen ist, dessen Theoriemodelle in der 'Peripherie' auf große Skepsis stoßen. Mißtrauen gegenüber hegemonialen eurozentristischen Ansichten bzw. einer "North Americanization" (Brunner 1993: 51) und deren "Enteignungspraxis" (Herlinghaus/Walter 1997: 256) ist aus historischer Perspektive berechtigt. Vielleicht bietet sich jedoch mit der Einordnung von Postmoderne als Grundlage kulturellen Denkens und Postkolonialität als kultureller dialogisierender Strategie die Chance, in eine andere Art des Dialoges einzutreten und nach neuen Begegnungswegen zu suchen. Ein erster Ansatz scheint im Rahmen der poststrukturalistischen Theorie gegeben zu sein, denken wir an die Möglichkeiten, die in Konzepten wie *altarity* und *différance* (vgl. Punkt I.1.3. dieser Arbeit) liegen oder in der Kritik an der Geschichtsschreibung, die den Weg zu einem neuen Geschichtskonzept, das *andere* Perspektiven in die Darstellung einbezieht, öffnet. Hayden White stellt mit der Diskussion um den Konstruktcharakter der herkömmlichen Geschichtsschreibung und ihrer Nähe zur Literatur die Idee einer 'objektiven' Geschichtsschreibung in Frage[23] und bietet Raum für Vielstimmigkeit, die

23 [...] das Ziel des Historikers sei es, die Vergangenheit zu erklären, indem er die »Geschichten«, die in den Chroniken verborgen liegen, »findet«, »erkennt« oder »entdeckt«, und der Unterschied zwischen »Historie« und »Fiktion« bestehe darin, daß der Historiker seine Geschichten »finde«, während z.B. der Romancier die seinen »*er*finde«. Diese Vorstellung verschleiert jedoch, in welchem Ausmaß die »Erfindung« auch die Arbeit des Historikers prägt. [...] Der Historiker ordnet die Ereignisse der Chronik, indem er ihnen als Bestandteilen der Fabel jeweils unterschiedliche Funktionen beimißt, in einer Hierarchie der Bedeutsamkeit an. (White 1994: 20f.)

[...]

Nach meinem Verständnis gibt es keine außerideologischen Instanzen für eine objektive Entscheidung zwischen den widerstreitenden Anschauungen von der Geschichte und der historischen Erkenntnis [...]. (ebd.: 43)

Vgl. auch White (1992 und 1992a).

der Peripherie den Freiraum schafft, mit eigener Stimme ihren eigenen Ort im hegemonialen Diskurs des Zentrums zu erobern, die aberkannte eigene Geschichte und das damit verdrängte Wissen in die Diskussion zu integrieren und Lateinamerika nicht mehr als "transatlantische Fortsetzungsgeschichte" (Scharlau 1994: xiii) zu erzählen.

Während in den 70er Jahren Europa und die USA in eine allumfassende Diskussion um Postmoderne eingetreten waren, die alle kulturellen Bereiche umfaßte, begann innerhalb und außerhalb Lateinamerikas die Auseinandersetzung mit der Moderne in Lateinamerika, die mit Begriffen wie *Pseudomoderne* oder *periphere Modernität* zu fassen versucht wurde; daß in diesem Zusammenhang im Rahmen der Kulturtheorien[24] auch postmoderne Konzepte unter dem Begriff der Moderne diskutiert wurden und werden, verdeutlicht einerseits die unterschiedlichen theoretischen Positionen in einer oftmals konträren Diskussion, andererseits mag dadurch aber auf

> [...] die in gewisser Weise lässig selbstverständliche Einverleibung lateinamerikanischer Kultur in den Universalanspruch der Moderne und der Postmoderne (Walter 1994: 37)

aufmerksam gemacht werden.[25]

Die Debatte in den 70er Jahren in Lateinamerika war als Reaktion auf den Hegemonieanspruch Europas, dem Zentrum der Moderne, in erster Linie ein Versuch, die Differenzen auf kultureller Ebene hervorzuheben, um vor allem über das 'spezifisch Lateinamerikanische' eine eigene Identität[26] zu begründen, die Lateinamerika seit jeher

---

24 Der Begriff Kulturtheorie bzw. Kulturwissenschaft ist ebenfalls mit mehreren Bedeutungen belegt. Er kann einen fächerübergreifenden integrativen Ansatz meinen, die Forderung nach Wandel und Erweiterung der Geisteswissenschaften bezeichnen und als ein Teilbereich innerhalb der jeweiligen philologischen Richtungen oder sogar der traditionellen Ethnologie gelten. Zu unterscheiden ist dieser Terminus von den *Cultural Studies* mit ihrer marxistischen Gesellschaftstheorie, ideologischen Zielsetzungen und der Eingrenzung auf die *popular culture* (vgl. *Metzler Lexikon: Literatur- und Kuturtheorie* 1998: 299f.). Der Terminus Kulturtheorie weist aber vor allem ein Merkmal auf, das für die Veränderungen in der Diskussion in den 80er Jahren maßgeblich werden soll: *Transdisziplinarität* als Medium für die Wirklichkeitserfassung, die sich mit dem *linguistic turn*, dem Zweifel an Sprache entwickelt hat. Somit

> [...] ergeben sich vielfältige Berührungspunkte mit der komparatistischen Imagologie, Kollektivsymbolik, Kulturökologie, Lit. Anthropologie, Begriffs-, Geistes-, Ideen- und Mentalitätsgeschichte, *New Cultural History*, Xenologie und den *Gender Studies* (ebd.)

25 Zum Umgang mit Kultur im Sinne einer *perlaboración* vgl. A. de Toro (1999).

26 Die Frage nach Identität ist (nicht nur) in Lateinamerika einer der Diskussionsschwerpunkte. Während jedoch der Verlust derselben beklagt wird (vgl. Brunner 1986), bleibt zu fragen, welche Referenz mit lateinamerikanischer Identität verbunden ist. Der zugrundeliegende Identitätsbegriff verweist immer auf das ursprüngliche nationale, also präkolumbinische Element. Demnach bedeutet Identität in diesem Falle eine zeitübergreifende, diachrone Gruppenzugehörigkeit, eine nationale Identität, die für die Bildung der personalen Identität maßgeblich ist, letztlich also die Referenz auf einen *logos*. Dieser wird jedoch nie benannt, so daß die Suche nach einer lateinamerikanischen Identität einem Mythos gleicht, der als Abwehr gegen die eindringenden Moder-

verweigert wurde bzw. um die Lateinamerika immer gekämpft hat. Ausgehend von der Tatsache, daß mit der Eroberung eine konstante Vermischung von Kulturen und Ethnien stattgefunden hat und dem Kontinent durch diesen Zustand des *Synkretismus* ein hybrider Charakter eigen wurde, versuchten vor allem die Ethnologie und Soziologie, die ursprüngliche Reinheit der präkolumbinischen Zeit zu dem 'spezifisch Lateinamerikanischen' zu stilisieren, das – mit den *culturas populares* oder dem *indigenismo* – als die versuchte Rückgewinnung des 'Eigenen', aber Unveränderlichen zu einer sich abgrenzenden und damit ausgrenzenden ahistorischen Kategorie wurde, die als Möglichkeit des Widerstandes und der Abwehr Lateinamerika vor Überfremdung und Homogenitätsbestrebungen des Zentrums bewahren sollte. Zugleich wurde der Begriff des *mesticismo* (vgl. Schumm 1994) zur Bezeichnung des synkretistischen ethnischen Zustandes Lateinamerikas verwendet, den es zu erhalten galt.

Grundlegend für die Auseinandersetzungen waren Fragestellungen, ob überhaupt von Postmoderne die Rede sein könne (vgl. Yúdice 1989), habe doch Lateinamerika noch nicht einmal eine *richtige* Moderne gehabt (vgl. Herlinghaus/Walter 1994), bzw. wie modern das Denken über Moderne in Lateinamerika denn eigentlich sei (vgl. Walter 1994). Andererseits läßt sich in bestimmten Bereichen sehr wohl von Postmoderne sprechen, will man diesen Begriff nicht als globales, weltweit einheitliches System betrachten (vgl. A. de Toro 1999).

Octavio Paz prägte 1981 den Begriff der *Pseudomoderne* und bezeichnet damit die Schwierigkeiten der Modernisierungsprozesse in Lateinamerika:

> Zu Beginn des zwanzigsten Jahrhunderts waren wir höchst pseudomodern. Wir hatten Eisenbahnen, aber auch Großgrundbesitz, eine demokratische Verfassung, aber auch einen Caudillo [...], wir besaßen positivistische Philosophen und präkolumbinische Kaziken, eine symbolische Dichtung, doch auch Analphabetismus. (Paz 1981: 56)

Daß Paz das Scheitern verschiedener Projekte der Moderne auch als intellektuelles Versagen betrachtet, steht in Zusammenhang mit der Stellung der Schriftsteller als einer städtischen intellektuellen Elite, die traditionsgemäß auch Kultur- bzw. Gesellschaftskritiker/innen waren, so daß Modernisierungsprozesse oft über den Weg der Literatur zu erreichen versucht wurden. Moderne wurde allerdings immer als ein Gesamtphänomen betrachtet, ohne zwischen wirtschaftlich-ökonomischer und kulturell-literarischer Moderne zu unterscheiden, eine Dissoziierung,[27] die für Lateinamerika charakteristisch ist: unterschiedliche wirtschaftliche, soziale und kulturelle Entwicklungen stehen in den

nisierungstendenzen ins Feld geführt wird, weil die kulturelle Heterogenität noch nicht als Grundlage einer eigenen Identitätsbildung akzeptiert worden ist. Vgl. auch A. de Toro (1999: 36):

> El problema de la identidad es evidentemente también una reacción frente al fenómeno de la colonización, a la hegemonía cultural, al etnocentrismo y al eurocentrismo, y trata de establecer su 'especificidad latinoamericana'.

27 Vgl. den Begriff "disociación" bei (A. de Toro 1997: 26)

einzelnen Ländern in ihrer Verschiedenheit nebeneinander und ergeben das Bild einer "regional modernity" (Brunner 1993: 43),[28] so daß

> El nivel cultural no tiene correspondencia con el económico, ni el económico con el social, y éstos a su vez, no corresponden al nivel político. (A. de Toro 1997: 26)

Die Diskussion bis zum Ende der 70er Jahre läßt sich zusammenfassend als Versuch beschreiben, sich gegen hegemoniale Moderne-Projekte aus Europa zu behaupten und als Reaktion darauf eine Art *Gegenmoderne* bzw. *Antimoderne* zu etablieren. Das Ziel ist eine eigene lateinamerikanische Identität, die durch die Stilisierung des autochthonen Elements und der damit verbundenen Oralität als '*des* Lateinamerikanischen' zur Anerkennung einer eigenen Geschichte und damit Identität beitragen soll. Die Suche nach einer eigenen Stimme und einem eigenen Ort auf ethnozentristischem Wege, führt jedoch zu einer Ausgrenzung, verstärkt den exotischen Anschein Lateinamerikas und erschwert dem Kontinent das Herauskommen aus dem Modell des Gleichheits- und Differenzdenkens, in dem es nur das *Andere* des *Selben* ist.

Enttäuschungen über die Ignoranz westlicher Kritiker/innen, die den Kontinent in Anlehnung an Hegel als einen "philosophische(n) Nicht-Ort" (Walter 1994: 37) betrachten, zeigen sich in der resignierenden Reaktion z.B. eines Enrique Dussel, die nicht zuletzt auf eine sprachliche Hierarchie verweist:

> Es aquí donde el filósofo de la periferia siente tristeza, dolor hasta ira. Hace veinte años publiqué una ética en cinco volúmenes 'en español', es decir está inédita para la filosofía del Centro. (Dussel in Walter 1994: 37)

In den 80er Jahren beginnt sich eine deutliche Denkwende abzuzeichnen, die mit der Veränderung des Begriffes Kultur und Kulturtheorie einhergeht.[29] Kultur als Bereich der intellektuellen Elite, verändert sich zu einem Feld der Transdisziplinarität, d.h. verschiedene Wissenschaftsgebiete treten miteinander in Dialog, ermöglichen eine Vielfalt von Perspektiven und bringen die einzelnen Disziplinen dazu, sich selbst in Frage zu stellen und damit offen zu sein für das Andere.[30] Néstor García Canclini (1992: 15) bezeichnet dieses Interagieren der Wissenschaften als "ciencias sociales nómadas", als ein

---

28 Vgl. die Einwanderungswelle in Argentinien zu Beginn des Jahrhunderts, die Militärdiktaturen vor allem im *Cono Sur* in den 70er Jahren sowie den literarischen *modernismo*, der seit 1888 mit Rubén Darío seinen kulturellen Einfluß auch außerhalb Lateinamerikas geltend machte.

29 Zum Wandel des Begriffes Kultur in den 80er Jahren in Lateinamerika vgl. Herlinghaus/Walter (1994), Scharlau (1994) und A. de Toro (1999).

30 In diesem Zusammenhang ist das Konzept der transversalen Vernunft von Welsch interessant, das im Rahmen der Vernunftkritik eine Möglichkeit bietet, Übergänge, Pluralitäten und Verflechtungen zu denken. Dabei handelt es sich

> [...] um eine Vernunft [...], die im Wesen eine Vernunft der Übergänge ist – mit allen Konsequenzen. [...] »transversal« bezeichnet eben einen solchen Operationsmodus der Übergänge, bezieht sich auf die Erstellung querlaufender

> Nomadisieren zwischen Anthropologie, Soziologie, Medien- und Literaturwissenschaften mit deutlicher Präferenz der Kultursoziologie oder Kulturanthropologie. (Herlinghaus/ Walter 1997: 280)

Das Hauptaugenmerk liegt nun nicht mehr darauf, an einer unverwechselbaren historischen Situation festzuhalten und die Produktion einer ästhetisch-literarischen Elite-Literatur als zwingend anzusehen, die mit dem *modernismo* oder *realismo mágico* auch außerhalb Lateinamerikas prägend wurde. Die Krise der Wissenschaften, die aufgrund der politischen 'Entdemokratisierungstendenzen' in Folge eines überzogenen Neoliberalismus entsteht, führt vielmehr zu einer Konfrontation der Wissenschaftler/innen mit sich selbst und erfordert eine neue Standortbestimmung des Begriffes der *Kultur*, der für die kulturtheoretische Debatte in Lateinamerika seit den 80er Jahren immer fruchtbarer wird (vgl. A. de Toro 1999).[31] Die nun geforderte Realitätsbezogenheit zeigt sich in der Hinwendung zur politischen Alltagskultur, wobei die Ausdehnung der Massenmedien und die sich damit verändernde kulturelle Landschaft das Interesse für die soziale Kommunikation und die Lebenswelten der *culturas populares* weckt und die intellektuelle Elite und ihre Literatur als gesellschaftskritisches und -veränderndes Instrument relativiert:

> Sprache und Literatur sind nicht mehr das Nadelöhr, durch das Lateinamerika vorrangig wahrgenommen wird. Sie werden Moment jenes breiteren, heterogen und konfliktiv gedachten Kulturspektrums, in das immer mehr auch Themen wie *cultura popular*, mündliche und schriftliche Kultur, Massenmedien und die Spannung zwischen Ethnischem und Nationalem einbezogen sind. (Scharlau 1994: xiv)

Schriftsteller werden zu "transculturadores" (Rama 1984: 12), "mediadores" (ebd.: 55), Mittlern zwischen Moderne und autochthonen regionalen Kulturen. Ziel ist also nicht mehr das Betonen des Eigenen als Abwehr gegen Überfremdung, sondern das Eigene nimmt teil an den sich wandelnden Modernisierungsprozessen und wandelt sich selbst, d.h. das 'spezifisch Lateinamerikanische' läßt den Status des ahistorisch Ausgrenzenden hinter sich und wird, u.a. durch die Entwicklungsprozesse der Massenkultur, zu einer wandelbaren historischen Kategorie, die das Merkmal des Exotischen verliert. Während noch Brunner (1988: 254) diese Entwicklung als nicht postmodern betrachtet:

> Pero incluso dichas culturas, llamémoslas populares, autóctonas, alternativas, de resistencia o como se quiera en cada caso, son ya parte de esta modernidad; se definen en relación a ésta y poco a poco van integrándose en la cultura de masa, perdiendo allí su especifidad o

---

> Verbindungen zwischen unterschiedlichen Komplexen. [...] bringt ein zentrales Desiderat gegenwärtigen Denkens zum Ausdruck: Heterogenität und Verflechtung, Pluralität und Übergang zusammendenken zu können. [...] Transversale Vernunft ist [...] eine Vernunft der Bewegung. (Welsch 1996: 761ff.)

31 An den Entwicklungen neuer kultureller Sichtweisen waren vor allem die Forschungseinrichtungen FLACSO (Facultad Latinoamericana de Ciencias Sociales) in Chile und CLACSO (Consejo Latinoamericano de Ciencias Sociales) in Buenos Aires maßgeblich beteiligt.

> sirviendo, por el contrario, como un código de apropiación y reelaboración de ésta. Tampoco cabe aquí hablar de una postmodernidad, pues ésta se define, a su vez, estrictamente en relación a la autocomprensión europea de la modernidad,

ist für Herlinghaus und Walter eine Wende zum postmodernen Denken erkennbar:

> Eine solche Denkwende zeichnete sich durch kritische Bilanz bisheriger Modernekonzepte aus. Geprägt ist sie in besonderem Maße durch einen hohen kulturtheoretischen Stellenwert sozialer Kommunikation vor dem Hintergrund rapider Ausdehnung des Kulturmarktes und beschleunigter audiovisueller Entwicklungen. In dieser epistemologischen Umorientierung war zugleich ein schöpferischer Zugang der lateinamerikanischen Theoretiker zur internationalen Diskussion der Postmoderne angelegt. (Herlinghaus/Walter 1997: 274)

Die Diskussion erhält eine 'sozio-semiotische' Dimension, mit der in Anlehnung an poststrukturalistische Theorien, die Welt als Zeichensystem wahrgenommen und Kultur als Bedeutungsproduzent sowie -konsument betrachtet wird:

> Coincidiendo con otras disciplinas o tendencias de las ciencias sociales -la lingüística, la semiótica, los estudios de comunicación-, muchos antropólogos y sociólogos definen hoy a la cultura como el ámbito de producción, circulación y consumo de significaciones. [...] Esta definición sociosemiótica de la cultura permite aproximar, hasta cierto punto, el trabajo de varias disciplinas y establecer una plataforma común para estudiar problemas que hasta hace poco oponían a los investigadores. (García Canclini 1991: 18)

Dennoch findet sich der Begriff Postmoderne immer noch nicht als gemeinsame Grundlage für die Diskussion, sondern der Bezug zur Moderne bleibt mit dem Begriff der *peripheren Modernität*[32] weiterhin erhalten. Damit scheint nicht nur der Versuch unternommen, einen eigenen Beitrag zur Begriffsbildung zu leisten und die Übernahme der vom 'Zentrum' geprägten Termini zu vermeiden, sondern auch auf unterschiedliche Schwerpunkte innerhalb der postmodernen Entwicklung hinzuweisen:

> Während für die euroamerikanische Postmoderne (Foucault, Derrida, Lyotard, Deleuze, Guattari, de Man, Jameson) weitgehend Literatur, Künste und Naturwissenschaft eine neue Aktualität gewonnen haben, ist der gewandelte Ausgangspunkt für die Neubestimmung von Kulturmoderne im Lateinamerika der 80er Jahre das Phänomen der *culturas populares* [...]. (Walter 1994: 39)

Nichtsdestoweniger sind

---

32 Vgl. hier vor allem Beatriz Sarlo (1988) und (1990). Sie benennt alle in die postmoderne und poststrukturalistische Debatte integrierten Themen:

> De la crisis de los años sesenta, esta crisis que afectaba a la idea de totalidad, a la idea de la historia, a la idea de la causa, a la idea de origen, y sin duda centralmente la idea de sujeto [...]. (Sarlo 1990: 158)

> 'Postmoderne' wie 'Periphere Modernität' [...] Kraftfelder der Kommunikation. Als metaphorische Suchbegriffe markieren sie grenzüberschreitende Alternativen gegenüber tradierten Begrifflichkeiten. (Herlinghaus 1994: 51)

Zentrale Charakteristika Lateinamerikas wie *kulturelle Heterogenität* und *Hybridität* werden in diesem Zusammenhang nicht mehr zu Kategorien der Abgrenzung, die eine 'verlorene Identität' (vgl. Brunner 1986) reklamieren, sondern *kulturelle Heterogenität* bietet gerade durch ihre Brüche, Vermischungen und Überlagerungen die Möglichkeit der Teilnahme an einem internationalen Markt:

> [...] participación segmentada y diferenciada en un mercado internacional de mensajes que 'penetra' por todos lados y de maneras inesperadas el entramado local de la cultura, llevando a una verdadera implosión de sentidos consumidos/producidos/reproducidos y a la consiguiente desestructuración de representaciones colectivas [...]. (Brunner 1986: 180)

Auch Néstor García Canclini rekurriert auf diese Heterogenität, wenn er in seinem Buch *Culturas híbridas* die Frage stellt:

> How have combinations of pre-Columbian and colonial traditions with the processes of modernization historically arisen in Latin America? (García Canclini 1993: 79)

Er betrachtet dabei *Hybridität* als unterschiedliche interkulturelle Vermischungen, die er von den Termini *Synkretismus* und *mestizaje* unterscheidet:

> Se encontrarán ocasionales menciones de los términos *sincretismo*, *mestizaje* y otros empleados para designar procesos de *hibridación*. Prefiero este último porque abarca diversas mezclas interculturales -no sólo las raciales a las que suele limitarse "mestizaje" -y porque permite incluir las formas modernas de hibridación mejor que "sincretismo", fórmula referida casi siempre a fusiones religiosas o de movimientos simbólicos tradicionales. (García Canclini 1992: 15)

Die spezielle Situation Lateinamerikas jedoch mit postmodern *avant la lettre* zu bezeichnen, wie Brunner (1993:40) es tut, wenn er sagt:

> The notion of cultural heterogeneity refers us instead to a kind of regional postmodernism *avant la lettre* that, nevertheless, is fully constitutive of our modernity,

stößt auf Kritik (vgl. A. de Toro 1999), denn weder der Lateinamerika bestimmende heterogene Zustand, der sich aus den Kolonialzeiten herausgebildet hat, ist mit Postmoderne und Postkolonialität gleichzusetzen – dieser wurde schon unter Aufrechterhaltung der Differenz als *Antimoderne* charakterisiert, um Überfremdungsversuche aufzuzeigen – noch der Synkretismus auf der sozialen, ethnischen und kulturellen Ebene. Vielmehr handelt es sich um:

> El resultado de un proceso de apropiación, recodificación, de habitación y reflexión sobre el *status quo*, sobre la función de la cultura como tal y de las necesidades propias. [...] la existencia de diversas posibilidades. (A. de Toro 1999: 56)

Die Veränderungen, die zu einem Paradigmenwechsel geführt haben, bestehen für A. de Toro in der intensiven Auseinandersetzung mit den außerhalb Lateinamerikas liegenden Kulturen, gleichsam in der Form eines Bewohnens, ihrer Aneignung und Neu-Aneignung,[33] ohne sich als marginal zu begreifen oder das Nicht-Lateinamerikanische als hegemonialen Diskurs des Zentrums abzulehnen:

> [...] se deciden definitivamente a *habitar* la cultura en ese espacio 'extra-territorial' [...] y se apropian y re-apropian de ésta sin tomar una actitud periférica marginalizante que consiste en repetir o simplemente en rechazar 'lo que no sea puramente latinoamericano' [...] como eurocentrista o hegemónico [...]. (A. de Toro 1999: 45f.)

Die Diskussion seit den 80er Jahren läßt sich resümieren als Wandel von einem binären, essentialistischen Differenzdenken im Sinne einer *Antimoderne*, einer Abwehr gegenüber hegemonialen Ansprüchen seitens Europas und der USA zu einer *peripheren Modernität*, einem Sich-Einschreiben in die internationale Diskussion mit eigener Stimme und eigenem Standpunkt[34] sowie einer Hinwendung zur Alltagskultur und der Frage nach deren Auswirkungen auf eine sogenannte lateinamerikanische Identität:

> Der philologische Lateinamerika-Diskurs beginnt, sich mit den ethnologischen, politologischen, soziologischen, medien-, kunst- und geschichtswissenschaftlichen Diskursen zu überschneiden. (Scharlau 1994: xiv)

Die Debatte um Postmoderne und Postkolonialität wird jedoch nicht immer ohne Skepsis betrachtet; es gibt viele Kritiker/innen, die Postmoderne als ein erneutes Dogma der als Zentrum bezeichneten Staaten ansehen. Schließlich sind die Auswirkungen sich verzweigender und vermischender Kultur(en) sowie wirtschaftlich-technologische 'Einverleibungen' und eine weltweite 'Überfremdung' durch massenmediale Fortschritte oder Globalisierung noch nicht abzusehen:

> No se trata sólo de prever cómo podrán resolverse las incertidumbres generadas por la yuxtaposición de disciplinas y el resquebrajamiento de paradigmas. Los cambios de función de las ciencias sociales dados por la reestructuración neoliberal de las sociedades latinoamericanas (Recesión, desempleo masivo, desplazamiento de los Estados por las empresas privadas) apenas comienzan a notarse [...]. (García Canclini 1991: 22)

Im Bereich der kulturellen Auseinandersetzung ist nicht nur das Mißtrauen gegen eine erneute 'Einverleibung' vorhanden, sondern es stellt sich auch die Frage, warum es Lateinamerika nicht gelingt, sich mit einem eigenen Diskurs in die Diskussion einzubringen:

---

33 Die Übersetzung des Präfixes re- z.B. in re-apropiación läßt sich nur sehr ungenau im deutschen wiedergeben. Sinngemäß handelt es sich um eine erneute Aneignung, mit der eine Veränderung des Angeeigneten vonstatten geht.

34 Die Frage nach dem Ort, von dem aus gesprochen wird, haben verschiedene Theoretiker/innen zum Ausgangspunkt ihrer Überlegungen gemacht. Vgl. hierzu u.a. Bhabha (1994); F. de Toro (1995); Mignolo (1997) und A. de Toro (1999).

> Por otra parte, suele ocurrir que el ingreso de ciertos sistemas simbólicos supone la devolución de procesos y fenómenos originados en la periferia pero que el centro ha interpretado y asimilado en función de un imaginario propio y de una agenda particular que sin embargo ofrecen al planeta como válida universalmente. (Achugar 1994: 247)

Auch fragt man sich, warum Lateinamerika als Reproduzent einer nicht-peripheren Modernität bezeichnet wird:

> Es handelt sich gewissermaßen um eigenständige »Spiegelteile« eines Modernediskurses, der Europas und Nordamerikas kolonialen und neokolonialen Pakt mit dem Subkontinent begleitet hat. In ihnen vermochten die Lateinamerikaner für mehr als ein Jahrhundert weniger die Ursprünge eigenständiger Modernität, als die einer Kulturmoderne aus *zweiter Hand* zu erkennen, die sie zu einem kopierenden und letztlich parodierenden Double werden ließ. (Herlinghaus/Walter 1997: 255)

Das sich hier abzeichnende 'Verständigungsproblem' zwischen Zentrum und Peripherie, ist einerseits gekennzeichnet durch ein Differenzdenken, welches dem Denken Lateinamerikas als dem Anderen keinen Platz einräumt. Andererseits aber auch durch Lateinamerikas Selbstkritik an der Vereinnahmung lateinamerikanischer Kulturgüter mittels westlicher Theoriemodelle, in besonderem Maße im Kontext der Literaturinterpretation. Die offenbar damit verbundene Sorge vor einer erneuten Repräsentationspolitik, die im neuzeitlichen Denken nicht ohne Besitzergreifung möglich war, wird gerade auch im Zusammenhang mit der Globalisierung zu einem neuen Quell der Unruhe. Globalisierung mag durch eine Dezentrierung des Zentrums (vgl. A. de Toro 1999) ohne Zweifel viele Möglichkeiten bieten, einer erneuten Vormachstellung Einzelner entgegenzuwirken. Auch die Idee einer unveränderlichen Identität wird dabei in Frage gestellt, so daß eine Identitätsbildung, die einzig über die Abgrenzung vom Anderen geschieht, untergraben wird und es nicht mehr möglich ist, "das Andere zu denken, ohne nicht selbst dabei anders zu denken" (Weimann 1997: 10). Dennoch bleibt kritisch zu beobachten, welche Auswirkungen die Entwicklungen im wirtschaftlichen Sektor und die Entstehung weltweiter Finanzmärkte sowie der internationale Wettbewerb auf die Weltsituation haben werden und inwieweit sich diese veränderte Situation schließlich auf die Identitätsbildung in Lateinamerika auswirken wird, zeichnet sich doch jetzt schon ein immer tieferer sozialer Graben zwischen Arm und Reich ab.

Der oftmals verwendete Begriff "lateinamerikanische Identität" gründet sich also auf eine Mischung aus kolonialem Erbe und der aus heutiger Sicht verweigerten eigenen Geschichte:

> Se trata de la herencia colonial y de la autodefinición en el presente donde se sostiene que a Latinoamérica no se le ha permitido entrar en la historia y si ha entrado lo ha hecho con préstamos. (A. de Toro 1999: 36)

Im Bemühen eine "especificidad latinoamericana" (ebd.) zu beschreiben, erscheint dieser so verstandene Identitätsbegriff als Reaktion auf Überfremdungsversuche, wobei die

Suche nach einer essentialisitschen Identitätsvorstellung im Rahmen der Globalisierungstendenzen im Begriff ist, ihre "legitimación histórica" (ebd.) zu verlieren.

Dennoch darf der Einfluß der neuen Informations- und Kommunikationstechniken auf die personale und auch nationale Identitätsbildung nicht übersehen werden, wie dies am Beispiel der *culturas populares* erkennbar ist.[35] Die Suche nach Identität ist verbunden mit der Forderung nach Anerkennung und dem Erheben der eigenen Stimme sowie der Suche nach einem eigenen Ort, von dem aus gesprochen werden kann, "El problema de la identidad es al fin un reclamo de ser re-conocido, de obtener una voz y un espacio" (ebd.), damit in einem durch Globalisierung dezentrierten, heterogenen und fragmentarisierten Staat ein Dialog stattfinden kann, in dem eine Vielzahl von Stimmen und Standpunkten einen Schutz gegen Machtstrukturen und Hegemoniebildungen darstellt.

Postkolonialität als dialogisierende Strategie bedeutet also (nicht nur) in Lateinamerika in Anlehnung an Said, Bhabha und Spivak eine Rekodifizierung des Diskurses des Zentrums durch das Sich-Aneignen bzw. Neu-Aneignen desselben und dessen Dekonstruktion mittels einer eigenen Stimme und eines eigenen Ortes, aber auch das Infragestellen der eigenen Position:

> [...] hablan del centro y con la lengua del centro, con la educación científica del centro sobre la periferia de donde provienen, deconstruyendo el discurso del centro y recodificándolo en un nuevo contexto. Estos autores, basados en el postestructuralismo, fundan un discurso 'postcolonial' que se diferencia del discurso colonial a través de su centro de atención o sus realidades históricas, pero aun más, es la hibridez del discurso postcolonial como principio y estrategia, esa transversalidad y 'altaridad' que lo marca, la descentración textual y su rizomática pluralidad. (ebd.: 62)

Dadurch eröffnet sich die Möglichkeit einer veränderten Wissensbildung, die für das Fortschreiten einer konstruktiven Diskussion sowie der Auflösung der Opposition Peripherie/Zentrum unerläßlich ist:

> It is this capacity to appropiate knowledge strategically in order to produce another knowledge that we consider to be fundamental to current debates. (F. de Toro 1995: 146)

Während einerseits die Diskussion um Postmoderne und Postkolonialität in Lateinamerika bis heute andauert und um die Fragen kreist, ob postmoderne Kultur nun durch die Massenmedien geprägt sei, ob sie in sich die Gefahr einer erneuten Vereinnahmung berge oder aber welche Rolle die Globalisierung in diesem Zusammenhang spiele, wird andererseits versucht, den verschiedenartigen Entwicklungen von Moderne, Postmoderne und Postkolonialität in Lateinamerika mit einer eigenen Begrifflichkeit Rechnung zu tragen, um deren Eigenständigkeit zu würdigen. Bezeichnungen wie *periphere Moder-*

35 Es sei hier besonders auf das Phänomen der – vorwiegend brasilianischen – *telenovelas* hingewiesen, die aufgrund ihrer Verarbeitung unterschiedlicher Lebenswelten zu einem erweiterten Untersuchungsgegenstand innerhalb der Kulturtheorien geworden sind. Vgl. hier z.B. die Arbeiten von Martín-Barbero (1988) und Martín-Barbero/Muñoz (1992).

Die Gebrüder de Toro werden zitiert wie die Evangelisten = penetrant!

nität oder *periphere postkoloniale Postmoderne* (A. de Toro 1999: 66), stellen Versuche dar, eigene Entwicklungsprozesse anzuerkennen. Dennoch kann man sich des Eindrucks nicht erwehren, daß diese Begrifflichkeiten zur Beschreibung dieser Prozesse immer noch einer hierarchischen Ordnung gehorchen.

3. Merkmale einer postmodernen und postkolonialen Literatur in Lateinamerika

Die Diskussion um Inhalte und Absichten der Postmoderne in Lateinamerika weist bis heute die unterschiedlichsten Positionen auf und nimmt an Umfang weiterhin zu. Nicht weniger umfangreich ist die Diskussion um postmoderne Literatur in Lateinamerika und die Einordnung von (männlichen) Autoren in diese Kategorie:[36]

> Lo que me propongo llamar el núcleo duro del *Postmodernism* consiste en textos escritos por Borges, Cortázar, García Márquez, Barth, Barthelme, Coover, Pynchon, Fowles, Butor, Robbe-Grillet, Calvino, Handke, Bernhard, Rosei y otros [...]. (Fokkema 1986: 37)

Diese (männlichen) Autoren unter einer gemeinsamen Kategorie *Postmodernism* zusammenzufassen, stellt – unabhängig von der Problematik der Ausgrenzung von Autorinnen – nicht nur die Frage nach den zugrundeliegenden Kriterien dieser Literatur, die eine derartige Klassifizierung rechtfertigten – zumal sie längst anhand bestimmter Merkmale unterschiedlichen literarischen Klassifizierungen unterworfen sind –, sondern auch danach, wie sich lateinamerikanische Autoren anhand dieser Merkmale charakterisieren lassen und ob es überhaupt möglich ist, Autoren mit ihrem Gesamtwerk einem gemeinsamen Sammelbegriff zuzuordnen.

Halten wir zunächst fest, daß nach der Entwicklung einer lateinamerikanischen kulturellen Moderne,

> [...] die in ihrer ersten Phase von 1888 (*Azul*) bis 1925 geht, sich in ihrer zweiten von 1925 (*Residencia en la tierra*) bis ca. 1955 erstreckt und deren dritte Phase 1955 (*El Acoso*, *Pedro Páramo*) beginnt und in den 60er Jahren endet, [...] (A. de Toro 1996: 283),

die Romanliteratur Lateinamerikas in den 60er Jahren in dem Moment an einem Wendepunkt anlangt, als eine Auseinandersetzung mit der europäischen Moderne in der Literatur stattfindet. Die wechselseitige kulturelle Beeinflussung zwischen Europa und Lateinamerika, die seit der Kolonisation das Bild Lateinamerikas prägt, veranlaßt uns

36 Eine Analyse der Literatur nach postmodernen Kriterien behandelt fast ausschließlich Texte von männlichen Autoren. Erst in jüngster Zeit erscheinen die Namen einiger Autorinnen in der Diskussion, wobei deren Stellenwert offensichtlich noch nicht geklärt ist. Zu einem ersten Versuch, die Literatur beider Geschlechter in einen zusammenhängenden Rahmen der Literaturanalyse zu bringen, ohne die Literatur je nach Geschlecht in unterschiedliche Kategorien einzuordnen, vgl. R.L. Williams (1995).

dem zuzustimmen, was schon Jorge Luis Borges in seinem Essay *El escritor argentino y la tradición* vertreten hat, nämlich daß diese enge kulturelle Beziehung zwischen Europa und Lateinamerika ein innovatives Potential bietet:

> Creo que los argentinos, los sudamericanos en general, [...] podemos manejar todos los temas europeos, manejarlos sin supersticiones, con una irreverencia que puede tener y ya tiene, consecuencias afortunadas. (Borges 1986: 136)

Ein Beispiel für die neuartigen Texte in der Romanliteratur, die später, wie erwähnt, von Fokkema unter dem Begriff der postmodernen Literatur subsumiert werden, ist der Roman *Rayuela* (1963) von Julio Cortázar, unabhängig von der Debatte, inwieweit der Text als postmodern betrachtet werden kann. Der Beginn der Postmoderne kann für Lateinamerika jedoch schon sehr viel früher angesetzt werden und zwar mit Borges Erzählband *Ficciones* (1944). Dabei ist der chronologische Widerspruch zum eigentlichen Beginn der Postmoderne-Debatte in den 60er Jahren in den USA nur ein scheinbarer:

> Seine *écriture* konnte zunächst nicht innerhalb dessen eingeordnet werden, was wir Hochmoderne und Spätmoderne nennen, [...] weil Borges bereits einen Sprung zur écriture der zweiten Hälfte dieses Jahrhunderts machte. Daher auch die Verständnislosigkeit, auf die seine Texte sowohl in Lateinamerika als auch z.B. innerhalb des *nouveau roman* und in der *nouvelle critique* stießen. (A. de Toro 1996: 284)

Die Merkmale, die Borges Literatur kennzeichnen, bestehen in der Pluralität der Diskurse und zeichnen sich durch das Infragestellen des Differenzdenkens und die Vorwegnahme postmoderner (literarischer) Strategien wie Intertextualität, Interkulturalität sowie Dekonstruktionismus aus, wie einige Beispiele verdeutlichen mögen.[37]

In der Erzählung *Pierre Menard* begreift Borges beispielsweise Wirklichkeit als Sprache, in der

> [...] die traditionelle Opposition zwischen Wirklichkeit und Fiktion keine ontologische Basis mehr hat: Es sind zwei Seiten der gleichen Medaille [...]. (A. de Toro 1996: 289)

37 Diese Pluralität der Diskurse als ein Merkmal der Literatur Borges läßt sich nach A. de Toro (1996: 285f.) wie folgt zusammenfassen:

> a) Der literarische Diskurs: intertextuelles, dekonstruktionistisches Spiel, die Verwendung von Syntagmen, zahlreicher unterschiedlicher Autoren und Werke [...]; b) Der fiktionale simulierende Diskurs; c) Der philosophisch-metaphysische, der wissenschaftstheoretische Diskurs, die Logik, die Erwähnung und Behandlung von Philosophen [...]; d) Der theologische Diskurs [...]; e) Der religiös-mysthische Diskurs [...]; Der literaturwissenschaftlich-essayistische Diskurs [...]; g) Der Diskurs des Detektivromans [...]; h) Der pseudo-phantastische Diskurs [...]; i) Der Diskurs der Abenteuerromane bzw. der pseudo-kostumbristisch-kreolische-realistische Diskurs [...]; j) Der Alltagsdiskurs [...]; k) Der Metadiskurs [...]; l) der parodistische, ironisch-humorvolle Diskurs [...]; m) Der historische Diskurs [...].

In *Kafka y sus precursores* findet die Auflösung der individuellen Stimme statt, indem das Resultat des Interagierens von Texten das Verstehen der Vergangenheit von der Gegenwart aus ermöglicht und die einzelne (Autor/innen)Stimme Teil einer allgemeinen Stimme wird:

> Dadurch findet eine Auflösung des Ich in einer kollektiven Stimme, im Wort allein statt. Letztlich bleiben nur Sprache und die agonalen Sprachspiele, die herrschen, und nicht mehr das Ich (Lyotard). (ebd.: 290)

Die Merkmale von Borges Texten nehmen die Veränderungen der Literatur in den 60er Jahren vorweg, so daß er sich nicht in die vorhandenen Bewertungskategorien zur Zeit der Veröffentlichung seines Erzählbandes *Ficciones* (1944) einordnen ließ.

Anhand des Merkmalskatalogs von A. de Toro gilt Borges daher als Vertreter 'à la lettre' der postmodernen Literatur sowohl innerhalb als auch außerhalb Lateinamerikas.

Die Entwicklung des eigentlichen postmodernen Romans begann hingegen erst viel später. Zunächst machten die strukturellen Veränderungen der *nueva novela* und der 'magische Realismus' eine Unterscheidung vom postmodernen Roman schwer, da auch diese Formen durch Vielfalt und Offenheit gekennzeichnet sind. Trotzdem bleiben sie innerhalb der Moderne verankert:

> [...] weil hier das Neue, das Experiment, die Fokalisierung, das Unbewußte (*stream of consciousness*), das Problem der Mimesis und die Schaffung einer eigenen Kunstsprache und die Romanstruktur im Vordergrund stehen. (A. de Toro 1996: 291)

Die sich an *Rayuela* abzeichnenden Veränderungen in der Romanliteratur betreffen einerseits die Auseinandersetzung mit der europäischen Moderne:

> The novel's representation of the project of European modernity as fruitlessly paradoxical and therefore failed is perhaps the central dimension of *Rayuela's* critique of that modernity. (Colás 1994: 43)

Hierbei reicht aber diese Tatsache noch nicht aus, um *Rayuela* als postmodernen Roman zu bezeichnen und die Frage, ob es sich nun um einen postmodernen oder modernen Roman handelt bleibt mit der Feststellung umstritten, daß

> [...] the mere positing of this problem of modernism/modernization association alone does not make Rayuela a postmodernist work. (ebd.) Für Colás ist [...] the principal work of Argentine *post*modernism: Ricardo Piglia's *Respiración artificial*. The *cita*, and a certain radically oriented mode of employing it, persists from the Latin American modernism of *Rayuela* into the postmodernism of Piglia's work. (ebd.: 48)

Andererseits ist aber vor allem die Struktur des Romans von Neuerungen geprägt, die A. de Toro in seinem "Modell für den lateinamerikanischen Roman",[38] für den er drei

38 Der Aufsatz von A. de Toro (1996) *Die Postmoderne und Lateinamerika (mit einem Modell für den lateinamerikanischen Roman)* bildet den Ausgangspunkt für eine Betrachtung von Literatur

Klassifizierungsmöglichkeiten anbietet,[39] als postmoderne Merkmale kenntlich macht. Daher scheint zumindest die Zuordnung des Romans in die erste Kategorie des Metadiskurses gerechtfertigt, denn:

> Ironie, Humor und Spiel sowie [...] eine Fülle von Diskurstypen [...] (und) Fragmentarisierung, Heterogenität, Diversität sowohl auf der Ebene des Diskurses als auch auf der typographischen Ebene der Segmentierung des Romans führen zu einer nomadischen Offenheit. (A. de Toro 1996: 292)

Die zweite Kategorie bezieht sich auf den Roman *Yo El Supremo* (1977) von Augusto Roa Bastos, in dem das Konzept der *intrahistoria*[40] beispielhaft nachgewiesen werden kann. Es findet eine Auseinandersetzung mit lateinamerikanischer Geschichte und Kultur statt, konkret mit der Herrschaftsperiode des Diktators Dr. José Gaspar Rodríguez de Francia von 1814-1840. Die hier angewandte Technik der *intrahistoria* zeigt Widersprüchlichkeiten, Brüche und Diskontinuitäten der lateinamerikanischen Geschichte auf. Der Roman nutzt Intertextualität zur Verarbeitung von Geschichte auf fiktionale Weise und betrachtet:

> [...] das semiotische Problem der Interaktion unterschiedlicher kodifizierter Wissensreihen, hier genau zwischen Geschichte und Fiktion, die funktionale Verwendung dieser Diskurse mit dem Ziel, in der Tiefe des Kultursystems liegende Phänomene zu klären, die man auf der Oberfläche des kulturellen faktischen Wissens nicht zu beleuchten vermag, die Behandlung der Geschichte als kulturelles Ganzes, die intrahistoria als neue Sichtweise einzuführen. (A. de Toro 1996: 296)

Für die dritte Kategorie, den Roman des Massendiskurses, steht hier exemplarisch Vargas Llosas *La tía Julia y el escribidor* (1977). Auch in diesem Fall sind postmoderne Merkmale wie Intertextualität, Fragmentierung, Heterogenität und Vielschichtigkeit kennzeichnend, durch welche "[...] ein stetes dekonstruierendes, intertextuelles, metasprachliches und ironisches Spiel" (ebd.: 297) zustande kommt. Die Bezugnahme auf den Diskurs der *radionovela* stellt den Zusammenhang mit den Massenmedien her, wobei dieser jedoch im Verlauf des Romans dekonstruiert wird.

---

im Rahmen postmoderner Überlegungen. Dem Modell zufolge gelten als Romane mit postmodernen Merkmalen vor allem Alejo Carpentier *El recurso del método* (1974), Gabriel García Márquez *El otoño del patriarca* (1975) und *El general en su laberinto* (1989) sowie *El amor en los tiempos de cólera* (1987), Carlos Fuentes *Terra Nostra* (1976), Mario Vargas Llosa *La guerra del fin del mundo* (1983) und *La tía Julia y el escribidor* (1977), Manuel Puig *La traición de Rita Hayworth* (1968) und *Boquitas pintadas* (1969) sowie *The Buenos Aires Affair* (1973).

39 Die Romane werden klassifiziert nach 1. Der Roman des Metadiskurses, der Intertextualität, Dekonstruktion und Introspektion, 2. Der 'intrageschichtliche' Roman und 3. Der Roman des Massendiskurses (vgl. A. de Toro 1996).

40 Der Begriff der *intrahistoria* wird von A. de Toro zu dem Konzept der *Neuen Geschichtsschreibung* weiterentwickelt, das ausgehend von White und Le Goff seinen Eingang in die Diskussion gefunden hat.

Zusammenfassend läßt sich schlußfolgern, daß die Diskussion um Postmoderne und Postkolonialität in Lateinamerika einerseits von der Sorge vor einer erneuten Reproduktion dominanter Ideologien geprägt ist, andererseits zeigt sich aber eine Öffnung gegenüber postmodernem Kulturgut, und es wird versucht, eine eigene Stimme hörbar zu machen und sich in den literarischen Dialog einzumischen. Die sich dabei ergebende Frage, ob lateinamerikanische Literatur mit europäischen oder US-amerikanischen Theoriemodellen analysiert werden kann und soll, deutet an, daß die Sorge vor einer erneuten Repräsentation Lateinamerikas nach eurozentristischem 'Vorbild' präsent bleibt:

> En estos casos suele ocurrir que el espejo o el pasaje que el centro nos ofrece sobre nosotros o sobre aspectos parciales de nosotros termina por resemantizar nuestra propia imagen o, [...] por construir simulacros. (Achugar 1994: 248)

Diese Sorge ist sicherlich zum Teil berechtigt und kann als eine Art Korrektiv der stattfindenden Diskussion angesehen werden, welches die Möglichkeit schafft, Positionen immer wieder kritisch zu hinterfragen, um einer Verselbständigung derselben entgegenzuwirken und so offen zu bleiben für die Vielfalt der Diskurse.

Wenn das Eigene jedoch als eine Art Abgrenzungsstrategie verstanden wird, die vor der Vereinnahmung durch existierende Theoriemodelle schützen soll, um einer Überfremdung entgegenzuwirken, kann dies dazu führen, daß man aus dem Status des Anderen, in den man sich selbst versetzt hat, nicht mehr herausfinden kann und dort verharrt. Das Merkmal des Exotischen erschwert die Möglichkeit einer Veränderung oder Akzeptanz der eigenen Positionen. Postkolonialität als Strategie ermöglicht daher nicht nur das Aneignen bzw. Neu-Aneignen von Theorien und führt zum Aufbrechen und zur 'Nutzbarmachung' des einen oder anderen theoretischen Aspekts für die eigene Kultur oder Literatur, aus dem sich eigene Konzepte entwickeln können. Es sollte auch die eigene Position überprüfen helfen.

II. Feministische Literaturkritik vor dem Hintergrund postmoderner und postkolonialer Theoriebildung

Die Diskussion um Postmoderne als Grundlage kulturellen Denkens der Gegenwart und Postkolonialität als kultureller dialogisierender Strategie, wird in Bezug auf Lateinamerika um die Problematik des Zentrum-Peripherie-Modells sowie der Suche nach Identität erweitert, welche durch den hybriden Charakter Lateinamerikas erschwert ist. Dieses Kapitel versucht nun noch einen weiteren Aspekt einzubeziehen und möchte einen Überblick über die Entwicklung der feministischen Literaturtheorie vermitteln sowie herausstellen, wie die, zunächst hoffnungsvollen, postmodernen und postkolonialen Ansätze in die feministische Diskussion Eingang gefunden haben und wie sie in Lateinamerika aufgenommen wurden. Verbunden damit ist die Frage nach der Akzeptanz innerhalb der Literatur – im Rahmen dieser Arbeit – lateinamerikanischer Autorinnen.

1. Entwicklungsphasen feministischer (Literatur)Theoriebildung

1.1 Frauenliteratur und weibliches Schreiben: widersprüchliche Begriffe

Die bis heute nicht eindeutig geklärte Frage nach dem Inhalt des Begriffes *Frauenliteratur* – zumal der Begriff *Männerliteratur* als eigene Kategorie nicht vorkommt – beinhaltet Definitionsversuche wie "Literatur von, für oder über Frauen" (Weigel 1995: 22), und Definitionserweiterungen wie "im Interesse von Frauen, aus der Perspektive von Frauen" (ebd.). Muß *Frauenliteratur* zwangsläufig Literatur *für* Frauen sein, und wenn ja, welche Absicht bzw. Zielsetzung wäre damit verbunden? Muß *Frauenliteratur* Literatur *über* Frauen sein? Sicherlich gibt es viele weibliche Helden, die aber nicht nur in von Frauen geschriebener Literatur erscheinen. In welche Kategorie würden dann männliche Autoren eingeordnet, die aus der Perspektive einer Frau schreiben,[41] oder umgekehrt, fallen Frauen, die aus männlicher Perspektive schreiben,[42] automatisch aus der Kategorie *Frauenliteratur* heraus? Was bedeutet "*im Interesse von Frauen*" geschriebene Literatur? Welches Interesse ist damit gemeint? Handelt es sich um Ratgeber in Bezug auf allgemeine (weibliche) Lebenshilfe oder Aufklärungsbücher über die Situation der Frau in der Gesellschaft und Ehe, oder sind es vielleicht Erziehungsbücher für junge Mädchen und Frauen in Ausrichtung auf die zu erfüllenden gesellschaftlichen Funktionen, wie sie sich

41 Vgl. hier z.B. Christoph Hein. Innerhalb der lateinamerikanischen Literatur gibt es so gut wie keine Beispiele dafür. Es wäre eine Recherche wert, herauszufinden, ob und wieviele Autoren es gibt, die aus einer "weiblichen Perspektive" schreiben bzw. woran es liegt, daß sie es nicht tun.

42 Vgl. hier z.B. Silvina Bullrich, Cristina Peri Rossi, Rosario Ferré, Julieta Campos u.a.

im 18. Jahrhundert herausgebildet haben?[43] Auch die in den letzten Jahren in Buchhandlungen immer häufiger anzutreffende Sonderrubrik *Frauenliteratur* läßt viele Fragen unbeantwortet. Es hat den Anschein, als verberge sich dahinter Literatur von Autorinnen, in der es von "bösen Mädchen" nur so wimmelt und in der bewußt die Geschlechterdifferenz aufrechterhalten wird, um über diese Abgrenzung eine "weibliche Selbstverwirklichung" zu ermöglichen.

Es zeigt sich, daß alle Versuche *Frauenliteratur* zu definieren in eine Richtung führen, die der Anerkennung einer von Frauen geschriebenen Literatur nicht dienlich sind: Die Unsicherheit der Begriffsbestimmung läßt Literatur von Frauen zum "Objekt eines Partialinteresses" (Bovenschen 1979: 19) werden und damit zu einem aus der vorherrschenden literarischen (männlichen) Norm ausgegrenzten, marginalisierten Gegenstand. Abgrenzung als Opposition, als das Andere, fördert weder eine Bewußtseins- noch eine Perspektiverweiterung und erst recht nicht das unvoreingenommene Lesen und Analysieren einer von Frauen geschriebenen Literatur.

Eine von Frauen geschriebene Literatur wäre demnach die einzige Begriffserklärung für *Frauenliteratur*, die, wenn diese wertneutral geschieht, einen Versuch darstellt, etwas zu bezeichnen, das in der Diskussion noch lange nicht objektiv und wertneutral betrachtet wird.

Eine weitere Definitionsschwierigkeit stellt sich bei Frage nach einem *weiblichen Schreiben*. Eine Bezeichnung, die Alterität impliziert und die auch feuilletonistisch immer wieder als Merkmal einer sogenannten *Frauenliteratur* zitiert wird.[44] Einmal essentialistischer Begriff, ein anderes Mal wissenschaftliches Konstrukt, spiegelt der Fragenkatalog von Carme Riera die Ansatzschwierigkeiten, mit denen nicht nur feministische Literaturwissenschaft zu kämpfen hat:

> ¿Existe una literatura específicamente femenina? ¿Escribe la mujer de distinto modo que el hombre? ¿Estamos ante una literatura diferente cuando la obra pertenece a una autora? ¿Tiene conciencia la mujer escritora de que está utilizando un lenguaje que evidencia un

---

43 Zur Festschreibung der weiblichen Unterlegenheit als 'biologische Tatsache' im 18. Jahrhundert vgl. auch die Texte von Fichte, Johann Gottlieb: "Deduction der Ehe". in: *Grundlagen des Naturrechts nach Prinzipien der Wissenschaftslehre*, 1796; Kant, Immanuel: *Beobachtungen über das Gefühl des Schönen und Erhabenen*, 1764; ders.: *Metaphysik der Sitten*, 1797; ders.: *Anthropologie in pragmatischer Hinsicht*, 1798; Rousseau, Jean-Jacques: *Emile*, 1762; ders.: *La nouvelle Helöise*; Schiller, Friedrich: *Über Anmut und Würde*, 1793.

44 Vgl. den Artikel in der Zeitschrift *Der Spiegel* (14/1998: 236-240) in dem Marcel Reich-Ranicki eine Lanze für das 'empfindsamere' Dichten der von Frauen verfaßten Literatur bricht:

> Da Frauen die Welt anders empfinden und anders erfassen, müssen sie auch anders als die Männer lesen. Wenn aber Frauen anders lesen, dann liegt es doch auf der Hand, daß sie auch anders schreiben, anders dichten. [...] Glücklicherweise dichten Frauen anders. [...] Es gibt *herr*liche Poesie von Frauen, die auf die Welt empfindsamer reagieren. Diese Poesie ist also *herr*lich, nicht obwohl, sondern weil Frauen anders dichten. (Hervorhebung d. Vf.)

> terrible lastre de usufructo masculino? ¿Deben las escritoras rehusar el lenguaje masculino y encontrar su propio lenguaje? (Riera 1982: 9)

Daß auch die Kategorie des *weiblichen Schreibens* von offensichtlich vorgefaßten Meinungen bestimmt scheint, zeigt folgende Erfahrung. Bei einer Zusammenkunft interessierter Student/inn/en zum Thema *weibliches Schreiben*, wurde anhand dreier ausgewählter literarischer Texte von lateinamerikanischen Autorinnen versucht herauszufinden, ob die Texte von Männern oder Frauen geschrieben wurden und anhand welcher Merkmale sich dies erkennen ließe. Das Resultat zeigte, daß die Argumente unhinterfragten, nicht nachgewiesenen klischeehaften Vorstellungen entspringen. Danach sind die 'Erkennungsmerkmale' für eine Literatur von Frauen ein "dahin plätschernder Erzählfluß", ein "gefühlsbetonter Erzählstil", eine "persönlichere Art zu schreiben", d.h. das Einfühlen in Gefühle und Charaktere ist leicht(er) nachzuvollziehen. Zusammengefaßt ergibt sich der Eindruck, weibliche Literatur ermöglicht emotionales (naiv-)identifikatorisches Lesen. Literatur von Männern wurde mit den 'Erkennungsmerkmalen' "verallgemeinernde, abstrahierende Schreibweise", "belehrender und philosophisch orientierter Schreibstil" sowie "schwer nachzuvollziehender Text" versehen, d.h. die Lektüre ist anstrengend, fordert zur Denk- und Mitarbeit auf und bietet keinerlei Identifikationsmöglichkeit. Dies erinnert nicht von ungefähr an die Konstruktionen eines "lector cómplice" und eines "lector hembra" von Julio Cortázar (*Rayuela*), der die Kategorisierung auf o.g. Merkmalen begründete. Diese Klischeevorstellungen waren jedoch nicht haltbar, da alle Texte von Frauen geschrieben waren und diesen Texten auch o.g. "männliche" Merkmale zugeschrieben wurden. Es scheint also wichtig, sich von einer Perspektive frei zu machen, die geprägt ist vom literarischen (männlichen) Kanon und von alltäglichen feuilletonistischen Behauptungen sowie der Annahme, von Frauen geschriebene Literatur bedeute *a priori* weniger Qualität und charakterisiere sich durch einen, wie eingangs erwähnten "unsophisticated use of the expressive capabilities of language" (Sara Sefchovic in Castillo 1992: IX).

In diesem Zusammenhang erscheint es uns vonnöten, selbst in einem definierten Kontext den Begriff *Frauenliteratur* mit Vorsicht zu verwenden, auch wenn damit keine Abgrenzung gemeint ist, sondern

> [...] ein Konzept von Weiblichkeit, das auf einer spezifischen historischen, kulturellen Erfahrung von Frauen beruht: auf dem Versuch, sich sprechend oder schreibend aus einer Randposition herauszumanövrieren und in das Symbolsystem einzutreten. (Kroll 1999: 25)

Der Versuch eine Situation mit einem Begriff zu beschreiben, der ohnehin schon eine pejorative Konnotation birgt, führt nur zu weiteren Mißverständnissen, denn das, was Kroll als die

> Artikulation historischer Erfahrungen mit dem Schreiben bzw. mit den unterschiedlichen Möglichkeiten des Einschreibens in das Symbolsystem (ebd.),

beschreibt, entspricht der oben beschriebenen postkolonialen Strategie, sich mit eigener Stimme in den Diskurs einzubringen, um diesen neuzuschreiben und ist daher nicht in erster Linie eine weibliche Position, sondern allgemeingültig für alle Randgruppen.

1.2 Vorläuferinnen

Virginia Woolf (1882-1941) gilt als eigentliche Initiatorin der feministischen Literaturwissenschaft. In ihrem Essay *A Room of One's Own* von 1929 stellt sie fest, daß fehlende geistige Leistungen von Frauen in der Geschichte und auch Literaturgeschichte nicht auf weibliche Unfähigkeit zurückzuführen seien, sondern auf die sozial-historischen Lebensbedingungen von Frauen. Sie hat lange vor Simone de Beauvoir erkannt, daß vermeintliche *weibliche Bestimmung* und soziale Rollenzuweisung eng zusammenhängen. Ihre Forderung nach einem 'eigenen Zimmer', das sie als Metapher für finanzielle Unabhängigkeit begreift, ist für sie Voraussetzung für eine künstlerische Produktion. Auch wenn sie einer traditionellen Kunstauffassung insofern treu bleibt, als sie sich am bürgerlich-patriarchalischen Kunstkanon orientiert, führt ihre Ansicht über das Entstehen eines Meisterwerkes zu einer Kritik an den Lebensbedingungen der Frau, die aufgrund der sozialen Rollenzuweisung nicht in der Lage ist, ein solches Kunstwerk zu vollbringen. Trotz aller ihr in späteren Phasen der feministischen Literaturkritik zugeschriebenen Widersprüche,[45] hat sie mit der Frage nach einer weiblichen Schreibtradition einen ersten großen Schritt auf die Hinterfragung von Literatur hin getan.

Als 1949 *Le Deuxième Sexe* von Simone de Beauvoir erschien, glich dieses Werk einer Bestandsaufnahme der Situation der Frau. Sie war die erste, die den Status der Frau als die/das 'Andere' artikulierte, analysierte und ihre Subjektwerdung einforderte. Mit den bis heute gültigen geschlechterdifferenzierenden Kategorien das Eine/das Andere, Transzendenz/Immanenz, biologisches Geschlecht/soziales Geschlecht, nahm sie im Grunde alle Ansatzpunkte vorweg, die die spätere feministische Diskussion mit wechselnden Schwerpunkten beschäftigen sollte.[46]

45 Dieser Aspekt wird in der späteren Feminismusdebatte (vgl. Elaine Showalter 1977) kritisiert, denn Virginia Woolf stellt nicht die Frage nach den Ausgrenzungsmechanismen der Literaturwissenschaft. Vgl. hier auch Lindhoff (1995: 30ff.).

46 Auch Simone de Beauvoir wird in späteren Phasen der Feminismus-Debatte kritisiert, da sie trotz einer sehr genauen Analyse des abendländischen Mythos der Weiblichkeit in patriarchalem Oppositionsdenken verhaftet bleibt: die 'männlichen' Werte Geist, Transzendenz, Kampf sind positiv konnotiert, während die 'weiblichen' Werte Körper, Natur und Immanenz negativ konnotiert sind. Lindhoff z.B. sieht einen Widerspruch zwischen Feminismus und patriarchalen Denkmustern. Simone de Beauvoirs Konzept der "Selbstverwirklichung der Frau läuft bei ihr auf eine Überwindung des Frauseins hinaus" (Lindhoff 1995: 7). Demzufolge beurteile de Beauvoir weibliche Literatur "nicht als Literatur, sondern als Dokument gelebter Erfahrung" (ebd.: 9).

1.3 Amerikanische feministische Literaturkritik

Die eigentliche Diskussion um feministische Literaturkritik begann sich jedoch erst in den 60er Jahren in den USA und in Frankreich herauszubilden. Die 60er Jahre sind in den USA geprägt von Bürgerrechts- und Friedensbewegungen, die soziale und politische Veränderungen forderten und ähnliche Ziele verfolgten wie die Frauenbewegung. Publikationen wie Betty Friedans *The Feminine Mystique* (1963), Katharine Rogers *The Troublesome Helpmate* (1966), Mary Ellmanns *Thinking about Women* (1968) sorgten für Aufsehen und Polemik. Kate Millett wurde mit ihrem Text *Sexual Politics* (1970) zur Initiatorin eines *Feminist Literary Criticism*, der eine feministische *Re*lektüre zum Ziel hatte. Die Prinzipien dieser *Re*lektüre formulierte Adrienne Rich 1972 folgendermaßen:

> Re-Vision – the act of looking back, of seeing with fresh eyes, of entering an old text from a new critical direction – is for us more than a chapter in cultural history: it is an act of survival. Until we can understand the assumptions in which we are drenched we cannot know ourselves. And this drive to self-knowledge, for women, is more than a search for identity: it is part of her refusal of the self-destructiveness of male-dominated society. (Rich 1972: 18)

Mit der Gegenüberstellung von vier kanonisierten Autoren (D.H. Lawrence, Henry Miller, Norman Mailer, Jean Genet), entlarvt Kate Millett Sexualität als einen Teil der Machtstrukturen und macht durch den Gegensatz von Frauenleben und ideologisch verzerrten literarischen Frauenbildern Ausgrenzungsmechanismen sichtbar.

In den 70er Jahren tritt die Frage nach weiblicher Schreibtradition in den Vordergrund. Diese von Diskontinuität und Brüchen geprägte Entwicklungslinie einer weiblichen Literatur entkräftet das Argument Literatur von Frauen habe als eigenständige Erscheinung über Jahrhunderte hinweg neben dem männlichen Kanon existiert (vgl. Moers 1976). Die Forschung der 70er Jahre wandte sich daher stärker der Literatur von Frauen und einer weiblichen Ästhetik zu und orientierte sich an der Fragestellung, inwieweit weibliche Literatur in den männlichen Kanons verstrickt sei[47] bzw. an der Untersuchung bestimmter Literaturphasen, in denen die männliche Autorschaft als einzig legitimes Modell galt und weibliche Kreativität keinen Platz fand.[48]

---

47 Der Versuch Phasen und Kategorien für eine Einordnung einer weiblichen Schreibtradition zu finden, führte jedoch auch zu Ausgrenzungen, denn nicht jede von Frauen geschriebene Literatur fand dort ihre Zuordnung. Vgl. auch Elaine Showalter (1977), die ein Modell der literarischen Emanzipation der Frau entwickelte, das sie in drei Phasen unterteilt: 1. 'feminine phase' von ca. 1840 bis 1880, in der eine Imitation des männlichen Kanons zu verzeichnen sei; 2. 'feminist phase' von 1880 bis 1920, als einer Phase des Protests und 3. 'female phase' ab 1920 als Phase der Selbstentdeckung (vgl. auch Lindhoff 1995).

48 Vgl. hier vor allem die Arbeit von Gilbert/Gubar (1979). Die Texte englischsprachiger Autorinnen des 19. Jahrhunderts werden als Palimpseste betrachtet, die unter der Oberfläche den eigentlichen Text weiblicher Erfahrungswelt verbergen.

1.4 Französische feministische Literaturkritik

Die französischen feministischen Theorieansätze beginnen im Anschluß an die 68er Studentenbewegung und entstehen damit später als die nordamerikanischen. Zu den wichtigsten Vertreterinnen gehören Julia Kristeva, Hélène Cixous und Luce Irigaray. Ihre Arbeiten lehnen sich an die Theorien von Jacques Derrida und Jacques Lacan an und stehen damit in einer poststrukturalistischen Tradition, in der die Forderung nach Subjektivität und Identität zugunsten eines Subjekts, das als reines Produkt sprachlicher Strukturen und kollektiver Diskurse gilt, überwunden wird, und in der es nicht um das Weibliche als essentialistische Kategorie geht, sondern um eine Dekonstruktion der Geschlechterdifferenz als eines durch Sprache erzeugten hierarchischen Konstrukts. Die französische feministische Literaturkritik versucht auf der Basis einer weiblichen Schreibweise neue Diskurspraxen, die *écriture feminine* oder das *parler femme* zu postulieren, welche sich aus Elementen der Psychoanalyse, der Literaturkritik und des Feminismus zusammensetzen. Ziel ist die feministische Neudefinition des Subjektbegriffes sowie die Unterwanderung eines phallogozentristisch[49] geprägten Weltverständnisses.

Neben Derrida war auch Jacques Lacan von großer Bedeutung für die Entwicklung der französischen feministischen Literaturkritik. Er lieferte mit seinen psychoanalytischen Ansätzen, die er in einer radikalen Auseinandersetzung mit Freud entwickelte, den Nährboden für die Theorien von Julia Kristeva, Hélène Cixous und Luce Irigaray. Lacans Hauptthesen, daß das Unbewußte sprachstrukturiert zu begreifen sei und die Annahme eines dezentrierten Subjekts resultieren aus seiner Linguistisierung der Psychoanalyse, d.h. er rückt die Sprache ins Zentrum der Betrachtung und stellt das sich über Sprache definierende Subjekt in Frage.

Julia Kristeva, Literaturtheoretikerin und Essayistin, gehört zu den führenden Vertreterinnen der Gruppe *Tel Quel* und gilt nicht in erster Linie als feministische Kritikerin, hat aber mit Beginn ihrer Ausbildung zur Psychoanalytikerin in ihren Texten das Thema Frau und weibliches Schreiben aufgegriffen (vgl. Moi 1986). Ihre Arbeiten haben großen Einfluß auf die feministische Diskussion genommen. In Anlehnung an Lacan, Derrida und auch Hegel entwickelt sie Kategorien für die zur Sinnkonstitution führenden sprachlichen Prozesse, die sie ausgehend vom sprechenden Subjekt betrachtet. Sinnkonstitution ist für Kristeva ein dialektisches Verhältnis, bei dem die beiden Pole des *Semiotischen* und des *Symbolischen* einander gegenüberstehen (vgl. Kristeva 1974). Das *Semiotische* bezeichnet nicht nur die Welt des Kindes in der präödipalen Phase, sondern auch Elemente wie Klang, Stimme, Rhythmus, Farbe und Körper, wobei sich die Sprache noch nicht von den Trieben abgelöst hat. Das *Symbolische* hingegen sind die Strukturen der symbolischen Ordnung, die die Funktion der Sprache regeln, wie z.B. "Syntax und

49 Der Begriff Phallogozentrismus ist ein Zusammenschluß der Termini Phallozentrismus (Irigaray 1974/1980) und Logozentrismus (Derrida 1967/1996) und bezeichnet deren analoge Struktur: der Phallus und der *logos* als Ursprung und Zentrum des abendländischen Denkens.

alle linguistischen Kategorien" (Kristeva 1995: 40), also die festgelegten Bedeutungen. Das *Semiotische* wird dabei mit dem Weiblichen gleichgesetzt, während das *Symbolische* das Männliche repräsentiert.[50]

Die Psychoanalytikerin Luce Irigaray setzt sich in ihrer Dissertation *Speculum de l'autre femme* (1974) mit Freud, Lacan und der Geschichte der Philosophie auseinander. Das abendländische Oppositionsdenken determiniert in seiner Dualität des Männlichen/Weiblichen, das Weibliche immer als Mangel oder falsche Ausgabe des Einen:

> [...] als Fehlen, als Verkümmerung, als Kehrseite des einzigen Geschlechtes, das den Wert monopolisiert: des männlichen Geschlechts. (Irigaray 1979: 71)

> Die »sexuelle Differenz« verdankt sich einer Problematik des Selben, [...] Die »Differenzierung« in zwei Geschlechter geht aus dem Apriori des Selben hervor: Der kleine Mann, der das kleine Mädchen ist, muß ein Mann werden, dem bestimmte [...] Attribute fehlen, Attribute, die geeignet sind, die Reproduktion, Spekulation und Spiegelung des Selben zu bestimmen und abzusichern. Ein Mann minus die Möglichkeit, sich als Mann zu (re)präsentieren = eine normale Frau. (Irigaray 1980: 30)

Sie versucht, über den weiblichen Körper die Konstituierung eines weiblichen Subjekts zu erreichen, und geht dabei von der weiblichen Lust, vom weiblichen Begehren – *jouissance* – aus, das in der männlich geprägten Sprache und Kultur keinen Platz hat. Die weiblichen Geschlechtsorgane bestimmen die Frau als *Das Geschlecht, das nicht eins ist* (Irigaray 1979), denn:

> Die Frau "berührt sich" immerzu, ohne daß es ihr übrigens verboten werden könnte, da ihr Geschlecht aus zwei Lippen besteht, die sich unaufhörlich aneinander schmiegen. Sie ist also in sich selbst schon immer zwei, die einander berühren, die jedoch nicht in eins (einen) und eins (eine) trennbar sind. (ebd.: 23)

Durch Mimesis können Frauen "den Ort ihrer Ausbeutung durch den Diskurs" (ebd.: 78) zwar wiederfinden, um

> [...] durch einen Effekt spielerischer Wiederholung das "erscheinen" zu lassen, was verborgen bleiben mußte: die Verschüttung einer möglichen Operation in der Sprache. (ebd.)

Dennoch bleiben die Frauen "anderswo" (ebd.) und um das Anderswo ihres Lustempfindens wiederzufinden, müssen sie den Diskurs, das männliche Imaginäre/Unbewußte

---

50 Julia Kristeva hat sich in ihrem Essay *Les Temps des femmes* (1979) mit der Frage des Feminismus auseinandergesetzt und ein dreistufiges Entwicklungsmodell des Feminismus entworfen:

1. Das Einfordern des Zugangs zur symbolischen, männlichen Ordnung.
2. Versuch, in die präödipale Phase der Mutterbindung zurückzukehren, als Ablehnung der väterlichen Ordnung.
3. Zurückweisen der Geschlechterdifferenz als Metaphysik, denn feministische Kritik reproduziert die patriarchalische Ordnung anstatt sie zu dekonstruieren.

durchqueren und den Ort des Weiblichen suchen. Dieses können sie mittels des Hinterfragens von Sprache und Theorien, wobei es nicht gilt

> [...] eine neue Theorie auszuarbeiten, deren Subjekt oder Objekt die Frau wäre, sondern der theoretischen Maschinerie selbst Einhalt zu gebieten, ihren Anspruch auf Produktion einer viel zu eindeutigen Wahrheit und eines viel zu eindeutigen Sinns zu suspendieren. (ebd.: 80)

Diese Verfahren ermöglichen den Frauen jedoch nur, sich vor dem Patriarchat zu schützen, bedeuten aber noch nicht das *parler femme*, das Frau-Sprechen, das ihnen die Möglichkeit gibt, ihr Begehren wiederzufinden und aufzuwerten. Durch den Rückschluß vom weiblichen Körper auf eine weibliche Logik entwickelt sie das Konzept des *parler femme*, mit dem es möglich wird, eine weibliche Schreibpraxis zu entwickeln. Dazu ist es nötig, einen Ort sichtbar zu machen, von dem aus *Frau-Sprechen* möglich wird und die geschlechtliche Differenz geltend gemacht werden kann. Irigaray sieht diesen Ort im weiblichen Körper, der aufgrund seiner Morphologie eine vielfältige diskursive Praxis ermöglicht und feste Bedeutungsbildungen verhindert:

> Aber die Frau ist weder geschlossen noch offen, sondern unbestimmt, un-fertig, die Form, die nicht abgeschlossen ist. Sie ist nicht unbegrenzt, noch weniger ist sie eine Einheit. [...] Die Unvollständigkeit ihrer Form, ihrer Morphologie ermöglicht es ihr, in jedem Augenblick etwas anderes zu werden, was nicht heißen soll, daß sie jemals auf eindeutige Weise etwas wäre. (Irigaray 1980: 284)

Dazu ist eine andere Schreibpraxis notwendig, die sich durch eine Syntax kennzeichnet, die

> [...] weder Subjekt noch Objekt (hat), das "Eine" wäre nicht mehr privilegiert, es gäbe also keinen Eigen-Sinn, keinen Eigennamen, keine "Eigen"-schaften mehr... Diese Syntax würde eine Nähe ins Spiel bringen, aber so nah, daß jegliche Konstitution von Zugehörigkeit und somit jegliche Form von Aneignung unmöglich wäre. (ebd.: 140)
> [...]
> Ihr "Stil" widersteht jeder fest gefügten Form, Figur, Idee, Begrifflichkeit [...]. (ebd.: 80)

Nur was genau dieses Frau-Sprechen bedeutet, kann auch Irigaray nicht eindeutig klären und so erinnert ihr Versuch, das Weibliche vor jeder Festlegung zu bewahren, an das, was Kritiker seit Jahrhunderten versucht haben, als unabdingbare essentialistische Tatsache des Weiblichen zu untermauern:

> Frau-Sprechen heißt nicht über die Frau zu sprechen. Es geht nicht um die Produktion eines Diskurses, dessen Objekt bzw. Subjekt – die Frau wäre. Das heißt, indem man Frau-spricht, kann man versuchen dem "Anderen" als Weiblichen einen Ort einzuräumen. [...] Aber vom Frau-Sprechen kann ich Ihnen einfach nicht berichten: es spricht sich, es läßt sich nicht metasprechen. (Irigaray 1979: 141-150)

Es bleibt jedoch zu bedenken, daß ein Diskurs, der weder Subjekt noch Objekt hat, nicht existiert und sich jenseits der Wissenschaft(lichkeit) befindet. Wenn über etwas nicht 'berichtet' werden kann, bedeutet dies darüber zu schweigen, und wie soll man einen Ort einräumen, der nicht benannt werden kann? Auf der anderen Seite bleibt Irigaray hier konsequent, denn sie verhindert, daß sie einer "fest gefügten Form, Figur, Idee, Begrifflichkeit" (Irigaray 1980: 80) zugeordnet wird und sich damit dem vorherrschenden Diskurs erneut unterwerfen würde. Trotzdem darf der implizite Essentialismus von Irigarays Weiblichkeitskonzept nicht übersehen werden:

> Es ist daher unnütz, die Frauen in der exakten Definition dessen, was sie sagen wollen, einzufangen, es (sich) wiederholen zu lassen, damit es klar wird: sie sind immer schon woanders in dieser diskursiven Maschinerie, in der Ihr sie zu ertappen vorgebt. (Irigaray 1979: 28)

Das Konzept der *écriture feminine* von Hélène Cixous, ist ebenso wie Irigarays *parler femme* Resultat der Auseinandersetzung mit der Psychoanalyse, in diesem Fall vor allem mit den Theorien Jacques Lacans. Cixous kritisiert die abendländische Sinnkonstitution mit ihrem über binäre, hierarchische Oppositionen funktionierenden System und dessen patriarchalischer Hierarchisierung der sexuellen Differenz. Sie unterscheidet jedoch nicht zwischen Mann und Frau als biologische Kategorien, sondern zwischen einer weiblichen und einer männlichen *Ökonomie*, die aus einer unterschiedlichen Libido resultieren, aber nicht eindeutig auf die Begriffe Mann oder Frau festgelegt sind. *Écriture feminine* ist nicht, wie bei Luce Irigaray, spezifisch weiblich, d.h. der Frau eigen, sondern wird als eine Schreibweise betrachtet, die beiden Geschlechtern möglich ist und sowohl von Männern als auch von Frauen genutzt wird:

> Im Augenblick des Schreibens verkehren also in der Welt und in den Körpern Männlichkeit und Weiblichkeit [...]. Der Übergang zwischen Männlichkeit und Weiblichkeit ist fließend, denn so scharf ist nichts voneinander geschieden. [...] Das schreibende Subjekt ist dann offenbar dasjenige, das Männlichkeit oder Weiblichkeit einschreibt [...] Ich sage, 'das schreibende Subjekt', denn tatsächlich ist es nicht zwangsläufig eine Frau oder ein Mann [...]. (Cixous 1980: 71f.)

Schreiben ist für Cixous eine "libidinöse Produktion" (Cixous 1980: 67) und bietet die Möglichkeit, den phallozentrischen Diskurs durch weibliche Lust und deren Darstellung im Unterbewußtsein zu unterlaufen. Das dazu notwendige Brechen des Schweigens ist für sie nur über das Schreiben möglich. Ihr Anspruch besteht jedoch nicht darin

> [...] eine weibliche Schreibweise zu schaffen, sondern in die Schreibweise das einfließen zu lassen, was bisher immer verboten gewesen ist, nämlich Wirkungen von Weiblichkeit. (Cixous 1977: 8)

Vielmehr möchte sie das Verlorene der Frauen zurückzuerobern:

> Das nun, dessen die Frauen am meisten beraubt sind, ist das Zurückkommen, das Zurückkommen zu sich selbst. Sie verlieren sich maßlos. [...] Sie genießen sich niemals selbst. [...]

> Worauf es für mich in jeder Praxis ankommt, ist, es dazu zu bringen, daß die Frauen in sich selbst die Kraft finden, sich selbst zu lieben. (Cixous 1977: 52)

'Weibliche Texte' charakterisieren sich ihrer Meinung nach durch ein fehlendes Ende, durch Brüche, Teilungen und Trennungen sowie durch einen anderen Subjektbegriff, den sie in Anlehnung an die Psychoanalyse entwickelt:

> Die Psychoanalyse ist sich der Tatsache bewußt geworden, daß es kein homogenes Subjekt gibt, sondern daß ein Subjekt immer ein gespaltenes Subjekt ist. [...] Was Frauen hätten machen sollen, was sie in Zukunft machen können und woran sie den größten Gefallen finden, besteht gerade darin, die verschiedenen Personen eines Subjekts sprechen zu lassen. (Cixous 1980: 80f)

Weibliches Schreiben bedeutet für Cixous letztlich, das präödipale Imaginäre hervorzuholen und sie konstatiert:

> [...] das hervortreten zu lassen, was vom Symbolischen abgetrennt wurde, nämlich die Stimme der Mutter, heißt Archaisches hervortreten zu lassen. (Cixous 1977: 42f)

Auch bei Cixous findet sich eine Verherrlichung des Weiblichen, die nicht unkritisch betrachtet werden darf. Indem sie, ebenso wie Irigaray, die ohnehin schon vorhandenen Eigenschaften einer bisher negativen Weiblichkeit aufwertet, spielt sie genau den traditionellen *Männerphantasien* (Theweleit 1993) in die Hände, die als Zuweisungsattribute für die reale Frau im Rahmen des Feminismus als ausgrenzende Merkmale bekämpft wurden. Somit hat sie den Frauen "damit einen Bärendienst erwiesen" (Weber 1994: 33).

1.5 Deutsche feministische Literaturkritik

Die deutsche Literaturkritik soll hier nur kurz angesprochen werden, da sie nicht vordergründig zu den rezipierten Theorien in Lateinamerika gehört. Sie entsteht, ebenso wie in den USA, aus den Feminismusbewegungen gegen Ende der 60er Jahre. Die Forschungen der letzten 25 Jahre lassen sich vorwiegend anhand von Einzeluntersuchungen belegen, die eine unterschiedliche Argumentationsbasis aufweisen. So ruht das Interesse der deutschen Kritik zunächst auf der Relektüre historischer Texte männlicher Autoren (vorwiegend aus dem 18. und 19. Jahrhundert), um die Entwürfe von Frauenbildern zu analysieren (vgl. Bovenschen 1979, Scholz 1992). Später werden auch Texte von Autorinnen in die Analyse miteinbezogen (vgl. Gnüg/Möhrmann 1985). Im weiteren Verlauf der Diskussion wird die Tendenz sichtbar "Frauen an ihren historischen Orten aufzuspüren, ihre Gesichts- und Geschichtslosigkeit aufzubrechen, ihre 'Listen der Ohnmacht' zu entcodifizieren" (vgl. Scholz 1992: 30).

In Anlehnung an die französische Debatte um eine weibliche Ästhetik beginnt auch in der Bundesrepublik die Auseinandersetzung mit der Literatur von Frauen vor dem Hintergrund poststrukturalistischer Theoriebildung, die jedoch zunächst keinen Einfluß auf die Textanalysen haben sollte. Es wurden vorwiegend sozialgeschichtliche und sozialpsychologische Studien betrieben, während die amerikanische Germanistikforschung vorwiegend Analysen der jeweiligen Texte veröffentlichte. Das große Interesse für die Literatur des 18. und 19. Jahrhunderts lag darin begründet, daß zu einer Zeit, in der philosophische Diskussionen um die Bestimmung der Geschlechter stattfanden, Literatur von Frauen als Phänomen greifbar wurde.

In den 70er Jahren bilden sich ideologiekritische Arbeiten heraus, deren wichtigstes Werk 1979 Silvia Bovenschens *Die imaginierte Weiblichkeit* ist. Ihre "Exemplarischen Untersuchungen zu kulturgeschichtlichen und literarischen Präsentationsformen des Weiblichen" versuchen den Widerspruch zwischen "Bilderreichtum" und "Schattenexistenz" zu ergründen, d.h. den Widerspruch zwischen der Häufigkeit weiblicher Darstellung in literarischen Texten und der realen Nichtexistenz der Frau.

Die gegenwärtige Diskussion betrachtet die Bedeutung einer sogenannten *Frauenliteratur* und der Schreibweisen einzelner Autorinnen (Weigel 1995) immer öfter vor dem Hintergrund postmoderner und poststrukturalistischer Theoriebildung, die sich in Anlehnung an Derrida mit der Frage nach Geschlecht und *différance* beschäftigen, sowie mit der Sexuierung des Wissens (vgl. Rendtorff 1998).

1.6 Allgemeine Veränderungen in den 80er und 90er Jahren

Die literaturtheoretische Betrachtung unter dem Aspekt der Ausgrenzung des *anderen Geschlechts* (vgl. de Beauvoir 1949) in den 70er Jahren führte nicht zu dem gewünschten Erfolg der wissenschaftlichen Anerkennung. Die eigentliche Theoriedebatte wurde über Strukturalismus, Poststrukturalismus, Psychoanalyse und Marxismus geführt, in der die vereinzelten, individuellen Erfahrungen der Frau(en) keinen Platz mehr fanden. Die Tendenz zu einem wissenschaftlicheren Umgang mit feministischen Themen, die die poststrukturalistischen Theorieansätze ermöglichten, wurde offenkundig. Im Kampf um Anerkennung folgten literaturwissenschaftliche Studien dem Vorbild der Naturwissenschaften und begannen Theorien zu entwickeln, deren Verständlichkeit nur noch für ein internes elitäres Publikum gedacht war:

> The new sciences of the text based on linguistics, computers, genetic structuralism, deconstructionism, neo-formalism and deformalism, affective stylistics and psycho aesthetics, have offered literary critics the opportunity to demonstrate that the work they do is as manly and aggressive as nuclear physics – not intuitive, expressive and feminie, but strenuous, rigorous, impersonal and virile. (Showalter 1979: 38)

Die vorgeschlagene Forschungsrichtung der *gynocritics*, die ein theoretisches Fundament darstellen sollte, um Akzeptanz in der Wissenschaft zu erreichen, meinte jedoch eine Reduktion der Literaturkritik auf Texte, die von Autorinnen geschrieben wurden. So grenzte sich die Kritik aus der allgemeinen Diskussion aus und wurde wiederum zu einem Randphänomen, das bis Mitte der 80er Jahre für die Diskussion um feministische Literaturkritik bestimmend bleiben sollte:

> The feminist critique is essentially political and polemical, with theoretical affiliations to Marxist sociology and aesthetics; gynocritics is more self-contained and experimental, with connections to other modes of new feminist research. (ebd.: 26)

In den 80er Jahren wurde die *Yale School of Deconstruction* das Zentrum der Literaturkritik. Die Bezugnahme auf die französische intellektuelle Debatte, vor allem auf Derrida, Lacan und Foucault, führte zum amerikanischen Dekonstruktionismus, eine Forschungsrichtung, die sich um Paul de Man herum entwickelte. Für die feministische Literaturkritik bedeutete die Akzeptanz der Dekonstruktion eine Möglichkeit, sich selbst in die wissenschaftliche Diskussion zu integrieren. Die Übernahme des Konzeptes der *écriture feminine* wurde zum *French Feminism* 'intellektualisiert' (vgl. Marks/ Courtivron 1980; Vinken 1992) und damit zu einer Gewährleistung für akademische Anerkennung. Die unterschiedlichen Konzepte, die sich in der Diskussion gegenüberstehen, basieren jedoch alle auf der Grundannahme einer tatsächlich existierenden Geschlechterdifferenz. Ende der 80er Jahre zeichnet sich eine Krise innerhalb der feministischen Literaturtheorie ab, die Linda Alcoff (1989) in ihrem Aufsatz *Feminismo cultural versus pos-estructuralismo: la crisis de la identidad en la teoría femenina* beschreibt. Sie zeichnet nach, mit welcher Verschiedenartigkeit mit Begriffen *Cultural Feminism* und *Post-structuralism* argumentiert wird, wobei *Cultural Feminism* immer versucht, die Frau als einheitliche Kategorie in Abgrenzung zum Mann zu betrachten und damit ein essentialistisch Weibliches zu proklamieren:

> Esta preocupación por definir la sensabilidad femenina no sólo lleva a estas feministas a caer en generalizaciones peligrosamente erróneas sobre las mujeres, sino a concluir que esta identidad es innata más que socialmente construida. [...] que el sujeto auténtico, autocontenido concebido por el humanismo que se puede descubrir bajo una cubierta cultural e ideológica es en realidad una construcción de ese mismo discurso humano. (Alcoff 1989: 3-5)

In den 90er Jahren findet in der feministischen Literaturwissenschaft eine Verschiebung vom Begriff *Woman* zu *Gender* statt. Es steht nicht mehr die Frau als marginalisierte Universalkategorie im Vordergrund, sondern *gender*, welches das soziale und kulturell geprägte (männliche und weibliche) Geschlecht meint, das von *sex* als biologischem Terminus abzugrenzen ist.[51] Der berühmte Satz von Simone de Beauvoir (1949) "On ne naît pas femme, on le devient" wird zur Ausgangsbasis der sogenannten *Gender Studies*, die – die *Women's Studies* ablösend – Geschlechtlichkeit als *Genus* betrachten, als eine historisch wandelbare, durch Diskurse geprägte Kategorie. Zusammen mit dem Übergang der Literaturwissenschaften in die *Cultural Studies* wird eine Entgrenzung des

51 Vgl. auch die Auseinandersetzungen im deutschsprachigen Raum von Maihofer (1995) sowie Dietzen (1993).

Forschungsgebietes möglich. *Geschlecht* sowie andere wichtige Begriffe wie *race* und *class* können nun als diskursiv bestimmt betrachtet werden. Ähnlich wie der Poststrukturalismus stellen auch die *Gender Studies* kulturelle Bedeutungs- und Sinnstiftungen in Frage: der Einfluß von Foucault für diese Forschungsrichtung wird deutlich. Mit der diskursanalytischen Betrachtung von Herrschaftsstrukturen gelingt es auch, innerhalb der Geschlechterdebatte Machtstrukturen zu diskutieren, ohne daß eine Vereinheitlichung der Kategorien Frau oder Geschlecht als Grundlage der Debatte benötigt wird. Die damit eintretende Aufsplitterung des Gleichheitsdenkens, d.h. der in der feministischen Diskussion festgelegten, universalisierenden Termini Frau und Feminismus, führt zu einer Diskussion über Differenzen statt über Differenz. Auf diese Weise kann der in postmoderner Philosophie kritisierten Tendenz der Vereinheitlichung entgegengewirkt werden. Für die Literaturanalyse ergibt sich daraus:

> [...] the choice of "gender" over "sex" as the critical term that designates sexual identity and its associated characteristics. [...] the argument implicit in analyzing literature from a "gender" perspective is that sexual identity is not "necessarily correlated with sex"; in other words, that biological sex does not directly or even at all generate the characteristics conventionally associated with it. Culture, society, history define gender, not nature. (Jehlen 1995: 263)

Mit der Anerkennung der *Gender Studies* scheint sich eine feministische Literaturwissenschaft überlebt zu haben, deren Basis auf einer Geschlechterdifferenz gründet. Damit gerät auch der Feminismus als eine universalisierende Strategie, die ideologischen Charakter hat, in den Mittelpunkt der Kritik, denn die Gattung 'Frau' ist ebensowenig eindeutig festzulegen, wie der Terminus Feminismus. In der feministischen Literaturwissenschaft wurde Judith Butler zum Aushängeschild der literarischen *Gender Studies*. Sie setzt sich in ihrem Buch *Gender Trouble* 1990 mit den Theorien von Lacan, Freud, Foucault und Kristeva auseinander und hinterfragt das Konstrukt *Frau* als Subjekt des Feminismus sowie ihre Verwicklung in das gesellschaftliche Machtsystem:

> [...] feminist theory has assumed that there is some existing identity, understood through the category of women, who not only initiates feminist interests and goals within discourse, but constitutes the subject for whom political representation is pursued. [...] The very subject of women is no longer understood in stable or abiding terms. [...] but there is very little agreement after all on what it is that constitutes, or ought to constitue , the category of women. [...] And feminist subject turns out to be discursively constituted by the very political system that is supposed to facilitate its emancipation. This becomes politically problematic if that system can be shown to produce subjects along a differential axis of domination or to produce subjects who are presumed to be masculine. [...] Feminist critique ought also to understand how the category of "women", the subject of feminism, is produced and restrained by the very structures of power through which emancipation is sought. (Butler 1990: 1f.)

Der Begriff Frau(en) ist für Butler kein stabiler Signifikant, der auf eine allgemeingültige interkulturelle Identität zurückgreift, deren Grundlage ein universales Patriarchat ist. Frau als Subjekt des Feminismus, führt immer mehr zu einer Diskrepanz zwischen Feminismus und der Opposition von Frauen gegen ihn. Butler befürchtet durch den Versuch der Repräsentation des Subjekts eine Fehlrepräsentation desselben und hofft, die Debatte ohne den Zwang ein Subjekt des Feminismus erschaffen zu müssen, neu beginnen zu können:

> By conforming to a requirement of representational politics that feminism articulate a stable subject, feminism thus opens itself to charges of gross misrepresentation. [...] Perhaps, paradoxically, "representation" will be shown to make sense for feminism only when the subject of "women" is nowhere presumed. (Butler 1990: 5f.)

Das führt gleichsam zur Hinterfragung des *sex/gender-Systems*, wenn diesem die Annahme zugrunde liegt, *sex* als biologische Geschlechterdifferenz ziehe das soziokulturelle Konstrukt *gender* nach sich. Butler spricht selbst dem biologischen Körper jegliche Authentizität ab und erklärt ihn statt dessen zur fiktiven Grundlage des *sex/gender-Systems*:

> The sex/gender distinction and the category of sex itself appear to presuppose a generalization of "the body" that preexists the acquisition of its sexed significance. This "body" often appears to be a passive medium that is signified by an inscription from a cultural source figured as "external" to that body. Any theory of the culturally constructed body, however, ought to question "the body" as a construct of suspect generality when it is figured as passive and prior to discourse. (ebd.: 129)

Die momentane Diskussion um feministische Literaturkritik und *Gender Studies* spiegelt sich in dem Titel des Essaybandes *Der Streit um Differenz* (Benhabib/Butler/Cornell/Fraser 1993), der unterschiedliche Ansätze über Feminismus, Postmoderne, Gender und Subjektivität protokolliert. Der Band wird als "Dokument einer intensiven und fortlaufenden paradigmatischen Debatte innerhalb der zeitgenössischen feministischen Theorie" (ebd.: 7) vorgestellt und zeigt die Möglichkeiten, die sich innerhalb der Diskussion anbieten: die Abkehr von vereinheitlichenden Theoriemodellen und die Offenheit gegenüber einer fortwährenden, sich verändernden Diskussion, die von unterschiedlichen Ansätzen geprägt ist.

1.7 Feminismus und Postmoderne

Postmoderne und Feminismus im gleichen Atemzug zu nennen, evoziert die Diskussion um die Frage nach der Vereinbarkeit beider Begriffe:

> Vom Feminismus und der Postmoderne wird so oft gesprochen, als ob ihre derzeitige Verbindung von vorneherein feststand, doch sollten wir uns angesichts gewisser Bestimmungen der Postmoderne eher die Frage stellen: Feminismus oder Postmoderne? (Benhabib 1995: 9)

Gemeinsam ist beiden Bereichen das Hinterfragen vorhandener gesellschaftlicher Werte- und Symbolsysteme und der damit verbundenen gesellschaftlichen und sozialen Strukturen. Während die postmoderne Diskussion zu einer vorwiegend philosophisch-theoretischen Auseinandersetzung mit existierenden Wertmaßstäben eines logozentristischen Denkens geworden ist, hat der Feminismus vor allem das sozialkritische Element um die Situation der Frau in der Gesellschaft in den Vordergrund gestellt. D.h. beide haben versucht, gegebene Denk- und Handlungsstrukturen aufzubrechen, jedoch mittels unterschiedlicher Herangehensweisen:

> Postmodernists [...] have begun by elaborating antifoundational metaphilosophical perspectives and from there have drawn conclusions about the shape and character of social criticism. [...] feminists [...] have begun by developing critical political perspectives and from there have drawn conclusions about the status of philosophy. (Fraser/Nicholson 1990: 20)

Der Vorwurf seitens der feministischen Kritik an die postmoderne Philosophie gründet auf drei Schwerpunkten: dem Tod des Subjekts, dem Ende der Geschichte, dem Ende der Metaphysik. Die Diskussion um diese Positionen innerhalb der postmodernen Philosophie stößt vor allem deshalb auf Gegenreaktionen seitens der Feministinnen, da sie in ihr "mehr als nur einen kongenialen Verbündeten" (Benhabib 1995: 11) sehen:

> Allerdings fehlt der postmodernen Philosophie die konkrete Auseinandersetzung mit den weiblichen Begriffen von Subjekt- und Menschsein [...]. Im Gegensatz zur feministischen hat die postmoderne Philosophie nicht das Ziel, im Interesse der Frauen zu philosophieren. (Meyer 1997: 144f.)

Der kritische Blick vieler Feministinnen in Hinblick auf eine Verbindung von Postmoderne und Feminismus wird an folgenden Beispielen verständlich. Es zeigt sich nämlich sehr bald, daß auch postmodernes Ideengut nicht außerhalb der vorhandenen Strukturen denkbar ist und daß es unerläßlich ist, diese Positionen nicht als gegeben zu übernehmen, sondern sowohl Nutzen als auch 'Schaden' gegeneinander abzuwägen:

> For feminists, the language of postmodernism has often repeated, although in different terms, their critiques of the Masculine Order of Things. [...] Feminism now has to exist in the postmodern world, which it helped to make. (Brown 1989: 114)
> Die Wirkungsstrategien der Postmoderne werden genau in diesem regulativen Grenzbereich zwischen Darstellbarem und Nichtdarstellbarem inszeniert – nicht, um die Repräsentationen zu transzendieren, sondern um jenes Machtsystem aufzudecken, das bestimmte Repräsentationsweisen autorisiert, während es andere blockiert, verbietet oder für ungültig erklärt. Zu jenen, die aus der westlichen Repräsentation ausgeschlossen werden, und deren Darstellungen jegliche Legitimität abgesprochen wird, gehören Frauen. [...] So gesehen können wir feststellen, daß feministische Kritik des Patriarchats und postmoderne Kritik an der Repräsentation zusammenfallen. (Owens 1989: 174f.)

> It seems altogether fitting to begin a consideration of women and postmodernism with a simple and stark statement: that is, that feminism and the body of theories which have come to be bundled together under the sign of postmodernism are incompatible. (Fullbrock 1995: 71)

Die Widersprüche, die sich für die feministische Kritik aus der postmodernen Philosophie ableiten lassen, werden mit der Frage "Whose Postmodernism?" (Hutcheon 1988, Fullbrock 1995: 71) charakterisiert, denn das, woran sich letztlich postmoderne und feministische Geister scheiden, betrifft neben der Kritik an den "founding fathers" (Fullbrock 1995: 72) Nietzsche, Freud und Heidegger vor allem die schon benannten Schwerpunkte Tod des Subjekts, Ende der Geschichte und Ende der Metaphysik. Die feministische Antwort auf das Infragestellen dieser Kategorien ist die Analyse der einzelnen Begriffe, die als eine Art Korrektiv den üblichen Erklärungsmustern gegenübergestellt wird. Dabei handele es sich bei der Diskussion um den Tod des Subjekts wohl eher um "die Entmystifizierung des männlichen Subjekts der Vernunft" (Benhabib 1995: 11), das Ende der Geschichte sei als "Einschreibung der Geschlechterdifferenz in die historische Erzählung" (ebd.) zu verstehen und das Ende der Metaphysik könne als "feministische Skepsis gegenüber den Ansprüchen der transzendentalen Vernunft" gelten (ebd.: 12). Die Verabschiedung von der Vorstellung eines humanistischen, rationalen, aufgeklärten Subjekts, macht deutlich, daß in den

> Repräsentationssysteme(n) der westlichen Welt nur eine Sichtweise zu[lässig ist]: die des konstitutiven männlichen Subjekts. (Owens 1989: 174f.)

Denn gerade zu einem Zeitpunkt, als es Frauen endlich möglich geworden ist, ein eigenes Subjekt ausbilden zu können, soll eben dieses im Rahmen postmoderner Philosophie und poststrukturalistischer Theorien aufgelöst werden. Die Proklamation des Endes der Geschichte wirft die Frage auf, ob

> [...] es für die politisch aktiven Gruppen überhaupt möglich [ist], die Geschichte nicht im Lichte eines moralpolitischen Imperativs, nämlich des Imperativs des zukünftigen Interesses an Emanzipation, zu interpretieren [...]. (Benhabib 1995: 17)

Im Zusammenhang mit der These vom Ende der Metaphysik muß hinterfragt werden, inwieweit das philosophische Subjekt von erkenntnistheoretischen bzw. epistemologischen Interessen geprägt ist. Für die feministische Kritik bedeutet dies wiederum ein besonderes Interesse in Hinblick auf die Geschlechterbeziehungen innerhalb einer Gesellschaft sowie auf

> [...] die gesellschaftliche, wirtschaftliche, politische und symbolische Ausbildung von Geschlechterdifferenzen zwischen den Menschen. (ebd.: 12)

Im Einzelnen liest sich die Kritik an den (männlichen) Theoretikern postmoderner Philosophie als eine Auseinandersetzung mit den bisherigen Versuchen, sich als Frau in einer männlich orientierten Welt einen eigenen Ort zu schaffen, von dem aus es möglich ist, die eigene Stimme zu erheben und hörbar zu machen, und sie zeugt von dem Unbehagen, das gerade dies nun mittels postmoderner Philosophien streitig gemacht zu werden droht.

Lyotards Vorstellung über das Ende der Metaerzählungen als Grundlage der *condition postmoderne*, beinhaltet, daß eine epistemische und politische Legitimation nicht länger in philosophischen Metaerzählungen greifbar wird, sondern sich durch das Aufsprengen dieser Leitideen ein Denken der Pluralitiät entwickelt. Die zunächst positive Wertung verändert für Fraser und Nicholson ihre Orientierung jedoch in dem Moment als Lyotards Forderung nach Pluralität auch auf den politisch-rechtlichen Bereich ausgeweitet wird und damit wichtige Begriffe der feministischen Diskussion ausgeklammert werden:

> [...] his justice of multiplicities conception precludes [...] identification and critique of macrostructures of inequality and injustice which cut across the boundaries separating relatively discrete practices and institutions. There is no place in Lyotard's universe for critique of pervasive axes of stratification, for critique of broad-based relations of dominance and subordination along lines like gender, race, and class. (Fraser/Nicholson 1990: 23)

Unbehagen bereitet des weiteren Lyotards Vorstellung über soziale Identität als soziales Band. Ausgehend von der Idee einer heterogenen und komplexen sozialen Identität, widerspricht er einer totalisierenden Sozialtheorie. Das bedeutet jedoch wiederum den Ausschluß bestimmter sozialkritischer Analysekategorien:

> [...] he rules out the sort of critical social theory which employs general categories like gender, race, and class. (ebd.: 24)

Waren vormals hierarchisch verortete soziale Gruppen oder Gruppierungen ein Faktor, mit deren Hilfe Veränderungen durch genügend Druck möglich wurden, scheint diese Art der Einflußnahme nun durch eine ständig zunehmende Subjektivierung und die Performativität einzelner Individuen in allen gesellschaftlichen Bereichen ihre Wirkung einzubüßen.

Foucault on Power: A Theory for Women? ist der Titel eines Aufsatzes von Nancy Hartstock, in dem sie feststellt, daß die Theorien Foucaults nicht für die Herausbildung einer weiblichen Machttheorie nutzbar gemacht werden können. In Auseinandersetzung mit der Kategorie der/des Anderen kommt sie zu dem Ergebnis, daß Foucault zwar einen großen Beitrag zum Verstehen sozialer (Macht)Beziehungen geleistet hat, daß er aber nichtsdestoweniger von der Position desjenigen urteilt, der dieselbe Macht innehat, die er anklagt:

> First, despite his obvious sympathy for those who are subjugated in various ways, he writes from the perspective of the dominator, "the self-proclaimed majority." Second [...] systematically unequal relations of power ultimately vanish from Foucault's account of power – a strange and ironic charge to make against someone who is attempting to illuminate power relations. (Hartstock 1990: 166)

Für Foucault ist der Versuch, die Wissenschaftlichkeit des Marxismus herauszustellen ein machtpolitischer Vorgang:

> [...] you are investing Marxist discourses and those who uphold them with the effects of a power which the West since Medieval times has attributed to science and has reserved for those engaged in scientific discourse. (Foucault 1980: 85)

Kritikerinnen wie Hartstock hingegen betrachten die Verurteilung des Marxismus als ein Erstarken dominierender Kräfte und Machtgefüge und sehen eine unterschwellige Gefahr darin, daß alle sozial Benachteiligten auch weiterhin in den Randpositionen verhaftet bleiben. Sie wirft Foucault eine Haltung vor, die an das Verhältnis Kolonisator/Kolonisierte erinnert:

> Foucault then [...] adopts the position of what he has termed official knowledge with regard to the knowledge of the dominated and reinforces the relations of domination in our society by insisting that those of us who have been marginalized remain at the margins. (Hartstock 1990: 168)

Das Zusammenwirken von Macht und Widerstand als eine Art Hoffnungsprinzip in der Theorie Foucaults "Wo es Macht gibt, gibt es Widerstand. Und doch oder vielmehr gerade deswegen liegt der Widerstand niemals außerhalb der Macht" (Foucault 1997: 116), bleibt in Bezug auf die Frau ambivalent, denn Frauen sind keine Subjekte innerhalb dieser Machtgefüge. Sie benötigen einen Ort außerhalb der Machtbeziehungen, um von dort politisch verändernd tätig werden zu können. Da es keine objektive Position außerhalb des Macht-Wissen-Gefüges für sie gibt, ist dies aber nicht realisierbar. Hartstocks Argumentation, daß "Foucault's imagination of power [...] "with" rather than "against" power" (Hartstocks 1990: 167) sei und seine Theorie nur für abstrakte Individuen gültig sein könne, niemals aber für "women, men, or workers" (ebd.: 169), zeigt auch den Argwohn vor einem erneuten machtdiskursiven Versuch, das ohnehin schon Marginale erneut auszugrenzen:

> Why is it that just at the moment when so many of us who have been silenced begin to demand the right to name ourselves, to act as subjects rather than objects of history, that just then the concept of subjecthood becomes problematic? Just when we are forming our own theories about the world, uncertainty emerges about whether the world can be theorized. Just when we are talking about the changes we want, ideas of progress and the possibility of systematically and rationally organizing human society become dubious and suspect? (ebd.: 163f.)

Bietet aber nicht gerade erst die Auflösung des humanistischen männlichen Subjekts die Basis für eine eigenständige weibliche Entwicklung von Subjektivität? Die Tatsache, daß Individuen diskursiv bestimmt werden, stellt beide Geschlechter an den gleichen Ausgangspunkt, vor die gleiche Schwierigkeit der Subjektbildung. Erst wenn das humanistische, rationale Subjekt in seiner zielgerichteten Ausprägung nicht mehr existiert, dann können beide Geschlechter gleichwertig ihre Existenz, Identität und Subjektivität begründen, ohne von vorne herein hierarchisiert in die Kategorien das Eine/das Andere eingeordnet zu werden. Voraussetzung dafür ist aber wiederum die Aufhebung dieser hierarchischen Machtstrukturen, innerhalb derer

> [...] the abstract, individual, reasoning subject of much Western philosphy is implicitly male, excluding human capacities usually defined as feminine. (Weedon 1987: 173)

Die Möglichkeit sich als eigenes weibliches Subjekt in der Gesellschaft zu repräsentieren ist erst dann gegeben, wenn alle bisher gültigen Klassifizierungskategorien aufgehoben sind. Das Ausbilden einer weiblichen 'Gegenposition' innerhalb des schon vorherrschenden Systems verstärkt dagegen die Differenz(en) im Sinne von Ausgrenzungen. Das Beharren auf einer ausgrenzenden Differenzierung ist für ein neues Verständnis von Gleichwertigkeit hinderlich.

Während Foucault die Verkettung von Diskursen zu einem undurchdringlichen Machtnetz aufzeigt, versucht Derrida das hierarchisch geordnete Denksystem der abendländischen Metaphysik, in dessen Zentrum der Logos steht, aufzubrechen, bewußt zu machen, daß die 'Natürlichkeit' der Kultur gar keine ist und das hervortreten zu lassen, was sich in dem 'Dazwischen' seines *différance*-Gedankens verbergen mag. Für ihn bedeutet Logozentrismus die "Metaphysik der phonetischen Schrift" (Derrida 1996: 11), einer Metaphysik, die "trotz aller Differenzen den Ursprung der Wahrheit im allgemeinen von jeher dem Logos zugewiesen hat" (ebd.). Die Hinterfragung der festgeschriebenen Bedeutungen unserer Kultursysteme und des Wahrheitsbegriffes soll deren diskursiv konstruierten Charakter verdeutlichen und sie des essentialistischen Zuges berauben, der ihnen innewohnt. Der der Vergessenheit anheimfallende Konstruktcharakter – vor dem schon Nietzsche in seiner *Genealogie der Moral* warnt, wenn er am Beispiel der Strafe darauf hinweist, daß eine erst später übernommene Funktion nicht als Ursache der Entstehung postuliert werden kann – wird damit auf die Ebene der Bewußtheit erhoben und kann (und muß) nun in vielfacher Weise angezweifelt werden:

> [...] wir haben eine Kritik der moralischen Werthe nötig, *der Werth dieser Werthe ist selbst erst einmal in Frage zu stellen* – und dazu thut eine Kenntnis der Bedingungen und Umstände noth, aus denen sie gewachsen, unter denen sie sich entwickelt und verschoben haben [...]. Man nahm den *Werth* dieser "Werthe" als gegeben, als thatsächlich, als jenseits der In-Frage-Stellung [...]. (Nietzsche 1999a: 253)

> Es muß vielmehr die systematische und historische Verbundenheit von Begriffen und Gesten des Denkens evident gemacht werden, die man oft unbedenklich glaubt voneinander trennen zu können. [...] Zugleich gilt es die Spalte ausfindig zu machen, durch die, noch unnennbar, durchschimmert, was nach der Vollendung [...] kommt. (Derrida 1996: 28f.)

Der Punkt, an dem die Kritik der Feministinnen einsetzt, betrifft Derridas Dekonstruktion der Geschlechterdifferenz und die damit verbundene 'Verweiblichung' der Philosophie. Ausgehend von seiner Nietzsche-Lektüre (Derrida 1986) im Hinblick auf dessen Ansichten bezüglich Frau und Wahrheit, erklärt Derrida die Übereinstimmung seines Dekonstruktionsverfahrens mit den Attributen, die Nietzsche der Frau zuweist. Die Frau gilt als Verkörperung der Täuschung, der Verschleierung schlechthin. Sie wird bei Nietzsche dem Geschlecht der Schauspieler zugeordnet, deren Charakteristik in der "eingefleischten Kunst des ewigen Verstecken-Spielens, das man bei Thieren mimicry nennt"

(Nietzsche 1999b: 608f.), liegt. Frauen – "müssen sie nicht zu allererst und -oberst Schauspielerinnen sein?" (ebd.: 609) –, zeichnen sich für ihn dadurch aus,"daß sie 'sich geben', selbst noch, wenn sie – sich geben. ... Das Weib ist so artistisch..." (ebd.). Der Frau wird jegliche sexuelle Lust, die über ihre 'Täuschungsmanöver' hinausgeht, und die sie als Subjekt mit eigener Sexualität begründen würde, abgesprochen:

> Im Rahmen eines historischen Verständnisses, das die Frauen für unfähig hält, einen Orgasmus zu haben, behauptet Nietzsche somit, daß Täuschung [...] die einzige sexuelle Lust der Frau sei. In einer Zeit, äußerster, mit Außersichsein einhergehender Selbstbeherrschung ist die Frau selbst-besessen und selbst-beherrscht genug, eine Selbst-(Re)Präsentation hinzukriegen, ohne daß eine tatsächliche, zu re-präsentierende Präsenz (sexueller Lust) gegeben wäre. (Spivak 1992: 184)

Diese vermeintlich weibliche Eigenschaft, die Nicht-Wahrheit zu repräsentieren, außerhalb der logozentrischen Ordnung zu stehen, macht sich Derrida zu eigen, um die einzige Wahrheit des Logozentrismus zu dekonstruieren. D.h. *Frau* fungiert als Metapher für einen Stil, der, indem *Frau* sich schreibt, spielerisch zwischen den Bedeutungen hin und her wandert:

> Sie schreibt (sich). Sie ist es, der der Stil zukommt. Genauer: war der Stil der Mann (wie der Penis nach Freud »der normale Prototyp des Fetischs«), so wäre die Schrift die Frau. (Derrida 1986: 137)

Die Umkehrung der bisher pejorativen weiblichen Werte als Möglichkeit, den vorherrschenden phallogozentrischen Diskurs zu hinterfragen, dient jedoch nicht dem 'Sichtbarmachen' oder gar der Wahrnehmung der Frau als eigenes Subjekt, sondern die Ablösung der Opposition männlich-weiblich vom jeweiligen biologischen Geschlecht ermöglicht es dem Mann 'weiblich' zu werden, damit beide Eigenschaften männlich *und* weiblich zu akkumulieren und die Frau weiterhin in ihrer Abwesenheit zu bestätigen. Derridas Anspruch, die Geschlechterdifferenz zu überwinden, führt zur Verurteilung seitens des Feminismus. Ihm wird der Vorwurf gemacht, einen 'wahrhaften Gegendiskurs' zum vorherrschenden Phallogozentrismus etablieren zu wollen, da er mit dessen Strategien arbeite. Zudem habe schon bei Nietzsche eine "weibliche Operation" (Lindhoff 1995: 101) im Denken stattgefunden, so daß eine Aufwertung der weiblichen Attribute gegeben sei und damit der Feminismus überflüssig gemacht werde. Gerade gegen diesen Aspekt richtet sich die feministische Kritik, die das Weibliche, wieder einmal als Metapher benutzt, auf eine dekonstruktivistische Strategie reduziert und ohne das Recht auf eine eigene Subjektivität sieht. Dies mögen die folgenden Beispiele zeigen:

> Es ist indessen meine Vermutung, daß es sich bei der Frau, die für den dekonstruktiven Diskurs »Modell« steht, auch weiterhin um eine verallgemeinerte und nach Art des vorgetäuschten Orgasmus und anderer Spielarten der Verleugnung definierte Frau handelt. (Spivak 1992: 185)

> Selbst wenn er das Weibliche als ein die phallogozentrische Ordnung in Frage stellendes und auflösendes Prinzip in den Vordergrund stellt, so zeigt doch das nur scheinbar herma-

> phroditische Bild des von *weiblichen* Schleiern umgebenen Phallus, worum es Derrida eigentlich geht: um den *weiblich* gewordenen Mann. (Lindhoff 1995: 102f.)

> Is the fact that Derrida actually praises and valorizes the feminine stance a sufficient condition to alter the rules of discursive appropriation of woman as the other, which feminists have singled out as the persistent trend in Western theoretical discourse? How is one to assess the fact that the glorification of the feminine results in such a violent dismissal of feminism? How does Derrida's position in this respect differ from more traditional forms of misogyny? (Braidotti 1991: 106)

Während Derrida versucht hat, das Weibliche als eine allen zugängliche Strategie zu etablieren und unabhängig von der konkreten Frau zu denken, baut auch Jacques Lacan seine Theorie auf der Abwesenheit und Subjektlosigkeit der Frau auf. Die Ausbildung seiner Theorie als Resultat der Lektüre Freuds, bleibt dem Rahmen der symbolischen Ordnung verhaftet. Dies ist der Punkt, an dem wiederum die feministische Kritik einsetzt. Lacans Interesse richtet sich auf das Begehren des Subjekts innerhalb der symbolischen Ordnung, nicht aber auf die Konstruktionsprinzipien derselben. Sein aussagekräftiger Satz "La femme n'existe pas" ist zur Zielscheibe nicht nur feministischer Auflehnung geworden. So kritisiert auch Derrida sein Verhaftetbleiben innerhalb dieser als gegeben erscheinenden Strukturen.

Der theoretische Ansatz, den Lacan für die Nichtexistenz der Frau geltend macht, bezieht sich auf die Ausgrenzung der Frau aus dem symbolischen Ordnungssytem und der damit verbundenen phallisch orientierten *jouissance*, die nur den männlichen Blickwinkel berücksichtigt. Lacan sieht diesen 'Mißstand' sehr wohl, wenn er sagt:

> [...] ça veut dire que lorsqu'un être parlant quelconque se range sous la bannière des femmes c'est à partir de ceci qu'il se fonde de n'être pas-tout, à se placer dans la fonction phallique. (Lacan 1975a: 68)

Er geht jedoch den Schritt nicht, das System zu hinterfragen, sondern beschreibt nur den weiblichen Status am Beispiel des weiblichen Artikels *La* als einer Leerstelle in der Signifikantenkette:

> Il n'y a pas *La* femme, article défini pour désigner l'universel. Il n'y a pas *La* femme puisque [...] de son essence, elle n'est pas toute. [...] Ce *la* est un signifiant dont le propre est qu'il est le seul qui ne peut rien signifier, et seulement de fonder le statut de *la* femme dans ceci qu'elle n'est pas toute. (Lacan 1975a: 68)

Die Existenz des Weiblichen findet er in der Natur und in der vorsprachlichen Ordnung, im Imaginären, in dem es keine Worte gibt und damit weiß *Frau* nicht, wovon sie redet, wenn sie denn redet:

> Il n'y a de femme qu'exclue par la nature des choses qui est la nature des mots, et il faut bien dire que s'il y a quelque chose dont elles-mêmes se plaignent assez pour l'instant, c'est bien de ça – simplement, elles ne savent pas ce qu'elles disent, c'est toute la différence entre elles et moi. (ebd.)

Der Ausschluß der Frau und die Verleugnung der weiblichen Sexualität als subjektbildender Funktion aus der phallisch orientierten symbolischen Ordnung führt daher folgerichtig zur Begründung der Konzepte des *parler femme* und der *écriture féminine* von Luce Irigaray und Hélène Cixous. Sie stellen Versuche dar, das Weibliche zu retten. Irigaray antwortet mit der Aufwertung der weiblichen *jouissance* und nutzt den Begriff "elle n'est pas toute" für ihre Ausführungen über *Das Geschlecht, das nicht eins ist* (Irigaray 1979). Dezidiert erläutert sie weibliche Lust als ein vielfältiges Empfinden, das sie in keiner Weise als "supplémentaire" (Lacan 1975a: 68) betrachtet, sondern der Vorteil weiblicher Lust liege gerade in dieser Vielfalt, so

> [...] ist die Geographie ihrer Lust abwechslungsreicher, vielfältiger in ihren Differenzen, komplexer, subtiler als man es imaginiert... in einem Imaginären, das allzu sehr auf das Gleiche zentriert ist. (Irigaray 1979: 28)

Cixous nutzt das Diffuse des Imaginären, um einen weiblichen Selbstfindungsprozeß in Gang zu setzen, der über das Schreiben der *écriture féminine* stattfindet. Gleichzeitig besitzt diese Art des Schreibens eine vulkanische Kraft, die in der Lage ist, subversiv die Gesellschaft zu unterlaufen:

> Write! Writing is for you, you are for you; your body is yours, take it. (Cixous 1975/76: 876)
> [...]
> Write yourself. Your body must be heard. Only then will the immense resources of the unconscious spring forth [...]. (ebd.: 880)
> [...]
> A feminine text cannot fail to be more than subversive. It is volcanic; as it is written it brings about an upheaval of the old property crust, carrier of masculine investments; there is no other way. (ebd.: 888)

Die Rekuperation der Weiblichkeit als Bemühen, sich gegen den Phallogozentrismus zu wehren, wird vor dem Hintergrund von Lacans Theorie verständlich, läuft jedoch Gefahr, einen essentialistischen Begriff von Weiblichkeit zu postulieren.

Postmoderne gilt also als erneuter männlicher Diskurs, dem mit äußerster Vorsicht zu begegnen sei. Ist es dennoch möglich, nach all dieser Kritik an postmoderner Philosophie und poststrukturalistischen Ansätzen, Postmoderne und Feminismus als sich nicht ausschließende Begriffe zu betrachten?

Die Schwierigkeit der Kombination beider Begriffe läßt sich neben der Sorge vor einer erneuten Vereinnahmung der Minderheiten durch einen *master-discourse* in der Frage zusammenfassen, wie postmoderne und feministische Theorie in Zusammenhang mit feministischer Praxis gebracht werden kann, d.h. wie lassen sich die Diskussionsansätze vor allem poststrukturalistischer Ausrichtung in die politische Praxis umsetzen. Judith Butler bemerkt dazu treffend, daß "eine solche Theorie keine notwendigen politischen Konsequenzen (hat), sondern [...] nur eine mögliche politische Entwicklung" (Butler 1993: 39) impliziere. Damit stehen wir vor der Frage, welche Nischen sich Frauen zunutze machen können, und wo sie ansetzen können, um ihre Kritik hörbar zu machen und Veränderung durch Entnaturalisierung zu erreichen, also zu re-novieren.

Daß der postmoderne Diskurs wiederum ein *master-discourse* ist, erscheint unvermeidlich, verstehen wir doch die Entwicklung des abendländischen Denkens als einen patriarchalen Diskurs. Die Chance liegt aber gerade in der Kritik am eigenen patriarchalen System, um Veränderungen herbeizuführen:

> Wir müssen von der eigenen Selbstkritik »des Patriarchats« Gebrauch machen und ihm unsere Aufmerksamkeit zuwenden, auch wenn wir erkennen, daß sie irreduzibel dazu bestimmt ist, uns ohnmächtig zu machen. (Spivak 1992: 212)

Und eben diese Möglichkeit bietet sich mit Hilfe postmoderner Theorien. Die Aufhebung der Allgemeingültigkeit des logozentristischen Denkens bietet eine neue Art des Denkens, die geprägt ist von Pluralität und Integration des bisher Nicht-Gedachten, des Dazwischen. Die Aufhebung der Eindeutigkeit und Natürlichkeit der Sprache, die ambivalent, dezentriert immer als die Sprache des Anderen betrachtet wird, bietet Frauen die Lücke, in der sie sich als eigenständiges Subjekt positionieren können. Zwar wird die Kategorie des Subjekts in Frage gestellt, aber es geht der Postmoderne nicht um den Tod des Subjekts an sich, sondern um das Nicht-mehr-existieren des rationalen humanistischen (männlichen) Subjekts, das sich seines Seins über die Selbstreflexion unmittelbar bewußt ist. Die Postmoderne zeigt in Anlehnung an Lacan auf, daß sich das Ich/*Moi* als dezentriert begreifen muß, geprägt von dem Mangel, der Täuschung, der es anheim fällt, indem es sich im Spiegelstadium als das Andere verkennt, annehmend, es sei das wahre Ich/*Je*, sein wahres Sein. Das Ich/*Moi* ist imaginär, es möchte die Identifikation mit sich selbst, das Ich/*Je* ist vollkommen unbewußt. Die Frage, wie dieses Unbewußte zur Sprache kommen kann, ergibt sich aus dem Bezug auf die sogenannte Linguistisierung von Lacans Psychoanalyse. *Das Unbewußte ist strukturiert wie eine Sprache* bedeutet für die feministische Theorie die Aufkündigung der Vorstellung, daß das Unbewußte gleichgesetzt wird mit Attributen wie Irrationalität, Instinkt oder Emotionalität, die wiederum Eigenschaften des 'ewig Weiblichen' sind und dazu beigetragen haben, die Frau als Verkörperung des Weiblichen zum Naturzustand zu erklären und sie aus der Kultur, der symbolischen Ordnung, auszuschließen. Wenn Lacan nun sagt, daß das Unbewußte sprachstrukturiert sei, ist das Unbewußte auf die Ebene des Symbolischen, des 'Kulturzustandes' erhoben und kann sich über metonymische oder metaphorische Mechanismen in der Signifikantenkette artikulieren und subversiv verändernd wirken. Die Chance, die sich durch das Gleiten (*glissement*) der Bedeutung unter der Signifikantenkette bietet, ist die Auflösung der Kategorien des Ursprungs, des Sinns, die die Geschlechterdifferenz in feste, differierende, binäre und hierarchische Bedeutungen gepreßt haben. Die Derridasche *dissémination*, die Sinnstreuung, die Spur (*trace*), das Weiterverweisen von einem Signifikanten zum nächsten, macht Sprache aushandelbar und kodierbar, gibt Raum für die *différance*, das Dazwischen, den kontinuierlichen Aufschub von Identität. Sprache ist nicht mehr normativ. Die Ambivalenz der Sprache wird nun zur Chance für das Verdrängte, denn erst wenn das Verdrängte Raum findet, in dem es sich einrichten kann, kann es auch politisch relevant werden. Sicherlich bleibt es eine Illusion,

> [...] daß es jemals ein symbolisches System geben könnte, in dem unter einem Signifikanten sich sämtliche Triebbefriedigungen finden lassen werden. (Köster 1999: 96)

Aber der Anspruch für einen 'postmodernen Feminismus' muß in der Kombination von Theorien und deren Realisierung im politischen Gefüge liegen, d.h. sowohl der politische 'Kampf' als auch die Entwicklung unterschiedlicher Theoriemodelle sind notwendig, um vorhandene 'natürliche' Gesellschaftsstrukturen auf allen Ebenen angreifen zu können, sich gegen die 'Ohnmacht' zu wehren und auch die 'Identitätskrise der feministischen Theorie' (Alcoff 1989) als Chance zu betrachten:

> None of us are just women: we come from specific class, racial, economic, educational positions. The amount and location of power, the extent and nature of oppression in each of our lives varies enormously, and can only be understood in the context of all contingencies. (Carr 1989: 12)

Literatur von Autorinnen erlaubt in diesem Rahmen das Verdrängte zu lesen oder zu schreiben, das in der symbolischen Ordnung latent immer vorhanden war, jetzt aber erstmals die Möglichkeit hat, sich zu artikulieren. Die Differenz wird lesbar und schreibbar, ohne (im günstigsten Fall) essentialistische Züge aufzuweisen. Autorinnen versuchen also nicht,

> [...] eine Identität oder eine Erfahrung zu wiederholen, sondern die Rolle, die »Frau« als Identität konstruiert, als Frau zu spielen, die sie konstruiert. (Vinken 1992: 20)

Eine Diskussion um einen postmodernen Feminismus, die sich durch Pluralität kennzeichnet, bedeutet ebensowenig eine erneute Ab- bzw. Ausgrenzung wie das Schreiben von Autorinnen in einer 'postmodernen Welt'. Sie sollte stattdessen Anlaß sein für den

> [...] belief in the value of those differences which makes it possible for them to engage creatively with the question of the place of writing, of women's writing and of feminist writing in the future of our global culture. (Carr 1989: 13)

Die Hoffnung, die sich aus dem Umgang mit postmoderner Theoriebildung für die Integration der Frau als das/die Andere ergibt, liegt im Aufgeben einer einzigen essentialistischen 'Wahrheit' zugunsten einer Vielzahl von Theorieansätzen und des damit verbundenen größeren Spielraumes für den Kampf um Veränderung:

> While postmodern feminists reject essentializing theories, they continue to use theory strategically in the interests of understanding and transforming oppressive social relations. In their work, theories have no external guarantee in 'truth' or 'reality', but rather a strategic status. In using theories, postmodern feminists look to their material effectivity in the

> struggle of change. They argue that feminists do not need a single metanarrative in order to develop and use theories in politically effective ways. (Weedon 1987: 178)

1.8 Feminismus und Postkolonialität

Der Streit innerhalb der Diskussion um die Verbindung der Begriffe Postkolonialität und Feminismus ist das Resultat jahrhundertelanger Kolonisationspraxis, während derer der europäische dominante Diskurs zur Konstruktion des/der kolonisierten Anderen führte und das eurozentrische Denken als gültiger Logos verabsolutiert wurde. Die Vermischung von 'dominanter' und 'eigener' Kultur führte zu einer hochgradigen Hybridisierung der *post*-kolonialen Gesellschaften, was sich auch heute noch innerhalb der Kunst als ein Prozeß der Entkolonisierung zeigt. Das Anliegen dieses Prozesses kann als *Dekonstruktion* des europäischen Diskurses bezeichnet werden, indem durch Aneignung des vorherrschenden Diskurses und der Techniken des *re-reading* und *re-writing* dessen Subversion angestrebt wird:

> The processes of artistic and literary *de*colonization have involved a radical dis/mantling of European codes and a post-colonial subversion and appropriation of the dominant European discourses. (Tiffin 1987: 17)

Ein Beispiel dafür ist die 'Commonwealth-Literatur-Kritik', die sich seit den 60er Jahren eine Art Lesepraktik zunutze gemacht hat, die zu einem *re-reading* und damit zu einem *re-writing* der Texte führte, um die vermeintliche Einheit dieser Literatur als illusionär zu entlarven und Machtstrukturen innerhalb der Dialektik von Kolonisierten und Kolonisatoren aufzudecken. Innerhalb des eurozentristischen Denkens diente die Konstruktion des/der kolonisierten Anderen auch der Identitätsausbildung über die Abgrenzung von dem Anderen; diese Strategie soll nun mittels der Dezentralisierung des eurozentrischen Diskurses durchbrochen werden.

Die Schwierigkeiten, die sich für die feministische Diskussion im Zusammenhang mit Postkolonialtät ergeben, sind Resultat dieser 'hegemonialen' Situation, denn der Vorwurf, der dem Feminismus gemacht wird, gründet sich auf seinen ideologischen Grundcharakter. Viele sehen die Gefahr einer erneuten Hegemoniebildung durch einen weißen (akademischen) Mittelklasse-Feminismus, der als Maßstab für alle Frauen weltweit gelten soll. Die "Dritte-Welt-Frau" als die kolonisierte Andere wird zu einer monolithischen, biologisch universellen Kategorie, deren Funktion außerhalb der sozialen und kulturellen Ordnung begriffen wird. Der 'Erste-Welt-Feminismus' erscheint damit als Wiederholung des Patriarchats, in dem "the feminine and the post-colonial both exist in this dark chthonic region of otherness and non-being" (W.D. Ashcroft 1989: 23).

Der Versuch eine universelle 'sisterhood' zu bilden, muß aufgrund unterschiedlicher Präferenzen in den jeweiligen Kulturen scheitern. Die verschiedenen Inhalte sind dabei unter dem Begriff der *First Things First*-Diskussion (Holst Petersen 1984) in den Blickpunkt geraten, die sich aus dem Konflikt zwischen weiblicher und gesellschaftlicher Emanzipation ergeben hatte. Sie steht neo-kolonialistischen Tendenzen gegenüber und begründet das Schlagwort der doppelten Kolonialisierung der Frau, d.h. die Frau ist sowohl durch imperiale als auch durch patriarchale Strukturen bestimmt:

> [...] whereas western feminists discuss the relative importance of feminist versus classe emancipation, the African dicussion is between feminist emancipation versus the fight against neo-colonialism, particularly in its cultural aspect. In other words, which is the more important, which comes first, the fight for female equality or the fight against Western cultural imperialism? (Holst Petersen 1984: 35f.)

Der westliche akademische Feminismus wird als Analysemaßstab für die Kategorie Frau aufgrund seines 'zentrumorientierten' Blickes kritisiert, weil die versuchte Universalisierung der Frau als einer in allen Kulturen gleicherweise existierende Kategorie ungeeignet ist, Machtstrukturen bewußt zu machen. Sie fördert, im Gegenteil, nur wieder den Anspruch auf Durchsetzung *einer* verbindlichen dominanten Meinung. Dies gilt auch für die unkritische Anwendung von Theorien auf die Literatur der 'Dritte-Welt-Frauen'. Es wird der Vorwurf laut, westliche Kritiker/innen wollten mit Hilfe ihrer Theorien aus ihnen ein Durchschnittsmodell erstellen, das der eigenen (westlichen) Selbstdarstellung dient:

> This average third world Woman leads an essentially truncated life based on her feminine gender (read: sexually constrainted) and being 'third world' (read: ignorant, poor, uneducated, tradition-bound, domestic, family-oriented, victimized, etc.) [...] in contrast to the (implicit) self-representation of Western women as educated, modern, as having control over their own bodies and sexualitites, and the freedom of making their own decisions. (Mohanty 1984: 337)

Trinh T. Minh-ha kritisiert *gender*, *race* und *ethnicity* als essentialistische Begriffe, die der Festlegung eines erneuten *master-discourse* in die Hand spielen. In ihnen wird jede individuelle Erfahrung verallgemeinert und die notwendige Vielfalt verleugnet. Sie wehrt sich gegen die Erwartungshaltung seitens westlicher Wissenschaftler/innen, die 'Dritte-Welt-Frauen' nach bestimmten Kriterien (Klischees) klassifizieren und fühlt sich als eine Art "Privatzoo" für westliche Feministinnen, die Dritte-Welt-Frauen als Studienobjekte nutzen, um ihre Kenntnisse über diese zu erweitern. Damit wehrt sie sich vehement gegen das 'Gesprochen-Werden', dem Frauen schon über imperialistische und patriarchale Diskurse ausgeliefert waren:

> [...] at least the danger of speaking for the other has emerged into consciousness. But it is a very small step indeed, since it serves as an excuse for their complacent ignorance and their reluctance to involve themselves in the issue. You who understand the dehumanization of forced removal-relocation-reeducation-redefinition, the humiliation of having to falsify your own reality, your voice – you know. And often cannot *say* it. (Minh-ha 1989: 80)

Die damit verbundene Negation des Besonderen zugunsten einer universalen Gültigkeit der Begriffe *gender*, *race*, und *ethnicity* führt in ihrem Absolutheitsanspruch zu Fehlurteilen und Klischeevorstellungen über Frauen aus der 'Dritten-Welt' und damit zu untauglichen Theoriekonstruktionen im Hinblick auf Rezeption und Produktion von Literatur.

Gayatri Spivak hebt indes hervor, daß die einerseits durchaus befreienden Maßnahmen literarischer oder kultureller Strategien andererseits einen kolonialen Effekt haben können:

> When one attempted to think of so-called Third World women in a broader scope, one found oneself caught [...] and held by Structural Functionalism in a web of information retrieval inspired at best by: "what can I do *for* them?" (Spivak 1988: 135)

Sara Suleri versucht den ikonischen Status eines postkolonialen Feminismus zu entzaubern, der vor allem um die Frage nach der Vereinbarkeit von *race* und *gender* kreist. Die Kombination beider Begriffe führe allzuleicht zu einer Überbewertung der ausgegrenzten Bereiche und damit werde die "racially female voice" (Suleri 1992: 759) zur Metapher für 'das Gute' schlechthin. Ihre Kritik betrifft Mohantys Forderung nach Authentizität der ethnischen weiblichen Stimme, die als "counter-discourse" (Tiffin 1987) für das monolithische Bild einer Frau aus der 'Dritten-Welt' in westlichen Texten unerläßlich sei, sowie die Überhöhung der subjektiven Erfahrung in Trinhs Text. Für Suleri zeigt die radikale (ethnische) Subjektivierung den versteckten Wunsch, das 'Selbst' (wieder) zu finden und birgt die Gefahr ihrer eigenen Objektivierung, indem sie ihren postkolonialen Anspruch reduziert, um sich in nordamerikanische akademische Begrifflichkeiten einzugliedern und einem unhinterfragten Multikulturalismus Raum zu geben:

> [...] for feminism has surely long since laid aside the issue of an individualized female loyalty as its originating assumption. If race is to complicate the project of divergent feminisms, in other words, it cannot take recourse to biologism, nor to the incipient menace of rewriting alterity into the ambiguous shape of the exotic body. [...] nor is it able to address the historically risky compartmentalization of otherness that masquerades under the title of multiculturalism. (Suleri 1992: 763-65)

Suleri versucht mit ihrer Kritik auszudrücken, wie wichtig es ist, einer existierenden Realität standzuhalten und daß dafür postkoloniale "Identitäten", die nur über Nationalismus und Provinzialismus gebildet werden, keine Basis sein können:

> If we allow the identiy formation of postcolonialism to construe itself only in terms of nationalism and parochialism, or of gender politics at its most narcissistically ahistorical, then let us assume that the media has won its battle [...]. (ebd.: 769)

Die Diskussion um Postkolonialtiät und Feminismus bewegt sich vor allem zwischen zwei Eckpunkten, einmal der Sorge vor einem westlichen hegemonialen feministischen Diskurs und andererseits der Ablehnung einer essentialistischen Identitätsbildung. Um aber Veränderungen schaffen zu können, scheint es von größter Wichtigkeit, allen Positionen ihre gleichwertige Daseinsberechtigung einzuräumen, ohne daß sich damit ein Anspruch auf Universalisierung oder Essentialisierung verbindet. So ist die Einordnung postkolonialer Theorie und Literatur in den epistemologischen Ort der Postmoderne Voraussetzung für einen vielfältigen Diskurs; d.h. postmoderne Pluralität ermöglicht die

Integration aller weiblichen Erfahrungswelten und zwar in allen zur Diskussion stehenden Kategorien wie *race*, *class* und *gender* mit ihrer jeweils spezifischen Vielfalt. Nur so kann der Konstruktion eines/einer kolonisierten Anderen begegnet werden, und nur so können der Konfrontation zwischen einem Erste-Welt- und Dritte-Welt-Feminismus konstruktive Elemente entnommen werden. Die Verbindung von Postkolonialität als einer dialogisierenden Strategie mit einer postmodernen Kultur läßt auch in der feministischen Diskussion auf das Hinterfragen aller nur denkbaren Machtgefüge innerhalb einer Kultur oder Gesellschaft hoffen. Zudem ist das Kennenlernen *anderer* Perspektiven wichtig, um sich wirksam gegen vorhandene Machtdiskurse aller Art zur Wehr setzen zu können:

> As postmodernists, we can use categories such as 'gender', 'race' and 'class' in social and cultural analysis but on the assumption that their meaning is plural, historically and socially specific. [...] postmodern theory [...] provide[s] for theory which can avoid generalizing from the experiences of Western, white, heterosexual, middle-class women. (Weedon 1987: 178)

Die "Intersecting Marginalities" (W.D.Ashcroft 1989: 23) sollten als Anreiz verstanden werden, Differenzen nicht als Abgrenzung zu erfahren, sondern im Kontext einer postmodernen Vielfalt Nutzen für die Neu-Schreibung des vorherrschenden *master-discourse* zu bringen.

Literatur von Frauen wird damit ebenfalls zu einer Strategie, die es ermöglicht, sich mit eigener Stimme in diesen *master-discourse* einzubringen und sich gegen das 'Gesprochen-werden' zu wehren, aber auch zu einem Mittel, um sich einen eigenen literarischen Ort zu erobern. Die Integration der Texte von Autorinnen in den 'offiziellen' literarischen Diskurs vor dem Hintergrund von Postkolonialität und Postmodernität kann als Perspektiverweiterung betrachtet werden, ohne daß diese Literatur gegen ihren Exotismus bzw. ihre vermeintliche Mangelhaftigkeit anschreiben müßte.

2. Lateinamerikanische Autorinnen vor dem Hintergrund von Postmoderne und Postkolonialität

Es hat sich gezeigt, daß die kulturtheoretische Diskussion in Lateinamerika um die Begriffe Postmoderne und Postkolonialität von Skepsis geprägt ist, da nicht ganz zu Unrecht die Sorge vor einem erneuten *master-discourse* vorherrscht(e), der den Verlauf der Debatte bestimmen könnte. Der Versuch, sich als *Selbst* mit eigener Identität zu begründen und damit dem Status *des Anderen* zu entgehen, läßt Lateinamerika oftmals als theoriefeindlich erscheinen. Inwieweit dies auch für feministische Literaturkritik gilt, mögen die folgenden Kapitel verdeutlichen. Dabei soll sowohl nach der Rezeption feministischer Theorien bei lateinamerikanischen Kritikerinnen und Autorinnen gefragt werden als auch nach einer eigenen Entwicklung eines materiellen sowie literarischen *feminist criticism*.

2.1 Lateinamerikanische feministische Literaturkritik

Feminist Criticism ist kein ausschließlich europäisches oder US-amerikanisches Privileg, wie die ersten Versuche einer gemeinsamen Diskussion in Lateinamerika, als einem Dritte-Welt-Gebiet, zeigen. Mitte der 70er und Anfang der 80er Jahre beginnt eine ernsthafte Auseinandersetzung mit der Literatur von Autorinnen und den möglichen Erklärungsmustern für das Spezifische einer *literatura femenina.* Auch wenn es den Anschein hat, daß "the only people [...] reading novels by Latin American women are other women" (Kaminsky 1993: xi) und daß auch zu Beginn der feministischen Literaturkritik meist Frauen über Literatur von Frauen schrieben, wird das Interesse an Autorinnen und ihren Texten zunehmend größer. Die in Lateinamerika und den USA stattfindenden Tagungen werden zur Projektionsfläche der unterschiedlichen Meinungen und zeigen den konfliktiven Charakter, der die weltweite feministische Debatte begleitet.[52] Die ersten Treffen versuchten der Frage nach einer tatsächlichen Existenz eines *weiblichen Schreibens* bzw. einer sogenannten *Frauenliteratur* auf den Grund zu gehen. Die Begriffe *escritura femenina* und *literatura femenina* bildeten den Rahmen, innerhalb dessen sich die Vielfalt der Ansichten spiegelte. Alsbald stellte sich jedoch heraus, daß die Ansichten so weit auseinanderklafften, daß keine einheitliche Bewertung oder gar Klassifizierung der beiden Termini möglich war. Die Diskussion folgte zunächst der Frage, ob diese Begriffe als Reaktion auf eine *literatura masculina* gesehen werden könnten und ob im affirmativen Falle eher die Differenz oder vielmehr die Hierarchie zwischen beiden 'Literaturen' herausgestellt werden sollte. Beides bedeutete aber, *escritura femenina* in Abhängigkeit von einer männlichen Literaturtradition zu betrachten. Der durchgehende Tenor einer grundsätzlichen Trennung von *literatura femenina* und *literatura masculina* war mit großem Unbehagen verbunden. Diese erneute Abhängigkeit von der männlichen Norm drückte sich in der Sorge vor einer Essentialisierung des Weiblichen aus, das damit eine größere Fläche für eine erneute Funktionalisierung und Instrumentalisierung der Frau und ihre Unterdrückung sowie die Unterdrückung ihrer Literatur biete.

Uneinigkeit herrschte auch im Hinblick auf die Frage, was *weibliches Schreiben* eigentlich bedeute. Der Versuch, eine Art Merkmalskatalog der *escritura femenina* zu erstellen, rief vehemente Kritik hervor, da alle Klischeevorstellungen, die bezüglich des Terminus *Frauenliteratur* existieren, in diesem Charakterisierungsversuch ihren Ausdruck fanden: "incapacidad simbólica, pobreza metafórica, reiteración y encadenamiento

52 Der "symbolische" Auftakt war mit der ersten Weltfrauenkonferenz getan, die vom 19.6.-2.7.1975 in Mexiko-Stadt stattfand, auf dem erstmals Gleichberechtigung in allen weiblichen Lebensbereichen eingefordert wurde sowie Ungleichheiten in allen gesellschaftlichen Bereichen entgegengewirkt werden sollte. Diese Konferenz sieht die Gleichberechtigung der Frau in Zusammenhang mit ihrem Beitrag zum Weltfrieden, eine Zielsetzung, die vor allem im lateinamerikanischen Feminismus eine große Rolle spielt. Zu einem ersten Austausch über literaturkritische feministische Aspekte siehe u.a. den Kongreß in Amherst College im November 1983, dessen "Zeugnis" bei González/Ortega (1984) nachzulesen ist: "Este libro tiene como propósito dar testimonio de un encuentro". (ebd.: 11)

de hechos" (González/Ortega 1984: 14). Die Idee, einen eigenen weiblichen Kanon zu schaffen, stand in Zusammenhang mit der Forderung nach einer eigenen weiblichen Symbolwelt.

Die Diskussion lateinamerikanischer Kritikerinnen hatte sich bis hierher überwiegend mit der Möglichkeit bzw. Unmöglichkeit befaßt, sich bestimmte Ansätze feministisch orientierter Literaturwissenschaft vor allem aus den USA und aus Frankreich zunutze zu machen. Dabei wurde zunächst die grundsätzliche Frage nach der Existenz einer *literatura femenina* gestellt, die wiederum von den Widersprüchen, die sich aus der oppositionellen Beziehung zwischen *Erster Welt* und *Dritter Welt* bzw. *Zentrum* und *Peripherie* ergeben, geprägt war. Lateinamerika ist bestrebt, den ihm zugedachten Status des *Anderen* aufzubrechen und sich mit eigener Stimme und eigenem Standort im offiziellen Diskurs zu positionieren. Die Schwierigkeiten einer lateinamerikanischen Identitätsbildung zeigen sich im Kampf gegen die vorhandenen Tendenzen einer Neo-Kolonialisierung, vor allem seitens der USA, und den Bemühungen, einen eigenen Subjektstatus auszubilden und aufrechtzuerhalten. So ist es nicht verwunderlich, daß eine allgemeine Sorge vor einer erneuten Vereinnahmung durch die vorherrschende patriarchale (symbolische) Ordnung geäußert wurde, die Frauen und ihre Literatur zum Schweigen verurteilt und wiederum zu einer 'doppelten Kolonialisierung' der Frau führt. Das Dilemma schien groß:

> La postulación de un Sujeto masculino y otro femenino se complejiza cuando ese supuesto Sujeto es también Otro colonizado, ¿qué significa, por lo tanto, ser un Otro de Otro? (Guerra 1990: 50)

Die Tagungen verdeutlichen, daß sich lateinamerikanische Autorinnen und Kritikerinnen sehr wohl mit europäischen und nordamerikanischen Theoriemodellen auseinandergesetzt haben und dabei stets versuchten, ihnen gegenüber ihre eigene Position zu vertreten. D.h. auch wenn es keine eigenen Theoriemodelle gibt, anhand derer lateinamerikanische Literatur von Frauen analysiert werden könnte, sind aber in verschiedenen Bereichen Theorien einer Prüfung unterzogen worden, die nicht nur die Analyse der Literatur betreffen, sondern das gesamte machtstrukturierte System in Frage stellen. Castro-Klarén versucht die Wogen zu glätten, die bei der Frage hochschlugen, ob und inwieweit Theorien, die nicht in Lateinamerika entwickelt wurden, für die eigenen Bedürfnisse überhaupt dienlich sein können:

> Existe ahora un buen número de textos escritos por mujeres latinoamericanas, pero todavía no hemos elaborado posiciones teóricas derivadas de la lectura de *esos* textos. [...] Toda nueva crítica tendrá que enfrentar, no doblegarse o seguir, pero sí reflexionar y hacer mella con el pensamiento francés, aunque [...] no se ocupe en sí de la mujer, sino más bien de la problemática de la escritura (es decir, el conocimineto) y el poder. (Castro-Klarén 1984: 43f.)

Josefina Ludmers Ansatz, eine erste Strategie zu entwickeln, führt sie entlang des Schreib- und Lebensstils Sor Juana Inés de la Cruz. Sie kommt damit dem, was wir als *postkoloniale dialogisierende Strategie* bezeichnet haben, sehr nahe. In ihrem Aufsatz

Tretas del débil zeichnet sie ein Bild von Sor Juana und ihrer Taktik, sich mittels Literatur sowohl Gehör zu verschaffen als auch zu kritisieren. Für Ludmer besteht der Trick darin, den zugewiesenen peripheren Ort als Standort zu akzeptieren und diesen dann sukzessiv zu verändern:

> [...] desde el lugar asignado y aceptado, se cambia no sólo el sentido de ese lugar sino el sentido mismo de lo que se instaura en él. [...] Siempre es posible tomar un espacio desde donde se puede practicar lo vedado en otros; siempre es posible anexar otros campos e instaurar otras territorialidades. Y esa práctica de traslado y transformación reorganiza la estructura dada, social y cultural. (Ludmer 1984: 53)

Das Für und Wider bezüglich der Akzeptanz und Anwendbarkeit der Theorien und feministischen Ansprüche betrifft die grundlegende Verschiedenheit der Kulturen und die spezifischen Unterschiede lateinamerikanischer Frauenleben, die von vorne herein eine Verallgemeinerung des Begriffes *Frau* unmöglich machen. Dies zeigt auch die Entwicklung der feministischen Bewegungen in Lateinamerika, die den unterschiedlichen nationalen, regionalen und sozialen Bedürfnissen entsprechend agieren; sehr zum Erstaunen vieler europäischer oder US-amerikanischer Feministinnen, die lateinamerikanische Frauen immer noch eher in der Rolle des unterdrückten Opfers bemitleiden, denn als agierende Personen wahrnehmen:

> [...] they still tend to view women in the Third World as victims of oppression rather than as creators of feminist theory or as agents of change. (Jaquette 1989: 1)

Ein Blick auf die Geschichte der lateinamerikanischen 'Frauenbewegung'[53] zeigt eine kontinuierlich rege Aktivität von Frauen seit der Zeit der Befreiungskämpfe in der ersten Hälfte des 19. Jahrhunderts. Ihr Engagement war immer verbunden mit dem Kampf um politische und soziale Veränderungen. Als sie zu Beginn des 20. Jahrhunderts dennoch vom Wahlrecht oder dem Status der Bürgerin ausgeschlossen blieben, mußten sie feststellen, daß

> [...] economic, social, and legal equality – were considered secondary to the general movements for social and political change. (Seminar 1990: 4)

Der erneute Aufschwung der feministischen Bewegung seit Mitte der 70er Jahre wird zurückgeführt auf die Transitionen von den Diktaturen zu demokratischen Regierungen in den jeweiligen Ländern. Die unterschiedlichen Formen des Widerstandes, die in dieser Zeit die Frauenbewegung prägen, sind abhängig von den spezifischen sozialen Bedürfnissen der einzelnen Länder und Regionen. So lassen sich die Aktivitäten in drei Gruppen unterteilen:

---

53 Vgl. u.a. Jaquette (1989). Sie gibt einen Überblick über die Frauenbewegung in Zusammenhang mit politischen Zielen anhand fünf lateinamerikanischer Länder: Brasilien, Argentinien, Uruguay, Peru und Chile.

1. Feminismus, verstanden als Studien- und Arbeitsgruppe, die vor allem von Mittelklasse-Frauen aus dem linken Parteifeld begründet wurde.
2. Frauenbewegung, verstanden als Bewegung für Menschenrechte, die mit der Verurteilung der Verletzung der Menschenwürde während der Militärregime einhergeht, in diesem Fall besonders mit der Verurteilung von Gewalt gegen Frauen in den Gefängnissen.
3. Der Zusammenschluß der armen Stadtfrauen zu einem sozialen Netzwerk, um ihre Familien vor Hunger und Elend zu schützen. (vgl. Jaquette 1989: 3ff.)

Das Bild *der* lateinamerikanischen Frau als unterdrücktes Opfer wird hier verändert zugunsten einer aktiven Person, die sich und ihre Familie gegen Gewaltherrschaft zu schützen versucht:

> [...] women's movement played an important role in strengthening civilian pressure against the military, and [...] the transition period offered a unique opportunity, more successfully pursued in some cases than others, for the political articulation of a feminist agenda responsive to regional conditions. (ebd.: 15)

Lateinamerikanische Frauenbewegung gilt heutzutage als fester Bestandteil innerhalb der Gesellschaften und ist ein wichtiger politischer Faktor geworden:

> Today, these movements have made a permanent mark on political and social history in their countries, and serve as a source of inspiration for women who are struggling for a role in politics and creating democratic transitions elsewhere in the Third World. (ebd.: 207)

Im Bereich der Literatur bildete sich zu Beginn des 20. Jahrhunderts eine Art Gegendiskurs zur europäischen Moderne aus, der eine kulturelle Öffnung bedeutete und nicht nur eine neue städtische Mittelschicht hervorbrachte, sondern auch eine neue Autorenschicht, welche die Autonomie ihrer Schriftstellerei verteidigte und gleichzeitig ein Selbstverständnis artikulierte, das nach Legitimierung und Macht strebte. Autorinnen versuchten, diesem Selbstverständnis eine *andere* Stimme entgegenzusetzen:

> Women writers voiced a simultaneous concern for national questions and for aesthetic innovation and change. (Seminar 1990: 5)

Mit der neuen städtischen Mittelschicht entstand außerdem eine neue Leserschicht, die zum großen Teil aus Frauen bestand. Historikerinnen verweisen auf den hohen Stellenwert, den Zeitschriften seit dem Ende des 18. Jahrhunderts hatten und können anhand dieser Tradition Frauenleben und Frauengeschichte(n) rekonstruieren. Vor allem aber zeigen sie die Entwicklung einer feministischen Theorie, die in der neueren Geschichte immer im Zusammenhang mit politischer Aktivität steht. Selbst in den 20er Jahren des zwanzigsten Jahrhunderts boten Zeitschriften Frauen ein Kommunikationsmittel, das ihre *Präsenz* in der Öffentlichkeit bestätigte, d.h. sie waren nicht nur auf den 'inneren' Ort, das Haus, reduziert und hatten damit eine Möglichkeit, die Diskussion um Privatleben und Öffentlichkeit auch *in* der Öffentlichkeit zu führen:

> In the presentation of Greenberg's working bibliography of women's periodicals we make a contribution toward the reconstruction of women's dialogue about and relationship to public debate and private life. The examination of this multifaceted debate opens another route to information about the ideas, strategies, goals, and accomplishments of women's movements. (ebd.: 9)

Es geht hier nicht darum, ein geschöntes Bild von der Situation lateinamerikanischer Frau(en) zu zeichnen. Es soll lediglich festgehalten werden, daß sie nicht nur passive Opfer sind, wie es von Ländern des sogenannten Zentrums oftmals dargestellt wird, sondern daß sie sich selbst auch aktiv zur Wehr setzen, um gegen ihre Situation zu protestieren. Daß ein gleichwertiges Miteinander der Geschlechter auch heute weder in Lateinamerika noch in europäischen und anderen Ländern möglich ist, versteht sich von selbst.

So mutet die Auseinandersetzung mit 'außerlateinamerikanischen' Feministinnen und Schriftstellerinnen nicht ungewöhnlich an, sondern erscheint als logische Konsequenz des Handelns politisch und sozial engagierter Frauen.

Die Diskussion um europäische und US-amerikanische Theoriemodelle dient zunächst nicht so sehr dem Zweck der Aneignung derselben, sondern vielmehr ihres *Bewohnens* und dem damit gleichsam verbundenen Infragestellen ihres eigenen Ortes:

> [...] as models to emulate [...] as points of triangulation to mediate their own discourse, to help delimit boundaries, and to provide a common ground of discussion. (Castillo 1992: xv)

Der lateinamerikanische *Feminist Literary Criticism* beginnt daher auch nicht erst mit den Theorien, die sich Ende der 60er Jahre entwickelt haben, sondern setzt schon mit Virginia Woolf ein. Victoria Ocampo, die den Text *A Room of One's Own* von Virginia Woolf in Lateinamerika bekannt machte, weist in einem Brief an die Autorin[54] auf die Unvergleichbarkeit der Situation von Frauen in den unterschiedlichen Erdteilen hin. Ocampo erinnert daran, daß sie selbst in einem sozial-historischen Kontext zu schreiben begonnen habe, der eher dem Hintergrund entspräche, unter dessen Bedingungen beispielsweise Charlotte Brontë oder Jane Austen geschrieben hatten und daß die kulturellen Erfahrungen in Lateinamerika nicht mit denen in Europa vergleichbar seien. Die Kritik richtet sich damit vor allem gegen die subjektiven Erfahrungen, die universalisiert für alle Frauen gleiche Gültigkeit haben sollen. Diese Universalisierung erschwert die allgemeine Akzeptanz und somit die Übertragbarkeit bestimmter Theorien, in diesem Fall in und auf Lateinamerika. Die Kritik muß dem Versuch, Feminismus als universelle Kategorie verstanden wissen zu wollen und damit als Ideologie zu begründen, nicht nur widersprechen, sondern hat auch gar keine andere Wahl, will sie nicht im Falle einer Vereinheitlichung ihren Anspruch auf Authentizität verlieren.

---

54 Vgl. Victoria Ocampo *Testimonios*. Sie reagiert hier in Briefform auf das erfolgreiche Buch von Virginia Woolf *A Room of One's Own*.

Die kulturellen, sozialen, nationalen und regionalen Unterschiede sind nicht in einem Begriff faßbar; daher muß die Feminismus- bzw. *gender*-Forschung auch die Begriffe *race*, *class*, Ethnizität und sexuelle Orientierung einbeziehen und ihre Verknüpfungen untereinander innerhalb des gesellschaftlichen Machtgefüges hinterfragen, soll die Beschreibung der Situation der Frauen in Lateinamerika in ihrer Vielfältigkeit und/oder Zerrissenheit auch nur annähernd gelingen.

Latin American Feminist Literary Criticism bedeutet nicht nur die Entwicklung eigener Theorien in Lateinamerika selbst, sondern bezeichnet auch die allgemeine Beschäftigung der Kritiker/innen mit lateinamerikanischer Literatur von Frauen *und* Männern. Amy Kaminsky wertet die Entwicklung auf diesem Gebiet positiv, da sie eine weitere Stufe auf der Leiter der wissenschaftlichen Akzeptanz bedeutet:

> Currently, feminist criticism is becoming more visible to and legitimate among Latin Americanists, and this volume is part of a growing, increasingly self-conscious body of Latin American feminist criticism. (Kaminsky 1993: xii)

Latin American Feminist Literary Criticism charakterisiert sich bei der Textanalyse durch eine ebenso große Diversität, wie er auch in der Textproduktion eine heterogene Entwicklung erkennen läßt, so daß sich das Bild lateinamerikanischer Literaturrezeption und -produktion als antihegemonisch und "multiply voiced" (Castillo 1992: xxii) darstellt. Diese Vielfalt mit einem einzigen, allgemeingültigen theoretischen Modell beschreiben zu wollen, ist unmöglich, daher ruht das Interesse eher auf den angewandten spezifischen Strategien der Autorinnen. Das Forschungsgebiet zu Autorinnen in Lateinamerika bietet ebenso wie in Europa oder den USA verschiedene Schwerpunkte und reicht von der Beschäftigung mit der offiziellen *gender*-spezifischen Literaturgeschichtsschreibung über die Erstellung weiblicher Literaturgeschichten bzw. Anthologien von Autorinnen bis hin zu der Frage nach Inhalten und Zielen einer lateinamerikanischen feministischen Literaturkritik. Es gibt Bände von und mit Autorinnen-Interviews sowie Übersetzungen ihrer Werke, die ihre Stimmen und Texte einer breiteren Öffentlichkeit bekannt und zugänglich machen. Des weiteren finden sich Untersuchungen über den Zusammenhang von Frauenbildern in der lateinamerikanischen Gesellschaft und politischen Ideologien.[55]

Die Schwierigkeiten innerhalb der Auseinandersetzung mit und der Akzeptanz von internationalen Theorien, liegt neben der Kritik an deren universellem Charakter auch in der Begrifflichkeit als solcher begründet. Kaminsky weist in ihrem Essay *Translating Gender* (Kaminsky 1993) auf den Zusammenhang von Bedeutungsverlust bzw. Bedeutungsveränderung bei der Übersetzung von einer Sprache in die andere hin sowie auf die sprachpolitische Vormachtstellung der englischen Sprache. Die Unterschiede in Bedeutung und Anwendung des Begriffes *gender* in der englischen und spanischen Sprache resultieren daraus, daß das Spanische – ebensowenig wie das Deutsche – keine Termini zur Unterscheidung von Geschlecht als biologischer und Geschlecht als sozialer

55 Vgl. u.a. Marting (1990); Picón Garfield (1985) und (1988); Agosín (1995); Pfeiffer (1995) und (1998); Geoffrey Kantaris (1995).

und kultureller Kategorie hat. Die weltweite Einführung des Terminus *gender* zur Beschreibung der soziokulturellen Dimension von Weiblichkeit und Männlichkeit bedeutet für beide ein universalisiertes anstelle eines internationalen Konzeptes:

> To be politically and analytically successful, feminism must be inclusive, which means, among other things, international, [...] our lack of a shared terminology is a serious problem, since, like de Lauretis, I believe that such an absence is no mere aberration, but rather a representation of a profoundly held essentialist understanding in Romance cultures of the nature of what North American feminists would call gender. (Kaminsky 1993: 2)

Ein gemeinsamer feministischer Diskurs ist jedoch nur möglich, wenn alle Beteiligten sich in der verwendeten Sprache wiederfinden können. Ein doppelter Ausschluß aus der Sprache – einmal aus der symbolischen Ordnung und schließlich aus einem Diskurs, der *für* alle Frauen sprechen will – unterdrückt Differenzen und verhindert Eigenständigkeit. Gerade im Falle des lateinamerikanischen Feminismus, der mit seiner politischen Ausrichtung aus den jeweiligen sozio-kulturellen Gegebenheiten der einzelnen Länder hervorgeht, ist die Neuschreibung weiblicher Geschichte(n) nur über die Akzeptanz der Unterschiedlichkeit zu erreichen. Dieser zunächst positive Aspekt der Vielfalt, darf nicht unhinterfragt mit dem nicht hierarchischen postmodernen Pluralitätsdiskurs gleichgesetzt werden, denn postmoderne Diversität ist nur auf der Basis von Unabhängigkeit und Gleichwertigkeit denkbar:

> Sometimes those contradictions will be reconcilable; other times they will not, retaining their unsynthesizable dissimilarities. This is not quite the free play of difference of postmodernism, since these differences are always attached to power, and they remain grounded in material phenomena that are also subject to change. (ebd.: 23)

Die Entwicklung des akademischen Feminismus – und der damit verbundenen literarischen Kritik – und des materiellen Feminismus in Lateinamerika ist gegenläufig. D.h. das soziale Engagement feministischer Gruppen steigt weiter an und bringt die unterschiedlichen Projekte hervor, wie z.B. die Suppenküchen in Chile oder die nationalen Kampagnen gegen Gewalt gegen Frauen. So wurden u.a. in Nicaragua Lehrgänge für Männer organisiert, in denen versucht wurde, die Vorstellung, daß die Ehefrau Eigentum des Mannes sei und Gewalt rechtfertige, als patriarchales Mißverständnis zu entlarven.[56]

---

56 Vgl. Álvarez (1997) zur "Globalisierung" lateinamerikanischer feministischer Bewegungen, wie sie sich u.a. in den politischen Aktivitäten der ONG (Organizaciones No Gubernamentales) zeigt. Diese Nichtregierungsorganisationen wuchsen in den 90er Jahren des 20. Jahrhunderts zu einem weltweiten Phänomen, das sich nicht mehr übersehen läßt. Sie sorgen für die internationale Vernetzung von Frauengruppen, um weltweiten Einfluß auf die Frauenpolitik auszuüben. Lateinamerikanische Feministinnen sind in diesen Organisationen sehr aktiv tätig und die Tagung von Beijing im Rahmen der vierten Weltfrauenkonferenz vom 4.-15.9.1995 zeigte:

> [...] que los vínculos cada vez más formalizados entre las feministas latinoamericanas que trabajan en ONG y aquellas que operan dentro de ámbitos políticos, partidos, estados, instituciones y organismos multila-

Die akademische feministische Kritik hingegen bleibt vielfach eher im Hintergrund. So findet feministische Literaturkritik als akademischer Diskurs vor allem in den USA statt und weniger in Lateinamerika. Das Resultat zeigt sich in den überwiegend englischsprachigen Veröffentlichungen und der Einbürgerung des Begriffes *Latin American Feminist Literary Criticism* anstelle des – zwar vorhandenen, aber weniger häufig verwendeten – Terminus *crítica literaria feminista latinoamericana*. Der Eindruck einer hegemonialen Sprachpolitik seitens der USA läßt sich nicht so einfach von der Hand weisen und zeigt auch mit der Wahl der Sprache die Hierarchisierung innerhalb der Diskussion,[57] die sich nicht nur in den Übersetzungsschwierigkeiten bestimmter

---

> terales dominados por los hombres, han incrementado significativamente en los últimos años el poder de influencia de las promotoras de los derechos feministas. (Álvarez 1997: 154)

Nicht außer Acht gelassen werden dürfen die Schwierigkeiten, die ein globaler politischer Feminismus mit sich bringt. Die unterschiedlichen Positionen führen zu ständigen Verhandlungen und Wieder-Verhandlungen der einzelnen Ziele, und oftmals stehen sie sich in unauflöslichen Widersprüchen gegenüber (vgl. Álvarez 1997). Daß die Bemühungen um soziale Veränderungen in Lateinamerika dennoch (wenn auch langsam) Erfolge erzielen, scheint an der Kommunikation dezentralisierter feministischer Aktivitäten zu liegen, denn:

> [...] el hecho de que los avances que han logrado recientemente las feministas en las esferas de las políticas y los derechos obtenidos son en sí mismos una consecuencia de la sorprendente descentralización del campo de acción del movimiento feminista latinoamericano hacia una amplia gama de espacios y sitios institucionales y extrainstitucionales [...] que esta proliferación de espacios feministas no ha provocado necesariamente la "fragmentación" de los feminismos. (ebd.: 162)

Daß auch diese Diversität in gesellschaftliche Machtstrukturen verwickelt ist, darf nicht übersehen werden. Offensichtlich gibt es aber die Möglichkeit, über eine "dezentralisierte" Diskussion eine erste Annäherung *aller* beteiligten Gruppen und Gruppierungen zu erzielen, die nicht nur von den Ländern der Ersten Welt ausgeht, sondern vorsichtige Ansätze einer gleichen Beteiligung auch anderswo erkennen lassen.

57 Sicherlich zeigt die große Anzahl der Veröffentlichungen in den USA auch die Wertschätzung, die Wissenschaft an sich, im Gegensatz zu anderen Ländern, erfährt, zumal in Lateinamerika veröffentlichte Werke für Europa nur über Umwege und mit viel Geduld zu erhalten sind und dann noch sehr viel teurer verkauft werden als in den USA veröffentlichte Texte. Die fehlenden Mittel, die für Publikationen in Lateinamerika zur Verfügung stehen, haben auch Auswirkungen auf die Kommunikation zwischen den Kritikern und Kritikerinnen der einzelnen lateinamerikanischen Länder und deren Bekanntheitsgrad:

> Yo creo que había mucho intercambio hasta hace poco, porque había la posibilidad de verse en congresos, y también había la posibilidad de mandar por correo cartas y libros, pero con este empobrecemineto tan extremo de América Latina y con la imposibilidad de mandar por correo materiales, y con el problema que tienen algunos países para publicar... En Argentina, comprar un libro es la cosa más cara del mundo, es

Schlüsselbegriffe äußert, sondern auch Auswirkungen auf die Akzeptanz der Sprechenden anderer Sprachen hat:

> In the United States, translation occurs within the constraints of hegemonic notions of particular languages, attached to particular cultures. English in the United States often apologizes for not getting French quite right, but it never assumes such a subordinate attitude toward Spanish. The racism and xenophobia that results in this country's devaluation of the Spanish language also devalues the thinking that is expressed in that language. (Kaminsky 1993: 1)

Die vorsichtige Entwicklung des akademischen Feminismus hängt auch mit der – intentionierten oder nicht intentionierten – Vorstellung vieler Männer *und* Frauen zusammen, daß der Terminus Feministin ein Synonym für die Präferenz sexueller Gleichgeschlechtlichkeit sei. Lateinamerikanische Kritikerinnen weichen daher oftmals dem Begriff aus, um ihre sexuelle Integrität nicht angezweifelt zu sehen. Dies würde sie um den Respekt bringen, der ihnen als 'dezenten' Frauen entgegengebracht wird, und ihre gesellschaftliche Etablierung aufs Spiel setzen, denn:

> For a woman whose situation is already made precarious by her ambition for a career, the threat inherent in a perceived rejection of the necessary, and necessarily masculine, protective screen is vast and, understandably, gives pause. (Castillo 1992: 22)

> Heterosexuality is so deeply ingrained that [...] To be called "lesbian" is to be called "monster". (Kaminsky 1993: xiv)

Ein System, in dem (Zwangs)Heterosexualität als die *natürliche* sexuelle Erfahrung gilt, scheint immer noch die Macht zu besitzen, durch Referenz auf die Form der Sexualität, vorhandene Kritik zum Schweigen zu bringen. Betrachten wir die feministischen Forschungen, fällt das Tabu auf, das weibliche Homosexualität umgibt, und ihr Sichtbarmachen in der Literatur ausschließt: "[...] to comply with the taboo on lesbianism is to hand antifeminists a convenient device with which to frighten us into submission" (ebd.).

Erst im letzten Jahrzehnt sind Tendenzen erkennbar, die das Aufbrechen dieser Tabus zeigen. Die – ohnehin politisch orientierte – feministische Kritik nähert sich mittlerweile auch gezielt den Grenzbereichen, deren repressives Potential lange Zeit seine Wirkung entfalten konnte. Heute scheinen Feministinnen und Kritiker/innen sich diesem Druck zu widersetzen, um die Macht der Diskurse zu verstehen und brechen zu können, indem sie das Unsichtbare sichtbar machen.

Die Entwicklung der feministischen Literaturkritik in Lateinamerika ist zu Beginn nicht nur von bestimmten Tabus geprägt, sie kennzeichnet sich auch durch eine Metaphorik, die dem zugewiesenen Ort der Frau entlehnt ist: einer Küchenmetaphorik und

---

> dificilísimo publicar [...] que hay gente muy valiosa en América Latina que no tiene la posibilidad de salir de sus países y que por eso, sus libros no se conocen. Hay escritores muy, muy importantes que no han podido acceder al *boom* y que se publican en esiciones muy limitadas, de muy mala calidad, muy mal papel [...] Y les pasa a muchísimas mujeres lo mismo. (Margo Glantz 1992: 103)

Küchenphilosophie als dem Bereich, der den Frauen gut bekannt ist, über den sie zu reden verstehen. González/Ortega haben ihre Dokumentation der Tagung von 1983 *La sartén por el mango* genannt und nutzen diese Symbolik, um einen Ort sichtbar zu machen, von dem aus Frauen sprechen können. Castillo versteht noch 1992 ihr Buch *Talking back* als eine Art Rezept und dieses wiederum als "an index of female creative power" (Castillo 1992: xiv). Sie beginnt und beschließt ihr Buch mit Zitaten von Schriftstellerinnen und Kritiker/innen, die in diesem spezifisch weiblichen Kontext gründen: Küche, Heim, Familie und weibliche Schönheit symbolisiert im Feilen der Fingernägel. Erst in den letzten Jahren scheint es Kritikerinnen möglich, dieses Alibi weiblicher reduktionistischer Metaphorik zu verlassen.

Das gesamte Spektrum feministischer Literaturkritik in einer einheitlichen Theorie zusammenzufassen, bleibt unmöglich, sollte auch nicht das Ziel feministischer Praxis sein. Die Forderung nach eigenen Theorien, die anhand eines bestimmten Textkorpus erstellt werden können, läuft zudem schnell Gefahr, zu einem 'globalisierten Intellektualismus' zu werden, der universalen Charakter anstelle eines internationalen Charakters hat, so daß die meisten Werke dabei wiederum durch das Raster einer einheitlichen Theorie hindurchfallen würden.

Die 90er Jahre zeigen eine Veränderung im Umgang mit Theorien, die außerhalb Lateinamerikas begründet wurden. D.h. die Ablehnung ist einer Akzeptanz gewichen, die, ähnlich wie im materiellen Feminismus, auf eine Dezentralisierung der Diskussion zurückzuführen ist. Je vielfältiger die Diskussion um Postkolonialität als dem Einbringen marginaler Stimmen in den *master-discourse* wird, desto eher können Theorien abgewogen und auf ihre Brauchbarkeit hin überprüft werden. Das Ausloten der Möglichkeiten, das Abwägen der unterschiedlichen kritischen Ansätze und das Anwenden derjenigen Aspekte auf die 'eigene' Literatur kann zu einer Chance werden, eigene theoretische Modelle zu entwickeln oder vorhandene so weiterzuentwickeln, daß sich lateinamerikanische Autorinnen und Kritikerinnen darin wiederfinden können. Feministische Kritik sollte daher als Strategie und nicht als festgelegte Gebrauchsanweisung oder gar als Rezept verstanden werden:

> I try to build an applicable feminist theory strategy based on an infrastructure of evolved and evolving Latin American theory, while taking from first-world feminist theory that which seems pertinent and complementary. (Castillo 1992: 36)

Wichtig bleibt das Brechen aller Tabus, ohne eine erneute Ausgrenzung zu fürchten, zu verhindern wissen, daß *für* Frau(en) gesprochen wird, anstatt daß sie selbst sprechen. Ebenso notwendig bleibt das Hinterfragen jeder Theorie auf ihre inhärenten Machtstrukturen, welche Frau(en) immer wieder an den Rand zu drängen versuchen sowie die Entlarvung der *gender*-spezifischen Geschlechterdifferenz als repressiven Momentes. Das Ziel einer feministischen Lektüre bleibt immer noch, 'naturalisierte Wahrheiten' ihres konstruierten Charakters zu überführen und den Weg frei zu machen für eine neue Perspektive und einen neuen Umgang mit Literatur von Autorinnen:

> Reading for the complexity of meanings of sexuality, gender, and politics is, nevertheless, a necessary starting point if we are to disturb the impassive solidity of prepackaged truths

> and uninterrogated assumptions that have thus far prevented us from seeing our way into a new history. (Kaminsky 1993: 136)

2.2. Lateinamerikanische Autorinnen

Lateinamerikanische Autorinnen von der literarischen und feministischen Kritik getrennt zu beschreiben, erscheint bei näherer Betrachtung als wenig sinnvoll, denn die Lektüre zeigt, daß es zwei sich überschneidende Bereiche sind: Autorinnen können sowohl Kritikerinnen sein als auch umgekehrt. Viele von ihnen sind Literaturkritikerinnen, Journalistinnen oder gar Politikerinnen, schreiben ist für sie eine "multi-faceted activity" (García Pinto 1988: 4). Die Gründe für das enge Nebeneinander schriftlicher Aktivitäten liegen einerseits in der ohnehin regen politischen und sozialen Aktivität lateinamerikanischer Frauen, andererseits resultieren sie aus der allgemeinen Tradition lateinamerikanischer Literatur, deren soziales und politisches Engagement einen großen Teil der Literatur Lateinamerikas bestimmt. Im Widerspruch zu ihrer umfangreichen literarischen sowie politischen und sozialen Aktivität steht, daß lateinamerikanische Schriftstellerinnen auch heute noch außerhalb ihrer Landesgrenzen kaum bekannt sind. Seit der *Boom* in den 60er Jahren ausschließlich von Männern geschriebene lateinamerikanische Literatur international bekannt gemacht hat, fragen viele Kritikerinnen nach der Präsenz lateinamerikanischer Autorinnen, gibt es doch nicht eine einzige Frau, die auch nur andeutungsweise in der *Boom*-Diskussion genannt worden wäre.[58] Den Weg nach Europa haben nur wenige Bestsellerautorinnen im Rahmen der *Post-Boom-Welle* gefunden. Sie gelten in der Literaturkritik oft als Nachahmerinnen der großen männlichen Autoren und haben z.T. einen eher zweifelhaften literarischen Ruf.[59] Die Abwesenheit der vielen schreibenden Frauen im internationalen Kontext hinterläßt den Eindruck, als seien die wenigen Autorinnen, die übersetzt wurden, außergewöhnliche Ausnahmen.

---

58 Vgl. Strausfeld (1989). Sie erwähnt in ihrem Buch nicht eine einzige Autorin, so daß im deutschsprachigen Raum der Eindruck entstehen muß, daß es entweder keine Autorinnen gibt oder daß deren produzierte Literatur qualitativ schlecht ist. Das Fehlen von Autorinnen in der *Boom*-Literatur ist auch heute noch für viele Kritikerinnen eine erwähnenswerte Tatsache, welche die literarische Situation der Frau *bewußt* macht, denn erst Bewußtheit ermöglicht den ersten Schritt zum Wissen, zur Veränderung.

59 Vgl. hierzu die Kritiken, die sich mit dem Bestseller von Isabel Allende *La casa de los espíritus* als eklektischem Werk befassen, u.a Rojas (1985: 917):

> El 'espíritu' de *Cien años de soledad* flota constantemente tanto en el mundo imaginario como en la escritura de Isabel Allende. Hay en las dos novelas patentes afinidades y correspondencias que atraerán a más de un crítico amante de los infinitos reflejos intertextuales.

Über die eigentliche weibliche Literaturszene in Lateinamerika ist wenig bekannt und erst in den 70er Jahren setzt im Rahmen der feministischen Bewegungen die gezielte Forschung nach Autorinnen und die Analyse ihrer Texte ein. Seither nimmt das Interesse an lateinamerikanischen Schriftstellerinnen beständig zu, und die vor allem in den USA und in Europa entstehenden Studien offenbaren eine rege Schreibtradition, die viel zu lange international unerkannt und unbeachtet geblieben ist und deren Erforschung bis heute noch viele weiße Stellen aufweist. Aus der Vielzahl unterschiedlicher Literatur hat sich mittlerweile ein fester weiblicher Kanon etabliert, der im 17. Jahrhundert beginnt. Kanon meint in diesem Zusammenhang die Tatsache, daß das Interesse der Literaturkritik vor allem auf bestimmte Autorinnen gerichtet ist, die über Jahrhunderte hinweg paradigmenbildend die Stationen eines weiblichen Schreibens veranschaulichen. Diese Eingrenzung auf bestimmte Autorinnen läßt jedoch kaum Raum für die Betrachtung weiterer Dichterinnen der jeweiligen Epochen. Als Beispiel für die weibliche Literatur des 17. Jahrhunderts gilt Sor Juana Inés de la Cruz und für das 19. Jahrhundert Gertrudis Gómez de Avellaneda. Im 17. Jahrhundert gab es neben Sor Juana aber noch weitere Frauen – meist Nonnen –, die geschrieben haben, z.B. Sor Catalina de Erauso oder Sor Francisca Josefa de Castillo (vgl. Agosín 1995: 8). Schriftliche Zeugnisse lassen sich sogar bis in die frühe Kolonialzeit zurückverfolgen, z.B. bis zu Isabel de Guevara, die 1556 eine Chronik der Eroberungszeit schrieb (vgl. Kaminsky 1993: 28). Es stellt sich die Frage, warum nur bestimmte Autorinnen als epocheweisend das Interesse der Literaturkritik auf sich gezogen haben und aufgrund welcher Kriterien die Auswahl getroffen wurde. Erneut entsteht der Eindruck einer unvollständigen Literaturgeschichtsschreibung:

> There is still much to elucidate about why certain women are chosen from each period of history, while the rest pass into anonymity, creating an endless number of gaps in the cultural fabric of Latin America. (Agosín 1995: 8)

Zu Beginn des 20. Jahrhunderts ist ein Anstieg der Aktivität – oder vielmehr der Bekanntheit – weiblicher Autoren zu verzeichnen. Doch auch Namen wie Delmira Agustini, Juana de Ibarbourou (Uruguay), Alfonsina Storni, Victoria Ocampo (Argentinien), Gabriela Mistral, María Luisa Bombal (Chile), Julia de Burgos (Puerto Rico), Teresa de la Parra (Venezuela), um nur einige wenige zu nennen, die das literarische Bild in der ersten Hälfte des Jahrhunderts prägen, können nicht über das Mißverhältnis hinwegtäuschen, das zwischen der großen Anzahl von Autorinnen und deren Abwesenheit in Anthologien und Nachschlagewerken besteht. Es zeugt gleichsam von der Nichtachtung der weiblichen Literaturszene und macht das Fehlen einer weiblichen Literaturgeschichte schmerzlich bewußt:

> Women's literary history has been annulled in Latin America, making the occasional woman writer named in conventional literary history appear to be exceptional. (Kaminsky 1993: 29)

Um Lücken in einer weiblichen Literaturgeschichtsschreibung zu verhindern, bleibt die Forschung nach Autorinnen und die Analyse ihrer Texte genauso unumgänglich wie das Hinterfragen der Auswahlkriterien, die einen weiblichen literarischen Kanon bestimmen. Ein *re-reading* bzw. *re-writing* der weiblichen Literaturtradition ist offenbar ebenso wichtig, wie das des traditionellen literarischen Kanons.

Eine weltweit öffentliche Anerkennung lateinamerikanischer weiblicher Literatur findet im Jahre 1945 statt, als Gabriela Mistral den Literatur-Nobelpreis erhält. Sie ist nicht nur die erste Preisträger*in* Lateinamerikas, es ist der erste Literatur-Nobelpreis für Lateinamerika überhaupt. Dennoch ist in der Literaturkritik bis heute eine Geringschätzung ihrer schriftstellerischen Leistung spürbar, denn ihre Lyrik wird in der Literatur von Autorinnen als Kulminationspunkt der Mutteridealisierung begriffen und damit als nicht künstlerisch wertvoll abgetan.

In den 50er und 60er Jahren ist ein regelrechter weiblicher *Boom* festzustellen. Rosario Castellanos, Elena Garro (Mexiko), Clarice Lispector (Brasilien), Norah Lange, Silvina Bullrich (Argentinien) und viele weitere Autorinnen waren gleichzeitig mit den männlichen *Boom*-Autoren aktiv, doch sie schafften den Sprung in die internationale Bekanntheit nicht und verharren bis heute weiterhin in anwesender Abwesenheit. Auch die nachfolgenden *Post-Boom*-Autorinnen wie u.a. Alejandra Pizarnik, Luisa Valenzuela (Argentinien), Nélida Piñon (Brasilien) oder Julieta Campos (Cuba) finden nur sehr langsam und begrenzt Eingang in die internationale Literaturszene. Im Gegensatz zu ihren männlichen Kollegen, stehen sie vor der Schwierigkeit, sich als eigenständige, schreibende, aktive Persönlichkeiten in die Gesellschaft zu integrieren, ohne dabei mit den inhärenten *gender*-Auffassungen in Konflikt zu geraten. Die Abwesenheit der Autorinnen in der öffentlichen literarischen Diskussion, die nur vereinzelten Übersetzungen ihrer Texte in andere Sprachen sowie die vielen Exilautorinnen, lassen darauf schließen, daß diese Konfrontation oftmals nicht lösbare Folgen hat. Elena Poniatowska klagt an, daß das Schicksal vieler Autorinnen im Laufe der (Literatur)Geschichte zwei Alternativen barg – und heute oftmals noch birgt –, entweder alleine zu bleiben oder aber sich selbst zu töten. Die z.T. dramatischen Schicksale beschreibt sie sehr polemisch als unlösbaren Konflikt zwischen Schreiben und Schuldgefühlen:

> A lo largo de la literatura femenina, las mujeres, o son solteras o son suicidas, son también contestatarias, signo del régimen, al menos de su régimen interior. Viven en función de su escritura y sin embargo nunca dejan de sentirse culpables, la culpabilidad es la mejor arma de tortura. Culpables de no reunir ese atadijo de cualidades llamadas femeninas: la dependencia del hombre, la dulzura, la inocencia, el azoro ante la maldad humana, las artes culinarias. Pienso en Alfonsina Storni que se metió al mar, en Alejandra Pizani,[60] en Antonieta Rivas Mercado frente al altar mayor de Notre-Dame, en Silvia Flaz, su cabeza en el horno, en Rosario Castellanos, electrocutada, en Julia de Burgos, cuyo cadáver tenía un número atado al tobillo como lo había predicho, en Violeta Parra, quien se la pasó dándole gracias a la vida, en Eunice Odio, ahogada en su tina de baño, y en tantas más, víctimas, no de sí mismas sino de la comunidad humana. (Poniatowska 1990: 15f.)

Pl a h

60 Wir nehmen an, daß hier Alejandra Pizarnik gemeint ist, und daß es sich im Originaltext um einen Druckfehler handelt.

Die literarische Entwicklung im 20. Jahrhundert beginnt zunächst mit dem Versuch, sich der eigenen Situation bewußt zu werden und sich aus einer literarischen Tradition des 19. Jahrhunderts zu lösen, in der oftmals der männliche Diskurs unkritisch wiedergegeben wurde. Die Autorinnen versuchen, ihren eigenen Diskurs zu entwickeln und beginnen die literarische Suche nach sich selbst und ihrer eigenen Stimme. Dem gesellschaftlichen Verständnis zufolge war das erklärte Ziel der Frau Ehefrau, Hausfrau und Mutter zu sein, ein Konflikt, der sich in ihren Texten spiegelt. Die Protagonistin stammt oftmals aus wohlhabendem Hause und ist in ihrer Ehe unglücklich. Sie ist auf der Suche nach der wahren Liebe, denn sie kann mit der ihr zugewiesenen Rolle in einer monotonen Alltagswelt nicht zufrieden sein, wie es z.B. in den Texten von María Luisa Bombal sichtbar wird. Bombals Romane geben Zeugnis von der Stille und Sprachlosigkeit, in der Frauen verhaftet waren und vielfach noch sind. Gleichzeitig gilt ihr 1935 veröffentlichte Roman *La última niebla* als Vorläufer der (männlichen) Literatur in den 60er Jahren, die mit dem *Boom* weltberühmt werden sollte:

> The book quickly became an outstanding example of the emerging avant-garde in Latin American writing, as well as a precursor of the novel of the 1960s. In a moving testimony to the influence of her innovations, Carlos Fuentes once stated that "María Luisa Bombal is the mother of us all". (Marting 1990: 43)

Interessanterweise wird der Roman Bombals selbst nicht weltberühmt und wird erst im Rahmen der feministischen Literaturkritik einer genaueren Prüfung unterzogen. Das Mutterbild ist in Lateinamerika mit der Tradition des *marianismo* verbunden, der eine Idealisierung der leidenden Mutter bedeutet und zu den sujets der Literatur (nicht nur) von Autorinnen in dieser Zeit gehört. Die Tatsache, daß Fuentes die Autorin als Mutter bezeichnet, weist auf die unhinterfragte Tradition und damit Normalität hin, mit der die Literatur von Frauen als Anregung und Ergänzung für die männliche künstlerische Entwicklung betrachtet und benutzt wird.

In dieser Tradition des Mythos der Mutterschaft stehen auch die Texte von Gabriela Mistral. Für Mistral ist die Mutter die Quelle der Sprache. Als *mother tongue* muß sie der Autorin von Anbeginn bekannt sein, damit sich diese des wahren Objekts ihres Begehrens bewußt werden kann:

> The writer must have full, exhaustive command of the language learned at the earliest and darkest moments of consciousness, for the mother tongue and the writer are the seamless parts of a mystical union. (Castro-Klarén 1991: 9)

Mistral setzt eine bewußte (Geschlechter)Differenz dominant, die sie über den weiblichen Körper in seiner Funktion als Mutter begreift. Der Rückgriff auf den weiblichen Körper als Möglichkeit der Differenzierung und Aufwertung des Weiblichen wird gut 30 Jahre später die französischen Theoretikerinnen beschäftigen. Die Literaturkritik begegnet Mistrals Werk äußerst zurückhaltend und zeichnet sie mit dem Image der "*mater et magistra*" (Molloy 1991: 116). Mistral wird, wie viele andere Autorinnen auch, auf einen unverhältnismäßig hervorgehobenen Aspekt ihrer Texte festgelegt. Es wird keine

Trennung zwischen Text und Autorin vorgenommen, sondern diese mit ihren Texten gleichgesetzt. Dieses 'Schubfachdenken' führt zu einer einseitigen Analyse der Literatur, deren eigentlicher Bedeutungsgehalt unerschlossen bleibt. Literatur erhält den Stempel, den die öffentliche Meinung den Autorinnen aufgezwungen hat:

> Agustini is often viewed by critics as the lustful virgin, Storni as the ridiculous virago, Victoria Ocampo as the blue-stockinged hostess, Mistral as the spiritual mother, Norah Lange as the extravagant Dadaist, Silvina Ocampo as the perverse eccentric. (ebd.: 115)

Kritikerinnen weisen heute auf die Notwendigkeit des Hinterfragens dieser aus der Gleichsetzung von Text und Autorin resultierenden und damit konstruierten Charakteristika der Texte hin, da sie nicht nur Teil einer "active creation of personal masks" (ebd.) seitens der Autorinnen sind und die Texte damit andere Deutungsmöglichkeiten erhalten, sondern weil sie vor allem deutlich machen, wie und nach welchen Kriterien Wertungen weiblicher Literatur über einen männlichen Diskurs festgeschrieben werden:

> [...] the way a predominantly male literary establishment has viewed – and continues to view – women writers. One should keep in mind that critics, in Latin America, have tended less to read the work of women authors than to dramatize the anomalies they attributed to them as persons. (ebd.)

So bleibt z.B. bei Victoria Ocampo, einer der vielseitigsten Persönlichkeiten im literarischen Leben Lateinamerikas, auch heute noch die Kritik an ihrem "Defizit an Selbstreflexion" (Reichardt 1992: 96) vordergründiger als ihre eigentlichen Leistungen, die nicht nur die Herausgabe der Zeitschrift *Sur* betreffen.

Inwieweit die, eher den Autorinnen als ihren Texten, zugeschriebenen Eigenschaften korrigiert werden müssen oder können, hängt vor allem von der Lektüre der *Texte* ab und nicht von der unreflektierten Vermischung von Autorin und Text.

Die Suche nach sich selbst und der eigenen Stimme führt viele Autorinnen dazu, auf literarische Vorläuferinnen zurückzugreifen und sich an einer weiblichen Traditionslinie zu orientieren, denn der Blick in den (lacanschen) Spiegel einer traditionellen Literatur macht ihnen das Wissen um die eigene Abwesenheit, die Nicht-Repräsentierbarkeit erst richtig bewußt. Es kann für sie nur ein zerbrochener Spiegel sein, vor dem sie, hin- und hergerissen zwischen Identifikation und Nicht-Identifikation mit dem Männlichen, ihre Position als Andere wahrnehmen, ihre Differenz und Isolation begreifen. Der Blick in den Spiegel einer vorangegangenen Literatur von Autorinnen dient als Hilfe im Schreibprozeß, um das Nicht-Repräsentierbare zu repräsentieren, das Abwesende anwesend zu machen. Dazu übernehmen Autorinnen oftmals Konstruktionen und literarische Präsentationsformen von Weiblichkeit, die sie als Rollen offenlegen. Der Text wird damit zu einer Inszenierung von Weiblichkeitsmustern und Frauenbildern, zu einem Ort des *re-writing*, der Subversion:

> The reading of the book [...] is [...] a splintered image, [...] it proposes an identification with the masculine [...] and introduces discord and isolation. [...] mirror images [...] become a role, the text a performance. (Molloy 1991: 112)

War die Literatur in der ersten Hälfte des 20. Jahrhunderts zunächst durch die kritische Auseinandersetzung mit der Situation der Frau in ihrer Funktion als Mutter und Ehefrau gekennzeichnet, in der Familie zu einer Metapher für Fessel wurde, zeichnen sich in den 50er Jahren Veränderungen ab, die u.a. in der Problematisierung der Situation der Frau und ihrer sozio-ökonomischen Abhängigkeit erkennbar werden. Es treten immer häufiger Protagonistinnen aus der Mittel- und Unterschicht in den Texten auf, die den Kampf gegen gesellschaftliche Konventionen und für die eigene Selbständigkeit bezeugen. Literatur wird zu einer Art *testimonio*, zu einem politischen und sozialen Engagement.

Veränderungen zeigen sich auch in der Darstellung von Liebe und Sexualität. Die Unmöglichkeit der Beschreibung außerehelicher Beziehungen, die noch bei María Luisa Bombal oder Teresa de la Parra prägend war, wird in den 50er Jahren aufgehoben. Letztendlich kann dies für die Frauen aber nicht zufriedenstellend sein, denn die repressiven Strukturen des sexuellen Diskurses zeigen die Macht, die ihm innewohnt: Frauen werden in der Öffentlichkeit auch weiterhin als entweder 'gut' oder 'schlecht' klassifiziert. Sexuelle Unabhängigkeit gereicht ihnen dabei in jedem Fall zum gesellschaftlichen Nachteil, wie z.B. in den späten Romanen *La mampara* und *María Nadie* von Marta Brunet, in denen die Ungleichheit zwischen privater oder persönlicher Gefühlswelt und der gesellschaftlichen Reputation von Frauen thematisiert wird.

In den 60er Jahren ist die Literatur von Frauen im Kontext gesellschaftlicher Umbrüche zu betrachten. Einerseits ist der Kontinent geprägt von Ereignissen wie z.B. der kubanischen Revolution oder dem Peronismus, die dazu beitragen, daß in den Texten von Autorinnen private Schicksale in eine allgemeine soziale Kritik eingebunden werden (vgl. Silvina Bullrich oder Marta Lynch). Andererseits beginnt Ende der 60er Jahre im Rahmen der Bürgerrechtsbewegungen die Entwicklung der neuen feministischen Aktivitäten, in deren Folge sich eine feministische Literaturkritik entwickelt. Die in Frankreich entstandenen Theorien in poststrukturalistischer Tradition führen auch bei lateinamerikanischen Autorinnen zu einer Auseinandersetzung mit dem Sprachsystem als der symbolischen Ordnung, durch die sich das männliche literarische System repräsentiert. Die weibliche Abwesenheit wird nun offen thematisiert, sie ist nicht mehr Schicksal einzelner Autorinnen, sondern wird zur Grundlage für die Diskussion um die Effektivität der entwickelten Theorien in ihrem Bemühen um die Repräsentierbarkeit des Abwesenden. Die Frage nach den Möglichkeiten der Repräsentierbarkeit des Weiblichen führt vor allem ab den 70er Jahren zu unterschiedlichen literarischen Ansätzen und äußert sich in einem vielgestaltigen literarischen Panorama. Einige Autorinnen treten in eine konflikthafte Beziehung mit der männlichen Literaturtradition, in eine sogenannte "reappropiating relation" (Castro-Klarén 1991: 14), welche die Versuche der Abgrenzung und Differenzierung über die Aufwertung der *mother tongue*, des rein Weiblichen, im Sinne einer *écriture féminine* bzw. eines *parler femme*, ablöst. Galt vorher der Blick in den Spiegel als Möglichkeit der Selbstrepräsentation über weibliche Vorläufer, findet nun eine intensive Auseinandersetzung mit dem männlichen literarischen Gegenpart statt. Ziel ist dabei nicht, ein eigenes literarisches System zu begründen, sondern Autorinnen wie Nélida Piñon, Margo Glantz, Rosario Castellanos oder Cristina Peri-Rossi versuchen, männliche Autoren als festen Bestandteil der Literaturtradition in ihren

Texten zu hinterfragen. Das Schreiben von Frauen wird zu einer kontaminierenden Kraft, das seine Macht aus der bewußten Sprachlosigkeit zieht:

> Silence will give way to expression, and as women act, their works will contaminate and impregnate the world in unforeseen ways. [...] Contamination is neither a fact of biological sexual exchange nor a metaphysical gift of the word. It is the result of consciousness and of the experience of women first as oppressed social beings and later as autonomous selves. (ebd.: 15f.)

Die Texte dieser Autorinnen charakterisieren sich durch ein *self-reflecting writing*, d.h. ihr Anspruch ist nicht das Herausstellen eines sogenannten weiblichen Schreibens:

> [...] women who practice a self-reflective writing, have advanced the position that neither writing nor reading can be so blatantly or abstractly "marked" feminine or feminist. (Castro-Klarén 1991: 4)

Vielmehr führt das Unbehagen gegenüber den Signifikantenketten mit ihren festgelegten Bedeutungen zur Erforschung der Sprache innerhalb der Literatur und wird zur Konfrontation mit der symbolischen Ordnung als Repräsentantin des männlichen Gedankenguts. Dies setzt zuallererst einen Prozeß der Bewußtwerdung voraus, ohne den kein Wissen über die "divine limits" (ebd.: 18), die eigenen Grenzen, denkbar ist. Clarice Lispector zeigt in ihren Romanen deutlich, daß allein Bewußtsein den Schritt zu eigener Subjektivität ermöglicht. Ihr Ziel ist nicht, die Passivität der Protagonistin in Aktivität zu wandeln, sondern die Ausbildung des Bewußtseins über sich selbst und ihre Situation als Frau. Selbst-Bewußtsein läßt sich jedoch nur über Schmerz und Angst erreichen. Ihr Roman *A Paixão Segundo G.H.* von 1964 wird großen Einfluß auf Hélène Cixous und ihre *écriture féminine* haben, denn der Prozeß dieser Bewußtwerdung funktioniert bei Lispector über die Auflösung der vermeintlichen Identität von Name und Bedeutung, über das Infragestellen des Ich als "eine der momentanen Zuckungen der Welt" (Lispector 1990: 151).

Das Nachdenken über die offizielle Geschichtsschreibung beginnt ungefähr zeitgleich. Orientiert auf die Funktion der weiblichen Rolle im historischen Kontext, wie z.B während der mexikanischen Revolution führen diese Reflexionen zum *Neu-Schreiben* der Geschichte unter Einbeziehung der weiblichen Perspektive. Autorinnen wie Albalucía Angel, Laura Antellano oder Ana Teresa Torres haben mit ihren Texten einen Beitrag zur sogenannten *Neuen Geschichtsschreibung* geleistet, sind aber in der Forschung noch nicht oder nur wenig beachtet worden.

Der Aspekt der Theoriefeindlichkeit darf nicht fehlen und so wird einigen Autorinnen diese Ablehnung gegenüber festlegenden Wissenschaften, die sie mit ihren männlichen Kollegen teilen, zum Vorwurf. Der Widerstand richtet sich jedoch gegen die Festschreibung von Kultur und damit auch Literatur durch die Wissenschaften, um eine Begrenzung zu vermeiden:

> Science seeks to codify and classify the relativistic phenomena of cultures [...] to order the universe into paradigmatic systems, to harness the historical fragments of chaos into a timeless, harmonious construct. (Picón-Garfield 1985: 24)

Das Interesse dieser wissenschaftskritischen Autor/inn/en ruht auf der Hinterfragung von lateinamerikanischer Realität, Mythologie und Identität. Picón-Garfield versucht daher zwischen Literatur der *revelation* und Literatur der *revolution* zu unterscheiden. D.h. es wird differenziert zwischen einer Literatur, welche die lateinamerikanische mythologische Welt des "timeless America of roots and origins" (ebd.) thematisiert, wie z.B. bei Elvira Orphée, und einer Literatur, die sich mit der Identitätssuche im Amerika des "social change and challenge" (ebd.) befaßt, wie beispielsweise bei Luisa Valenzuela oder Marta Traba. Einige Autorinnen nutzen dabei eine männliche Erzählperspektive und erzielen durch das 'Bewohnen' der männlichen Welt und Sprache eine Dekonstruktion des phallogozentrischen Diskurses. Dies zeigt sich u.a. am Beispiel der Gewalt. Mittels einer Sprache, die "a fascination with the disgusting" (Valenzuela in Basnett 1990: 4) einer männlicher Welt ausdrückt, beschreiben Autorinnen Gewalt zwar unzensiert aber unbeteiligt und distanziert. Sie erreichen gerade dadurch eine schockierende Wirkung bei den Lesenden:

> The shock effect on readers created by writers like Marta Traba, Clarice Lispector, Silvina Ocampo, Beatriz Guido and dozens of others lies in their capacity to use this language and through it to emphasize the violence and horror of an imperfect world in which their characters are struggling for survival and for hope in something better. [...] So rape, abortion, murder and torture keep reappearing in the work of many Latin American women writers, presented unsensationally and because of that all the more chilling and terrifyingly absurd. (Basnett 1990: 4f.)

Die Relation zwischen Gewalt/Macht und Körper wird zum Ort der Konfrontation mit der Vater-Ordnung, aber auch zum Ort des Widerstandes: Gewalt wird (be)greifbar als Resultat einer *gendered* Gesellschaft, deren historische Ursprünge es zu erkennen gilt. Damit wird ein erster Schritt in Richtung Freiheit ermöglicht. Luisa Valenzuelas Roman *Cola de lagartija* (1983) zeigt nicht nur die Absurdität der Gewalt, sondern mittels Übertreibung und Ironie, auch die des Phallogozentrismus: Valenzuela stattet den Protagonisten El Brujo mit drei Hoden aus, von denen sich einer jedoch als weibliches Ei entpuppt. El Brujo wittert die Chance, sich selbst zu befruchten und sich damit selbst zu reproduzieren und zu einem Gott zu erheben. Die Überhöhung des phallischen Kultes gipfelt nicht nur in der Vorstellung der Selbstreproduktion, sondern auch in der für die Vervollkommnung des Mannes notwendigen Vereinnahmung des Weiblichen:

> Está creciendo en mí mi fruto. Estrella ya ha sido totalmente integrada a mi persona. Soy yo por dentro y por fuera. (Valenzuela 1983: 297)

Die Nähe zu poststrukturalistischen Theorien in diesen Romanen, die Subversion des logozentrischen Denkens und die Dekonstruktion der patriarchalen Welt reiht viele dieser Autorinnen heute in die Kategorie einer 'postmodernen weiblichen Literatur' ein. Die bisherige Anwendung diverser literarischer Strategien "with its characteristic ambiguity, multiple viewpoints, and analogical, rather than logical, concatenation of events" (Picón-Garfield 1987: 25) wird zu einer "sophisticated, postmodernist experimentation" (Jehenson 1995: xi), mit welcher sich Texte von Julieta Campos, Luisa Valenzuela, Cristina Peri Rossi oder Helena Parente Cunha charakterisieren lassen.

Dem gegenüber steht die Literatur der *testimonios*, die einerseits direktes Zeugnis ablegen will, wie z.B. bei Rigoberta Menchú oder Domitilia Barrios de Chungara, andererseits reale Ereignisse mittels Fiktionalisierung anklagen, dokumentieren bzw. Bericht erstatten will. Die Texte von Elena Poniatowska zeichnen sich beispielsweise, trotz ihrer formalen und thematischen Vielfalt, durch ein "profound commitment to interpreting contemporary Mexican society" (Marting 1990: 473) aus. Ihr Anspruch liegt zwar auch im Hinterfragen vorhandener Strukturen, für sie ist aber das Hörbarmachen marginalisierter Stimmen vordergründiger, sie klagt an, wie sie auch das Schicksal von Autorinnen beklagt hat. Im Rückgriff auf reale Ereignisse entwickelt sie ihre fiktiven Texte:

> El 19 de septiembre de 1985 en México, el peor terremoto en la historia de nuestro país, mató brutalmente a 60 obreras que quedaron aplastadas entre los escombros. Siempre olvidadas, fueron las últimas que los voluntarios, los brigadistas, los bomberos, acudieron a salvar. Trabajaban en talleres clandestinos donde se les privaba de derechos sindicales, de servicios, de seguridad social, de un sueldo, y un horario conformes a lo que establece la ley. (Poniatowska 1990: 17)

Ein weiterer Aspekt in der Literatur von Frauen ist die Darstellung weiblicher Sexualität, die sich schon innerhalb der feministischen Kritik als ein Politikum erwiesen hat. Kaminsky weist auf die dem sexuellen Diskurs inhärenten Machtstrukturen hin und die Unmöglichkeit, weibliche Sexualität als sich-selbst-genügend, d.h. ohne Referenz auf den Mann bzw. das männliche Begehren darstellen zu können:

> Given phallocratic culture's will to control women's sexuality, it is not surprising that sexual expression on the part of women that does not include men is the most forbidden of all. (Kaminsky 1993: xiv)

Demzufolge findet sich noch in den 80er Jahren ein Tabuverhalten in Bezug auf die Darstellung weiblicher Sexualität. Die explizite Benennung weiblicher Körperlichkeit wird vor allem dann ausgeblendet, wenn es sich um lesbische Beziehungen handelt:

> Tampoco se constituye en tema literario ni el lesbianismo, ni el aborto, ni el divorcio, la masturbación femenina; todos estos son temas poco tratados todavía. (Pfeiffer 1992: 104)

Dennoch nimmt die Thematisierung des weiblichen Körpers beständig zu und wird im Sinne einer *Neu-Schreibung* des weiblichen Begehrens zu einer Suche nach eigener weiblicher sexueller Identität, die nicht mehr Mimesis des männlichen Begehrens ist. Sie ist ebensowenig nur eine reine 'Kopfgeburt' von Autorinnen, denen die auf textueller Ebene beschriebenen Erfahrungen als reale, eigene abgesprochen werden:

> [...] the concept of textual mediation or vicarious experience is not applied here to all feelings voiced in women's texts, *only* to the expression of sexual desire. (Molloy 1991: 120)

Autorinnen nutzen den Text vielmehr als "erotic encounter" (ebd.), als Ort der Begegnung, der über die Wörter eine Beziehung zum eigenen Körper herstellt. Körperliche *Selbst*-Erfahrung, wie z.B. bei Ángeles Mastretta, Begegnung mit dem eigenen fremden Körper in Verbindung mit der schmerzlichen Suche nach sich selbst, wie bei Sylvia Molloy, sowie die radikale, gewaltbesetzte Darstellung einer patriarchal 'geregelten' Sexualität wie bei Cristina Peri-Rossi oder Luisa Valenzuela sind die Grundtendenzen, weibliche Sexualität zu thematisieren. Damit ist keine *écriture féminine* gemeint, kein *Mit-dem-Körper-* oder *Aus-dem-Uterus-heraus-Schreiben*, wie bei Cixous oder Irigaray, sondern die unterschiedliche Fokussierung einer bislang abwesenden Perspektive. Es gibt einerseits sowohl männliche als auch weibliche Körpererfahrungen, die sich in ihrer persönlichen Charakterisierung im Text erfassen lassen:

> [...] I have a *way* of being a woman that without doubts affects the way I approach language [...] when I use it, I put my mark on it, my personal mark. (Molloy 1988: 142)

Der Text bietet aber andererseits die Möglichkeit, die Grenzen der Geschlechterdifferenz zu überschreiten, von der *gendered* und *sexed* Perspektive auf eine allgemein-menschliche Ebene zu gelangen:

> [...] la obra de arte trasciende, hasta donde ello es posible, las limitaciones de sexo y circunstancia para articular visiones integrales de la condición humana. (Lojo 1995: 10)

Die Literatur lateinamerikanischer Autorinnen läßt sich nicht in bestimmten Kategorien zusammenfassen, eine Charakterisierung über Merkmalskataloge und Dichotomien würde der Vielfalt dieser Literatur nicht gerecht werden und wäre mit dem Festlegen von Grenzen verbunden. Daraus würde unweigerlich die Ausgrenzung vieler Texte folgen, was nicht im Sinne einer Beschreibung der Literatur von Frauen sein kann. Der Versuch, die Literatur mit verallgemeinernden, klischeehaften Merkmalen zu beschreiben, die zugleich noch abwertenden Charakter haben, verbietet sich. Dem steht eine diskursive, stilistische und thematische Vielfalt der Texte gegenüber, deren Erforschung sowie Sicht- und Hörbarmachen noch lange nicht abgeschlossen ist, aber ein großes Potential literarischer Qualität erkennen läßt. Daß ein weiblicher Literatur-*Boom* in Lateinamerika existiert, muß auch über die Grenzen hinaus international erkennbar werden. Der sozial engagierte Ansatz, das Anzweifeln des gesellschaftlichen Systems, Bewußtwerdungsvorgänge, das Erlangen von Wissen, das Hinterfragen von Sprache, all das sind Tendenzen einer Literatur, die im Kampf um einen eigenen Ort und eine eigene Stimme sich in der diskursiven Ordnung Gehör zu verschaffen beginnt, obwohl sich ihre Präsenz in der Öffentlichkeit oder in Anthologien nur sehr langsam bemerkbar macht:

> I believe that what you have to ultimately achieve is to become aware of the universe that obsesses you and surrounds you. (Valenzuela 1988: 202)

> [...] there's only one language, and every speaker or group of speakers puts it to use in its own way. What women can do and, in fact, have done is establish a new praxis, subverting the authoritarian language that puts them "in their place", dislocating it in different ways depending on the time period. (Molloy 1988: 143)

In den 90er Jahren des 20. Jahrhunderts kann von einem Paradigmenwechsel gesprochen werden, der die sogenannte *nueva mujer* (vgl. Arancibia/Rosas 1995) in der lateinamerikanischen Literatur von Autorinnen manifestiert. Dieser Wandel ist vor allem auf eine im höchsten Maße bewußt gewordene Haltung gegenüber der weiblichen *Selbstrepräsentation* zurückzuführen. Die Auseinandersetzung mit dem Versuch der *autorepresentación* bedeutet gleichzeitig, das Abschütteln der Fesseln einer *literatura femenina*, eines "subproducto, »segunda literatura« para un »segundo sexo«" (Lojo 1995: 11), die Nichtakzeptanz von Oppositionsbildungen und beharrlichem Differenzdenken in dem Sinne, daß es möglich werden muß, eine gemeinsame Sprache und Literatur zu entwickeln, die nicht mehr hierarchisch und ausgrenzend geordnet ist und Frauen nicht mehr auf Haus und Herd beschränkt:

> [...] la búsqueda de un lenguaje de la totalidad, que no sea sólo de »mujeres«, pero en el que las mujeres estén incluidas como sujetos activos y constructores, como cuerpos eróticos pero también como inteligencias operativas, como factores de continua modificación, social y escritural. Un lenguaje de la movilidad, consciente de lo abismal y de lo inefable [...] Un lenguaje de la historia que instale a las mujeres en el lugar que les pertenece [...]. (ebd.)

Das bedeutet auch, daß Autorinnen nicht mehr versuchen müssen, sich mittels einer sogenannten Küchenmetaphorik in den Diskurs einzubringen, wie es noch Castillo in Anlehnung an Sor Juana vorschlägt: "Pero, señora, ¿qué podemos saber las mujeres sino filosofías de cocina?" (Sor Juana in Castillo 1992: ix). Kochen und Rezepte als der den Frauen zugewiesene Diskurs waren bisher Metaphern für das Schreiben von Autorinnen, um in einem patriarchalen Diskurs gehört zu werden. Das 'Rezeptbuch' der Zitatensammlung in Castillos *Talking back* zeigt, wie sich noch in der zweiten Hälfte des 20. Jahrhunderts Autorinnen und Kritikerinnen auf diese Metaphorik beziehen, und auch González/Ortega beginnen ihre Auseinandersetzung um den Ort der Frau ausgehend von *La sartén por el mango*. Die Aufwertung dieser Küchenmetaphorik gilt als Möglichkeit der Subversion bzw. als Anleitung für den Umgang mit Literatur und wird zum Moment des Widerstandes gegen die festgeschriebene weibliche Rolle, auf der Suche nach einer eigenen lateinamerikanischen weiblichen Identität:

> Diríamos que a medida que cortábamos la cebolla, llorábamos; pero al pelar las capas artificialmente superpuestas sobre nuestra identidad como mujer latinoamericana, encontrábamos un centro. Orale, a tomar la sartén por el mango y a guisar. (González 1985: 17)

Das letzte Jahrzehnt hat jedoch gezeigt, daß die Thematisierung der weiblichen Selbstrepräsentation und Identitätsbildung nicht mehr zwingend von einer Küchenmetaphorik geprägt ist. Der Umgang mit sich selbst und der eigenen Literatur scheint unbefangener geworden zu sein und erleichtert Rückblicke über Erreichtes bzw. Nicht-Erreichtes in der Literatur. Es ist ein Historisieren der weiblichen Literatur zu verzeichnen, die eine lange weibliche Schreibtradition erkennen läßt. So nimmt es nicht wunder, daß Intertextualität als Referenz auf Literatur von Autorinnen immer häufiger zu finden ist und damit einen Ausblick auf das Potential einer großen weiblichen Literaturszene eröffnet. Autorinnen behaupten sich im aktuellen literarischen Diskurs mittlerweile selbst und spielen eine aktive Rolle. Die 'neue lateinamerikanische Frau' betrachtet das Denken als etwas Allgemeinmenschliches und Unabdingbares und kennzeichnet sich durch eine "actividad de *historiadora*" (Cunha-Giabbai 1995: 28), die es ihr ermöglicht,

> [...] de *interpretar* su pasado, reflexionar acerca de los hechos pretéritos y presentar *conclusiones* originales. Más aún, al conquistar la voz de intérprete de la realidad, la mujer cumple una función hasta hace poco sólo ejercida por los hombres, la de *pensadora*. (ebd.)

Die Autorin wird zu einer sich aktiv integrierenden Persönlichkeit, die mit ihrer Literatur gegen jede Art der Marginalisierung über alle Differenzen hinweg anschreibt. Literatur wird zum Ort der Konfrontation, der geprägt ist von postmodernen Gedanken, Globalisierungstendenzen und der Fragmentarisierung des eigenen Lebens und an dem sich Autorinnen wie Ana Teresa Torres, Carmen Boullosa, Cecilia Vicuña, Yanitzia Canetti oder Paula Pérez Alonso und viele weitere mehr, mit der Realität, mit sich selbst, in einem sozial-historischen Kontext auseinandersetzen.

3. Zusammenfassung

Eine feministische Literaturkritik, die als Resultat aus den "Erste-Welt"-Feminismus-Bewegungen seit Ende der 60er Jahre des 20. Jahrhunderts hervorgegangen ist, hat auch in Lateinamerika, trotz anfänglicher Theoriefeindlichkeit, Eingang in die Diskussion um Literatur von Frauen und weibliches Schreiben gefunden. Im Gegensatz zu den Vorstellungen der passiven lateinamerikanischen Frau, die ausschließlich Opfer repressiver patriarchaler Strukturen ist, zeigt die Lektüre, daß diese Charakterisierung pauschal und nicht zutreffend ist. Lateinamerikanische Frauen und Schriftstellerinnen haben seit jeher mit den ihnen zur Verfügung stehenden Mitteln um eine angemessenere Position gekämpft. Sie haben aktiv an der Gestaltung ihres Lebens teilgenommen, auch wenn es Teil des Lebens ihrer Familien war und ist. In vielen Fällen haben sie sich gegen ihre Opferrolle gewehrt, mal mit mehr, mal mit weniger Erfolg. Den Kampf aufgegeben haben sie aber nie. Genauso unermüdlich haben Autorinnen versucht, in den literarischen Diskurs einzusteigen. Ihre Situation ist durch die Tatsache erschwert, daß sie sich nun nicht mehr primär um das Wohlergehen ihrer Familien bemüh(t)en, sondern vielmehr ihre Eigenständigkeit als Schriftstellerin leben woll(t)en. Dabei stießen sie auf eine Vielzahl von Problemen und viele von ihnen haben dem Druck nicht standhalten können. Sie sind isoliert und verarmt gestorben oder haben sich selbst getötet. Andere haben den Kampf bis heute nicht aufgegeben und können inzwischen vereinzelte Erfolge verzeichnen. Trotz aller noch vorhandener repressiver Strukturen, die sich u.a. im geringen Bekanntheitsgrad der Autorinnen und der mangelnden Verbreitung ihrer Literatur über die nationalen Grenzen hinaus bemerkbar machen, nehmen lateinamerikanische Autorinnen am literarischen Diskurs aktiv teil und beginnen sichtbare Spuren zu hinterlassen. Sie sind aus der Stille und Sprachlosigkeit herausgetreten und stellen sich selbst und ihre Literatur in den Mittelpunkt. Sie eignen sich den vorhandenen Diskurs an, dekonstruieren ihn und brechen Dichotomien wie Selbst/Anderer, Kultur/Natur, Mann/Frau auf, indem sie weibliche Lebenswelten, Perspektiven und Erfahrungen in die literarische Öffentlichkeit einbringen, damit aus den *margins* heraustreten und gegen ihre Marginalisierung anschreiben.

Die postmoderne Verkündung des Todes des Subjekts wirft die Frage nach einem erneuten Ausgrenzungsversuch der Frauen auf. Einerseits werden Gegenreaktionen laut, die entweder in der Überhöhung des Weiblichen als differenzierender Kategorie gipfeln und die ehemals bestehenden Oppositionen wieder aufleben lassen: Mutteridealisierung und Frau als Metapher für Natur sind gegenläufige Tendenzen einer angestrebten Gleichwertigkeit der Geschlechter. Andererseits scheint es für viele Autorinnen nicht so sehr ein erneuter Versuch des männlichen Diskurses zu sein, die Frau, da sie nun endlich anfängt ein eigenes Subjekt auszubilden, erneut auszugrenzen, sondern es eröffnet sich vielmehr die Möglichkeit, alle bisherigen subjektkonstituierenden Momente eines patriarchalen Diskurses zu hinterfragen, denn eigentlich wird nur das 'männliche' Subjekt angezweifelt. Waren Frauen immer nur das Andere, Abwesende, kann die Abschaffung des *Selben Subjekts* als Chance betrachtet werden, etwas Neues zu begründen, in dem sie sich auch selbst wiederfinden können, in dem Differenzen keine hierarchische Rolle spielen und in dem beide Geschlechter gleichzeitig vertreten sind. Voraussetzung dafür ist das Bewußtsein ihrer selbst und der eigenen Situation sowie der gesellschaftlichen Machtstrukturen.

Lateinamerikanische Literatur von Frauen ist von einer Vielfalt geprägt, die die unterschiedlichen Positionen verdeutlicht und den "Streit um Differenz" (Benhabib 1993) in der feministischen Literaturkritik dokumentiert. Neben der Idealisierung des Weiblichen steht Literatur einerseits als Synonym für die Dokumentation gesellschaftlicher Mißstände, wird zu einer "zornigen Stimme" (Küppers 1985: 474), die anklagt und ein unvergessenes Dokument sein will. Andererseits wird Literatur zur Auseinandersetzung mit der Sprache selbst und nimmt Bezug auf *gender*- und poststrukturalistische Theorien. Die sich in der Schrift repräsentierende Sprache der symbolischen Ordnung wird dabei zur Grundlage für die Frage nach der Repräsentierbarkeit des Weiblichen überhaupt und die Schrift selbst zu einem "äußeren, sinnlichen, räumlichen, die Selbstpräsenz unterbrechenden Signifikanten" (Derrida 1996: 175).

Literatur lateinamerikanischer Autorinnen vor dem Hintergrund postmoderner und postkolonialer Theorien zu betrachten, ermöglicht eine unbefangene Analyse der Texte, ohne den Eindruck eines eurozentrischen Blickwinkels zu erwecken, der das *Andere* nur als das *Andere* des *Selben* sieht. Vielmehr gestattet die Erkenntnis, daß diese Literatur unmöglich unter einem einzigen Begriff eingeordnet werden kann, der Vielfalt Ausdruck zu geben, die sich auf dem Gebiet der Literatur (nicht nur) von Frauen den Interessierten darbietet. Diese Vielfalt trägt zu einem Dialog zwischen den verschiedenen Standpunkten bei, die in ihrer Unterschiedlichkeit ein gleichberechtigtes Nebeneinander behaupten und damit den Versuch unterstützen, Oppositionsbildungen wie in diesem Fall von Erster vs. Dritte-Welt zu vermeiden.

Die Ablösung des Signifikanten vom Signifikat eröffnet zudem die Möglichkeit einer Textrezeption, die zu immer neuen Bedeutungsbildungen führt, ohne daß eine Interpretation als Festschreibung zu verstehen ist. Postkolonialität als dialogisierende Strategie fordert auch für uns, mit einer Literatur *in Dialog zu treten*, die in einem anderen sozio-kulturellen und historischen Rahmen entstanden ist und die ein großes Potential interessanter Aspekte bereit hält.

In einer Zeit, in der sich weltweit teleologische Denkweisen auflösen oder schon aufgelöst haben, wird ein 'Näherrücken' unterschiedlicher Kulturen möglich, ohne daß dies einer Vereinnahmung gleichkäme oder eine eigene eurozentristische Selbstdarstellung bedeuten würde. Ein produktiver, konstruktiver Dialog scheint uns als beste Voraussetzung, um mit alten Vorurteilen aufzuräumen.

Die Literatur und vor allem die von Frauen geschriebene Literatur, findet in dieser veränderten Wirklichkeit, wenn sie nicht als neues dogmatisches Paradigma verstanden wird, ihren Platz und erweitert nutzbringend das Spektrum der gesamten Literaturszene.

III. Repräsentationsformen weiblicher Subjektivität und Identität in zeitgenössischer Literatur lateinamerikanischer Autorinnen

1. Vorbemerkung

Die postmoderne Verortung des Tods des Subjekts hat – wie oben bereits dargelegt – in der feministischen Diskussion zu einer großen Kontroverse geführt. Es wird darauf verwiesen, daß diese postmoderne Theorie als ein erneuter männlicher Diskurs wieder einmal versucht, die Frau aus diesem herauszudrängen, und zwar gerade in dem Moment, in dem sie angefangen hatte, ein eigenes weibliches Subjekt auszubilden. Bei näherer Betrachtung wird aber nicht der allgemeine Tod des Subjekts verkündet, sondern dem rationalen humanistischen Subjekt in der Tradition von Descartes eine Absage erteilt, das in einer weiblichen Ausprägung ohnehin nicht existierte. Weibliche Subjektivität war bisher immer reduziert auf die Funktionen, die Frauen traditionell zu erfüllen hatten und beschränkte sich auf "häusliche [...] Eigenschaften und moralische [...] Zuschreibungen" (Schmuckli 1996: 153) eines "fremdbestimmten Selbstentwurfs" (ebd.:159), die jeglichen Versuch der Selbstbestimmung untergruben.

Das einheitliche, bürgerliche Subjekt verschiebt sich im Poststrukturalismus zu einem reinem Zeichenprodukt, welches in der Sprache gefangen und durch Sprache bzw. Kultur definiert ist. Das führt zu einer nicht kontinuierlichen Entwicklungslinie und dem Nebeneinander unterschiedlicher Subjektkonzeptionen, die gerade für die Bildung einer weiblichen Subjektivität Vorteile aufzeigt. Der erneute Versuch, weibliche Subjektivität als feststehende Kategorie zu begründen, bedeutet die Festlegung einer normativen Charakterisierung, die (ideologischen) Vorstellungen von Weiblichkeit den Nährboden für deren erneute Verortung bereitet, diese also aufgrund bestimmter Merkmale oder Verhaltensweisen als neue universale Kategorie postuliert.

In diesem Zusammenhang rekurrieren wir auf die Hauptthesen Jacques Lacans bezüglich der Möglichkeit einer Subjektkonstitution (vgl. Kap. I.1.3.). Die Grundlage dafür ist die Vorstellung eines dezentrierten Subjekts und daß das Unbewußte sprachstrukturiert zu begreifen sei. Dabei rückt durch die zentrale Dimension, die Lacan der Sprache einräumt, das bisherige Zentrum der Betrachtung – das Subjekt – zugunsten seiner Eingebundenheit in die Sprache in den Hintergrund. Das sich über Sprache definierende Subjekt findet seinen Status nur über den Eintritt in die symbolische Ordnung, die Sprache. Gleichwohl ist aber diese seiner Existenz vorgängig, wodurch Subjektivität nur innerhalb diskursiver Positionen ausbildbar wird. Das bedeutet eine Spaltung, eine Dezentrierung des Subjekts. Die fehlende Einheit, das nicht mehr Zentrum-Sein des sich selbst-bewußten, sich als selbst erkennenden, begreifenden Subjekts, wird nun ersetzt durch die Herausforderung, sich im jeweiligen Kontext selbst diskursiv neu zu konstituieren.

In seinem Aufsatz "Das Spiegelstadium als Bildner der Ichfunktion", zeigt Lacan (1973) den imaginären Charakter der Individuation in den ersten Lebensmonaten als einen narzißtischen Akt menschlicher Selbstfindung, die über die vermeintliche körperliche Einheit des eigenen Spiegelbildes zu einem Verkennen des eigenen Ich führt. Die antizipierte Einheit des Ich/*Je* sieht er in Konflikt mit der realen Abhängigkeit des Ich/*Moi*, wodurch es zur Entfremdung kommt. Das Spiegelstadium gilt als Modell aller weiteren Prozesse der Identifikation: der Versuch des Eins-Sein-Wollens mit sich selbst als einem anderen. Das wahre Ich (*Je*) wird erst Subjekt, nachdem es das Imaginäre überwunden und Eintritt in die Sprache, die symbolische Ordnung gefunden hat.

Die Heterogenität inmitten der vermeintlichen Homogenität des Ich bzw. des Subjekts hervorzuheben, ist der grundlegende Ansatz des derridaschen Denkens. Er versucht die Heterogenität des Subjekts nachzuweisen und hinterfragt in Auseinandersetzung mit dem de saussurschen Zeichenbegriff die abendländische Anstrengung "die Bestimmung des Seins als *Präsenz*" (Derrida 1997: 424) zu begreifen. Für ihn ist das Anwesende nicht als Zentrum denkbar, weil dieses nur als Ersatz für sich selbst existiert und nichts ersetzt,

> [...] das ihm irgendwie präexistiert hätte. Infolgedessen muß man sich wohl eingestehen, daß es kein Zentrum gibt, daß das Zentrum nicht in der Gestalt eines Anwesenden gedacht werden kann, daß es keinen natürlichen Ort besitzt, daß es kein fester Ort ist, sondern eine Funktion, eine Art von Nicht-Ort, worin sich ein unendlicher Austausch von Zeichen abspielt. Mit diesem Augenblick bemächtigt sich die Sprache des universellen Problemfeldes. Es ist dies auch der Augenblick, da infolge der Abwesenheit eines Zentrums oder eines Ursprungs alles zum Diskurs wird [...], das heißt zum System, in dem das zentrale originäre oder transzendentale Signifikat niemals absolut, außerhalb eines Systems von Differenzen, präsent ist. Die Abwesenheit eines transzendentalen Signifikats erweitert das Feld und das Spiel des Bezeichnens ins Unendliche. (ebd.)

Schreiben wird für Derrida zu einer Suche nach Identität – bzw. nach dem, was eine Identität unmöglich macht – deren Wunschvorstellung aus dem Nichtvorhandensein des Ich resultiert, denn "wenn es das Ich gäbe, würde nicht darüber geschrieben" (Derrida 2000).

Das Infragestellen des Subjekts als Zentrum seiner selbst steht der tatsächlichen Existenz eines Einzelwesens gegenüber, das sich durch Bewußtsein auszeichnet. Der Konflikt dieser Konfrontation soll der Ausgangspunkt der Textanalyse werden, an den sich die Frage nach den – dann überhaupt möglichen – Repräsentationsformen von Subjektivität und Identität anschließt, die gerade in der Herausbildung einer weiblichen Subjektivität durch Brüche gekennzeichnet ist. Subjektivität als zunächst allgemeines, menschliches Merkmal, "als soziale Psyche" (Zima 2000: 21), steht dem Anspruch auf Ausbildung einer individuellen Subjektivität gegenüber sowie der Frage, ob es überhaupt möglich ist, so etwas wie Identität auszubilden, die es erlaubt, sich selbst als (weibliches) Subjekt wahrzunehmen, zumal dann, wenn die einzelnen Figuren in einem bestimmten sozio-historischen Kontext mit der eigenen Seinsweise konfrontiert sind.

Die ausgewählten Romane hinterlassen in ihrem durchgängig fragmentarischen Charakter den Eindruck, als repräsentierten sie einen Mangel, als wären sie Ausdruck eines ständigen Begehrens – auf der Suche nach dem eigenen weiblichen Selbst – das nicht zum Abschluß kommt und dessen sich die Protagonist/inn/en zunächst selbst nicht *bewußt* sind. In der Auseinandersetzung mit der jeweiligen nationalen Geschichte und subjektiven Erlebenswelt wird die Suche – der vorwiegend weiblichen Figuren – nach dem Ich zu einer Rückbesinnung auf sich selbst und die Eingebundenheit in eine phallogozentrische Gesellschaftsordnung. Dies führt zu einem Prozeß der Bewußtwerdung über die eigene Zerrissenheit, die sich nicht zuletzt in der fragmentarischen Erzählstruktur spiegelt. Schreiben wird dabei zum Mittel der (Selbst)Reflexion, die wiederum der Suche nach Identität durch eine Distanzierung von der eigenen Subjektivität auf narrativer Ebene Vorschub leistet.

Weibliches Leben gilt zwar im Hinblick auf die unterschiedlichen Rollen, die Frauen bei dem Versuch ihre *Eigen*ständigkeit zu leben, allgemein als fragmentarisch, müssen sie doch verschiedene Lebensbereiche integrieren:

> Creo que es algo importante de las mujeres; nuestro tiempo, en general, es un tiempo muy fragmentado, primero hay que poner la sopa y luego hay que darle de comer al niño, y luego hay que subir y escribir un texto, y luego hay que bajar e ir al supermercado [...]. (Glantz 1992: 95)

Fragmentierung meint hier jedoch vielmehr die Bewußtheit über die Dezentrierung des Ich, wie sie in Zusammenhang mit der Auflösung der festgeschriebenen Kategorien Subjekt und Identität innerhalb einer nicht mehr teleologisch orientierten und globalisierten Welt einhergeht. Im Falle der ausgewählten Literatur ist mit Identität kein authentisches bzw. ursprünglich (lateinamerikanisch) nationales, also präkolumbinisches Element, gemeint, sondern die Vorstellung, daß Identität auf der Basis sozialer und kultureller Heterogenität gründet.

Eingebettet in den jeweils spezifischen persönlichen und sozio-kulturellen Kontext der Figuren, widersetzen sich die Texte theoretischen Verallgemeinerungen. Ihnen kommt eine Annäherung über theoretische Einzelaspekte eher entgegen. Jeder Text soll daher im folgenden anhand eines spezifischen Merkmals untersucht werden, das zum zentralen Angelpunkt der versuchten Subjektbildung bzw. Identitätsfindung in den einzelnen Texten wird. Damit entstehen Variationen literarischer Repräsentationsformen weiblicher Subjektivität bzw. Identität, die wir in ihrer Verschiedenheit nicht wertend, sondern gleichwertig nebeneinander bestehen lassen. Im Bemühen um eine eigene Stimme ist es notwendig, und gerade vor dem Hintergrund postmoderner Theorien, nicht in Klassifizierungen gefangen zu sein, sondern den Texten als ungehörten Stimmen ihre jeweilige Eigenheit zu lassen. Um diesem Anspruch gerecht zu werden, d.h. sie über diese Eigenheit hörbar zu machen, wollen wir die einzelnen Texte selbst *sprechen*, sie vor dem Hintergrund der im ersten Teil erarbeiteten theoretischen Modelle selbst – über eine Vielzahl von Zitaten – *reden* lassen.

1.1 Yanitzia Canetti (Kuba). *Al otro lado*: Kirche und Beichte als Ort der Subversion des logozentrischen Diskurses

> Der Mensch existiert,
> sofern er sich weiß und sich will.
> (Johannes Eriugena)

Yanitzia Canetti gehört zu den Autor/inn/en der sogenannten kubanischen Boom-Literatur, die in den letzten Jahren das literarische Panorama Kubas prägt und Namen wie Zoé Valdés, Chely Lima, Abilio Estévez, Daína Chávez, Andrés Jorge und viele weitere mehr in den Mittelpunkt des internationalen Interesses rückt. Der in Boston lebenden kubanischen Autorin gelang mit ihrem zweiten Roman *Al otro lado* der literarische Durchbruch zunächst in Spanien, nachdem der spanische Verlag Seix Barral den Text 1998 veröffentlicht hatte. Der Text erhielt viele positive Kritiken, welche die literarischen Aspekte von *Al otro lado* zu würdigen suchten. In all dieser Literaturkritik finden sich jedoch auch Meinungen,[61] in denen die Diskussion um eine "*écriture féminine*" in ihrem essentialistischen Anspruch vordergründiger anmutet als die Betrachtung des Textes selbst und in denen der literarische Wert des Romans vollständig aus den Augen verloren wurde.

---

61 Die folgenden Zitate verdeutlichen, daß Literatur von Autorinnen immer noch mit deren biologischen Geschlecht zusammengedacht wird, ohne zwischen Werk und Autorin zu differenzieren:

> Sólo la sensibilidad de una mujer puede establecer un círculo tan magistral, una prosa tan llena de encanto y unos pasajes literarios que mezclan realidad e imaginación con dósis áureas. (Pablos Miguel 1998)

> Yanitzia Canetti no es Zoé Valdés y no sabemos si se parece a ella. Quizá si, porque también es mujer, ama Cuba y La Habana, sabe lo que es una menstruación, parir con dolor, darle candela a un hombre [...]. (*El Periódico de Aragón* 1998)

Das Gelingen eines Romans auf weibliche Empfindsamkeit zurückzuführen – was auch immer die Kritikerin damit ausdrücken mag – erscheint für eine Literaturkritik ebensowenig angebracht, wie das Messen der Literaturen von Zoé Valdés und Yanitzia Canetti an dem (die Autorinnen, nicht die Texte) verbindenden Maßstab der "Gemeinsamkeit Weiblichkeit". Diese Zitate sind Paradebeispiele für eine auch heute noch existierende und durchaus übliche Bewertungspraxis der Texte von Autorinnen und belegen, daß die Aussage eines Reich-Ranicki über die "herrliche", da empfindsamere Literatur von Frauen (vgl. Fußnote 44) kein Einzelfall ist. Diese Textbeispiele veranschaulichen auf ebenfalls herrliche Weise die Existenz eines weiterhin vorherrschenden phallogozentrischen, hegemonialen Diskurses, der Literatur von Frauen auf biologische Erscheinungen reduziert, die das Papier nicht wert sind, auf dem sie geschrieben sind. Bei Autorinnen wird also nach wie vor nicht die Literatur, sondern die biologische Tatsache ihrer Weiblichkeit als Maßstab angelegt, die sich *vor* das Werk schiebt und damit jegliche literarische Beurteilung des Textes blockiert. Eine Diskussion um Literatur, die *über* das biologische Geschlecht geführt wird, ist infam und kann kein literarisches Bewertungskriterium sein. Es läuft, im Gegenteil, auf eine erneute Aus- und Abgrenzung von Autorinnen sowie auf eine erneute Abwertung ihrer Literatur hinaus.

Dessenungeachtet gelingt Yanitzia Canetti in *Al otro lado* über das seit Jahrtausenden verpönte und niemals tolerierte Zusammentreffen von – vor allem weiblicher – Körperlichkeit und der (katholischen) Kirche als Ursprung des *logos*, eine Subversion und Dekonstruktion dieses hegemonialen, phallogozentrischen Diskurses, die ihresgleichen sucht. Dies gelingt der Autorin mittels Vertextungsverfahren, die sich in den Rahmen postmoderner und postkolonialer Theoriebildung einordnen lassen. Wir wollen versuchen, dies anhand einer detaillierten Betrachtung des Textes näher zu erläutern.

In *Al otro lado* berichtet die Ich-Erzählerin gleich am Anfang des Textes von ihrem Vorhaben, das sie, nach offenbar langer Überlegungszeit, zu verwirklichen sucht. Sie gibt damit gleichzeitig eine Erklärung für den Titel des Romans: Sie will das Risiko eingehen und sich auf die Suche nach sich selbst begeben bzw. nach dem, was sich *auf der anderen Seite* ihres Ich befindet: "[...] estoy decidida a tomar el riesgo de buscar quién soy y quién vive al otro lado" (9).[62] Der Titel wird damit als ein durch den gesamten Text fortlaufendes Motiv erkennbar, um das herum sich die Handlung entwickelt. Kennzeichnend für ihre Suche ist auch die Tatsache, daß die Lesenden den wirklichen Namen der Protagonistin niemals erfahren, sondern daß sie sich in wechselnden Rollen, mit jeweils unterschiedlichen Namen präsentiert.

Sie hat zunächst alle Möglichkeiten ausgeschöpft, die ihr bei dieser Suche nach sich selbst Erfolg zu versprechen schienen und die sie als eine Art Therapie verstand. So versuchte sie sich in Liebesbeziehungen über den Anderen ihrer selbst zu vergewissern oder in Gesprächen mit sich selbst und anderen ihre Geschichte in Worte zu fassen, in der Hoffnung, sich über die narrative Distanz selbst greifen zu können. Als sie merkt, daß sie damit keinen Erfolg hat, entschließt sie sich zu einem ungewöhnlichen Schritt, um an den wahren Kern ihres Ich zu gelangen. Obwohl sie nicht im traditionell kirchlichen Sinne gläubig ist, sondern vielmehr auf eine laizistisch menschliche Weise, setzt sie ihre letzte Hoffnung auf die Kirche als den Ort, an dem ihre Ich-Suche Erfolg haben könnte. Zudem glaubt sie, dort für etwas büßen zu können, über das sie sich im Grunde nicht im Klaren ist und das sie auch nicht benennen kann, das sie aber für ihre Zweifel irgendwie verantwortlicht macht und daher zunächst als Sünde betrachtet. D.h. sie setzt die Suche nach sich selbst mit der Suche nach Erkenntnis gleich und nimmt dies als Gleichung für die Sünde der Menschheit seit der Vertreibung aus dem Paradies. Daraus scheint ihr Wunsch zu resultieren, sich an den Ort zu wenden, der dafür verantwortlich ist, daß sie sich mit unbestimmten Schuldgefühlen quält:

> La iglesia es el único lugar que me queda para expiar el pecado. Pero lo terrible es que no creo [...] Yo necesito [...] un cura misericordioso que me ayude a encontrarme. (9)

Sie beginnt nun, Pfarrer Jonathan, dessen außergewöhnliche Schönheit sie verwundert, ihre Lebensgeschichte zu erzählen. Dies geschieht im Beichtstuhl in Form der traditionellen Beichte, welche die Struktur des gesamten Textes bestimmt. *Al otro lado* gliedert

---

62 Die im folgenden genannten Zitate sind alle aus Yanitzia Canetti (1998) entnommen und zeigen über die jeweilige Seitenzahl die Textstelle des entnommenen Zitates an.

sich in 25 Kapitel, von denen 21 Kapitel jeweils aus zwei Teilen bestehen. Der erste – typographisch kursiv hervorgehoben – beschreibt die jeweiligen gegenwärtigen Kirchgänge der Erzählerin und der zweite Teil ist die "eigentliche" Beichte, in der sie Pfarrer Jonathan rückblickend nach und nach ihr Leben von ihrer vorgeburtlichen Existenz bis zu dem Zeitpunkt kurz vor ihrem Exil erzählt. Die beiden Teile eines jeden Kapitels sind jeweils über Stichworte oder Gedankengänge miteinander verbunden, so daß die im ersten Teil beschriebenen Gedanken oder Motive im zweiten, dem Beichtteil, mit anderem Inhalt wieder aufgenommen werden und den Auslöser für die Erinnerungen einzelner Lebensabschnitte bzw. Erfahrungen der Protagonistin bilden. In den letzten vier Kapiteln entfällt die Zweiteilung der Kapitel: es gibt keine Beichte mehr und die Erzählerin beschreibt ihre ersten Eindrücke im Exil, weiterhin getrieben von der Suche nach sich selbst.

Dieses von der Autorin genutzte Vertextungsverfahren, den Roman in die Form der Beichte zu fassen, ermöglicht das Hinterfragen des logozentrischen Diskurses vom Ort seiner Begründung, seines Ursprungs aus. Mit jeder Beichte wird die kirchliche Hierarchie mehr in Frage gestellt und die Situation beginnt sich Schritt für Schritt umzukehren. Die Beichte als Ort der Wissensfestschreibungen in Bezug auf Körperlichkeit und Sexualität wird von der Protagonistin als letzte Möglichkeit ihrer Selbstfindung genutzt, doch gleichzeitig gelingt es ihr, den *logos* mit ihrer Weiblichkeit, die stellvertretend die Abwesenheit und Ausgrenzung der Frau repräsentiert, zu kontaminieren und zu unterwandern, auch wenn sich an der strukturellen Hierarchie der Beichte äußerlich nichts geändert hat. D.h. die Erzählerin ist diejenige, die dem ihr hierarchisch übergeordneten Pfarrer ihre "Sünde" beichtet und dieser hört schweigend zu, um ihr dann zunächst Buße aufzuerlegen, aber schließlich doch Absolution zu erteilen. Bald wird deutlich, daß sowohl die Protagonistin als auch der Pfarrer das gleiche Ansinnen haben und so kommt es nach und nach zu einer Verwicklung beider Kommunikationspartner/innen, die auf unterschiedliche Art ihre Ich-Findung anstreben: sie durch das Wort, das sie ergreift und mit dem sie ihn immer mehr seiner eigenen Konfrontation mit sich selbst entgegentreibt; er durch sein beharrliches Schweigen. Die Rollen werden verkehrt und die Beichte ihrer ursprünglichen Bedeutung enthoben, dekonstruiert.

Der an die *confessiones* von Augustinus erinnernde Text *Al otro lado*, entwickelt die Begegnung der Protagonistin mit sich selbst aus dem Wunsch nach Erkenntnis nicht, wie Augustinus es tut, in Ausrichtung auf die Bekehrung zu Gott und damit zum Jenseits. Vielmehr findet in *Al otro lado* auch eine Dekonstruktion der *confessiones* statt, denn es steht die Frage nach der anderen Seite des eigenen Ich im Vordergrund und damit die Bekehrung zum Diesseits sowie die Bestätigung des Menschlichen. Das Streben nach Erkenntnis als Sündenfall – "Vielmehr weiß Gott, daß an dem Tage, da ihr davon esset, euch die Augen aufgehen und ihr sein werdet wie Götter, die Gutes und Böses erkennen" (Genesis 3,5) – und die damit verbundene Vorstellung, der Mensch brauche nur das zu wissen, was er über seine fünf Sinne wahrnehmen kann – "Allein die Welt! Des Menschen Herz und Geist! Möcht jeglicher doch was davon erkennen. / Ja was man so erkennen heißt! Wer darf das Kind beim rechten Namen nennen?" (Faust, Zeile 586-89) –, werden in *Al otro lado* zur Grundlage einer Suche nach sich selbst über die Ebene der

Körperlichkeit. Der Körper, über den die Empfindungen der Protagonistin ausgedrückt werden, wird also zum Zeichen für die Suche nach Erkenntnis. Dies spiegelt der Text in den sinnlich wahrnehmbaren Erfahrungen wider. Sprachspiele werden zu Körperspielen und umgekehrt. Sie gleichen der Suche nach einem Halt, einer Bedeutung oder einem (Lebens)Sinn, nach dem, was das eigentliche Ich ausmacht, ausmachen könnte. So stellt der Versuch, bei der Suche über den Körper den eigentlichen Geheimnissen der Seele und des Geistes auf die Spur zu kommen, nur eine schmale Gratwanderung zwischen Lebens- und Todeserfahrungen dar.

Wie der Text dieses im einzelnen umsetzt, versuchen wir anhand einer näheren Betrachtung von *Al otro lado* aufzuzeigen. Ausgehend von der Struktur des Textes läßt sich zunächst erkennen, daß die einzelnen Kapitelüberschriften auf die Bibel als Prätext referieren und oftmals direkten Bezug auf biblische Glaubensgrundsätze nehmen. "El principio", "Pecado original", "La tentación" oder "El perdón" bilden biblische Motive, die sich die Autorin aneignet, sie *bewohnt*, um daraus eine subjektive weibliche Geschichte zu entwickeln. So wird im zweiten Kapitel – *Pecado original* – z.B. das universelle Motiv der Erbsünde auf ein partikuläres Schuldgefühl reduziert:

> *Tenía que saber, primero, cuál consideraba yo que era mi pecado original.* Saberme viva fue el pecado original. (21)

Das sechste Kapitel – "El miedo" – nimmt das Moment der Angst auf, mit dessen Hilfe die Kirche ihre repressive Erziehung der Gläubigen aufrechterhalten konnte (und heute z.T. noch kann). Begriffe wie Strafe, schlechtes Gewissen, Unfreiheit, (blinder) Glaube oder Unreinheit werden dabei ins Feld geführt, um bedingungslosen Gehorsam zu erreichen. Eine Anspielung auf diese archaische Furcht, finden wir in dem Eindruck bestätigt, der die Protagonistin beim Betreten der Kirche überfällt. Diese Angst wird mit ihrer eigenen, subjektiv verdrängten Angst verbunden, die sie seit Kindertagen begleitet und deren Zwiespältigkeit sie in der Beichte zu verstehen sucht:

> *A mi alma regresa una queja, un miedo temible...* Le temo a todo, Padre, le temo a todo y a todos. [...] A ese *Alguien* o *Algo* que vive al otro lado de mí. [...] Sentir miedo me proporcionaba un extraño e indefinido placer. Era el riesgo a ser poseída por una fuerza ajena a mí. (46f.)

"El Principio", im Anfang schuf Gott den Himmel und die Erde. In *Al otro lado* beginnt die erste Beichte mit der Anspielung auf die Erschaffung der Welt und bezieht diese sowohl auf den Anfang des Lebensbeginns der Protagonistin als auch auf die beginnende Suche nach ihrem Ich. Im Anfang war auch das Wort. Das Wort und die Sprache stehen hier für ihre Hoffnung, sich in der Beichte als einer Art Therapieversuch, über die Sprache zu entäußern, um das eigentliche Ich zu evozieren und aus dieser narrativen Distanz das immer Verfehlte in die symbolische Ordnung der Sprache einzugliedern. Dafür ist sie bereit, ihr Innerstes nach außen zu stülpen und das zu beichten, was auf ihrer Seele lastet:

> [...] Sólo tengo ganas de soltar algo que me pesa, de virarme al revés [...] Tal vez si yo me pusiera fuera de mí misma a través de la palabra, me libraría de ese otro ser o no-ser desconocido. (14)

Mit diesem Anfangskapitel beginnt die Darstellung eines (weiblichen) menschlichen Einzelschicksals, das an die Geschichte der Menschwerdung gekoppelt ist. Von der Erschaffung des Menschen und der damit verbundenen Erbsünde bis zum Christentum und der darin implizierten Erlösung wird in *Al otro lado* in parallelisierender Weise der Weg der Protagonistin in die eigene Selbständigkeit, immer in Verbindung mit der Erschaffungs- und Heilsgeschichte, dargestellt. Die Orientierung an biblischen, d.h. alttestamentarischen und christlichen Mythen rückt erneut die Kontroverse zwischen Vorbestimmung und Freiem Willen in den Vordergrund, zwischen Seele und Körper, Lust/Begehren und Entsagung. Besonders heikel in dieser Streitfrage ist die Rolle der Frau, die von jeher, sowohl im Alten als auch im Neuen Testament, als Symbol für die Sünde, die Sündhaftigkeit markiert ist. Gerade aus deren Perspektive findet nun die Auseinandersetzung statt.

Die größte Schuld, – "[...] y yo ... llena de pecados" (14) –, die auf der Protagonistin lastet, die sie selbst aber nicht als Sünde empfindet – "No me siento culpable, pero todo parece indicar que eso es lo peor: no tengo conciencia del crimen" (10) –, kristallisiert sich langsam als Konflikt der Selbstfindung und der Suche nach einem eigenen Ort heraus, von dem aus sie ihre Stimme erheben kann, um gehört zu werden. D.h. in einem patriarchalen System, das von logozentrischen Denkstrukturen geprägt ist, besteht ihre *Sünde* in dem Bestreben ihrer Emanzipation im wahren Sinne des Wortes: im Heraustreten aus der *(gott)väterlichen* Gewalt.

Sie fühlt sich verfangen in einem *Nichtwissen* über sich selbst, von dem sie sich befreien möchte. Dieses *Nichtwissen* erschwert ihr den Anfang der Beichte, sie evoziert daher Lebensausschnitte, die in ihrer rhizomatischen Struktur weder Anfang noch Ende haben und ihre Lebensbeichte zu einem fragmentarischen Gedankengeflecht werden lassen:

> Él sabe que no tengo principio, que nunca podré comenzar. Todo está enloquecido en mi tiempo de vida. Termino con el principio o comienzo con el final o... y lo peor es que no sé... que no sé... El padre sabe que no tengo idea de lo que quiero decir y que ni siquiera sé que no tengo idea de la idea que tengo de lo que quiero decir. (72)

Die Lesenden begleiten die Protagonistin durch viele Situationen ihres Lebens, in denen sie immer wieder an den Punkt des mangelnden Wissen über sich selbst gelangt, das sie schließlich als eines ihrer Wesensmerkmale akzeptiert. Sie versucht diesem Konflikt immer wieder mit Hilfe ihres Körpers zu entfliehen und prallt damit jedes Mal erneut gegen althergebrachte Glaubensgrundsätze. Christus und der katholischen Tradition begegnen wir dabei in *Al otro lado* in Form des Kruzifixes und des Kirchengebäudes.

"El Principio" schildert daher auch die erste Begegnung der Protagonistin mit der Kirche als Gebäude. Als sie diese zum ersten Mal betritt, "fühlt" sie sich in diesen Ort hinein und offenbart ihre Vorliebe der Wahrnehmung über körperliche Empfindungen.

Die Kirche, ein neuerer Bau in gotischem Stil, konfrontiert sie mit dem patriarchalen System. Die Architektur des Gebäudes in Form eines Kreuzes vermittelt den Eindruck, beim Eintreten sofort gekreuzigt zu werden, "Es una iglesia en forma de cruz que te crucifica apenas entras" (10). Sie beschreibt die Kirche daraufhin wie einen menschlichen Körper, so daß die Konfrontation von Kirche und Körperlichkeit von Anbeginn präsent ist. Der Körper bleibt das Medium, über den sie ihre Empfindungen und Sinneseindrücke artikuliert. Sie erreicht durch die Beschreibung des Kirchengebäudes als Körper, die Vermenschlichung der Kirche und enthebt sie dem Anspruch eines *über*-menschlichen Ortes. Bei ihrem ersten Besuch versucht sie Männlichkeit und Weiblichkeit zusammenzudenken, indem sie beide an einen gemeinsamen Ort positioniert, an dem ein gleichwertiges Miteinander möglich scheint. Dabei gerät die Kirche zu einem Zwitterwesen, das sowohl mit weiblichen als auch mit männlichen, rein körperlichen Geschlechtszügen ausgestattet ist. Die männlichen Attribute hinterlassen zunächst einen übermächtigen, gewalttätigen Eindruck und rekurrieren auf das Geschlechterverhältnis in seiner hierarchischen Form:

> [...] una arquitectura hermafrodita, donde un rosetón inmenso y abundante en pétalos se abre entre las piernas de una iglesia masculina, que más que elevación suprema y espiritual, es un prominente cuerpo fálico proyectado al cielo. (10)

Dennoch enthebt sie mit dieser Menschenähnlichkeit des Gebäudes und der damit verbundenen Akzeptanz der Körperlichkeit die Kirche ihrer rein männlichen Dominanz und gesteht dem Weiblichen seinen eigenen Ort in ihr zu.

Selbst das Licht, das durch die Kirchenfenster fällt, wird körperlich. Es dringt durch die Fenster ein und beherrscht die Dunkelheit mit seinen "emanaciones excesivas" (11), so daß die ganze Kirche "exuberante y florida" (11) erscheint "con profusión de formas y volúmenes, color y enigma"(11). Diese Referenz auf den Zeugungsakt macht aus der Kirche einen lebensbejahenden Ort, an dem Leben *entsteht*.

Im ersten Kapitel, "El Prinicipio", ist die Kirche das Symbol für den Mutterleib und dient damit als Bindeglied für die erste Beichte der Protagonistin, in der sie die eigenen Ursprünge im Leib ihrer Mutter erinnert. So betreffen ihre frühesten Erinnerungen das Liebesspiel ihrer Eltern, das sie bewußt miterlebt und durch das sie schon vor ihrer Geburt die körperliche Liebe als etwas Natürliches und Wunderbares erfahren hat:

> Era mi padre, era la sangre de mi padre que arremolinaba las aguas oceánicas de mi madre. Yo no podía dormir y aprendí a amar aquella música y aquel vaivén de dos cuerpos que se amaban y que me amaban. Cuándo terminábamos de hacer el amor, me quedaba dormida - mis padres también- con las piernas bien apretadas a mi pecho y el corazonito acelerado. (16)

Diese schon als Embryo erlebten Freuden des elterlichen Liebeslebens, schreiben sich ihr als Spur ein, die ihr weiteres Leben bestimmen wird. Als Säugling entdeckt sie ihre eigene körperliche Lust, als sie mit den Gitterstäben ihres Kinderbettes kämpft, um sich daraus zu befreien. Aber gleichzeitig beschließt sie, dieses Gefühl zu verheimlichen, weil sie von dessen Sündhaftigkeit zunächst intuitiv überzeugt ist. Dieses Verbot scheint sich ebenfalls, nun allerdings über ein kulturelles Gedächtnis, eingeschrieben zu haben:

> Tal vez yo sí luché por salir de la cuna alguna vez y en esa lucha de mis piernas con los barrotes de madera, descubrí una rara sensación de placer de apenas unos segundos. No sé por qué intuición ancestral callé el secreto. Entré al pecado por la puerta ancha. Con el placer y con el secreto. (27)

Mit dieser lustvollen eigenen körperlichen Erfahrung beginnt für sie ihr *sündiges* Dasein, ihr *pecado original*, dessen Ursprung sie in dem lebensbejahenden "saberme viva" (21) vermutet. Sich *lebendig* zu fühlen, sogar leben zu wollen und das Leben mit all seinen menschlichen Schwächen zu bejahen und zu lieben, steht einer Tradition des Christentums gegenüber, das schon Nietzsche als "Religion gewordne Verneinung des Willens zum Leben" (Nietzsche 1999, 6: 359) betrachtete. Das körperliche Begehren und die Lust der Protagonistin werden zu ihrer persönlichen Erbsünde, doppelt verdichtet im Bekenntnis eines weiblichen Begehrens, das (nicht nur) im Umfeld der Kirche immer schon als Symbol für das Böse schlechthin galt und daher von vorne herein ver*teufelt* wurde und vielfach heute noch wird:

> Saberme viva fue mi pecado original. Fue una sensación indefinida, pero con sabor a pecado. Resultaba tan excitante vivir... Tan endiabladamente delicioso entregarse a la vida ... Lo más terrible del pecado original, Padre, fue que yo disfruté como nadie el saberme viva. (21)

Ihr Bekenntnis zum *Mensch*sein, zu sich selbst und zu ihrer Sexualität bedeutet das Aufbrechen der christlichen Tradition, in welcher der Körper keinen Raum hatte. Sich selbst als Einheit von Geist *und* Körper zu betrachten, gilt als Sünde, die von Gott bestraft wird, denn das Verharren im Diesseits, im Materiellen, Körperlichen kann nicht zur Erlösung führen; schon gar nicht, wenn es sich um weibliche Körperlichkeit handelt. In *Al otro lado* hingegen verkehrt sich die Situation; die Protagonistin verfügt über ihren Körper *selbst*. Er bereitet ihr Freude und vor allem Lust. Für sie ist die Strafe Gottes nach dem Sündenfall des Paradieses verwiesen worden zu sein, *die beste aller* Strafen Gottes "algo supremo, el mejor castigo de los castigos creados por ¿Dios?" (22f.). Damit rechtfertigt sie die Existenz des Körpers als Gotteswerk und stellt Gott als autoritäre Kategorie gleichzeitig in Frage.

Mit dem Beginn der Beichte verändert sich ihre Sichtweise auf die *Sünde* als solche, und sie merkt nach und nach, daß sie im Grunde gar nichts zu sühnen hat, es also keinen Grund gibt, sich schuldig fühlen zu müssen. So wird im Verlauf des Textes deutlich, daß es keine Sünde sein kann, eins zu sein mit sich selbst, d.h. sich als Einheit aus Geist, Seele *und* Körper zu betrachten und anzunehmen.

Nach dieser ersten Beichte erscheint die Kirche bei ihrem zweiten Besuch als ein Ort, an dem sehr wohl Begehrlichkeiten erkennbar werden. Sie beschreibt ein "erigiertes" Kirchengestühl, das sich in einer Kirche befindet, deren Tür geöffnet ist. Die Glocken läuten dazu, finden aber keinen gemeinsamen Rhythmus, sondern jede tönt auf ihre Weise. Der an die Fenster schlagende Regen, der versucht, beide Kräfte miteinander zu vereinen, wird am Kirchenfenster zurückgehalten. Die Versöhnung kann noch nicht stattfinden:

> Las campanas están sonando ahora. Cada una por su lado, sin ponerse de acuerdo. [...] Las puertas de la iglesia están hoy un poco más abiertas [...] La sillería de madera se muestra dura, rígida, lisa. (25)

Das gewaltsame Unterdrücken von Gefühlen und körperlichen Begehrlichkeiten erscheint ihr absurd, ist doch jede und jeder Einzelne das Resultat dieses verbotenen körperlichen Begehrens, "los hijos legítimos del placer" (26). Ihre Überzeugung ist die notwendige ganzheitliche Lebensweise, in der Geist, Seele und Körper gleichermaßen ohne Schuldgefühle erlebt werden. Eine Lebensweise, die es ihr erlaubt, sich selbst zu spüren und die die Grundlage für die Annahme ihres Selbst bildet. Ihre eigene Lust wird zu einem Schutz vor Verurteilung, denn in dem Maße, wie sie sich dieser Lust hingibt und den körperlichen Teil von sich akzeptiert und lebt, wird der Sünde der Körperlichkeit die Macht genommen. Weibliche Körperlichkeit, die im patriarchalen Diskurs mythische Zuschreibungen erhält, kann dann nicht mehr als diabolisches Repressionsinstrument genutzt werden, das ins Gegenteil verkehrt, wirklich diabolische Reaktionen provozieren kann und Lust in Gewalt wandelt. Davor bewahrt sie sich über die Anerkennung ihres eigenen Menschseins:

> ¡Me parece un vicio empedernido y morboso prescindir de ciertos placeres, en lugar de obedecerlos! Un placer que no florece, se nos pudre dentro. Y luego sale de algún modo - podrido de estar tanto tiempo enterrado vivo. (26)

Der Konflikt, in den sie durch ihre *ganzheitliche* Sichtweise gerät, entwickelt sich zwischen der sogenannten Wahrheit, also dem, was nach gesellschaftlicher und kirchlicher Norm als Verhaltensmaßregel einzuhalten ist, und der Nicht-Wahrheit, all dem, was sich diesen Normen widersetzt und aus dem eigenem Erleben herrührt. Jeder Versuch, dieses Erleben oder die eigenen Empfindungen zu artikulieren, scheitert, da sie von der Außenwelt mißverstanden wird. Hier zeigt sich die Unmöglichkeit Begehren zu artikulieren sowie die Begrenztheit der Sprache bei dem Versuch, dieses Begehren in Worte zu fassen. Diese Mißverständnisse ziehen sich seit der jüngsten Kindheit durch das Leben der Protagonistin und entwickeln sich oftmals zu unlösbaren Konflikten. Beispielsweise werden ihr zärtliche Körperkontakte sowohl in als auch außerhalb der Familie verboten: sie darf weder ihre Eltern oder Freunde auf den Mund küssen noch sie körperlich berühren. Ihrer kindlichen Art, den anderen ihre Zuneigung zu zeigen, wird mit Verboten begegnet. Tabus werden aufgebaut, die sie nicht versteht. Heimlich macht sie daher ihre ersten harmlosen körperlichen Erfahrungen mit ihrer Kusine, weil diese ebensowenig die Tabus kennt wie sie selbst. Sie umarmen und küssen sich aus Freude über ein Wiedersehen und über ihre gegenseitige Zuneigung – "Era tan agradable sentir el alma vulnerable y abierta" (39) –, zwei verwandte Seelen, die über diese Zuneigungsbezeugungen näher miteinander verbunden sind.

Sie versucht, sich allen Bemühungen, sie in eine patriarchale, normierte und repressive Gesellschaft einzugliedern, zu widersetzen, indem sie nach ihrer eigenen Wahrheit lebt. Dafür wird sie jedoch bestraft. Ihre Mutter versucht ihr schon als Mädchen das Prinzip der *Wahrheit* einzuimpfen, das nur das Abbild einer konstruierten Wirklichkeit der anderen ist und mit ihren Phantasien nichts gemein hat:

> Aunque yo no tenga bien claro los límites entre lo cierto y lo incierto de la vida, juro que me esmeré en decir lo que sentía -del corazón a la boca. Quizás mi mente nunca quiso ver la realidad. Quizás. Y fui castigada por eso hasta que finalmente aprendí la lección: debo decir la verdad de los demás y no mi propia verdad; debo ver con los ojos de los demás y no con mis propios ojos; debo decir lo que los demás esperan y no alterar su noción exacta de las cosas; debo creer en lo que veo y no en lo que imagino. (32)

Ihre Mutter hat deshalb auch kein Verständnis für ihre Kinderspiele, in denen sie ständig ihre Identität wechselt und in die Rolle von Personen oder Figuren schlüpft, die sie in der jeweiligen Situation konsequent *lebt.* Wegen dieser Rollenspiele und ihrer Fähigkeit, in einer Art Butlerschen *performance*, vorgegebene, unterschiedliche Identitäten anzunehmen und überzeugend darzustellen, wird sie von ihrer Außenwelt als Lügnerin betrachtet. Niemand versteht, daß sie nur in ihrer eigenen Welt und nach ihren eigenen Wahrheitsvorstellungen zu leben versucht, die jede a priori festgelegte Identität und Charakterisierung ihrer Person unmöglich machen. Dies ist auch der Grund, warum ihr tatsächlicher Name niemals genannt wird, sondern sich ihre Ich-Identität statt dessen auf dem Rücken eines langen Palimpsestes vollzieht. Die Autorin nutzt hierzu die gesamte Bandbreite kulturgeschichtlicher Mythen, um die Protagonistin sowie die sie umgebenden Figuren zu charakterisieren.

Als Kind ist sie z.B. *Cenicienta*, *Aschenputtel* und sie versteckt sich einen ganzen Tag lang mit einem nacktem Fuß unter dem Tisch, weil sie ihren gläsernen Pantoffel verloren hat. Auf die sorgenvollen Rufe ihrer Mutter, die sie verzweifelt sucht, reagiert sie nicht, da sie sich durch den Rollenwechsel nicht angesprochen fühlen kann. Es kommt unweigerlich zu einer Konfrontation zwischen der Realität der Mutter und ihrer eigenen imaginierten Welt. Ihre Mutter betrachtet sie als ungehorsam und als Lügnerin, wohingegen sie den Unterschied zwischen Wahrheit und Lüge nicht verstehen kann, weil es ihre Welt, ihre Realität gewesen ist: sie war Aschenputtel und nicht die Tochter, die von ihrer Mutter gesucht wurde. Weil sie aber nicht akzeptieren kann, daß es nur eine einzige Wahrheit geben soll, sondern sie sich statt dessen ihre eigenen Wahrheit situationsabhängig schafft, wird sie seither immer wieder für ihre Lügen bestraft. Niemand macht sich die Mühe, sich ihrer Welt anzunähern:

> Yo era Cenicienta ese día. [...] Pero mi madre no me creyó, decía que yo sí era la niña, y una niña muy mentirosa por cierto. [...] Y que el castigo sería doble por andar con un solo zapato. Por más que le dije que el hechizo se había roto cunado ella me encontró, mi madre -harta de mis mentiras- me castigó una vez más. (33)

Die Autorin stellt mit dieser Haltung der Protagonistin die Dominanz einer alleingültigen Meinung, als Symbol für logozentrische Denkstrukturen, in Frage. Die Erzählerin versucht sich dem zu widersetzen und hofft darauf, daß Vielfalt und unterschiedliche Überzeugungen gleichberechtigt nebeneinander existieren und gedacht werden können.

Im weiteren Verlauf des Textes wird offensichtlich, daß die Charakterisierung der einzelnen Figuren durch mythologische oder historische Gestalten aufgrund der jeweiligen Eigenschaften dieser Gestalten erfolgt, für die sie sinnbildlich stehen.

Als sie in die Schule kommt und ihr das Spielen mit Mädchen aus Angst vor unzüchtigen gleichgeschlechtlichen Berührungen untersagt wird, beginnt ihr eigentliches Rollenspiel. Sie bemüht sich, in der Rolle der Undine gemeinsam mit ihren Schulkameradinnen Nymphe, Najade und Nereide um die Gunst ihrer Schulkameraden, die für sie Alexander der Große, Attila oder der Zar sind. Die Wassernymphen nähern sich in ihrer Unschuld den großen Helden der Geschichte, sie zeigen die Befangenheit und Scheu der ersten zwischengeschlechtlichen Berührungen.

Oftmals verkehrt die Autorin die mit der Figur verbundenen Eigenschaften in das Gegenteil, d.h. die Protagonistin erlebt z.B. zwar Liebesnächte mit Helden wie Caupolicán, Hércules oder Claudio. Allerdings sind diese in puncto Liebe keine Helden, sondern werden an ihrem schwächsten Punkt angegriffen, ihrer (vermeintlichen) Potenz:

> Así pasó con Caupolicán, que vino a verme con un tronco en la mano y gritando que Hércules era un comemierda griego, todo debilucho e impotente, y que él sí era un macho remacho. [...] Y antes de que yo pudiera articular alguna cosa, mi pobre Caupolicán eyaculó y huyó con el rabo entre las piernas. (189)

Je nach Stimmung und Situation ist sie einmal Juana de Arco, Ondina oder Josefina; ein anderes Mal ist sie Penelope, die im Unterricht sinnend zur Tür schaut und auf die Rettung durch Odysseus wartet, oder aber, sie erlebt mit ihrer Freundin Anubis die ersten körperlichen Veränderungen in der Pubertät. Ihre ersten sexuellen Erfahrungen macht sie im Alter von zehn Jahren mit Donanciano Sade, der seinem Namen alle Ehre macht und sie, die unschuldige Teresita del niño Jesús, in einem Fahrstuhl sexuell belästigt. Vor Angst weiß sie zunächst nicht, wie sie sich verhalten soll, doch schließlich kann sie sich aus dieser Situation befreien, indem sie den Fahrstuhl wieder in Gang setzt. Als sich die Fahrstuhltür öffnet, durch die sie flüchten will, steht sie mehreren vor dem Aufzug wartenden Männer gegenüber. Deren Empörung richtet sich jedoch nicht gegen Donanciano Sade, sondern gegen sie selbst. Sie ist die Schuldige an dieser Situation und ihrem, nicht seinem, ungehörigen Verhalten gebührt Verachtung. Sie verkörpert das Weibliche, das wieder einmal das Böse ist; an ihre Unschuld wird selbstverständlich nicht geglaubt:

> [...] y que qué desfachatez, tan chiquita y haciendo esas cosas, y miraron al marqués que se subía el pantalón y mostraba sus dientes de cremallera, y otra vez los señores me miraron a mí y que qué barbaridad, que niña tan perversa si lo que tiene serán diez años y que qué se habrá creído esta mocosa con esa cara de yo no fui [...]. (58)

Durch dieses wechselnde Maskenspiel folgen die Lesenden der Protagonistin ihrer Entwicklung vom Kindesalter bis ins Erwachsenenleben. Dabei zitiert sie die Gattung des

Bildungsromans an, ohne aber die Erwartungen zu erfüllen. Unter Bezugnahme auf historische Gestalten wird aus ihrer subjektiven Erfahrung zwar eine Lebenserfahrung, die universellen Charakter erhält und nach bestimmten Riten funktioniert. Gleichwohl liegt ihr Anspruch eher in der Bejahung und Fortführung des Lebens als solchem, als dem einzigen sinnkonstituierenden Element des Daseins, und nicht in der sozialen Integration des Individuums. Das Maskenspiel verkörpert aber auch den jeweils momentanen Zustand ihrer eigenen Subjektivität (vgl. Derrida 1996: 191) und unterstreicht die Unmöglichkeit einer a priori festlegbaren Identität. Durch diese, in jedem Erzählfragment, in jeder Beichte wechselnde Identität, vermittelt die Protagonistin nicht nur den momentanen Stand ihrer Entwicklung, sondern sie verhüllt damit auch gleichzeitig ihr wahres Ich, auf dessen Suche sie ist.

Im Laufe ihres Lebens entdeckt sie, daß sie weniger Schwierigkeiten mit den sie umgebenden Menschen hat, wenn sie sich an deren (Wert)Vorstellungen anpaßt. Sie benutzt diese Angepaßtheit allerdings nur in Form einer weiteren Maske, um sich selbst zu schützen und der Verurteilung durch Andere zu entgehen. Innerlich weigert sie sich, das, was Gesellschaft und Kirche zu glauben vorgeben, unhinterfragt und in ihrem Anspruch auf Allgemeingültigkeit für sich als Wahrheit zu übernehmen. Dieses Mißtrauen, Vorschriften zu gehorchen, die sie dazu verpflichten, zu glauben ohne nachzudenken und die ihr sowohl den eigenen Weg verstellen als auch ihre eigene Wahrheit unterdrücken, veranlassen sie zu einer Subversion des Apostolischen Glaubensbekenntnisses. Die Kirche wird für sie zu einer "*caja de Pandora*" (29), die ihr das Geheimnis zwischen Wahrheit und Lüge nicht preisgeben will und sie erachtet es als notwendig, ihr eigenes (No) *Credo* zu vertreten:

> No creo en la santidad de los apóstoles ni en la virginidad de la Virgen. Creo en la virginidad de su alma callada. Veo más casta su maternidad consciente, que su coito con un espíritu alado. [...] La madre del Señor sigue siendo pura para mí, pero pura por su dolor y por amamantar a un hombre bueno. No creo que la fricción de las carnes sea más impura que la eyaculación de una paloma enviada por Dios. No creo en la pureza... no creo en la impureza... no creo en nada y creo en todo. No quiero creer en lo que creo y creo en lo que no quiero creer. (29f.)

Der Autorin gelingt in dieser Textstelle nicht nur eine Gattungsentgrenzung und damit das Infragestellen des *logos* mit seinem Anspruch auf eine normative, absolute Wahrheit, in der sich die Kategorie des Geschlechtes nomadisch verschiebt und schließlich die Dezentrierung des Subjekts erkennen läßt. Sie vermag vielmehr auch deutlich zu machen, wie Schrift zum Körper wird und wie durch den Körper Schrift entsteht. Die Protagonistin widersetzt sich mit ihrem Bekenntnis der expliziten Verneinung des (weiblichen) Körpers, die in der Jungfrau Maria symbolisiert ist. Sie hebt das schweigende Leiden dieser stummen Seele hervor und verweigert sich diesem Leiden, als einem typisch weiblichen Attribut, indem sie sich zu ihrem Körper bekennt.

Marias Rolle als – stumm Leidende – Vermittlerin verlagert sie auf den Pfarrer Jonathan, der ihr die Beichte abnimmt. Seine Schönheit erscheint irreal und seine blauen Augen muten fast göttlich an. Er erinnert damit an die in der Literatur so häufig beschriebenen Frauengestalten, die aufgrund ihrer Durchsichtigkeit und Zartheit als irreale, nur kurz auf der Erde verweilende, leidende Geschöpfe geschildert werden.

Die Farbe Blau gilt als Symbol für alles Spirituelle und wird auch als die *Himmelsfarbe* bezeichnet. Sie ist in der christlichen Religion das Symbol für die Wahrheit und die Ewigkeit Gottes sowie Zeichen der menschlichen Unsterblichkeit. So sind die Augen Jonathans ein Spiegel, in den sie blickt, um sich auf dessen Grund selbst zu sehen, ein Brunnen, der ihr in seinen Tiefen die Wahrheit enthüllt:

> ¡Qué cura tan hermoso! No imaginé que un cura pudiera ser hermoso. Tiene los ojos como abismos de cielo. Ni una nube empeña ese azul manso de quietud milenaria. Ojos sin fondo. Ojos de maniquí en vidriera. No me miran pero sí los miro y sé que no existen ojos así en otro lugar, son tan irrepetibles como el infinito. (14)

Jonathan versinnbildlicht aber nicht nur den Wunsch der Protagonistin nach Erkenntnis, sondern er steht auch sinnbildlich für das in der Kirche unterdrückte Begehren. Ihm selbst scheint Begehren nicht fremd zu sein – zieht man die Anspielung auf die biblische Gestalt Jonatan hinzu, welcher der Sohn des Saul war und welcher an dem verbotenen Honig naschte (1 Samuel 14,27) –, so daß sich das Blau seiner Augen in eine Spur aus Licht verwandelt, die die Grenze zwischen Himmel und Hölle verwischt, "*una huella de luz... una huella azul... de un azul casi infernal*" (15). Der Symbolgehalt dieses göttlichen Blaus verändert sich und macht Platz für ein *glissement* der Bedeutung in der Signifikantenkette, sich einer festen Zuordnung widersetzend. Sie entdeckt nach und nach, daß Jonathan, den sie als Vermittler zwischen sich und dem Himmel betrachtet, stumm leidend, sein eigenes Verlangen eingestehen muß.

Seine Schönheit wird zu einer göttlichen Gabe, die ihrer sinnlichen Beschreibung und dem Begehren das Sündhafte nimmt. Sein Gesicht erscheint ihr schöner als jemals zuvor und sie entdeckt plötzlich seinen Mund, den sie über das Blau seiner Augen zunächst nicht wahrgenommen hat. Mit jedem Detail ihrer Beschreibung erhält Jonathan weiblichere Züge und die Grenzen zwischen den Geschlechtern beginnen zu verschwimmen:

> *Dios mío, ahora veo su boca. Es divina. Con razón este hombre intercede entre el cielo y yo. ¡¿Cómo no advertirla antes?! ¡¿Cómo pudieron sus ojos abismales ocultarme la línea tenue de su boca?! Tal vez no sea un cura.* [...] *Tal vez sea un ángel.* [...] *Son labios tan rojos como los que sólo existen en los cuentos de hadas. Son labios finos y pulposos como una rodaja de sandía. Son una herida abierta y leve en pleno rostro.* (31)

Ihre Gefühle und körperlichen Empfindungen, die die Protagonistin außerhalb der Beichte beschreibt, beginnen auch auf den Pfarrer zu wirken und die Verwicklung beider Kommunikationspartner/innen tritt immer deutlicher hervor. Sie unterwandert nach und nach den Diskurs der Reinheit, indem sie das Begehren des Pfarrers hervorruft und dieses als (s)einen Kampf enthüllt. Sie begehrt ihn mit jeder Beichte mehr und seine Körperreaktionen deuten auf ähnliche Empfindungen hin. Gemeinsam spüren sie die Kraft der Gefühle, ohne daß sie sich je berührt oder außerhalb der Beichte miteinander geredet hätten. Der Pfarrer versucht seine Unruhe zu verbergen, den Konflikt schweigend zu lösen und sucht Schutz am Fuße des Kreuzes Jesu; die Kirche verwandelt sich jedoch in einen unbekannten Ort, der Begehren zuläßt und an dem selbst die Heiligen nicht alleine, sondern immer *paar*weise zusammen sind, "primero San Pablo, luego la Inmaculada, luego San Jerónimo, más allá Santa Teresita [...]" (37). Der Pfarrer findet nicht den erhofften Schutz unter dem Kreuze Jesu, sondern im Gegenteil, er und Jesus werden zu sinnlichen männlichen Körpern, voller Schönheit und Begehren. Beide können nicht aus ihrer Situation heraus, beiden ist der geschlechtliche Umgang generell versagt und die körperliche Annäherung an das weibliche Geschlecht, ist als Gefahr ihres Seelenheils erst recht verboten. Die Frau als die Schlange, Sinnbild des teuflischen Begehrens, bringt den Pfarrer so sehr in Bedrängnis, daß er nicht an der Anwesenheit der Protagonistin, sondern an sich selbst zu ersticken droht:

> *Siento la sofocación del Padre. Miro al Cristo, debilitado por la cruz pero de mayúsculas dimensiones viriles. Y luego miro al Padre, cuya estatura roza los pies de Jesús. Un hombre frente a otro. Uno sangrante y otro sofocado.* [...] *Las mejillas del Padre están encendidas. Tienen alguna emoción, algo ha llenado el alma del cura. Aunque sus ojos no me miran, me presienten cerca de él* [...] *Sus mejillas están inyectadas de sangre y gritan alguna resurreción. Se ahoga. Sus venas se asoman impetuosas, como una corriente de sangre a punto de desbordarse.* [...] *Quiere decir algo. Quiere mirarme. Quiere...* (38)

Über dieses gegenseitige Begehren auf einer rhetorisch erotischen Ebene werden beide zu Kompliz/inn/en und die Sprache zum Ort des Begehrens und der Selbsterkenntnis. Schrift wird hier zum Versuch, dieses Begehren zu artikulieren. Der Umgang zwischen beiden wird vertrauter. Blicke und Gesten werden zu Berührungen. Das Begehren, das die Protagonistin in Jonathan auslöst, wandelt sich bei ihr in den Wunsch, ihre Lebensgeschichte zu erzählen, d.h. sie öffnet sich ihm ganz und *gibt* ihr Leben *hin*, um ihre andere Seite zu finden, sich selbst zu erkennen:

> Nunca me mira a los ojos. Pero hoy ha mirado fijamente mi cuerpo. Más bien mis caderas. Yo bajo la vista. Yo creía que hoy me iba a balancear en uno de los suspiros del Padre, pero sus ojos me encienden el deseo de confesar y de entregarle toda mi vida hecha pecado. (46)

Durch die Beichte, die sich zu ihrem gemeinsamen stillen Diskurs des Begehrens entwickelt, wird ihre Beziehung immer enger. Jonathan kommt ihr mittlerweile an der Kirchentür entgegen und begrüßt sie mit geöffneten Armen, jedoch weiterhin ohne sie zu berühren. Sie kann seine Umarmung förmlich spüren, auch wenn sie tatsächlich nicht stattfindet, sondern er sie nur zum Beichtstuhl begleitet. Ihre Verbundenheit mit ihm wird immer inniger und sie hat bald das Gefühl, ihm zu *gehören*. Sie scheinen miteinander zu verschmelzen. Er, als (schweigende) Instanz, ermöglicht ihr, ihr Leben zu erzählen. Über ihre Erinnerungen setzen sich ihre Lebensfragmente zu einem Bild zusammen, das vor ihren Augen entsteht und von dem sie sich einen Hinweis auf sich selbst erhofft. Jonathan kann als ihre andere Seite betrachtet werden, die zu ihr gehört mit der sie sich langsam vertraut macht und die sie zu begehren lernt, auch wenn es ihr noch verboten scheint, den Schritt der Grenzüberschreitung zur anderen Seite ihres Selbst zu wagen:

> Le pertenezco. Le debo la resurrección de mis años, el misterio de mi pecado, la duda de no saber y algunas de mis mejores lágrimas y palabras en busca de mí, del otro lado de mí. (93) [...] Él es mi fruto, mi manzana, mi dolor, mi angustia, mi miedo y mi duda. Él es mi incertidumbre, lo que no alcanzo y que me alcanza. (204)

Als sie bereit ist, sich selbst anzunehmen, findet die ersehnte Umarmung statt, in der sie beide, Jonathan und sie, wie verzaubert verharren, "Transcurren los milenios, y el Padre y yo seguimos abrazados" (213). Diese Umarmung erscheint nicht wirklich, sie steht vielmehr für den ersten Schritt ihrer Selbstannahme. Am nächsten Tag wird nicht nur die Umarmung als Vision erkennbar, sondern die gesamte Beichte zu einer irrealen Begebenheit. Sie findet keine Kirche mehr vor, an dem Platz, an dem sie stand, liegen stattdessen nur Schutt und Asche; alles was sie dort sieht, sind die Überreste eines alten Friedhofes. Jonathan hat es nie gegeben, sie findet nur einen Grabstein mit seinem Namen und dem Hinweis, daß er aus Liebe starb. "Murió de amor sencillamente" (216).

Sie entscheidet sich, ihre Heimat zu verlassen und im Exil neue, eigene Wege zu gehen, ist aber weiterhin auf der Suche nach sich selbst:

> Adiós, mi isla. Adiós, mi país hermoso [...] Adiós, pedacito de tierra de la que crecí. Ahora yo no te pertenezco ni me perteneces. Ahora vivo en otro país. Viajé como mis antepasados, en busca de mí y, también como mis antepasados, sigo sin encontrarme. No sé por qué fui lejos; tengo la certeza de que era necesario. (216)

Über die Beichte versucht die Protagonistin nicht nur, sich über das Wort zu entäußern, nachdem sie es vorher über den Körper versucht hat; indem sie ihr gefühlsorientiertes Leben auf der Suche nach Erkenntnis in Worte faßt, distanziert sie sich von sich selbst. Aus dieser Distanz verbindet sie Körper und Sprache zu einem Medium, das sie zur Ich-Suche nutzt, ohne aber weiter vorzudringen, als an der Oberfläche ihres Ich zu kratzen:

> La sombra crece, se proyecta en la pared del deambulatorio y llega a rozarme un hombro. Yo siento el mismo escalofrío que cuando intento escribir con un lápiz sin punta y sólo logro arañar un poco el papel. (170)

Die Beichte in ihrer traditionellen Bedeutung versinnbildlicht das Denken innerhalb binärer Strukturen einer patriarchalen Gesellschaft, in der die hierarchische Geschlechterdifferenz Grundlage des Denkens ist. Die Lebensbeichte der Protagonistin jedoch kehrt diese ursprüngliche Bedeutung um und hebt die Unmöglichkeit hervor, Identität über vormals funktionierende Paradigmen und Rollenmuster aus biblischer Tradition auszubilden. All ihre Versuche, sich anzupassen scheitern, weil sie sich in diesen Rollen nicht wiederfinden kann. Sie bekennt sich statt dessen zum Leben als höchstem menschlichen Gut, damit zum Menschsein, zu sich selbst sowie zu ihrer Sexualität. Sie stellt sich damit der Unbeständigkeit der Gefühle ebenso wie der Veränderlichkeit des Lebens und der Welt:

> Padre, cuando yo nací, ya Eva había probado del fruto prohibido. Y lo lamenté. Me hubiera gustado saber a qué sabía aquella primera fruta. Debo confesarle que de aquel fruto, yo

> nunca probé ni un pedacito siquiera; pero de aquel árbol fértil, creo haberme llenado la boca de jugos y sabores. Y como Eva, fui dotada de cierto entendimiento. Al menos para entender que vivir era algo supremo [...]. (22)

In der Beichte erhebt sie ihre Stimme, verläßt sie ihre Sprachlosigkeit und sucht sich einen Ort, von dem aus sie sprechen kann. Sie nutzt den Ursprung des *logos*, um sich Gehör zu verschaffen und nutzt Pfarrer Jonathan und ihre Geschichte zur Kontaminierung dieses *logos*.

Wenden wir uns nun den Grundzügen ihrer Lebensgeschichte zu, die sich einerseits wie eine Reise durch die Literatur der Erotik liest, andererseits aber auch eine Auflehnung gegen vorgeschriebene Verhaltensweisen bedeutet. Ihr erster Freund, Romeo, schwört ihr ewige Liebe "para toda la vida" (62). Romeo, Sinnbild für das Ideal der bis in den Tod reichenden Liebe, gibt sie sich hin und durch ihn verliert sie ihre Jungfräulichkeit. Romeo bleibt allerdings nicht lange Romeo, denn das ausbleibende Blut, das Zeugnis von ihrer Unschuld ablegen soll, beendet diese idealisierte Liebe schlagartig. Romeo fühlt sich verraten, seines Eigentums beraubt und ist so sehr empört, daß er sie, wie ein Paket, postwendend nach Hause zurückschickt, ohne an die in Leidenschaft geäußerten Liebesschwüre auch nur einen weiteren Gedanken zu verschwenden. Sie hingegen beteuert verzweifelt ihre Unschuld, gleichwohl, er glaubt ihr nicht. Die Situation verlagert sich schließlich auf eine andere Ebene, auf die des Patriarchats. Ihre Meinung wird nun endgültig ungültig und ihr Vater muß mit Romeo über seine Tochter verhandeln, ihre Unschuld bestätigen. Erst dann gibt sich Romeo geschlagen und entschuldigt sich. In diesem Moment entscheidet sich die Protagonistin jedoch endgültig gegen patriarchale Bevormundung und für sich selbst und ihre eigene Meinung. Sie verweigert sich jeglicher Form patriarchaler (Eigentums)Vorstellungen und dem, was von ihr als Frau erwartet wird. Sie läßt fortan alle das glauben, was sie glauben und hören wollen und lebt nach ihren eigenen Regeln. Sie rächt sich an Romeo, indem sie ihn diesmal tatsächlich belügt und ihm sagt, er sei nicht ihr erster Mann gewesen. Diesmal verläßt sie ihn:

> Días después mi padre se empeño en convencer a mi novio (el primero para mí y quién sabe para él) de que éste había sido el primer hombre en mi vida. Pero ya a esta altura, yo estaba persuadida de que no quería que hubiese un primer hombre y mucho menos un primer novio para toda la vida. [...] yo le dije a mi primer novio de manera simple y lacónica: -Ni te creas que fuiste el primero. (66)

Das Leben nach eigenen Regeln bzw. nach ihrer eigenen Wahrheit bringt sie jedoch sehr bald in Konflikt mit der Regierung der kleinen karibischen Insel, auf der sie lebt, "Vivo a finales de siglo en una isla [...] diminuta del Caribe" (10). Als sie auf der Universität ist, lernt sie ihre große Liebe, Calígula, kennen. Sie fühlen eine Seelenverwandtschaft und verlieben sich ineinander. Mit ihm kann sie ihre Freude am Wechsel der Identität ausleben, zu der er sie beständig auffordert. Einmal ist sie der Mond, ein anderes Mal Persephone und "Artemisa y Minerva y Venus y Dafne y Clío" (75), schließlich sogar seine Mutter. Sie erfindet mit ihm die Welt neu und kann zum ersten Mal ihrer Phantasie freien Lauf lassen, die sie sonst immer unterdrücken mußte, weil diese im Widerspruch zu der Wahrheit der Erwachsenenwelt gestanden hat. Die Freude nimmt jedoch ein jähes Ende, als er ihr eines Tages erzählt, daß die Polizei ihn suche. Um sie zu schützen, beschwört er sie, *von nichts zu wissen*. Er löst damit allerdings größte Verwirrung aus, denn er hat den Kern ihres Zweifels getroffen, ihr *Nichtwissen*. Sie gerät in einem Strudel von Sanktionen, aus dem sie sich nur langsam wieder hervorarbeiten kann. Waren ihr Bestrafungen seit jeher aus ihrem privaten Umfeld bekannt, steht sie nun dem diktatorischen Regime ihres Landes gegenüber und sie muß feststellen, daß ihre eigene Wahrheit sie in lebensbedrohliche Konflikte stürzt:

> -Me busca la policía. -¿Qué? -Eso, que me busca la policía. Tú no sabes nada de nada. ¿De acuerdo? -¿De qué? -yo realmente no sabía nada de lo que hablaba. -Nada de nada. ¿De acuerdo? -me repitió. Nada de nada, nada de nada. Nada de nada, Padre, yo nunca supe nada de nada hasta hoy el día de hoy, hasta ahora. [...] Pero, tristemente, no supe nada de nada, y ahora no tengo qué confesar. Sólo esto: no sabía nada de nada. (76)

Eines Tages wird sie während einer Prüfung aus dem Zimmer gebeten und von einem fremden Mann befragt und mitgenommen. Sie erhebt sich zunächst gegen ihn, indem sie fortan als Juana de Arco auftritt und läßt sich von seinen Drohungen nicht beeindrucken, bis er ihr sagt, er wisse alles über sie – "Todo de todo" (78). Sie wird unsicher, denn daß es jemanden gibt, der mehr über sie weiß, als sie selbst, macht sie wehrlos. Schließlich muß sie dem Mann folgen, und daß, obwohl ihre Eltern als "gente cabal, honrada y sobre todo, revolucionaria"(78) bezeichnet werden. Die folgenden Monate, in denen sie bis an die Grenzen ihrer körperlichen Existenz gerät, werden für sie zum Prüfstein ihres (Über)Lebenswillens. Die Autorin charakterisiert auch hier die Figuren, die den repressiven staatlichen Bereich der Insel darstellen, durch historische Gestalten, die für ihre Unerbittlichkeit bekannt sind. Im Wagen von Julio César wird sie zur Hausdurchsuchung ihrer eigenen Wohnung gefahren, im Gefängnis wird sie anschließend von Capitán Aquino und Capitán Torquemada inquisitorisch verhört. Sie wird gefoltert, vergewaltigt und mißhandelt:

> Noches enteras estuve gritando y gritando y gritando hasta que perdí la voz. Lo segundo que perdí fue la noción del tiempo. [...] Luego, y casi simultáneamente, perdí el sentido espacial. [...] Tiritaba de calor y me ahogaba de frío. [...]. (83)
> [...]
> Había un médico que me auscultaba con las manos y me inyectaba cafeína para activar mi presión sanguínea. [...] Aquel médico me había llenado todo el cuerpo de pinchazos porque decía que quería salvarme la vida [...] y dejaban que toda la aguja entrara hasta arañar el hueso. [...] Yo sentía su aliento a medicina detrás de mí. [...] y me decía: Eso que sientes ahora no es la jeringuilla [...] reapareció el sereno, un viejo [...] me agarraba por los pelos y empezó su faena. [...] Vamos, mi ratoncito, ábreme la boquita para que no caiga al suelo [...]. (89)

Zum ersten Mal bereitet ihr der eigene Körper keine Lust, sondern Qual und sie erfährt, daß ihre eigene Wahrheit sie in dieser extremen Situation nicht retten kann. Nach dreiunddreißig Tagen wird sie schließlich entlassen, doch ihr Fall wird noch vor Gericht verhandelt, da sie wegen mehrerer Delikte angeklagt ist, die sie nie begangen hat: neben Korruption, Komplizenschaft, Hehlerei und Spionage wird sie der sexuellen Ausschweifungen beschuldigt. Sie scheint zerbrochen, leidet an Schlaflosigkeit und muß nach der Verhandlung, bei der ihre eigene Wahrheit nichts galt, sondern nur das Konstrukt, das der Anwalt zurechtgelegt hatte, doch wieder in ein Gefängnis. Diesmal ist es ein Frauengefängnis, in dem sie nur überlebt, weil sie dort als Virgen verehrt wird. Als sie sich endlich wieder auf freiem Fuß befindet, ist kein Leben mehr in ihr. Ihre Rückkehr ins Leben verdankt sie einer kleinen Porzellanfigur, die sie seit ihrer Kindheit besitzt: sie stellt einen Schwan dar, der sanft das Gesicht von Leda berührt. Die Sage um Leda und den sich ihr in Gestalt eines Schwanes nähernden Zeus erweckt sie wieder zum Leben mit all seinen Konsequenzen. Nach einem gründlichen Selbststudium ihres Gesichtes im Spiegel entdeckt sie die vielen verschiedenen Gesichter, die sich zu einem zusammensetzen und die alle nach Leben und Lust rufen. Sie nimmt all ihre Facetten als zu ihr gehörend an und entscheidet sich trotz allem für ein Leben mit der Lust, ohne Einschränkung:

> Unas hermosas y otras más hermosas. Unas desnudas y otras más desnudas. Unas suspirantes, otras sofocadas; unas enfurecidads, otras doblegadas; unas poderosas, otras amedrentadas. Unas seductoras y otras seducidas. Y todas con cara de hembra en celo, dispuesta a llenarse el vientre de placeres. [...] Todas me gustaban, todas, todas. [...] ¿Será mucho pecado querer vivir? (134)

Mit der Entscheidung für ihre Lust nutzt sie nun endgültig die körperliche Ebene, um in der Überschreitung aller körperlichen Tabus die Transzendierung des Ich zu erreichen. Sexualität wird zum Mittel des Vergessens und der Suche nach Erkenntnis, so daß sie alle sexuellen Erfahrungen auslebt, derer sie beschuldigt wurde und u.a. an einer Orgie teilnimmt, deren Gastgeber Dionisios ist. Das Außer-Sich-Sein in der Sexualität wird für sie zum Mittel der Suche nach dem wahren Ich. Ein Vergleich mit mystischem Erleben liegt nahe, doch steht hier die Suche nach Erkenntnis des eigenen Ich im Vordergrund und nicht die Verschmelzung mit dem Göttlichen, d.h. die Sinnstiftung seiner selbst *über* den Anderen = Gott:

> Sólo sé que tras horas de olvido y vestigios cabalgantes, una ventana me golpeó con su luz amanecida. Descubrí una herida abierta en medio de mi cuerpo que todavía soltaba lava. La herida siempre estuvo en medio de mi cuerpo, Padre, y siempre estuvo abierta. ¿Y yo, dónde había estado todo este tiempo? Estaba desnuda. [...] Pude levantarme con gran esfuerzo y me senté en el borde de la ventana. [...] Miré la cama y otra vez al cielo grande. La cama y el cielo. (143)

Weitere Erlebnisse schließen sich an: Sie schläft mit Cimarrón, der ihren Wunsch nach rein platonischer Freundschaft nicht glauben mag, sie lernt Tristán kennen, mit dem sie auf Friedhöfen Thomas Manns *Zauberberg* liest und der schließlich bei ihr einzieht. Mit ihm und dessen Freund Cástor erlebt sie eine Dreiecksbeziehung, in der sie das Bindeglied der homosexuellen Liebe zwischen Cástor und Tristán wird. Sie lernt Antonio kennen, einen Mann in einem Frauenkörper, mit dem/der sie eine Nacht der Liebe zwischen

Frauen erlebt. Es wechseln sich Marco Antonio, Caupolicán, Hércules, Claudio, Ibsen und Napoleón in ihrem Bett ab. Sie ist mal Mesalina, ein anderes Mal Cleopatra, Nefertiti oder Josefina. In der Vergegenwärtigung aller Liebespaare der Weltgeschichte reduziert sie Liebe auf rein körperliches Verlangen, zu dem sie sich endgültig bekennt. Sie betrachtet zwar die Welt aus der Perspektive ihrer Lust, bleibt sich aber ihrer Suche nach sich selbst bewußt. Bei aller Veränderung und wechselnder Identität(en) ist ihre eigene körperliche Lust das einzig Unveränderliche in ihrem Leben, ein Anhaltspunkt, an dem sie sich orientieren kann.

Am Ende ihrer Lebensbeichte erkennt sie in der Vielzahl ihrer Rollen die Konstruiertheit ihres Selbst und sie begreift, daß die Suche nach ihrem Ich die Suche nach einem Ideal – dem wahren Ich – ist, das sie niemals erreichen kann. Solange sie sich nicht ihrer Masken entledigt, durch die allein sie handlungsfähig geworden ist, wird sie die *andere Seite* nicht finden können. Ihre Beziehung zu Amor schließlich hilft ihr, sich selbst als Konstruktion zu entlarven. Er liebt nur das an ihr, was er in sie hineinprojiziert hat und verwechselt seine Imagination mit ihrer wirklichen Person. Es wird deutlich, daß sie anderen nur als Projektionsfläche gedient und darauf mit einer entsprechenden Maske reagiert hat, daß sie sich immer wieder selbst erfunden hat:

> Amor fue honesto: no amaba a la mujer de verdad. Amaba a la mujer que quería amar. [...] -¿Por qué me amas? -pregunté con la respuesta en mi cabeza, que fui recitando casi al mismo tiempo sin que él me escuchara. -Porque *porque* eres *eres* real *real* y *y* verdadera *verdadera* -dijimos; él en voz alta y yo en voz baja. No puedo negar, Padre, que me gustaba la idea que Amor se había hecho de mí. [...] Hasta yo misma casi me llegué a creer que yo era esa mujer perfecta de la que Amor me hablaba. [...] Me di cuenta, Padre, que yo acababa de inventar al personaje de mí misma. (207f.)

Um ihre *andere Seite* zu finden, muß sie sich von diesen Masken und Rollen befreien und sich von der Vorstellung lösen, sich selbst nur dann zu gefallen, wenn sie anderen gefällt, also nur dann, wenn sie Bestätigung erhält, die über die Regeln eines in einer patriarchalen Gesellschaft traditionell erlernten weiblichen Rollenmusters funktioniert. Doch sie überschreitet damit auch die Grenze des eigentlichen Kampfes, den alle Menschen gleichermaßen ausfechten: die Tatsache der eigenen Endlichkeit. Sobald jede äußere Hülle durchschaut und wertlos geworden ist, erkennt sie ihren Stellenwert als einzelne Stimme inmitten der Jahrhunderte, "Una voz en medio de los siglos" (210) und reiht sich ein in das Schicksal des Menschseins. Der endgültige Schritt zur Bewußtwerdung bedeutet zwar gleichsam das Verlieren der Unschuld, aber auch die Möglichkeit, auf festem Grund das eigene Sein zu gestalten, dessen einzige Gewißheit die ewige Veränderlichkeit ist.

Auf die letzte Beichte folgt im Kapitel *La tentación* die Umarmung zwischen der Protagonistin und Jonathan. Diese Umarmung repräsentiert eine erste Umkehrung bisher gültiger Vorstellungen von Körperlichkeit, Begehren und Sünde im traditionellen religiösen Kontext sowie deren positive (Um)Wertung. Nicht der Priester bekehrt in diesem Fall die Protagonistin und erlegt ihr Buße auf, sondern er selbst bekennt sich zu ihr und damit zu seinem eigenen Begehren. Über die Ebene der allgemeinmenschlichen

Auseinandersetzung mit dem Sein erfährt die Protagonistin mit dieser Positivwertung körperlicher Bedürfnisse zugleich ihre Emanzipation als Frau innerhalb der Kirche, die sie seit Adam und Eva als das Andere, Fremde mit dem Bösen identifiziert, unterdrückt und verfolgt hat. Weder die Gesellschaft noch die Kirche geschweige denn irgendein Mann bestimmt letztlich über ihren Körper, sondern allein sie selbst. Ihre Absicht in der Kirche zu beichten, hat sie direkt zum Ursprung des *logos* geführt, den sie durch ihre Beichte zu kontaminieren, zu destruieren schaffte. Da sie keine Absolution mehr benötigt, ist auch die Kirche überflüssig geworden und so erscheint deren Zerstörung nur konsequent. Erst jetzt ist Raum für einen neuen Anfang, kann etwas Neues beginnen, das unabhängig vom *logos* ist. Die eigentliche Dekonstruktion des *logos* erfolgt jedoch erst im Exil.

Dort versucht sie zunächst, die Lücke, die durch die Abwesenheit Jonathans entstanden ist, zu füllen, indem sie einen Psychiater aufsucht. Dieser heißt auch Jonathan; doch ist er nur daran interessiert, seine Vermutung über sexuellen Mißbrauch in ihrer Kindheit bestätigt zu bekommen. Also begibt sie sich wieder auf die Suche nach einer Kirche. Als sie schließlich eine Kirche entdeckt, findet sie diese verlassen und geplündert vor. Nur eine alte Frau kümmert sich noch um Sauberkeit in dem leeren Gebäude. Sie hat ein großes Kruzifix vor den Plünderern retten können, das sie versteckt, sobald sie die Kirche verläßt. Auf Bitten überläßt sie der Protagonistin das Kreuz, die damit ganz allein zurückbleibt. Nun erst beginnt die eigentliche Konfrontation mit dem *logos*. Sie nutzt dazu die direkte Konfrontation mit Jesus, da seine Menschwerdung für sie Zeichen der göttlichen Akzeptanz alles Menschlichen ist. Selbst Fleisch gewordenes Wort, kennt er die Leiden des Seins mit all seinen Versuchungen, und sie fragt sich, wie sie ihm zeigen kann, daß sie ihn gerade für dieses *Mensch*sein liebt, ohne daß sie ihn aber dadurch entweiht. Sie entschließt sich letztlich für eine Annäherung, die ihr selbst am vertrautesten ist. In der körperlichen und damit rein menschlichen Begegnung. Sie entkleidet sich vor ihm und zeigt ihm damit, daß sie nichts vor ihm zu verbergen hat, daß Gott sie als Menschen erschaffen hat und daß sie, genau wie er es war, aus Fleisch und Blut ist und damit allen Regeln einer menschlichen Existenz unterworfen, der selbst logozentristische Strukturen nicht gewachsen sind. Sie nähert sich ihm vorsichtig, küßt ihn und nimmt ihm seine Dornenkrone ab, um sie sich selbst aufzusetzen. Als sie seine Hände berührt, beginnen ihre eigenen Hände zu bluten. Über die Vermischung von seinem mit ihrem Blut scheint jede Schuld getilgt und im Versuch, sein Leid auf sich selbst zu nehmen, umarmt sie das Kreuz. Sie schließt die Augen und hofft, daß er ihr einen Weg jenseits der herrschenden Ordnungen zeigt, der sie zu sich selbst führt und ihre *andere Seite* offenbart:

> Quiero que al besarme dejes caer tu hechizo poderoso y me hagas definitivamente virgen, me devuelvas al principio de las constelaciones, donde no hay ni hombres, ni mujeres, ni miedos, ni recuerdos, ni infancia, ni vejez, ni luna, ni calor, ni jugos, ni mares congelados, ni animales feroces, ni aullidos, ni misas, donde apenas estás tú. (235)

In dieser Verschmelzung mit dem Kreuz Christi als dem Symbol für den *logos*, hat sie das Kreuz sozusagen mit ihrem Begehren verschlungen und sich den *logos* angeeignet.

Sie dekonstruiert die symbolisch phallogozentrische Ordnung, indem sie bis zu deren Ursprung vordringt und diesen kontaminiert. Am Ende bleibt nur sie selbst übrig. Jetzt erst, nach der endgültigen Zerstörung des *logos* kann sie, zurück in ihrer Wohnung, sie endlich Zwiesprache mit Gott halten, der jetzt nicht mehr hierarchisch übergeordnet erscheint, sondern sich mit ihr auf einer Ebene befindet. Nur *die andere Seite* hat sie noch nicht gefunden.

Während ihrer Zwiesprache wird sie von einem Telefontechniker unterbrochen, der ihr Telefon reparieren will und der Pfarrer Jonathan zum Verwechseln ähnlich sieht. Sie faßt Vertrauen zu ihm und erzählt von ihrer Angst, nicht zu wissen, was sich auf der *anderen Seite* befindet und daß sie fürchtet, es niemals zu erfahren. Das Schicksal des Seins, trägt das fortwährende Begehren nach der verlorenen Einheit in sich:

> Y sí, tengo miedo. Tengo un dolor comiéndome las vísceras. Miedo de llegar hasta las últimas consecuencias. Me aterra tocar en la última puerta, confirmarme en mi descrédito, adherirme a la no-religión como a otra religión. -Es parte del proceso, y requiere dolor -dice [...]. Somos esclavos del yo desconocido que llevamos dentro. (243)

Erst allmählich wird ihr klar, daß sie selbst das einzige ist, was sie auf dieser Welt wirklich hat, und erst dann, wenn sie sich selbst ganz annimmt, ohne sich für andere zu konstruieren, gelingt ihr der Schritt auf die *andere Seite*: "Es cierto. No necesito nada. Me tengo completita, pedacito por pedacito. [...] no estoy sola. Estoy conmigo" (246). Sie schaut in den Spiegel und tritt in Dialog mit sich selbst, bis beide Ich zu einer einzigen Person verschmelzen. Sie stellt fest, daß sie sich weder außerhalb ihrer selbst suchen darf, noch Personen erfinden sollte, die ihr ihre Existenz bestätigen und ihrer Fehlbarkeit Absolution erteilen. Sie muß sich ihrer selbst bewußt werden und nicht ein Bild verkörpern, das andere in sie projizieren, und sie muß sich selbst verzeihen. Nur in der Selbstannahme kann sie sich mit ihrem Menschsein aussöhnen:

> No me culpo de existir. [...] Mi vida es un signo grande de interrogación. Somos todos unos signos de interrogación que vamos, pregunta a pregunta, por el planeta. Por eso, yo me perdono de lo que me pueda condenar. Me perdono todo lo que me acusé y me acusaron alguna vez. (250)

Auf der *anderen Seite* findet sie schließlich sich selbst: "Al otro lado, estoy yo simplemente. Al otro lado vuelvo a estar yo infinitamente" (250).

Der Autorin gelingt mit diesem Roman nicht nur die Dekonstruktion der symbolisch phallogozentrischen Ordnung, sondern auch die Negierung einer Identität, die sich a priori festschreiben läßt und die sich schon gar nicht auf traditionellen weiblichen Lebensentwürfen begründen läßt. So bietet die Bibel als Prätext in *Al otro lado* die Basis für eine Dekonstruktion biblischer, d.h. alttestamentarischer und christlicher Versatzstücke zugunsten einer Säkularisierung für ein menschliches, von Gott unabhängiges Handeln. Daß im Mittelpunkt des Textes der Weg der Ich-Findung einer weiblichen Figur dominiert, in der die Frau als kulturelle Größe versinnbildlicht scheint, unterstreicht diesen Aspekt.

In dem Maße, wie sich die Protagonistin entwickelt, verändert sie ihre jeweilige Identität, wobei es der Autorin gelingt, diese unterschiedlichen Entwicklungsstufen mit Hilfe historischer und mythologischer Figuren hervorzuheben. Am Ende des Romans ist die Entwicklung der Protagonistin nicht abgeschlossen, sie hat nur erkannt, daß sie in einem lebenslangen Prozeß verhaftet ist, in dem jeder Versuch einer Festlegung fehlschlagen muß. Vielmehr ist dieser unabschließbare Prozeß Grundlage dafür, daß etwas Neues beginnen kann:

> Tengo que aprender a andar con lo que soy como si no fuera yo, sino un ser que no se alcanza todavía, pero que sí lo intenta. En el intento está mi amor por mí y por las otras yo que viven en los espejos de mí, que son los otros. Como yo soy el espejo de las otras yo que se reflejan en mí. En esa casa de espejos, estamos nosotros -que somos yo, yo y yo. O lo que es lo mismo: tú, tú y tú. (250)

Der traditionelle Diskurs der Beichte wird unterwandert und zur Rechtfertigung des eigenen Selbst. In Anlehnung an den religiösen Diskurs des Textes ist es nur konsequent, wenn der Text mit einem Gebet und dem Kreuzzeichen schließt, beides ihrer ursprünglichen Bedeutung enthoben und in Verantwortung für das eigene Leben umgewertet. Nicht der patriarchale logozentrische Diskurs soll das sein, woran geglaubt wird, sondern das eigene (weibliche) Ich, das sich in seiner kurzen Existenz in all seiner Zerrissenheit selbst anzunehmen hat und zu seinem Menschsein steht:

> En el nombre de mi corta existencia, de mi larga muerte y en mi propio nombre desconocido. Amén. (25)

1.2 Martha Cerda (Mexiko). *La señora Rodríguez y otros mundos*: Repräsentationsformen weiblicher Subjektivität und Identität im traditionellen familiären Kontext

> En un gran cofre se guardan los disfraces del día,
> los antifaces y las máscaras.
> Al final del friso que protagonizamos está,
> obviamente, el rostro verdadero:
> la calavera descarnada.
> (Milagros Mata Gil)

Der 1990 erschienene Roman *La señora Rodríguez y otros mundos* der mexikanischen Autorin Martha Cerda ist in Mexiko mittlerweile ein vielgelesener Text, der das Interesse der Kritiker/innen auf sich zieht und Gegenstand mehrerer Analysen geworden ist. Sein geringer Bekanntheitsgrad in Deutschland war u. a. ausschlaggebend dafür, ihn mit in diese Arbeit aufzunehmen.[62]

Martha Cerda legt mit *La señora Rodríguez*[63] einen Text vor, über dessen Zuordnung zur Gattung Roman die Kritik geteilter Meinung ist. Vom Verlag (Joaquín Mortiz) selbst wird der Text auf der Rückseite des Umschlags als "libro de ficciones" bezeichnet, der sich "a mitad de camino entre el cuento y la novela" befinde; ein Eindruck, der durch die Vertextungsverfahren unterstrichen wird, mit deren Hilfe die Autorin nicht nur die Kategorie Roman in Frage stellt, sondern ebenso die traditionelle Konstruktion weiblicher Subjektivität und Identität im Hinblick auf deren Realisierung im familiären Kontext.

La Señora Rodríguez kennzeichnet sich insgesamt durch Elemente des "magischen Realismus"; in Verbindung mit einer ironisch überspitzten Darstellung gelingt es Martha Cerda jedoch, den magischen Realismus als *master-discourse* erkennbar werden zu lassen, zumal dessen Anwendung Autorinnen oftmals den Vorwurf des Plagiats einbringt. Eine explizite Referenz an diese schriftstellerische Tradition findet sich im Kapitel "Los conjurados del parque", in dem Gabriel García Márquez zu einer "Kultfigur" dieser Bewegung erhoben wird:

> ¿Es usted la persona que estudia a García Márquez? Sí, contesté. Nosotros también lo admiramos. ¿Quiénes son "nosotros"? pregunté molesto. Todos, dijo ella. "¿Todos?" Sí, los de-vo-ra-mos a García Márquez, por supuesto. (103)

---

62 Die Rezeption des Textes in Europa erfolgte vor allem in Italien, Griechenland und Frankreich durch die Übersetzung in die jeweilige Landessprache. In deutscher Sprache liegt *La señora Rodríguez* nicht vor, aber der deutsche AufbauVerlag hat im Jahr 2000 die Übersetzung des 1999 erschienenen Romans von Martha Cerda *Toda una vida* unter dem Titel *Das Leben ist ein Bolero* veröffentlicht.

63 Im Verlaufe der Textanalyse verkürzen wir den Titel auf *La señora Rodríguez*. Die im folgenden genannten Zitate sind alle aus Martha Cerda (1990) entnommen und zeigen über die jeweilige Seitenzahl die Textstelle des entnommenen Zitates an.

Trotz dieses Rekurses auf einen Romantypus der spätmodernen lateinamerikanischen Form, kann *La Señora Rodríguez* unter dem Blickwinkel postmoderner und postkolonialer Theorien betrachtet werden; dies versuchen wir mit der folgenden Analyse des Textes evident zu machen.

La señora Rodríguez gliedert sich in 60 Fragmente; dabei wechseln sich dreißig, von 1-30 durchnumerierte Fragmente, alternierend mit weiteren dreißig ab, die wiederum jeweils mit einer eigenen Überschrift versehen sind. Während die mit arabischen Ziffern gekennzeichneten Textteile dem Leben der Señora Rodríguez vorbehalten sind, widmen sich die anderen dreißig Textfragmente unterschiedlichen miteinander nicht verbundenen Themen und stehen weder untereinander noch mit dem Leben der Señora Rodríguez in erkennbarem Zusammenhang. Sie hinterlassen den Eindruck von Miniaturnovellen; doch die Leseerwartungen erfüllen sich nicht, da die traditionelle Novellenform hier nur anzitiert wird. Sie erzeugen im Gegenteil eine Welt, die unvollendet bleibt und sich als in höchstem Maße rhizomatisch herauskristallisiert. Dadurch wird eine Dekonstruktion der traditionellen Novellendiegesis erreicht und die Textteile erhalten einen metafiktionalen Status. Dieser metafiktionale Charakter des Textes wird durch die mehr oder weniger kohärenten Kapitel über Señora Rodríguez verstärkt. Bietet sich in den numerierten Kapiteln noch eine Sinnstiftung an, ohne daß diese aber richtig umgesetzt wird, fehlt diese in den betitelten Kapiteln vollständig und zeigt auf exemplarische Weise eine Sinnstreuung. Das Buch wird mit einem Epilog beendet, der über den Tod der Señora Rodríguez berichtet.

Als Beispiel für diese Sinnstreuung des Textes mag das Kapitel *La ciudad de los niños* stehen, das – wie die anderen Kapitel mit Überschrift – für den Zusammenhang des Handlungsverlaufes des Gesamttextes keine Rolle spielt. Um dieses Vertextungsverfahren verdeutlichen zu können, zitieren wir das Kapitel in seiner gesamten Länge:

> El niño de la boina roja metió los paquetes en una bolsa; luego llenó otra y otra hasta completar cinco bolsas grandes de polietileno, con la inicial impresa en rojo de la cadena del supermercado a la que pertenecían. El niño usaba además un delantal, sobre el cual aparecía, en una credencial de identificación, su rostro como asomado por una ventana de acrílico. Tendría unos diez años. Algo en él me era familiar; no sabía qué. Recordé entonces cuando yo vagaba por las salas de los hospitales en busca de alivio. No estaba enferma, pero necesitaba comprobarlo con mis propios ojos que recogían la desesperanza y el dolor auténticos. Ahí vi por primera vez, en la sala de cunas, la sección dedicada a los niños paqueteros. Estaban uniformados con sus gorritos rojos y no lloraban; tenían los ojos abiertos, muy alertas. A la salida, las madres del día anterior formaban una larga hilera y al llegar su turno recibían cada una a su niño, con su respectivo uniforme y credencial. No podrían tener a los niños por más de diez años, decía una voz por el altoparlante. A esa edad, la empresa los recogía y a partir de entonces vivían en los supermercados. Las madres tomaban al niño en sus brazos y lo llamaban por su número. Ahí lo había conocido, pensé al darle la propina. Recordé las palabras de su madre al acariciarlo: "seismilquinientos, mi seismilquinientos". En efecto, en la credencial pude leer: "seismilquinientos" y en su mirada el odio hacia mí y hacia todos los que teníamos un nombre verdadero. Abrí la cajuela del coche, seismilquinientos acomodó las bolsas en el interior y antes de cerrar me preguntó, fingiendo desinterés, cómo me llamaba. "Cuatrocientosveinte", le contesté y

> agregué: "Pero no se lo digas a nadie". Lo vi sonreír un instante. En el hospital general el número ochocientoscincuentamil estaba naciendo en estos momentos. (40f.)

In diesem Textfragment der "otros mundos", die in ihrem Erscheinungsbild immer einzelne Schicksale darstellen, beschreibt die Ich-Erzählerin, die über eine grammatische Endung – "No estaba enferma" (40) – als weibliche Erzählerin erkennbar ist, die Situation in dieser Stadt der Kinder. Der Titel richtet die Erwartung der Lesenden zunächst auf eine Handlungssituation, die in eine weitgehend zufriedene oder glückliche Umgebung eingebettet scheint. Diese Erwartung wird jedoch nicht erfüllt; statt dessen finden wir uns einer Umkehrung der Situation gegenüber und begegnen einer Stadt der Kinder, in der die Atmosphäre beklemmend erscheint und in der die Kinder selbst nur Objekte sind. Das Fehlen von Eigennamen, die einen Menschen bezeichnen und die Menschen zueinander begrenzen und dem/der Einzelnen Identität verleihen, begründet den Objektstatus der Kinder, die nur durch ihre Numerierung voneinander zu unterscheiden sind. Sie haben selbst keine Sprache und sie entstehen erst über die Beschreibung der Erzählerin, durch ihre Sprache. Die Sinnstiftung ist damit nicht mehr durch Namen und Subjektivität benannt. Sie läuft ins Leere. Den Kindern ist ohne ihre eigene Geschichte ihre Identität genommen, ohne Sprache die Möglichkeit, sich als Subjekt zu positionieren. Die Erzählerin hingegen hat Sprache und wie es scheint, damit einen Namen, eine Subjektivität sowie ihre eigene Geschichte. In dem Moment jedoch, als sich diese Schlußfolgerung in dem beginnenden kurzen Gespräch zu bestätigen scheint, wird deutlich, daß die Erzählerin selbst auch nur eine "Nummer" ist, deren Identität eine konstruierte ist und die sich eine Sprache angeeignet hat, die nicht ihre eigene ist. Identität wird hier als a priori nicht festlegbare Konstruktion erkennbar, die in einem Akt ständiger *performance* einen leeren Signifikanten immer wieder neu füllen und dessen Bedeutung verschieben kann. Was am Ende des Textes bleibt, ist die Nichterfüllung der Leseerwartung, die Aufhebung der Sinnstiftung und ein fortwährendes Spiel der Signifikanten, unter denen die Bedeutung gleitet (*glissement*).

Diese Fragmente, die in ihrem Vertextungsverfahren ähnlich strukturiert sind, bilden ein Kaleidoskop der mexikanischen Gesellschaft, in das in irgendeiner Form immer eine weibliche Lebenssituation integriert ist. Als "otros mundos" berichten sie etwa vom ewigen Kreislauf des Lebens ("Multiverso"), von den Abhängigkeiten, die durch Liebe entstehen, seien es nun Familienbande ("Una familia feliz"), die schwierige Mutter-Sohn-Beziehung ("Las buenas costumbres") oder der unehrenhafte Verlust der Keuschheit, der mit Selbstmord endet ("La noche de anoche"). Sie erzählen von Mißbrauch ("Azul en familia"), Ehebruch ("Máquina de oficina"), dem zwanghaften Wunsch nach Mutterschaft ("En la pila del bautizo") und von biblischen Mythen ("En torno al cielo", "La culpa ajena"), aber auch von Literatur und dem Akt des Schreibens ("Los motivos de Amanda"), ein Kapitel, das sinnbildlich für den gesamten Text zu stehen scheint.

Die Erzählperspektive in diesen Kapiteln variiert zwischen der Erzählung in der 1. und 3. Person, wobei sich oftmals ein Nebeneinander unterschiedlicher Erzählverfahren findet. Die Frage, ob aus weiblicher oder männlicher Perspektive erzählt wird, bleibt oftmals unbeantwortet; ab und zu gibt die grammatische Endung einzelner Wörter einen zieml. viele abgedroschene Phrasen

entsprechenden Hinweis. Teilweise sehen wir uns einer Wir-Perspektive gegenüber, wie z.B. in "La misma cepa". In diesem Textfragment steht die Erzählsituation stellvertretend für eine ganze Generation, die von der nachfolgenden ersetzt und vergessen wurde, weist "nosotros" auf die fehlende Simultanität unterschiedlicher Generationen hin:

> El hombre y la mujer platicaban únicamente entre sí y era como si todos los demás, los que no estaban, estuvieran ahí, igual que antes, con sus cuerpos perfumados y bellos. Nosotros parecíamos no estar, también como antes, cuando los otros reían y gritaban y nosotros callábamos. (123)

Andere Fragmente, wie "La culpa ajena", bestehen ausschließlich aus einem Monolog. Hier wird einem stummen, wahrscheinlich toten Gegenüber mit der Anredeform einer 'Du-Perspektive' begegnet, den Eindruck von Rechtfertigung hinterlassend:

> ¿Escuchaste el crujido de tus vértebras? ¿Lo escuchaste? Fue después del grito, o al mismo tiempo, tú debes de saberlo mejor; aunque quizá no, porque en aquel momento te quedaste sordo. (148)

Die Fragmentarisierung des Textes und seine Vertextungsverfahren wirken subversiv auf die Prämisse einer *escritura femenina*, deren vermeintlicher Merkmalskatalog[64] dekonstruiert wird und damit eine Hierarchisierung der Literatur unterwandert. Durch die Vielfalt der Erzählperspektiven entsteht eine Diversität unterschiedlicher Stimmen, die den autoritären *master-discourse* aufhebt und einen alltäglichen peripheren Diskurs in den Vordergrund rückt, der aus dem traditionellen logozentrischen Diskurs seit jeher ausgeklammert war. Diese Stimmenvielfalt, die sich zu einer Art peripherem Chor erhebt und in dem sich zu hinterfragende gesellschaftliche und kulturelle Topoi vermischen, ermöglicht das Aufweichen verhärteter Denkstrukturen. Die Radikalisierung dieses Verfahrens, durch das sowohl die kommunikative Situation als auch der Standort, das Genus oder der Gegenstand unbestimmt bleiben, fordert eine eigene Positionierung des/der Lesenden, die sich niemals über einen längeren Lesezeitraum beibehalten läßt, weil die kommunikative Verortung meistens im Unklaren bleibt. Damit muß jeder Versuch einer *a priori* versuchten Festlegung des Textes und seiner vermeintlichen Sinnstiftung scheitern, denn jedes Textfragment erfordert einen veränderten Blickwinkel. Diese Stimmenvielfalt wird hörbar, sie tritt aus der Stille und Sprachlosigkeit heraus und bildet einen Gegendiskurs zum offiziellen Diskurs einer patriarchalen Gesellschaft. Die Stimmen verlassen den Ort des Alltäglichen, Privaten und führen als "otros mundos" zusammen mit den Erfahrungen von Señora Rodríguez sogar zum *Um*schreiben der mexikanischen Geschichte, wie wir weiter unten noch ausführen werden. Auf der Grundlage einer nicht bestimmbaren Vielstimmigkeit erlangen die Fragmente einen allgemeinen kommunikativen Status: sie sind nicht mehr das Resultat subjektiver, partikulärer Sichtweisen, sondern das eines kollektiven (weiblichen) Gedächtnisses.

64 Dieser vermeintliche Merkmalskatalog umfaßt Charakteristika, die in ihrem Anspruch auf Universalität erhalten bleiben und eine objektive Diskussion immer noch verwehren, (vgl. hierzu Kapitel II.1.1.).

Wenden wir uns nun den Textfragmenten zu, die in den 30 numerierten Kapiteln Ausschnitte aus dem Leben der Señora Rodríguez beschreiben. Diese Ausschnitte sind Lebenserinnerungen, die Señora Rodríguez mit bestimmten Gegenständen assoziiert, die sie bei der Suche nach einem benötigten Utensil in ihrer großen Handtasche von Zeit zu Zeit aus derselben hervorzieht. Dadurch entsteht ein fragmentarisches Lebensbild, dessen Existenz sich allein auf den Inhalt dieser Tasche gründet. Diese Tasche hat sie von ihrer Schwiegermutter – mit der Señora Rodríguez ein schwieriges, von der Autorin, überspitzt dargestelltes Schwiegermutter/Schwiegertochter-Verhältnis verbindet –, zu ihrem 30. Geburtstag geschenkt bekommen, wohlwissend, daß diese die Tasche während einer Europareise als Sonderangebot im Hafen von Liverpool erworben hat. Dennoch gehört sie fortan untrennbar zu Señora Rodríguez, die nicht mehr ohne diese gesehen, oftmals nicht einmal mehr ohne sie erkannt wird:

> [...] y puso en ella sus llaves, su monedero, unas pastillas de menta y su acta de matrimonio, por si acaso. [...] tomando la bolsa por el asa y pasándola por su brazo hasta apoyarla contra su hombro; posición que ocupa (la bolsa), desde esa fecha, en la fisionomía de la señora Rodríguez. Hay quien dice que no la ha reconocido sin ella. (17)

Señora Rodríguez und die Tasche werden zu einem sich gegenseitig bedingenden Wesen, wobei die Tasche das Gedächtnis ihrer Lebensgeschichte darstellt. Über die Gegenstände in der Handtasche entsteht nicht nur das Leben der Señora Rodríguez, sondern über sie konstituiert sich gleichzeitig der Text. Der sich im Laufe der Jahre erweiternde Fundus der Tasche bildet also sowohl die Grundlage der Existenz von Señora Rodríguez als auch die des Textes; außerdem ermöglicht er der Protagonistin in seiner Funktion als eine Art persönliches und kulturelles Gedächtnis, assoziativ ein Netz von Lebenserinnerungen zu spinnen, das sich ebenfalls assoziativ potentiert:

> [...] sacar un peine, con el que [...] recordó que tenía que pintarse el pelo porque iba a tener una fiesta el siguiente sábado. "Cómo pasa el tiempo, si parece que fue ayer cuando nació Laurita mi sobrina y ya va a cumplir quince años. Lástima que su madre haya muerto y el sinvergüenza de mi hermano se haya vuelto a casar antes del año con ..." (9)

Durch die sich verzweigenden Assoziationen entsteht der Eindruck als sei die eigentliche Erzählerin die Tasche selbst, konstruiert und konstituiert sie doch durch ihren nicht enden wollenden Inhalt erst die Figur von Señora Rodríguez.

Die Lebenserinnerungen von Señora Rodríguez werden in der dritten Person geschildert, wobei an einigen Stellen die Erzählinstanz aus dem Text hervortritt und sich als solche bemerkbar macht: "La señora Rodríguez quiso saber cómo era (yo también)" (156). Die Grenzen zwischen den Erzählperspektiven verschwimmen und variieren zwischen auktorialer und personaler Erzählweise, in welche in direkter Rede innere Monologe der Señora Rodríguez eingeschoben werden. Diese inneren Monologe weisen den Duktus gesprochener Sprache auf.

Die numerierten Kapitel sind nicht chronologisch geordnet und verwandeln den Text in ein Verwirrspiel. Persönliche Lebenserfahrungen der Señora Rodríguez und Ereignisse der mexikanischen Geschichte, die in einen direkten Zusammenhang mit dem

Leben von Señora Rodríguez' Tante – tía Clotilde – stehen, überlagern und vermischen sich. Dadurch entsteht ein in höchstem Maße rhizomatischer Text, dessen Fragmente in ihrer Reihenfolge variabel sind. Die Lektüre erfordert also die aktive Teilnahme der/des Lesenden und erinnert an die Vertextungsverfahren des lateinamerikanischen Romans der 50er und 60er Jahre.

Im folgenden wollen wir der Frage nachgehen, wie es Martha Cerda gelingt, weibliche Subjektivität und Identität im traditionellen familiären Kontext zu repräsentieren und gleichzeitig zu unterwandern.

Die Rolle der Frau innerhalb des Sozialgefüges Familie, wie sie seit Jahrhunderten festgeschrieben war – und vielfach, trotz aller Veränderungsversuche, noch ist –, umfaßt die sogenannte "Dreifachbelastung" als Ehefrau, Hausfrau und Mutter. Innerhalb dieser festgelegten Grenzen vermeintlich wahrhafter gesellschaftlicher Vorstellungen, begründet(e) sich sowohl weibliche Subjektivität als auch weibliche Identität, deren Herausbildung nur über die Aufgabe des eigenen Selbst funktioniert(e). Eine Sinnstiftung dieser Kategorien wurde/wird erst über die Identifikation mit Anderen – Ehemann und Kinder – möglich.

Martha Cerda positioniert ihre Protagonistin in eben dieses Umfeld. Señora Rodríguez konstituiert sich als Subjekt über die äußeren Werte der traditionellen Form einer Ehefrau, Hausfrau und Mutter. Die erste Begegnung mit Señora Rodríguez im ersten Kapitel erscheint den Lesenden wie ein Einblick in eine schon laufende Situation, so als wäre das Fernsehgerät mitten im Film eingeschaltet worden: Señora Rodríguez sucht in ihrer Handtasche nach einem "kleenex" (9). Statt dessen findet sie aber zunächst "una paleta chupada" (9), die sie daran erinnert, daß sie vergessen hat, ihrem Sohn Carlitos "sus gotas" (9) zu geben. Sie sucht weiter nach einem kleenex und fördert nach und nach die unterschiedlichsten Gegenstände zutage. Sie erinnert sich an noch zu erledigende Dinge – wie z.B. die Telefonrechnung zu bezahlen – aber auch an Vergangenes, das ihr plötzlich wieder einfällt – z.B. der Rosenkranz, der sie an ihre Schwiegermutter erinnert. Sehr bald wird deutlich, wie diese Gegenstände eine Assoziationskette von Erinnerungen bilden und daß die Tasche der Ort ihrer Geschichte ist. Diese Erinnerungen werden in Form innerer Monologe von Señora Rodríguez selbst erzählt und in die Erzählung der dritten Person eingefügt:

> [...] y sacar un peine, con el que la señora Rodríguez recordó que tenía que pintarse el pelo porque iba a tener una fiesta [...] y sacó el rosario de madera de sándalo que su suegra le había traído de Roma, con la bendición papal. "Qué creería la buena señora?, que en gloria esté, pero no me quería nada, como si su hijo fuera a ser señorito siempre. Y yo tan tonta: Sí señora, no señora, mientras ella me recomendaba lo que su hijo comía, a qué hora se acostaba y no sé cuántas otras cosas" [...] y sacó un papel arrugado. "¡La cuenta del teléfono!", volvió a gritar la señora Rodríguez, corriendo al coche y dirigiéndose a la oficina más próxima de la compañía. "Sólo eso me faltaba, que me corten el teléfono y me quede aislada del mundo, ojalá llegue a tiempo. Es mi única diversión aparte de la tele" [...]. (9f.)

Das Aneinanderreihen ihrer wie Blitzlichter erscheinenden bruchstückhaften Gedanken macht aus dem Text ein Mosaik, in dem das Leben von Señora Rodríguez ausschnittsweise Gestalt annimmt, in dem die einzelnen Situationen aber mit dem Verschwinden des jeweiligen Gegenstandes ebenso schnell wieder aus dem Blickwinkel geraten, wie sie evoziert wurden. Die Autorin stellt dieses Lebensbild der Señora Rodríguez in ironischer und übertreibender Weise dar, wobei Ironie und Übertreibung neben Elementen aus dem magischen Realismus und der Phantastik, den gesamten Text kennzeichnen. Mit Hilfe dieser Stilmittel entsteht eine weibliche Lebenswelt, die nur vordergründig dem traditionellen Bild einer weiblichen Subjektivität und Identität genüge tut, denn durch die äußerst überspitzte Darstellung werden die traditionellen Anschauungen eines weiblichen Rollenverhaltens unterwandert und geben Raum für das Hinterfragen eines von gesellschaftlichen Zwängen geprägten, und eine eigenständige Entwicklung einschränkenden, Lebensentwurfes.

Martha Cerda gelingt dieses Infragestellen auch dadurch, daß sie bewußt auf stereotype Gemeinplätze vermeintlich weiblicher Eigenschaften rekurriert. Vorlieben von Señora Rodríguez wie Haarefärben, Telefonieren und Fernsehen, gelten ohnehin als rein weibliche Verhaltensweisen, die in ihrer jeweiligen Bedeutung ebenso soziokulturell bestimmten Gesetzen gehorchen,[65] wie das Mitführen von Handtaschen und die Angewohnheit, in diesen beständig nach etwas zu suchen, nur in Verbindung mit Frauen denkbar ist. Nicht zu unrecht ist in diesem Text daher die Tasche das wichtigste Utensil der Señora Rodríguez. Diese äußerlichen weiblichen Kennzeichen erfahren durch die Art ihrer Darstellung eine Umkehrung und machen die Charakterisierung von Weiblichkeit in ihrer Stereotypisierung erst deutlich.

Die Autorin zeichnet im weiteren Verlaufe des Textes jede traditionelle Rolle der Señora Rodríguez – Ehefrau, Schwiegertochter, Mutter und Hausfrau –, mit ironischer Feder nach und erreicht damit das Hinterfragen dieser Kategorien im Hinblick auf die (Un)Möglichkeit einer Ausbildung von Identität über die Aufgabe des eigenen Selbst und rückt die Frage nach den Inhalten einer *eigenen* (weiblichen) Subjektivität in den Blickpunkt.

Besonders deutlich wird dies in der sehr schwierigen Dreiecksbeziehung zwischen Señora Rodríguez, ihrem Ehemann und ihrer Schwiegermutter. Das Verhältnis zu ihrer Schwiegermutter stellt sich als höchst problematisch dar, da die Mutter von Señor Rodríguez, wie das häufig der Fall ist, nicht willens ist, sich von ihrem Sohn zu lösen und sich aus dem gemeinsamen Leben der Eheleute herauszuhalten. Sie kann sich nicht damit abfinden, ihren Sohn verloren zu haben und verzeiht ihrer Schwiegertochter, Señora Rodríguez (nuera (16)), nicht nur niemals, daß diese ihren Sohn geheiratet hat, sondern noch viel weniger, daß sie selbst durch die Hochzeit ihres Sohnes "verdoppelt"

65 Haarefärben entspringt dem Wunsch nach Attraktivität, der auf das Abhängigkeitsverhältnis zurückdeutet, in dem sich die Frau im Kampf um die Anerkennung des Mannes oftmals selbst aus dem Blick verliert. Telefonieren als Zeichen für die "Kommunikationsfreudigkeit" des weiblichen Geschlechts ist jedoch wie das "hausfrauliche" Fernsehen nichts anderes als der Versuch, an der Außenwelt teilzunehmen, die ihr in ihrer Rolle als Hüterin der "Innenwelt", d.h. Haus und Heim, fremd ist und zu der sie keinen Zutritt hat(te).

wurde. Señora Rodríguez (suegra (16)) hat damit ihren "Titel" und den Status als alleinige Namensträgerin eingebüßt. Sie sieht ihre Einzigartigkeit gefährdet und muß nun ihre Identität, die sie über den *Namen des Vaters* begründet, mit ihrer Schwiegertochter 'teilen':

> [...] ella no era la única señora Rodríguez de la familia. El imbécil de su hijo la duplicó al contraer matrimonio con su nuera, otorgándole el mismo título que a ella. (16)

Die Wut über den Verlust des Sohnes gipfelt in dem Versuch, mit allen Mitteln zu verhindern, daß es zu sexuellen Kontakten zwischen den Eheleuten kommt. Sie übertreibt ihre Vorstellungen eines keuschen religiösen Dogmas, indem sie ihrer Schwiegertochter sogar die traditionellen katholischen "Pflichten" einer Ehefrau, ihre reproduzierende Funktion, verweigert, um ihren Sohn und ihre Machtposition nicht zu verlieren. Sie schenkt ihr daher zur Hochzeit einen Keuschheitsgürtel, "en el camino la señora Rodríguez recordó el cinturón de castidad que le había dado su suegra de regalos de bodas [...]" (42) und entschließt sich, auf der Hochzeitsreise zwischen den Neuvermählten zu schlafen:

> La boda se celebró a las seis de la mañana, a petición de la mamá del señor Rodríguez, quien planeó también el viaje de bodas y acompañó a los novios para que no fueran a tener tentaciones. En Acapulco rentaron un cuarto con tres camas, en medio se acostó la suegra [...] que amenazaba a su hijo con la ira divina si manchaba su virginidad. (46)

Diese wiederum lehnen sich nicht gegen Señora Rodríguez (suegra (16)) oder die Situation als solche auf, sondern umgehen die Konfrontation, indem sie sich nachts heimlich aus dem Zimmer stehlen:

> No obstante, el señor y la señora Rodríguez se dieron sus mañas [...] de noche escapaban y hacían el amor en el baño, en la escalera o en la cocina [...] (46)

So nimmt es nicht wunder, daß sich die Situation mit der Ankündigung des ersten Nachwuchses noch verschärft. Señora Rodríguez (suegra (16)) reagiert entsetzt auf die erste Schwangerschaft ihrer Schwiegertochter. Der Autorin gelingt die Steigerung dieser absurden Situation, indem sie den Zahnarzt, den Señora Rodríguez aufsucht, weil sie Zahnschmerzen hat, die Schwangerschaft bestätigen läßt: "La señora Rodríguez visitó al dentista, quien después de revisarla de pies a cabeza, la felicitó: estaba encinta" (22). Señora Rodríguez ist in keiner Weise überrascht, daß der Zahnarzt und nicht der Gynäkologe ihr ihren Zustand mitteilt – den Grund für ihren Zahnschmerz hingegen diagnostiziert ihr später der Gynäkologe als noch vorhandenen Milchzahn. Sie ist nur über ihre Lage als solche erschrocken und sieht sich der dringlichen Frage gegenüber, wie sie ihrer Schwiegermutter verständlich machen kann, daß sie ein Kind erwartet. Das bedeutet schließlich, daß ihr Sohn – und nicht sie – trotz des Keuschheitsgürtels seine Unschuld verloren hat:

> La señora Rodríguez empalideció. ¿Qué excusa le daría a su suegra? Ni iba a gustarle, ¿cómo iba a aceptar que su hijo anduviera embarazando a una mujer? Era inconcebible, tan bien que ella lo había educado. Sería una vergüenza. (22)

Die Autorin integriert hier den Aspekt der Frau als Verführerin in den Konflikt einer alltäglichen Situation, in das Verhältnis von Schwiegermutter und Schwiegertochter. Sie erreicht mit Hilfe dieser absurden Darstellung das Infragestellen von innerfamiliären Abhängigkeiten und Machtstrukturen und zeigt die Schwierigkeit, sich als Subjekt im familiären Kontext behaupten bzw. eine selbstbestimmte Identität ausbilden zu können.

Doch damit nicht genug, Señora Rodríguez muß nun schuldbewußt nach einer Entschuldigung suchen. Sie entscheidet sich schließlich für die Ausrede der künstlichen Befruchtung, um ihren Mann von der 'Schande' fleischlicher Lust befreien zu können. Ihre Schwiegermutter akzeptiert diese Ausrede nur unter großem Widerspruch und Aufbietung aller denkbaren körperlichen Reaktionen:

> La suegra de la señora Rodríguez gritó, lloró, se desmayó y, al volver en sí, ordenó: "Que no vuelva a repetirse". (23)

Während der zweiten Schwangerschaft wird die Schwiegermutter auf eine mehrmonatige Europareise geschickt, auf der sie für ihre Schwiegertochter die erwähnte Tasche kauft. Nach der Rückkehr von Señora Rodríguez (suegra) findet diese ein Findelkind vor, das ihr Sohn und seine Frau mit der Ausrede, sie hätten es – in Anlehnung an die biblische Geschichte des Moses – im See von Xochimilco gefunden und in ihrem Haus aufgenommen. Die Parodie des religiösen Übereifers der Schwiegermutter spiegelt sich in deren widerspruchsloser Hinnahme der Tatsache, daß es nun ein weiteres Enkelkind gibt, auch wenn es auf derart ungewöhnliche Weise in die Familie gelangt ist:

> A su regreso, la suegra de la señora Rodríguez encontró a Carlitos, el hijo putativo de su nuera y su hijo que, curiosamente, era idéntico a él. (34)

Als Señora Rodríguez (suegra) nach vielen Jahren stirbt, sind die familiären Strukturen so sehr verfestigt, daß die Eheleute trotz Señora Rodríguez' erleichtertem Ausruf, "Al fin solos" (43), die neu erreichte Unabhängigkeit nicht mehr richtig genießen können, zumal sie mittlerweile selbst alt geworden sind.

War schon mit der Heirat von Señora Rodríguez ihre neue Identität durch die Namensänderung fragwürdig und zu einem leeren Signifikanten geworden, der mit neuer Bedeutung gefüllt werden mußte – eine Sinnstiftung, die nur über andere möglich wurde und Señora Rodríguez selbst völlig aus dem Blick verlor –, rückt die Unmöglichkeit einer a priori festlegbaren Identität nun immer weiter in den Vordergrund, wobei es der Autorin gelingt, dies anhand der anderen Rollen – als Hausfrau und Mutter –, die Señora Rodríguez einnimmt, aufzuzeigen.

Nachdem ihre Kinder erwachsen sind und das Elternhaus verlassen haben, beginnt sich Señora Rodríguez zunächst frei und emanzipiert zu fühlen und hofft, das alte Leben abstreifen und ihr eigenes beginnen zu können. Sie erkennt, daß ihr dies ohne ihre Tasche, die ein Teil von ihr geworden ist, nicht mehr möglich ist:

> Libre de ellos, la señora Rodríguez se sintió emancipada y agarró su segundo aire, sin soltar la bolsa, pues aunque bien hubiera podido cambiarla por otra, gracias a la herencia de su suegra, ya no podía, era parte de ella. (54)

Sehr bald beginnt sie sich jedoch zu fragen, was ihr eigenes Leben denn eigentlich ausmacht und was sie selbst ohne Tasche darstellt. Konnte sie sich bisher über die Sorge um andere definieren, entfällt dies nun und ihre zu erfüllende Rolle hat sich auf die der Ehefrau reduziert. Damit wird ihr der Blick freigegeben auf die Frage nach sich selbst und sie erkennt, daß alle Rollen, die sie eingenommen hat, in Form der unterschiedlichen Gegenstände in ihrer Tasche aufbewahrt werden. Allein durch deren Hervorholen kann sie ihre Erinnerungen aktivieren. Identität bedeutet für sie demzufolge die Identifikation mit den eigenen Geschichten. Sie bedarf also der Gegenstände in ihrer Tasche, um sich dieser Geschichten und damit ihrer eigenen Existenz zu vergewissern. Identität wird dadurch zu einem nicht greifbaren Signifikanten, der sich als subjektive und wandelbare Kategorie präsentiert, die ihre Bedeutungsbildung in einem fortwährenden Prozeß verändert. Señora Rodríguez wird diese Flüchtigkeit bewußt und sie versucht sich an materiellen, d.h tatsächlich existierenden Dingen zu orientieren, die ihr Aufschluß über sich selbst geben könnten und es ihr ermöglichen, ihren eigenen Zweifeln mit unzweifelhaften Beweisen entgegenzutreten. So sieht sie sich z. B. veranlaßt, ihre Heiratsurkunde mit in die Tasche zu legen, da dieses Dokument, das sie explizit als Señora Rodríguez ausweist, ihr ihre mit der Heirat erworbene neue Identität bescheinigt, das ihr den Status einer Ehefrau verleiht und offiziell bestätigt, daß sie existiert:

> [...] "Uno nunca sabe", suspiró la señora Rodríguez, enumerando las posibilidades que tenía que usar aquel documento para comprobar su legítima situación ante quienes osaran dudar de ella. (16).

Auf diese Weise hat sie im Laufe der Jahre nach und nach Dinge in ihrer Tasche angesammelt, die zu einem unerschöpflichen Fundus gelebter Zeit wird. Das Suchen in der Tasche und das unaufhörliche Zutagefördern von Sachen, über die sich dann ihre Erinnerungen anschließen, werden zu einer Metapher für die Suche nach sich selbst und zu einem Spiel der Signifikanten. Trotz der Fülle ihrer Tasche ist es ihr jedoch unmöglich, ihr eigenes Ich zu erreichen. Alles was sie finden kann, sind fragmentarische Lebenserinnerungen, die ein sich stets veränderndes Bild begründen.

Die Wichtigkeit ihrer Handtasche erweist sich, als sie eines Tages beschließt, dieselbe zu reinigen, weil sie diese dafür leeren muß. Mit jedem hervorgeholten Gegenstand, den sie aus der Hand legt, gerät die damit verbundene Erinnerung in Vergessenheit. Gleichzeitig entledigt sich Señora Rodríguez mit jeder vergessenen Erinnerung eines Kleidungsstückes. Als die Tasche schließlich leer ist, schaut sie in den Spiegel; doch da es nichts mehr gibt, daß sie erinnern könnte, sie sich sozusagen ihre eigene Geschichte selbst genommen hat, wirft der Spiegel kein Bild mehr zurück und sie kann sich selbst nicht mehr erkennen. Sie irrt schließlich auf allen Vieren nackt im Zimmer umher, die leere Tasche hinter sich herziehend und ihr Spiegelbild suchend, wobei sie sich in einem Zustand befindet, der an das lacansche imaginäre Stadium erinnert. Sie gleicht einer leeren Hülle, die ihren Inhalt – ihre Bedeutung – verloren hat und damit einem leeren Signifikanten, dessen Bedeutung variabel ist:

> Después de vaciar la bolsa, la señora Rodríguez se miró en un espejo y no se reconoció. El señor Rodríguez la encontró desnuda, gateando por la sala, arrastrando la bolsa, cuyo contenido se hallaba regado por la casa. (76)

Ihr Mann, der sie so vorfindet, erkennt den Ernst der Situation und räumt die Tasche sofort wieder ein. Er gibt Señora Rodríguez damit ihre Geschichte, ihre Existenzgrundlage, ihre Erinnerung und damit ihre (vermeintliche) Identität zurück, die ihren veränderlichen Status offenbart hat. Weil er aber in der Eile alles in ungeordneter Reihenfolge in die Tasche hineinwirft, führt das darin herrschende Chaos fortan immer wieder zu Verwechslungen: Tage werden mit Nächten, die Gegenwart mit der Vergangenheit durcheinandergebracht:

> El señor Rodríguez comprendió lo sucedido y se apresuró a meter todo en la bolsa antes de que fuera demasiado tarde. En su prisa revolvió los días con las noches, presente con pasado. [...] La señora Rodríguez recuperó la memoria. (76)

Die Tasche kann als Spiegelbild der Señora Rodríguez gelten, die als Ganzes ihr imaginäres Ich darstellt. Sie vermutet darin ihre Ganzheitlichkeit, dennoch werden ihr aber immer nur Bruchstücke von sich offenbart, wird ihr das eigene Gesamtbild vorenthalten. Nach dieser "entleerten" Erfahrung, als von ihr nichts mehr übrig geblieben ist, stellt sich ein Gefühl des Mangels, der Unsicherheit ein. Sie beschließt zunächst folgerichtig, sich ihre eigene Welt zu bauen, in der sie alleine lebt und auf äußerliche identitätsbildende Elemente nicht mehr angewiesen ist. Sie konstruiert sich, wie der kleine Prinz, eine Weltkugel, auf der sie alleine sitzt und sich mit der Kugel ständig um sich selbst dreht. Dabei wird ihr eigenes Bild über eine riesige Spiegelwand zurückgeworfen. Señora Rodríguez ist so sehr von ihrem eigenen Bildnis, ihrem ganzheitlichen Ideal angezogen, daß sie auf das immer größer erscheinende Spiegelbild zusteuert und mit diesem – mit sich selbst bzw. ihrem imaginären Ich – zusammenprallt:

> La señora Rodríguez se construyó un mundo de dos por dos donde nada más cabía ella. [...] El mundo giró sin cansancio sobre su propio eje [...] Atraída por su propia imagen, el mundo se fue rodando hacia un enorme muro de espejo que reflejaba y se estrelló contra sí mismo. (139)

Das vermeintliche ganzheitliche Bild von sich selbst, das sie zu erreichen sucht, zerbirst, und übrig bleiben nur Scherben, ohne daß sie es geschafft hätte, sich selbst einzuholen.

Eines Nachts träumt sie, daß sie ihre Tasche öffnet und selbst daraus hervorsteigt. Aus dieser ausgestiegen, öffnet sie abermals ihre Tasche und sieht sich wiederum selbst hervorsteigen... usw. Diese Traumsequenz wiederholt sich in endloser Folge:

> Una noche la señora Rodríguez soñó que abría su bolsa y de ella salía ella misma abriendo su bolsa y de ésta salía otra señora Rodríguez abriendo otra vez su bolsa y así hasta el infinito. (54)

Dieser Traum macht ihr deutlich, daß sie die Frage nach sich selbst niemals wird beantworten können. Was aus dieser Tasche hervorkommt, ist nur die gesellschaftliche Fassade der *Señora Rodríguez*, ihr wahres Ich bleibt im Dunkeln. D.h. sie sieht im Traum immer nur ihre äußere Hülle und hofft mit jedem Öffnen der Tasche, daß in dieser endlich ihr wahres Ich zum Vorschein komme. Doch alles, was sie erkennen kann, ist immer wieder nur eine Maske. Es ist ein unendliches Spiel, das ihrer Erfahrung des Mangels Ausdruck verleiht, wodurch die Suche nach sich selbst zu einer existentiellen Bedrohung wird. Wenige Zeilen später wird diese Bedrohung evident, indem metatextuell hervorgehoben, der/die Erzähler/in hervortritt und Señor Rodríguez erklären läßt, daß seine Frau anders sei, als bisher dargestellt:

> Porque la señora Rodríguez no es como la pintan, cuenta el señor Rodríguez; y él debe saber más que yo, pues ha vivido con ella en estas páginas desde que empezó el cuento. (55)

Señora Rodríguez beginnt nun bewußt mit der Suche nach Spuren ihres Lebens, die sie als Zeichen für ihre eigene Existenz hofft werten zu können. Sie greift dabei auf verschiedene Dinge des täglichen Lebens zurück, und sucht beispielsweise in Fotoalben nach Hinweisen über sich selbst. Alles was sie jedoch findet, ist eine abgeschlossene Vergangenheit. Bilder aus vergangenen Zeiten, von Augenblicken, die sie nicht mehr zurückholen kann, von Gesichtern, die aus einer anderen Welt zu kommen scheinen:

> Al subir al coche se observó por el espejo retrovisor comparando su cara con la que acababa de dejar guardada en el cajón [...]. (110)

Diese Negation einer zeitlich kontinuierlichen Identität verwirrt sie, und sie entschließt sich, nach Hinweisen zu suchen, die ihr ein Leben vor ihrer Hochzeit bestätigen, also auf das verweisen, was sie einmal gewesen ist. Sie erhofft sich Aufschluß darüber durch den Besuch des Hauses, in dem sie als junges Mädchen gewohnt hat, doch auch dort findet sie alles verändert vor:

> La señora Rodríguez miró desde afuera. Donde antes había un ventanal, estaba un muro; la sala era ahora biblioteca; la fuente se encontraba tapada; parecía que la casa estuviera escondiéndose de ella. (111)

Aus Verzweiflung über diesen ewigen Prozeß der Veränderungen und die Unmöglichkeit, sich selbst aus dieser Veränderlichkeit auszunehmen, flüchtet sie sich in die eine Illusion, die den Menschen vorgaukelt, sie könne die Vergänglichkeit des Lebens aufhalten: sie kehrt nach Hause zurück und versucht in der sexuellen Vereinigung mit ihrem Mann, über die körperliche Ekstase die Transzendierung des Ich zu erreichen. Für einen kurzen Moment glaubt sie, der Veränderlichkeit, der Nichtexistenz, dem Tod, entronnen zu sein. Im Versuch, sich ihrer selbst zu vergewissern, führt sie jedoch den Zyklus des Lebens fort, der aus dem Wunsch des/der Einzelnen nach Unsterblichkeit resultiert und der immer wieder der Motor ist, das Leben selbst am Leben zu erhalten: Sie wird mit 55 Jahren zum dritten Mal Mutter, und das, obwohl ihre Menopause schon seit fünf Jahren vorüber ist.

Nach all diesen fehlgeschlagenen Versuchen sich selbst zu entdecken, beschließt sie schließlich, in ihrer Tasche nach sich selbst zu suchen. Doch auch in diesem Fall muß sie feststellen, daß diese zwar voller Erinnerungen ist, daß sie aber ihr wahres Ich, also das, was sich hinter den verbirgt, dort nicht finden wird. Statt dessen fallen ihr nur Satzzeichen in die Hände, sobald sie sich ihrem Wesen zu nähern sucht: Auslassungspunkte, Semikolon, Doppelpunkt, etc., niemals jedoch ein abschließender Punkt. Sie sieht sich nicht nur der Unabgeschlossenheit der Sätze und des Textes gegenüber, sondern auch ihrer eigenen; und damit steht endgültig fest, daß eine Identität a priori nicht festlegbar ist:

> [...] pero nunca se encontraba a sí misma. "Esto es un fraude, pondré punto final a esta farsa"; y decidida a terminar con todo la señora Rodríguez empezó a buscar en su bolsa, donde sólo encontró puntos suspensivos, puntos y aparte, dos puntos, punto y coma, punto y seguido y ningún punto final. (153)

Sie gibt sich jedoch noch nicht geschlagen und beschließt, diese Fragmente ihrer Identität näher zu betrachten. Dazu steigt sie selbst in ihre Tasche hinein, denn sie glaubt, sie könne auf diese Weise, beim nächsten Öffnen der Tasche, zuallererst ihr eigenes (wahres) Gesicht erblicken. Doch die ungelöste Frage, wer dann die Tasche überhaupt öffnen solle, macht den Entschluß wieder rückgängig:

> "Habrá que tomar medidas", determinó la señora Rodríguez metiendo un pie en la bolsa. Así, al abrirla, lo primero que vería iba a ser su cara... ¿Y quién la abriría si ella estaba adentro?, reflexionó, al llegar a la barbilla. Con dificultad volvió a salirse [...]. (153)

Wenn denn Identität variabel ist, dann bleibt nur noch der Versuch, andere Namen auszuprobieren; fortan ist sie Mrs. Smith: "Ya sé", gritó para ella, "de aquí en adelante seré misses Smith" (153). Die Wahl einer angelsächsischen Identität erscheint zunächst durch die geographische Nähe zu den USA als wenig aussagekräftig. Dennoch ist mit dieser Namenswahl die Konnotation der Opposition von Peripherie und Zentrum impliziert. Die Idee, in eine Identität zu schlüpfen, die keinen *Dritte-Welt-Charakter* hat, führt jedoch sehr schnell zu der Erkenntnis, daß sich weibliche identitätsbildende Momente im alltäglichen Kontext nicht wesentlich voneinander unterscheiden. Zudem ändert sich an ihrer Grundproblematik nichts, ob sie nun Señora Rodríguez oder Mrs. Smith ist.

Die Nichtgreifbarkeit einer Identität der Señora Rodríguez wird im Verlaufe des Textes immer mehr von dem Konstruktcharakter des Textes eingeholt, der durch metatextuelle Einschübe sowohl den Text als auch die Figur der Señora Rodríguez als Konstrukte immer deutlicher hervortreten läßt. Señora Rodríguez findet im vorletzten Kapitel schließlich in ihrer Tasche das Manuskript des Textes *La señora Rodríguez*, d.h. sie erfährt nun über diese metatextuelle Ebene des Textes tatsächlich, daß sie eine literarische Konstruktion ist:

> Entonces es cierto que no existo, gimió. Pero enseguida rectificó: Entonces es cierto que existo. (156)

Zunächst ist sie irritiert, weil sich damit für sie bestätigt, daß sie nicht existiert, aber bald merkt sie, daß, solange dieses Manuskript existiert, auch sie vorhanden ist und sie sieht darin ihre Chance, sich endlich selbst kennenzulernen. D.h. über das Erzähltwerden erhofft sie sich Aufschluß über sich. Während der Lektüre des Manuskripts bemerkt sie aber, daß sie äußerlich niemals näher beschrieben wird und da sie – und auch der/die Erzähler/in – wissen will, wie sie denn eigentlich aussieht, beschließt sie, sich selbst zu zeichnen:

> La señora Rodríguez quiso saber cómo era (yo también), desgraciadamente en el texto no encontró datos precisos. Por lo visto, dedujo, tengo que pintarme sola. Y comenzó a ponerse una nariz recta, una boca gruesa y unas caderas amplias, que soportaban un talle robusto. Se pintó el pelo castaño y ondulado, las cejas arqueadas y, por último, se puso un lunar junto al labio inferior, del lado izquierdo. (156)

Nach der Lektüre des Manuskripts und damit ihrer eigenen Lebensgeschichte, in der ihr baldiger Tod für die Seite 178 vorhergesagt wird, beginnt sie zu weinen, wobei die Tränen ihr selbstgemaltes Bild wieder auflösen. Bevor es restlos verschwunden ist – und sie mit ihm –, faltet sie das Papier zusammen und verwahrt es in ihrer Tasche.

Die Frage nach dem Woher und Wohin bleibt zwar ungeklärt, doch führt ihre eigene Fiktionalisierung sie zu der Überlegung, daß, wenn sich das Manuskript in ihrer Tasche befindet, sie und die Autorin ein und diesselbe Person sein müssen:

> "¿Quién soy? ¿De dónde vengo? ¿A dónde voy?", y llegó a la siguiente conclusión: La autora puso el manuscrito en mi bolsa porque la autora y yo somos una sola persona. Por lo tanto soy la autora de la autora; sin mí ella no existiría. (165)

Dies wiederum bedeutet, daß sie die Fiktionalisierung der Señora Rodríguez ist. Die Erzählerin, als Teil des Manuskripts, schöpft ihren Stoff aus dem unendlichen Fundus der Tasche als der impliziten Erzählerin. Die Tasche stellt damit eine Art Schnittstelle zwischen innen und außen dar. Sie enthält Dinge, anhand derer sich die Erzählung entwickelt. Señora Rodríguez erschafft sich durch die Geschichten immer wieder neu, ihre Identität ist damit keine vorgegebene, sondern wird über den Akt des Erzählens immer wieder neu konstituiert.

Als sie sich dessen bewußt wird, zündet sie das Manuskript an. Sie verbrennt dabei selbst in den Flammen, schafft es aber noch, ihre Tasche von sich werfen. Ihr Mann findet eine Kopie des Manuskripts in der Tasche und beginnt zu lesen. Er läßt Señora Rodríguez in einem unendlichen Leseprozeß, der immer wieder an derselben Stelle endet und neu beginnt, wiedererstehen:

> Cuando el señor Rodríguez la abrió, sacó una copia fotostática de "La señora Rodríguez" que ésta había guardado "Por si acaso" y comenzó a leerla. Al llegar a la decimoquinta línea de la página 165, el señor Rodríguez sacó de la bolsa la copia fotostática de "La señora Rodríguez"y comenzó a leerla. Al llegar a la página 165 [...]. (165)

Diese vielfache Wiederholung der Szene gleicht einer Art semantischer Dämpfung, durch welche die Bedeutung aufgehoben scheint und die Reflexion über den Text selbst angeregt wird. In diesem Fall läßt sie die Fiktionalität von Texten klar hervortreten. Diese Stelle markiert eine Zäsur, nach welcher der Text nur noch mit dem nachfolgenden Epilog enden kann, in dem Señora Rodríguez als eine aus dem Manuskript entstandene Figur wiederersteht. Sich der Tatsache ihrer Fiktionalität bewußt, hat sie versucht, ihrem Leben ein Ende zu bereiten ohne zu berücksichtigen, daß die Charakteristik von Texten darin besteht, daß sie mit jedem neuen Leseprozeß Figuren und Geschehen neu entstehen lassen. Sie hat darauf keinen Einfluß mehr und bleibt als literarische Figur in diesem Spiel der Signifikanten verhaftet, die sich verschieben, verändern, neu zusammensetzen, sich wieder auflösen und niemals an ein Ende gelangen.

Als es Señor Rodríguez durch die wiederholte Lektüre, die wie eine Art Beschwörung erscheint, gelingt, seine Frau in neuer Gestalt wieder erstehen zu lassen, fühlen sich Señora Rodríguez und ihre Tasche jedoch überhaupt nicht wohl. Ihr Mann und der Arzt versuchen sie zu retten, indem sie ihre Tasche durch eine neue ersetzen wollen. Sie betrachtet dies als eine Verstümmelung und lehnt ab, denn es ist nicht möglich, einem Menschen seine Erfahrungen und Erinnerungen zu nehmen und ihn quasi auszuleeren, damit er/sie von Neuem beginnen kann. All das, was sich in der Tasche befindet, gehört zu ihr und stellt ihren Lebensfundus dar, auf den sich ihre Identität gründet. Die explizite Verbalisierung des Zusammenhangs von Señora Rodríguez' Identität und ihrer Tasche weist darauf hin, daß ihr diese Verbindung bewußt geworden ist und über die Bewußtwerdung nun ihren Zweck erfüllt hat. Daher zieht es Señora Rodríguez vor, gemeinsam mit ihrer Tasche zu sterben. Während der Beerdigung entweicht der Tasche die Seele von Señora Rodríguez und ihr Mann pflanzt diese im Garten ein. Aus ihrer Seele erwächst ein Baum voller Taschen, aus welchen die Erinnerungen quellen, aus denen Señora Rodríguez in ihrer narrativen Identität konstruiert war.

Der Autorin gelingt es hier, die Vorstellung einer festen Identität und Subjektivität im alltäglichen familiären Kontext einer traditionellen weiblichen Lebenswelt in Frage zu stellen, indem sie bewußt macht, daß es unmöglich ist, sich selbst einzuholen, daß das Begehren nach dem Ideal des eigenen Ich ohne Aussicht auf Befriedigung beständig präsent bleibt, und daß dies auch nicht über ihre traditionelle Rolle als Ehefrau, Mutter und Hausfrau zu verwirklichen ist. Die metatextuelle Hervorhebung der Fiktionalität der Figur von Señora Rodríguez und deren narrative Identität, die sich durch die Gegenstände in ihrer Tasche begründet und zu einer fragmentarischen Lebensgeschichte wird, unterstreichen diesen Aspekt.

La señora Rodríguez y otros mundos erlaubt neben dem Infragestellen der Begriffe Identität und Subjektivität als *a priori* festlegbarer Kategorien auch das Hinterfragen der Abwesenheit der Frauen in der offiziellen Geschichtsschreibung. Die Subversion des traditionellen Geschichtsdiskurses gelingt der Autorin in diesem Text mittels der Partikularisierung und Individualisierung von Geschichte, wobei sie auch in diesem Fall vor allem die ironische Übertreibung als Stilmittel nutzt.

Neben den persönlichen Erinnerungen von Señora Rodríguez befinden sich in ihrer Tasche auch Zeugnisse der mexikanischen sowie der Weltgeschichte. Sie enthält sogar einen Dinosaurierschwanz und etwas Asche, wie ihr Sohn Carlitos feststellt, als er eines Tages die Tasche unerlaubterweise ausräumt und die Geschichte in rücklaufender Zeitenfolge hervorholt:

> Más abajo encontró la foto de la tía Clotilde, un fistol de su abuelo (de Carlitos, no del la tía), unas arracadas de su bisabuela (de la tía, no de Carlitos) y la pistola de Pancho Villa, tío de su tía Clotilde. Luego tropezó con el escudo de Maximiliano, las crinolinas de Carlota (Pérez, no de Habsburgo), la levita de Juárez, la declaración de la Independencia (la original), y la sotana de Don Miguel. Después fue la corona de Carlos V, las medias de Colón, una pluma de Moctezuma y un calendario, pero azteca. [...] un colmillo de mamut, la cola de un dinosaurio y un poco de ceniza. (72)

Wichtigster Referenzpunkt in dieser geschichtlichen Darstellung ist die Tante von Señora Rodríguez, tía Clotilde. Sie galt als das schwarze Schaf der Familie, da sie nicht nach dem traditionellen weiblichen Rollenbild lebte, und war für Señora Rodríguez die wichtigste Person in ihrer Jugend. Trotzdem sich beide erst sehr viel später, als Señora Rodríguez schon erwachsen war, persönlich kennenlernten, schrieb tía Clotilde ihrer Nichte immer Briefe, in denen sie von ihren Erlebnissen berichtete. So wurde sie zu einer Projektionsfläche für die Träume von Señora Rodríguez:

> La tía Clotilde no tuvo hijos, se encariño de lejos con la sobrina y comenzó a escibirle sin el consentimiento de los padres de aquélla, quienes la consideraban la oveja negra de la familia. La señora Rodríguez leía clandestinamente las cartas que su tía le enviaba de Europa, y soñaba con París, la belle époque, el art nouveau, la Mata Hari y la tía Clotilde ataviada igual que una princesa. (79)

Die Autorin vermischt hier Fiktion mit realen Personen und Ereignissen und erreicht dadurch, daß der Verlauf der Geschichte anders motiviert scheint und eine andere – weibliche – Perspektive erhält, wobei Martha Cerda die Geschichte im Sinne einer Persiflage verändert. So wird tía Clotilde zur Geliebten von don Porfirio und ist gleichzeitig die Cousine von Pancho Villa. Don Porfirio, der mit Porfirio Díaz assoziiert werden kann, sah sich 1911 nach dem Ausbruch der mexikanischen Revolution gezwungen, nach Frankreich ins Exil zu gehen. Der wahre Grund für sein Exil ist nach Ansicht der Erzählerin jedoch nicht in der politischen Situation Mexikos zu suchen, sondern liegt in der Anklage des Vaters von tía Clotilde, don Porfirio habe seine minderjährige Tochter verführt:

> Contra lo que se cree, la causa real del viaje fue la acusación que el papá de Clotilde hizo a don Porfirio, por seducir a su hija menor de edad. (79)

Die Flucht nach Frankreich wird in ihrer Reduktion auf die subjektive Ebene entpolitisiert und verliert den Status des Besonderen. Tía Clotilde bleibt nach dem Tod don Porfirios noch weitere 15 Jahre in Europa, mischt sich in das politische Geschehen ein und deckt die wahren Hintergründe der beiden Weltkriege auf, die sie in dem mehrere tausend Seiten umfassenden Werk *La verdadera historia de las dos guerras mundiales* festhält. Sie beschreibt auf den Seiten 5000 bis 7000 den Ausbruch der Weltkriege als Reaktion darauf, daß sich die Anführer der verfeindeten Kriegsparteien in sie verliebt hatten und sich ihretwegen den Krieg erklären mußten. Um einen dritten Weltkrieg zu vermeiden, kehrt sie schließlich nach Mexiko zurück:

> *La verdadera historia de las dos guerras mundiales*, escrita por la tía Clotilde, donde revela que los dirigentes de los países en pugna se enamoraron de ella y se declararon la guerra por su culpa. [...] Sólo su sentido humanitario la hizo regresar a México, salvando al mundo de la tercera guerra mundial. (Páginas 5000 a 7000 del libro mencionado, que se encuentra en el interior de la bolsa de la señora Rodríguez.). (80)

Die Reduktion geschichtlicher Momente auf ein partikuläres, privates Ereignis, enthebt die Historiographie ihres offiziellen Status und macht diesen zu einem fragwürdigen logozentrischen Gedankengebäude, in dem der Ausschluß weiblicher Aktivitäten im politischen Gefüge erkennbar wird. Mit der Einbeziehung und der übertriebenen Darstellung eines Topos aus dem weiblichen Alltagsdiskurs – der unergründlichen Wege der Liebe – wird nicht nur die Hinterfragung der offiziellen Geschichte, sondern auch der der Frau eingeräumte gesellschaftliche Bereich als apolitischer Raum erkennbar, der aufgrund ihres Ausschlusses die Orts- und Sprachlosigkeit der Frauen festschreibt.

Da es Señora Rodríguez nicht gelingt, ihr wahres Ich über ihren *weiblichen* Alltag zu finden, versucht sie es über die Geschichte. Dank des Geschichtsbuches, das Señora Rodríguez in ihrer Tasche verborgen hält, gilt sie als politisch interessiert und begibt sich auf die Suche nach einer Nische für sich selbst im geschichtlichen Kontext. Sie zieht einen Ganzkörperspiegel aus ihrer Tasche, den tía Clotilde von don Porfirio geerbt hat und der vorher der Stiefmutter von Schneewittchen gehörte. In Anlehnung an dieses Märchen befragt sie nun den Spiegel, wer die schönste Frau der Republik bzw. anderer Länder sei:

> La señora Rodríguez se miró en el espejo y le preguntó: "Espejito, espejito, dime quién es la mujer más bella de la república". Y el espejo contestó: La esposa del presidente. La señora Rodríguez siguió preguntando: "Quién es la más hermosa del Reino Unido?" La reina, respondió el espejo. "Y de Estados Unidos?" La señora Bush. "Y de Rusia?" Raisa Gorbachev... (59).

Der Spiegel, der nur nach Schönheitskriterien urteilen kann, läßt an ihr die 'Schönheiten' verschiedener Länder vorüberziehen, und anstelle ihres eigenen Spiegelbildes, das sie erhoffte, zeigt sich ihr ein Panorama der Frauengestalten, die die weibliche Position innerhalb der Politik repräsentieren: Sie sind Begleitpersonen der jeweiligen Präsidenten in repräsentativer Funktion ohne jede Stimme oder die Vertreterin einer unmodernen Einrichtung wie der Monarchie. In diesen "Vorbildern", die in ihren unterschiedlichen Lebensentwürfen die weibliche Geschichte ausmachen, die außerhalb der offiziellen Geschichtsschreibung stattgefunden hat bzw. immer noch stattfindet, erkennt sie weder sich selbst, noch einen Ansatz für Identifikation, um sich als aktives politisches Subjekt zu konstituieren. Daher verwahrt sie den Spiegel wieder in ihrer Tasche als Erinnerung an den mißlungenen Versuch ihrer politischen Orientierung.

Indem Martha Cerda den Begriff der Schönheit an den Versuch von Señora Rodríguez bindet, sich in der Öffentlichkeit, d.h. im zeitgenössischen historischen Kontext ihren Platz zu suchen, zeigt sie sehr deutlich den Maßstab, an dem Frauen auch heute noch in der Öffentlichkeit gemessen werden. Wie in der Literaturkritik erfolgt im Hinblick auf ihr politisches Interesse keine Trennung zwischen Frau und Handeln (bzw. Text), und so wird der Platz in den Vordergrund gerückt, den man(n) ihr immer wieder zuschreibt: ihre Rolle als Objekt.

Das Symbol des Spiegels findet sich in *La señora Rodríguez* in verschiedenen Variationen, immer jedoch verbunden mit der Frage nach dem wahren Ich. Diese Spiegelepisoden sind in unterschiedlichen intertextuellen Bezügen verarbeitet. So finden wir neben dem "Märchenspiegel" von Schneewittchens böser Stiefmutter und der Spiegelung von Señora Rodríguez und ihrer eigenen Welt auch Fotos, die eine ähnliche Funktion haben. Señora Rodríguez bewahrt z.B. das Bild eines jungen Verehrers in ihrer Tasche, das dieser mit einer persönlichen Widmung versehen hat: "Para la señora Rodríguez de su ferviente admirador: Dorian Gray" (127). Im Bild des Dorian Gray faßt Martha Cerda noch einmal die Thematik des gesamten Textes zusammen. Die Tasche der Señora Rodríguez als Äquivalent zum Bildnis des Dorian Gray kann als Spiegelbild des eigenen Inneren betrachtet werden. Die Konfrontation mit immer neuen Fragmenten ihrer eigenen Geschichte, die sie aus ihrer Tasche hervorzieht, wird für Señora Rodríguez zur Gewißheit der eigenen Unerreichbarkeit und läßt ihr nur eine Wahl: sie verbrennt ihr Ich mitsamt ihrer Tasche.

Martha Cerda gelingt es in diesem Text zwischen *cuento* und *novela* durch dessen fragmentarische Struktur, der Suche nach dem eigenen Ich Ausdruck zu verleihen, wobei sie das Ausbilden einer eigenen Identität und Subjektivität innerhalb traditioneller weiblicher Rollenmuster von Anfang an in Frage stellt und durch das Scheitern der Señora Rodríguez bekräftigt. Señora Rodríguez kann ihr eigenes Spiegelbild, in dem sie sich als ganzheitliche Person imaginieren könnte, nicht finden. So bleibt ihr Leben geprägt von der Suche, dem Begehren nach ihrem Ich, das sich ihr nur in Bruchstücken zeigt. Über die Gegenstände in ihrer Tasche entsteht eine Lebensgeschichte, so daß die Figur von Señora Rodríguez als solche erst im Prozeß des Schreibens erkennbar wird. Die Hervorhebung der Fiktionalisierung ermöglicht das ständige *Neu*schreiben und auch *Neu*zeichnen der Figur, die sich damit in einem ständigen Prozeß der Veränderung befindet und nicht auf eine kohärente, vorgegebene Identität festgelegt werden kann. Martha Cerda enthebt die Begriffe Identität und Subjektivität ihres festen Bedeutungsgehaltes und hebt über die metatextuelle Ebene sehr deutlich deren fragmentarischen und nomadischen Charakter als Zeichen hervor, die in einem fortwährenden Spiel umeinander gleiten.

Ihre Erzählweise drängt, die Welt aus einer anderen Perspektive zu betrachten und dekonstruiert das logozentristische Denken, indem sie dem Ort des/der *Anderen* Raum gibt. Über die *otros mundos*, die jeweils Einzelschicksale erzählen, fügt sie die einzelnen

Stimmen in ihrer Partikularität zu einem gemeinsamen Chor zusammen und begegnet auf diese Art der Sprachlosigkeit, in der der/die *Andere* im offiziellen Diskurs einer hegemonischen Weltanschauung verhaftet ist.

Gleichzeitig überzeichnet sie jede alltägliche Situation und untergräbt damit die Vorstellungen eines "weiblichen" Alltags, in dem die Bildung einer Identität über traditionelle Gesellschaftsstrukturen nicht funktionieren kann. Die Vertextungsverfahren führen den Text als eine ständig fortlaufende Konstruktion vor Augen, die im nächsten Moment wieder dekonstruiert wird. Seine Radikalisierung grenzt den Text von der Literatur des lateinamerikanischen *Booms* ab, auf die verschiedene Szenen anspielen und die sich in ihrer intertextuellen Referenz bevorzugt an Gabriel García Márquez' Roman *Cien años de soledad* wenden. Hier zeigt sich auch die Differenz, die den Text von der Boom-Literatur scheidet: ist in der Boom-Literatur noch eine eindeutige kommunikative Verortung erkennbar, ist diese in *La Señora Rodríguez y otros mundos* nun aufgehoben.

In Bezug auf das Hinterfragen des traditionellen Geschichtsdiskurses findet keine *reescritura* im eigentlichen Sinne statt, aber es gelingt der Autorin mittels überspitzter ironischer Darstellung, die Aufmerksamkeit auf die Abwesenheit der Frau in der offiziellen Geschichtsschreibung zu lenken. Fällt zunächst der humorvolle Charakter in der Beschreibung der Lebensgeschichte von Señora Rodríguez auf, in die vermeintlich typische weibliche Eigenschaften aus dem alltäglichen Bereich hineingenommen werden, zeigt sich jedoch sehr bald unter der Oberfläche dieses Humors die wahre Dimension nichterzählter und nichtgelebter weiblicher Geschichte.

1.3 Milagros Mata Gil (Venezuela). *Mata el Caracol*: Negation des Ursprungs

Cuando yo escribo una novela siento igual,
no existe ni el tiempo, ni la decadencia,
ni el dolor, ni la muerte.
(Rosa Montero)

Der 1992 im Verlag Monte Avila erschienene und als Roman bezeichnete Text *Mata el caracol* der venezolanischen Autorin Milagros Mata Gil, erfährt von der Kritik unterschiedliche Beurteilung; entweder gilt er als "[...] texto que examina los paradigmas del incesto y de la homosexualidad" (Dimo/Hidalgo de Jesús 1995: 12) oder aber aufgrund der Ausrichtung auf die zentrale Figur des Vaters als "[...] ganz ödipal auf den Vater zentrierte[r] Roman [...]" (Pfeiffer 1998: 175 Anmerkung 14). Dieser versuchten Festlegung und damit Richtungsgabe der Betrachtungsweise wollen wir uns hier entziehen. Wir versuchen statt dessen, ausgehend von der Figur des Don Mata, die Frage nach dem (familiären) Ursprung mit der Sinnstiftung der eigenen (weiblichen) Existenz der Protagonistin Eloísa zu verbinden, denn in einem nach patriarchalen Denkstrukturen organisiertem Weltbild gilt immer der Mann als *Gründer* der Familie, die Frau ist nur *Mittel zum Zweck*. Daher erscheint die in der Tat zentrale Orientierung an der Figur des Vaters nicht ungewöhnlich, sondern kann vielmehr als Auseinandersetzung mit einer phallogozentrisch orientierten Weltordnung verstanden werden. Die Suche nach einer möglichen Identität bzw. nach identitätsbildenden Wurzeln resultieren deshalb aus der Motivation Eloísas, der Tochter Don Matas, eine Rekonstruktion der Familiengeschichte vorzunehmen.

Eloísa kehrt nach dem Tode ihrer Eltern und nach jahrzehntelanger Abwesenheit in ihren Heimatort San Alejandro zurück, um den Verkauf des Elternhauses in die Wege zu leiten. Den Erlös benötigt sie, um die Existenz der Kinder ihrer Schwester Isabel zu sichern, die diese bei einer benachbarten Familie in Obhut gegeben hat, bevor sie als letzte der Familie die Stadt für immer verließ. Eloísa, die nach dem Verlassen des Elternhauses nach Mexiko gegangen und Autorin geworden war, ist Alleinerbin des Hauses und die einzige ihrer Familie, die nach deren Auseinanderfallen, an den Ort zurückkehrt, an dem sowohl die Gründung als auch das Zerbrechen der Familie ihren Ausgang genommen hat. Als sie nun zum letzten Mal durch das Haus geht, bevor es endgültig verkauft werden soll, entdeckt Eloísa einen alten Kleiderschrank ihres Vaters, den sie verloren glaubte und sie findet darin ein an sie persönlich adressiertes Päckchen:

> *En la última gaveta, había un paquete muy envuelto en papel manila y hule, donde había un rimero de cuadernos escolares numerados y fechados*, dirigidos a mí. (70)[66]

Es enthält neben Zeitungsausschnitten, Notizen, Kopien von Buchseiten, Erzählungen und Gedichten Hefte, in denen die Monologe ihres Vaters, Don Mata, niedergeschrieben

66 Die im folgenden genannten Zitate sind alle aus Milagros Mata Gil (1992) entnommen und zeigen über die jeweilige Seitenzahl die Textstelle des entnommenen Zitates an.

sind, die er auf dem Sterbebett gehalten hat. Die Verfasserin dieser Transkriptionen ist Betty, eine Cousine von Eloísa, deren Herkunft mütterlicherseits nicht geklärt ist und ein dunkles Familiengeheimnis vermuten läßt. Betty hat mit diesen Aufzeichnungen über Don Mata nicht nur das Leben nach dem Weggang Eloísas aus dem Elternhaus reflektiert und festgehalten, sondern auch historische Dokumente aufbewahrt, mit deren Hilfe der familiäre Stammbaum bis zu den Urgroßeltern zurückverfolgt werden kann. Dieser Fund verändert das Vorhaben Eloísas; sie entscheidet sich zu bleiben und das Haus zunächst nicht zu verkaufen. Statt dessen zieht sie dort selbst ein und beginnt mit der Aufarbeitung ihrer Vergangenheit. Die Autorin nutzt diesen Fund der Dokumente als textuelle Strategie für die Rekonstruktion der Familiengeschichte und für die alleine Eloísa als Schriftstellerin die Voraussetzungen zu haben scheint. *Mata el caracol* wird auf der Geschichtsebene immer deutlicher zu einer Suche nach den familiären Wurzeln, über die Eloísa ihren eigenen Ursprung und damit ihre eigene Identität zu finden hofft, "*para volver a los orígenes: es decir, al germen de mi propia vida*" (15). Der Fund ist auch auslösendes Moment für die Entscheidung Eloísas, sich mit ihrem Vater, von dem sie sich mit neunzehn Jahren im Streit getrennt hatte, auseinanderzusetzen. Die angestrebte Lösung dieses subjektiven Konfliktes wird dabei auf eine allgemeinere Ebene gehoben und versinnbildlicht die Konfrontation Eloísas mit der phallogozentrischen Weltordnung: Der Vater hat seiner Tochter nur den traditionell weiblichen Ort des Hauses zugestehen und sie damit zur Sprachlosigkeit verdammen wollen. Eloísa, die sich dieser Rollenzuweisung nur durch ihren Fortgang nach Mexiko, durch die räumliche Distanz entziehen konnte, erkennt, daß ihre Flucht vor dem Vater und die Bemühungen, sich in der symbolischen Ordnung alleine zurechtzufinden, ihr Problem nicht gelöst, sondern nur verschoben haben: der Vater als Repräsentant des Patriarchats ist weiterhin, selbst nach seinem Tod, präsent. Aus dieser Konfrontation heraus beginnt die Protagonistin eine Verarbeitung ihres Konfliktes über den Prozeß des Schreibens, "*¿qué ganaría yo transformando esta cuenta pendiente en un tema literario*?" (15). Nach und nach entwickelt sich daraus ein literarisches Spiel, bei dem zunächst die Textkonstruktion im Vordergrund steht "*Y te digo, te repito, padre, que todo este texto sólo fue en principio un juego, un ejercicio literario: el intento de construir un texto* [...]" (153). *Mata el caracol* ist jedoch nicht nur als reine Textkonstruktion von Interesse, sondern es ist auch der Versuch Eloísas, sich über das Erzählen ihrer eigenen Geschichte mittels der Rekonstruktion der Familiengeschichte, d.h. über den Prozeß des Schreibens, ihrer eigenen Existenz zu vergewissern. Wie sich dies im einzelnen darstellt, versuchen wir anhand einer näheren Betrachtung des Romans zu verdeutlichen. Zunächst aber noch einige Worte in Bezug auf den Konstruktcharakter und die metatextuelle Ebene des Textes.

Mata el caracol setzt sich aus 39 Textfragmenten zusammen, die in vier Teile untergliedert sind, wobei jeder dieser Teile eine eigene Überschrift trägt: "Patria", "Los veredictos", "Reflexiones ante un albúm de fotografías", "Para matar el caracol". Die einzelnen Fragmente untergliedern sich in ebenfalls vier Gruppen, wobei die Zusammengehörigkeit der Fragmente anhand einer gemeinsamen Überschrift erkennbar ist. So finden sich in den Teilen 1, 2 und 4 jeweils Kapitel mit den Überschriften "Cuadernos de la disolución", "El arte de enmascararse" und "Mata el caracol", die sich wiederum abwechseln. Im dritten Teil tragen diese Kapitelfragmente statt der Überschriften Datumsangaben (*1912, 17 de octubre*). Während die "Cuadernos de la disolución" den Aufzeichnungen vorbehalten sind, die Betty in der Zeit anfertigte, als sie Don Matas Pflege übernommen hatte, dokumentiert "El arte de enmascararse" die Monologe Don Matas unmittelbar in all ihrer Zerrissenheit und Wahnhaftigkeit angesichts des nahenden Todes. *Mata el caracol* schließlich sind Eloísas eigene Reflexionen, die sie, ausgehend von der Lektüre der anderen Kapitel, niederschreibt und in deren Anschluß sich einige Briefe ("epístolas") befinden, die sie an ihren Freund Roberto Mariscal nach Mexiko schickt, um ihn über ihr Vorgehen in San Alejandro zu unterrichten. Die Datumsangaben datieren alte Fotografien, die Eloísa in einem Album findet und bei deren Betrachtung sie verschiedene Erinnerungen evoziert.

Die unterschiedlichen Dokumente, die Eloísa in dem Päckchen findet und die zusammen mit ihren eigenen Reflexionen dem Roman seinen fragmentarischen Charakter verleihen, kennzeichnen sich durch eine Dialogizität, die den gesamten Text prägt. Der Fund der Dokumente, mit deren Hilfe der Text konstruiert wird, führt zu einer Vermehrung der Erzählerstimmen, wobei die Reflexionen Eloísas eine metatextuelle Funktion haben und in einer Art *mise en abyme* auf eine zweite Textebene – die der Dokumente – rekurrieren, in der sie selbst in die Handlung einbezogen ist. Die Referenz liegt also nicht in der Realität, sondern allein in den Texten selbst.

Mata el caracol ermöglicht in seiner Funktion als Rekonstruktion der Familiengeschichte keine eigentliche Handlung mehr, denn es handelt sich sozusagen um eine Rekonstruktion *post mortem*; d.h. Eloísa versucht zwar aus ihrem familiären Stammbaum eine kohärente Erzählung zu gestalten, da aber diese Erzählung im Grunde eine Auseinandersetzung mit ihrem Vater ist und diese "Kommunikation" erst nach seinem Tod stattfindet, ist der Handlungsverlauf nicht mehr veränderbar. Damit ist aber auch der Text nicht mehr variierbar. Ihre später eingefügten Texte – Selbstreflexionen – werden zu Einschüben meta- bzw. paratextuellen Charakters, wodurch die Konstruiertheit des Romans noch deutlicher hervorgehoben wird. Dementsprechend stehen auch die einzelnen Kapitel vermeintlich zusammenhanglos nebeneinander, ohne daß der Text in sich einen Sinn ergibt. Sie bilden durch ihren nicht kohärenten Erzählverlauf und den fehlenden "*explicaciones que es preciso dar para construir una historia coherente*" (73) einen rhizomatischen und bruchstückhaften Textkorpus, in dem die Lesenden aktiv an der Konstruktion des Textes und der Rekonstruktion der Familiengeschichte beteiligt sind.

Der fragmentarische Charakter des Textes setzt sich auf der typographischen Ebene fort. Immer wieder wechseln z.B. kursiv gedruckte Textteile mit nicht kursiven Textteilen, oder aber Wörter werden mehrfach wiederholt und in versetzter Form wieder aufgenommen. Auch Gefühlsausbrüche wie Aufregung oder Verzweiflung werden drucktechnisch markiert und durch Großbuchstaben – "ESTOY VIVO Y NECESITO [...]" (31) – oder durch wiederholte Aneinanderreihung von Wörtern und Buchstaben hervorgehoben – "*No No No No No No No NOOOOOOOOOOOOOOOOOO*" (65). Oftmals wird auch die inhaltliche Ebene der Reflexionen typographisch verstärkt. Das folgende Beispiel zeichnet die menschliche Endlichkeit in einem Bild der Zeit nach, in welchem, in einer Abwärtsbewegung, die Stunden – wie Tropfen – langsam aber unaufhaltsam auf die Erde

– das Ende – zusteuern und vom Leben nicht mehr als bruchstückhafte Erinnerungen bleiben, die mit dem eigenen Tod endgültig verlöschen und dann vergessen sind:

Las horas caen
lentas
siguen
cayendo
en el pedregal
del fondo
bajo el puente:
basura
en el basurero
Forman
años
meses
semanas
días
¿horas?
recuerdos borrosos
sábanas rotas
autobuses en tránsito
mujeres
placitas del pueblo
vestigios. (77-78)

Auch Elemente aus dramatischen und lyrischen Texten sowie aus dem Bereich der Musik werden in den Text verwoben, so daß aus *Mata el caracol* ein Mosaik unterschiedlicher Gattungselemente wird, das sich der Gattung des traditionellen Romans widersetzt. So finden sich, wie in dramatischen Texten, Regieanweisungen, die den Raum beschreiben oder die, wie in diesem Falle, das *Ensemble* der Familie vorstellen:

[muebles mutilados artefactos dañados para siempre luz titilante del televisor encendido para nadie/ olor de café mezclándose con los olores del polvo y la vejez]
están:

1. *El anciano demente*, exiliado en el cuarto de trastes;
2. *La anciana*, que arrastra su figura gris por los rincones, [...]. (17)

"El arte de enmascararse" wird hingegen mit vielen lyrischen Elementen durchsetzt, so daß Sätze, Worte oder Gedankensprünge wie Verszeilen durch Schrägstriche voneinander getrennt werden, wobei oftmals ganze Gedichte eingefügt werden:

Ya no recuerdo/ A veces, viene alguno por ahí
y no puedo
no sé
no descifro los signos/
Escucho los pasos, las palabras/ [...]. (19)

Die Zuordnung der Stimmen zu den einzelnen Textfragmenten wird durch die Erzählmodi erschwert. Es wechseln Situationsbeschreibungen mit Reflexionen und inneren Monologen bzw. Bewußtseinsströmen einander ab, die sich erst nach und nach den einzelnen Erzähler/inne/n zuordnen lassen und ebensowenig Kohärenz aufweisen, wie das Nebeneinander der Textfragmente. Die Erzählweise gibt die Sicht auf ein dezentriertes Ich, das Ich des Don Mata, frei, das durch die unterschiedlichen Perspektiven zu einem Gegenstand der Vielstimmigkeit wird. D.h. im Bemühen um die Rekonstruktion des Lebens ihres Vaters – und damit ihrer eigenen Ursprünge –, macht Eloísa aus der Erzählung so etwas wie eine verfremdete Autobiographie. Don Mata, der nun nicht mehr selbst über Sprache verfügt, wird jetzt auch von anderen reflektiert. Auf diese Weise gibt es drei Erzähler/innenstimmen, die den Text gestalten und sich auf die Suche nach dem familiären Ursprung und damit auf die Suche nach der allgemeinmenschlichen Wahrheit begeben. Monographisches Schreiben scheint diesem Anspruch nicht mehr zu genügen, reine Objektivität erscheint illusionär. In einer Zeit, in der selbst das Weltbild dezentriert anmutet, bleibt Eloísa auf der Suche nach der Identität und Herkunft ihres Vaters sowie ihren eigenen Ursprüngen, nur der Weg über eine Erzählung der Multiperspektivität. Und doch ist es nur eine versuchte Annäherung, die Nichteinholbarkeit des Ich offenbart sich im Umkreisen des Ich, ohne es greifen, geschweige denn, festlegen zu können.

In Anlehnung an Techniken aus dem Bereich der Musik bilden daher die Stimmen einen Kontrapunkt, d.h. sie werden zu mehreren selbständigen Stimmen, die nebeneinander existieren und einander gegenüberstehen. Erst im Zusammenspiel der Stimmen kann der Anspruch auf Allgemeingültigkeit des patriarchalen (Familien)Diskurses durchbrochen werden, gelingt durch das Schreiben die notwendige Distanz, die Erkenntnis zu schaffen vermag. Indem die weiblichen Stimmen aus der Peripherie heraustreten und sich in den Dialog einbringen, werfen sie zusätzlich ein anderes Licht auf die im Delirium des Todes entstandenen Gedanken des Don Mata. Nur die Gesamtheit der Stimmen vermag sich der Wahrheit der (Familien)Geschichte anzunähern:

> *Es un contrapunto en el que se cuenta la historia: las voces contrastan: hay un ritmo extraño.* [...] *Y ahora, escuchando a Haydn, sé que lo decisivo para recuperar esta historia no reside en el contrapunto de las voces, sino en la resonancia del TODO.* (73)
> [...]
> *Ese juego entre tónica, dominante y cualquier otra cosa: coral, por ejemplo a la incertidumbre se acrecienta a medida que uno se va alejando del centro.* (74)

Beispielhaft kann dafür die Charakterisierung von Eloísas Mutter stehen, die in diesem Text kaum zu Wort kommt und die Don Mata 1943 heiratet. Leticia Cedeño ist eine geschiedene und sehr selbständige Frau, von Beruf Schneiderin, als er sie aus rein pragmatischen Gründen heiratet: er wollte einen Hausstand und eine Familie gründen, damit sein Familiengeschlecht weitergeführt wird; sie wurde von ihren Brüder zu der Heirat angehalten. Lebenslang läßt Don Mata sie spüren, daß sie in seiner Schuld steht und daß er von ihr nichts anderes erwartet als ihm zu dienen und seine Nachkommen zu gebären. Er verwandelt sein eigenes Haus damit, ebenso wie es sein eigenes Elternhaus war, zu einem Ort des *encierro*, in dem das patriarchale Diktat dominiert. Auf dem Sterbebett wundert sich Don Mata über Leticias Veränderung, die sich im Laufe ihres Lebens an seiner Seite vollzogen hat. Sie ist mit den Jahren zu einer verbitterten alten Frau geworden, doch Don Mata hinterfragt weder ihren Wandel noch sein eigenes Verhalten, sondern konstatiert ihn nur:

> [...] *ella era una venadita joven que brincaba de cuarto en cuarto y se reía cuando yo le buscaba los senos entre la ropa/* [...] *Era como un remolino/ Curaba las heridas de mi soledad y mi melancolía/ Pero cambió/ Los hijos llegaron y ella cambió con cada hijo.* (29)

Als er selbst noch im Delirium nach ihr ruft, damit sie ihn bediene, "¡Leticia! ¡LETICIAAAA! Leticia Leticia Leticia Leticia: tráeme café" (30), zeigt sich die subversive Funktion der unterschiedlichen Dokumente. Bettys Reflexionen verändern die Perspektive und deuten die schwierige Situation an, in der sich Leticia befunden hat, um zwischen den Kindern und Don Mata zu vermitteln, der es schließlich geschafft hat, daß alle seine Kinder (Jorge, Eduardo, Eloísa, Isabel und Alejandro) das Haus im Streit verlassen haben:

> Dicen que los hijos se les fueron porque el don les sacaba a cada rato la comida y el techo que les daba. Dicen que la tía Leticia no encontraba de qué lado ponerse y que por eso fue amargando, porque cada combatiente la acusaba de ser alcahueta, sinvergüenza y aguantadora. Dicen que cada hijo se fue cuando perdió la batalla decisiva con el don, y que todos juraron no volver jamás. (33)

Eloísas Erinnerungen an ihre Mutter werden durch die Aufzeichnungen Bettys evoziert, durch die gleichzeitig Eloísa näher charakterisiert wird. Sie verbindet mit ihrer Mutter immer die Erinnerung an deren Versuche, sie nach dem traditionellen Rollenmuster zu erziehen und damit den Gehorsam weiterzuleben, den ihre Mutter mit der Heirat gezeigt hat. Sie bemüht sich beständig, aus Eloísa ein "richtiges Mädchen" zu machen, und näht ihr Kleider, die Eloísa kaum trägt:

> Mi tía Leticia le criticaba esa forma de ser, y le hacía preciosos trajes que Eloísa se ponía una o dos veces antes de guardarlos. (110)

Eloísa erträgt die Angepaßtheit nicht, die sich für sie aus der Zuschreibung der Geschlechtsrolle ergibt und kann zu ihrer Mutter kein herzliches Verhältnis aufbauen, weil diese nicht nur das patriarchale (Familien)System duldet, sondern es sogar zu stützen sucht. Daher nimmt sie in Eloísas Erinnerungen nur einen stummen Platz ein, von dem aus sie als Mutter Eloísas kaum zu erkennen ist. Nichtsdestoweniger zeigen sie das Bild einer arbeitsamen Frau, die sich nur unter dem Druck ihrer Brüder zu der Heirat entschlossen und ihr freies Leben gegen ein Umfeld männlicher Herrschaftlichkeit eingetauscht hat:

> Que sus hermanos le reclamaban todos los días porque no se buscaba un hombre serio y responsable, y formaba una familia. Y que por eso aceptó. Y me contaría que para ti ir al

matrimonio fue como comprar un objeto útil y decorativo: que la compraste para lucirla de vez en cuando, para que te sirviera y le tuvieras hijos. Y que de alguna manera le hacías sentir todos los días que ella estaba en deuda contigo. Que nunca le hacías una atención, ni un cariño, ni le dabas las gracias jamás por lo que hacía. (95)

Die Stimmen der Frauen bilden damit einen Gegendiskurs, der das Bild Don Matas in seinem Anspruch auf Wahrheit hinterfragt und das Bild der Geschichte vervollständigt.

Gleichzeitig entsteht durch das Nebeneinander der unterschiedlichen Textquellen ein Kaleidoskop von Erinnerungsfetzen, welche die Vergangenheit aus unterschiedlichen Perspektiven wieder aufleben lassen und die sich mit der Gegenwart vermischen. Diese Erinnerungen sind ihrer Zeitlichkeit enthoben; Zeit wird vielmehr zu einem geschlossenen Raum gemeinsamer Erfahrung, in dem die Existenz des Seins als zeitliche Kategorie zur Gewißheit wird. Sinnbildlich steht dafür das Elternhaus Eloísas, *LA CASA*, als dem Ort, dem Zentrum patriarchaler Dominanz, von dem aus die Suche Eloísas nach ihren Ursprüngen und damit nach sich selbst ihren Ausgang nimmt. Über die Erinnerungen versucht sie, das Sein ihres Vaters und damit ihr eigenes Sein mit Sinn zu füllen, doch die subjektiven Erfahrungen werden zu allgemein menschlichen und sind damit ebenso austauschbar wie Personen. In einer spiralförmigen Bewegung scheint alles immer wiederzukehren und ist schließlich nichts anderes als die Variation desselben Themas, die Suche der Menschheit nach dem Sinn der eigenen Existenz. Diese Wiederkehr des Zeitlichen ist in *caracol*, der Schnecke, symbolisiert:

[...] *para eso podría utilizar la palabra, padre, y ahora comprendo tus delirantes, interminables monólogos: el encierro verbal, el hechizo, los mil pliegues destinados a la acumulación de evocaciones y reflexiones, cuyo espesor indica las vertiginosas fluencias de un tiempo que se encierra, se desenrrolla a partir de un centro, se abre en placas superpuestas, máscaras sucesivas: caracol. Es el síndrome del travestido, padre, magnificado como variación sobre el tema del hombre* [...]. (15)

Eloísa bemüht sich zunächst, ihre Unsicherheit über Ursprung und Sinn der eigenen Existenz in der Historisierung des Ich aufzufangen, und sie beginnt mit der Rekonstruktion des väterlichen Stammbaumes, da nach traditioneller Vorstellung der Ursprung einer Familie über die väterliche Linie zu finden ist:

He descubierto que muchos andan tocados por la misma incertidumbre que hoy me abruma: desde Jesús El Cristo hasta Telémaco, desde Shakespeare hasta Stephen Dedalus: todos buscan la línea paterna, el hilo de la línea paterna: el sendero de la estirpe. [...] *Seguramente piensas y repiensas en la Ley Eterna que es la búsqueda del padre: la necesidad cósmica que nos consagra bajo el mismo signo y que se concentra en la historia de La Sagrada Familia: pesadilla de la que no se puede despertar.* (15-16)

Ihre Mutter hingegen bleibt in ihrer Abwesenheit verhaftet und stirbt eines Tages so unbemerkt wie sie gelebt hat:

Dicen que si Betty la hubiera cuidado, mamá no hubiera muerto tan pronto, tan disminuida y humillada, tan sola, en un catre de segunda y dejada de todos. (106)

Die Suche nach ihren eigenen Wurzeln macht Eloísa nicht nur die Dezentrierung ihres eigenen Ich bewußt, sie erhält durch diese Suche auch immer mehr die Gewißheit ihrer eigenen Orts- und Stimmlosigkeit. Nach der Rückkehr an den Ort ihrer Kindheit, als die Familie und damit das Zentrum *LA CASA* schon lange nicht mehr existiert, versucht sie, sich ihren Ort und ihre Stimme zu erobern, doch die evozierten Erinnerungen bewirken das Gegenteil; sie werden zu erlebten Handlungen, die sie immer weiter in ihrer Stimmlosigkeit versinken lassen.

Die explizite Hervorhebung des traditionellen väterlichen Stammbaumes zeigt gleichzeitig die in der offiziellen Geschichtsschreibung fehlende mütterliche – weibliche – Linie und das Unterworfensein der Frau unter den *Namen des Vaters*. Der Autorin gelingt es jedoch diesen insofern zu unterwandern, als die Nachforschungen Eloísas mehr über die mütterliche als über die väterliche Linie des Don Mata ergeben. Eloísa beginnt die Rekonstruktion der Familiengeschichte mit dem Sammeln von Zeugnissen und Dokumenten, sie spricht mit noch lebenden Verwandten und entwickelt einen Stammbaum, der sich über mehrere Generationen zurückverfolgen läßt. Es entsteht das Bild einer Familie, deren Herkunft sich durch Hybridität kennzeichnet und in der sich verschiedene Kulturen vermischen. Der vollständige Name Don Matas läßt dies erkennen: Jorge Francisco Antonio de la Santísima Trinidad Mata Shelley, "Nací con appellidos y nombres sonoros, decentes y honrados [...]" (123). Er stammt aus einer Familie, die sich väterlicherseits bis in das Jahr 1547 zurückverfolgen läßt, als Juan Francisco de Mata in Carúpano seine Familie gründet. Über dessen Herkunft ist jedoch nichts weiter bekannt. Über Don Matas Großeltern mütterlicherseits hingegen gibt es detaillierte Nachweise: Da sind George Shelley, ein in Indien stationierter englischer Soldat und Meru Elizabeth Nagle Nehru, die wiederum die Tochter eines Hindu und einer Engländerin ist. Nach der Versetzung George Shelleys nach Puerto España wird dort Don Matas Mutter Elizabeth N. Shelley geboren, die den reichen Kaufmann Francisco Mata Mejías heiratet und sieben Kinder zur Welt bringt, fünf Mädchen (Anateresa, Anaisabel, Luisa, Melisandra, Margarita) und zwei Jungen (Ernesto und Jorge Francisco Antonio = Don Mata).

Diese hybride Konstellation der Familie prägt Don Matas Kindheit. Er bleibt hin und her gerissen zwischen den traditionellen Gewohnheiten eines männlichen Lebenslaufes, dessen Abbild er in seinem eigenen Vater vor Augen hat, und dem Bestreben seiner Mutter, das englische Erbe und ihre Sehnsucht nach Europa zu kultivieren, indem sie in ihren Lebensgewohnheiten kulturelle und religiöse Elemente sowohl aus Europa als auch aus Lateinamerika vermischt:

> *Se había esforzado en aprender a hablar bien el español, pero esperaba que los de su alrededor, por cortesía hacia ella, se expresaran también en un correcto inglés. Sabía tocar el piano y el clavecín, y esperaba de ellos que supieran sobre Haydn y Mozart y Chopin y Bach. Como era un espíritu inclinado hacia lo religioso, se convirtió pronto al catolicismo, pero lo practicaba mezclado con toda clase de ritos indígenas y hechicerías. Gustaba de leer poesías y recibía semanalmente los periódicos del país y de Inglaterra, pero se negó sistemáticamente a asisitr a las veladas culturales de Macuto.* (88)

Diese Zerrissenheit zwischen der Strenge einer britischen gesellschaftlichen Elite und dem lateinamerikanischen Synkretismus, bestimmt nicht nur die Figuren, vor allem Don Matas Mutter, sondern spiegelt sich auch auf der Ebene der Textstruktur wieder. Intertextualität wird zu einem weiteren Konstruktionselement und offenbart die versuchte Umsetzung kultureller Vielfalt auf familiärer, subjektiver Ebene, die jedoch nur bedingt gelingt. Referenzen europäischer klassischer Musik – Haydn, Chopin, Bach, Mozart (88) –, lateinamerikanische musikalische Traditionen – La Milagro (73), Piero und Boleros (16), Carlos Gardel (111) –, mythologische oder historische Figuren – Telémaco (15), Cristo, Pentesilea (153) – und Hinweise auf Kino und Malerei bilden oftmals den Ausgangspunkt für den Verlauf der Geschichte, insofern als sich an ihnen Gedanken entspinnen, die mittels Assoziationen wiederum neue Erinnerungen evozieren.

Einen weiteren Hinweis auf den Versuch, unterschiedliche Kulturen gleichermaßen zu repräsentieren, läßt sich auch in der Wahl der Sprache erkennen. Im Wechsel zwischen der spanischen und englischen Sprache spiegelt sich der Konflikt, der aus der Opposition von Peripherie und Zentrum erwächst und zeigt den Kampf um Anerkennung der lateinamerikanischen Kultur, die, um das Ausräumen des Vorurteils einer *Dritte-Welt-Kultur* bemüht, sich ihrer Zerrissenheit und Hybridität deutlicher bewußt wird. Der Autorin gelingt es hiermit, den Wunsch nach einer *a priori* festlegbaren (nationalen und damit auch personalen) Identität als Illusion zu entlarven:

> [...] recuérdenme, recuérdenME, please, remember me, [...] Oh, my God, my God, you save me: who stands at my door in the storms and rain on the threshold of being? One who waits till you call him in from the empty night/ *Vuélvanse, espíritus, a la tormenta y a la lluvia, porque en esta casa hay dolor y pena en la noche vacía*/ [...]. (64-65)

Der hybride Charakter der Familie spiegelt sich auch in intertextuellen literarischen Bezügen. So stehen Anspielungen von Shakespeares *The Tempest* – mit der Figur des Caliban, die als Personifizierung lateinamerikanischer Hybridität gilt –, neben Zitaten aus der Lyrik des zeitgenössischen mexikanischen Autors José Emilio Pacheco, der das Entstehen von Literatur aus der Literatur selbst begreift und dessen Texte sich durch "Zitate, Parodien, apokryphe Zuschreibungen oder andere Techniken der Distanzierung" (Reichhardt 1992: 517) charakterisieren. Damit ist gleichsam der Hinweis auf die Vertextungsverfahren der Autorin selbst gegeben, die nach eben diesen Kriterien *Mata el caracol* konstruiert und zu einem Text verdichtet hat, dessen kulturelles Mosaik sich durch erzählerische Distanz charakterisiert. Dadurch wird nicht nur der Akt des Schreibens als solcher hervorgehoben, in dem die Reflexionen der einzelnen Protagonist/inn/en zum strukturellen Element des Textes werden, sondern gleichzeitig eine Sinnstiftung versucht. D.h. erst durch die Distanz – in diesem Fall die Distanz durch den Tod des Don Mata – offenbart sich die Gesamtheit seines Lebens im Prozeß des Erzählens. Erst durch die durch seinen Tod eintretende Entfremdung von der gelebten Erfahrung ihrer Kindheit, kann Eloísa mit der Aufarbeitung seiner und damit ihrer Vergangenheit beginnen und versuchen, sich damit von den Gespenstern vergangener Zeiten zu befreien, "*A lo mejor ésta es la manera de organizar mis fantasmas*" (71), um den Sinn ihres Lebens bzw. das, was ihre Identität begründet, zu erkennen und zu verstehen.

Im Rahmen dieser Aufarbeitung der Vergangenheit wird das Lebensbild Don Matas aus unterschiedlichen Perspektiven geschildert. Wir erfahren neben den Erzählungen von Betty auch die Gedanken Eloísas bei der Betrachtung eines Fotoalbums, das wichtige Momente im Leben ihres Vaters von 1898 bis 1960 repräsentiert. Die Fotografien, die Eloísa nun mit großer zeitlicher Distanz betrachtet, rufen Erinnerungen wach, denen sie durch das Niederschreiben fiktionalen Charakter verleiht und in denen Identität als das erkennbar wird, was wir über uns erzählen; d.h. die Autorin unterstreicht den Charakter einer narrativen Identität, die damit variabel und nicht mehr greifbar ist.

Das Hochzeitsfoto ihrer Großeltern von 1898 erinnert Eloísa z.B. an die unterschiedliche Herkunft der Familie, wobei die Figur der Großmutter, Elizabeth N. Shelley, eine wichtige Rolle einnimmt. Sie hat ihre eigene Art mit dem Duktus der patriarchalen Gesellschaft umzugehen: Nachdem sie von der Untreue ihres Mannes erfahren hatte, zieht sie sich von ihm zurück und überträgt ihren Haß auf ihre beiden Söhne, in denen sie nicht nur das Abbild ihres Mannes sowie dessen Familiengeschlecht fortgeführt sieht, sondern die Söhne stellen für sie die Personifizierung des *Machismo per se* dar, von dem es sich zu lösen gilt:

> [...] demostraba un rechazo visceral por los hijos varones, a los que consideraba continuadores de la imagen del esposo y de su estirpe: cómplices de sus vagabunderías: reproducciones exactas del macho copulador, prepotente y mentiroso. (88)

Sie entzieht ihren Söhnen das väterliche Vermögen und zwingt sie zu einem Leben in Abgeschiedenheit, "*les dio una vida de encierro*" (89), damit sie den Lebenswandel ihres Mannes nicht fortgesetzt sehen muß und verläßt schließlich mit ihren Töchtern das Land, ohne sich weiter um ihre Söhne zu kümmern. Sie zieht nach England, wo sie und drei ihrer Töchter in den Wirren des Ersten Weltkrieges sterben. Don Mata überträgt den Haß auf seine Mutter auf seine eigene Familie und schafft damit die Grundlage für deren Auseinanderbrechen und die Entscheidung Eloísas, ihre Heimat zu verlassen: "*Y era que esa mujer era como tú, papá*" (91).

Eloísa erinnert sich an Augenblicke, in denen sie dieser Haß ihres Vaters getroffen hat und die Erinnerungen wiegen so schwer, wie das Fotoalbum auf ihren Beinen, "El viejo álbum de fotografías me pesa sobre als piernas" (92). Die Vergangenheit in ihrem Elternhaus beginnt sie zu belasten, zu erdrücken. Das Haus, das seit jeher für sie ein Gefängnis war, in dem eigenständiges Leben und Denken unmöglich waren und in das sie nun freiwillig zurückgekehrt ist, um auf die Suche nach ihrer Familie und nach sich selbst zu gehen, wird bedrohlich eng. Der Akt der Befreiung, den sie sich von der Konfrontation mit ihrem Vater erhofft hat, scheint sich ins Gegenteil zu verkehren. Seit sie wieder im Hause wohnt, machen sich erste Anzeichen eines körperlichen Unbehagens bemerkbar. Eloísa wirft Don Mata mangelndes Verständnis und Interesse für seine Kinder vor, deren Lebensvorstellungen und Eigenständigkeit er nicht akzeptieren konnte und macht sein Verhalten für das Schicksal ihrer Geschwister verantwortlich:

> [...] mi tío Manuel se fue [...] Jorge, el Hermano Mayor, se perdió en algún camino del mundo [...] Eduardo se murió [...] Isabel se extravía en cada encrucijada. Y Alejandro, más hijo de mi padre que yo misma, se fue con él [...]. (111)

Nachdem alle Kinder das Haus verlassen haben, wird die Einsamkeit zu Don Matas ständigem Begleiter, in der er nach und nach vollständig versinkt. Er beginnt Selbstgespräche zu führen und flüchtet sich in sein eigenes sprachliches Gefängnis, um das Alleinsein und den eigenen Verfall ertragen zu können:

> *Un día decidí volverme loco/ Sólo de esa manera me podía liberar de la soledad y la lluvia y la vejez y la desesperación/ Ateroesclerosis cerebral -dictaminó el doctor-Senilidad -dijo otro-* [...]. (78)

Eloísa erkennt im Verhalten ihres Vaters allmählich den verzweifelten Versuch Unsterblichkeit zu erlangen. In seinem Bemühen dem Leben einen Sinn zu geben, versucht er durch Arbeit ein Vermögen zu erwirtschaften, das neben der Fortführung seines Familiengeschlechts seine Existenz *post mortem* sichern soll:

> *¿Por qué te refugiaste en la ceguera y en la locura? Buscaste, padre, la fuente de la juventud y de la riqueza, y no la encontraste. Buscaste, padre, la raíz que te proporcionara la vida perdurable.* (108)

Über die Erinnerungen Bettys sieht sich Eloísa auch selbst reflektiert, und sie steht plötzlich ihrem eigenen Fortgehen aus dem Elternhaus gegenüber, dessen ursächlicher Konflikt niemals ausgetragen wurde. Betty beschreibt Eloísa als eine junge, fröhliche Frau, die jedoch sehr in sich gekehrt erscheint. Sie versucht zwar das Leben in *LA CASA* zu ertragen, bemüht sich aber gleichzeitig um Eigenständigkeit. Als Mädchen verweigert sie den für sie vorgesehenen Ort der Stummheit und gleicht sich sowohl dem Leben ihrer Brüder an als auch deren Äußeren. Sie kleidet sich wie ihre Brüder mit "ropas masculinas" (111), trägt das Haar kurzgeschnitten und lehnt jeden Versuch, ihre Weiblichkeit zu unterstreichen, ab. Don Mata erfährt eines Tages, daß sie in die *guerrilla*-Aktivitäten ihrer Brüder Jorge und Eduardo involviert ist. Indem sie sich nun selbst öffentlich politisch engagiert, hat sie den ihr zugewiesenen Raum des Hauses verlassen und die Grenze nach außen überschritten. Die folgende Auseinandersetzung mit Don Mata endet mit Schlägen, denen Eloísa auszuweichen sucht. Seinem Gebot das Haus zu verlassen, kommt sie augenblicklich nach und zieht es vor, in Armut oder Einsamkeit zu leben, aber dafür ihr eigenes Leben führen zu können, fern ab von seinem Machteinfluß:

> [...] y ella lloraba lanzándole cosas, gritaba que no tenía miedo a la soledad ni a la pobreza, ni a los esfuerzos, y que de todos modos ésa no era su casa, que se iba a ir a vivir su vida, a disponer de sus opiniones y de su libertad [...]. (109)

Eloísa geht nach Mexiko und beginnt zu schreiben. Sie tut damit genau das, was ihre Großmutter immer von Don Mata selbst gefordert hat, Schriftsteller zu werden. Er konnte dieser Anforderung jedoch niemals gerecht werden. Für Eloísa wird Schreiben zum Lebensinhalt und gleichzeitig zu einer Flucht aus der Realität, in der sie Welten erschafft, die sie aus ihren Träumen speist:

> En el periódico, después, aparecían noticias de Eloísa allá, en México. Escribía y su escritura se transformaba en imágenes, escenas: Eloísa La Teatrera: Eloísa y El Cinematógrafo: encontré su libro de *La tempestad* y ella era Próspero. Pero más bien era un Zoo de Cristal el que creaba con sus sueños. (110)

Sie schreibt, weil ihr die Freiheit des Handelns fehlt, denn die Geschichte ist schon beendet, bevor sie begonnen hat sie niederzuschreiben. Schreiben wird somit zu einer Ersatzhandlung, weil sie real nicht mehr handeln kann. So wie angenommen wird, daß *The Tempest* Shakespeares letztes Buch gewesen ist, wird auch die Rekonstruktion der Familienchronik Eloísas letztes Werk. In Anlehnung an die literarische Vorlage gelingt es Eloísa – als von ihrem Vater Vertriebene – jedoch nicht, die glückliche Heimkehr aller Beteiligten zu erreichen. Stattdessen wird durch die eingesetzten Vertextungsverfahren die Beziehung zwischen Fiktion und Realität offensichtlich. Im Bild des Kristalls, der zwar nicht aus sich selbst heraus leuchtet, aber das Licht der Sonne strahlend wiedergibt, wird Fiktion in ihrer Funktion des *Als-ob* der Realität erkennbar und offenbart den narrativen und fiktiven Charakter des Textes.

Die Bemühungen Bettys, durch das Schreiben die Familiengeschichte zu bewahren, zeugen ebenso von der Suche nach sich selbst, wie Eloísas Rekonstruktion mit Hilfe von Bettys Dokumenten. Sowohl Betty als auch Eloísa sind sich bewußt geworden über ihre eigene fehlende Authentizität. Ihre Subjektivität haben sie nur über das Ich anderer – in diesem Fall Don Mata – ausbilden können, und für beide wird die Frage nach dem Ich existentiell notwendig:

> *Nadie puede rebatir el pensamiento sobre el Yo.* [...] *En el caso de Betty, ella no vivió su existencia personal sino a través del reflejo del Yo de otros, por lo que su esencia era básicamente rebatible.* [...] *Por lo demás, hizo virtud de sus debilitades* [...] *yo lo hago con ella. Le adjudico parte de mi alma. Todo es permitido, menos olvidarse del sí mismo.* (130-131)

Schreiben und Erinnerung wird für beide Frauen zu einer Waffe gegen das Vergessen, zum Mittel der Gegenwehr, zur Vergewisserung des eigenen Ich sowie zum Versuch, der Endlichkeit der menschlichen Existenz einen Sinn zu verleihen. Gleichzeitig ist es aber auch ein Mittel, um die eigene Stimme zu erheben:

> Y sigo su ejemplo: escribo como un arma. No sé contra quiénes, pero la uso. A pulso. Infatigablemente, sin prisa ni pausa, estoy conquistando un lugar a su lado [...]. (112)

Nach dem Tode Don Matas beginnt das Schweigen, die Stille – "Y llegó el silencio" (121) – und Betty verläßt das Haus, nachdem sie ihren Teil der Geschichte fertig gestellt hat, "y ésa es la historia" (112). Sie verschwindet ohne eine Spur zu hinterlassen, und es bleiben nur ihre Aufzeichnungen, die sie für Eloísa hinterlegt hat, obwohl sie weiß "que estos textos quizá están condenados al silencio, a la obscuridad, a la destrucción, antes de que alguien siquiera los descubra" (112). Eloísa, die sich auf eine ergebnislose Suche nach Betty begibt, zweifelt alsbald deren Existenz sowie die Echtheit ihrer Dokumente an:

> *El enigma es: ¿qué se proponía Betty al hacer todo este trabajo, si después desapareció tan radicalmente? La he buscado* [...] *me pregunto si Betty existió en verdad, si fueron suyos en verdad esos papeles. ¿Y si son ficciones de OTROS*, de OTRO, de Dios? ¿Y si es una invención de mi madre o de Isabel o de Alejandro o de todos? (139)

Aber auch Betty scheint an der Existenz Eloísas zu zweifeln. Sie fragt sich, ob Eloísa nicht nur ihre eigene Erfindung gewesen sei, um einen Referenzpunkt, einen Adressaten für ihre Aufzeichnungen zu haben:

> [...] quizá Eloísa es una excusa. Un aire fiel para mi vida. El viento en mis cabellos. [...] Quizá ella nunca existió. Quizá la inventé para tender un punto de referencia eficaz. Quizá no existió. (110-111)

Der Zweifel an der Existenz der jeweiligen Textproduzentin und das Verstummen Don Matas mit seinem Tod stellt den gesamten Roman in Frage und wandelt ihn stattdessen in ein rhizomatisches Gefüge, in dem sich die Erzähler/inneninstanzen nicht mehr zuordnen lassen und die Geschichtsebene auf die Ebene der Vertextungsverfahren gehoben wird. Dadurch wird der metafiktionale Status des Romans erneut betont.

Zweifel wird als ein allen gemeinsamer Wesenszug erkennbar, der die Verneinung der Wahrheit beinhaltet. Konsequent setzt sich nun der Zweifel als auflösendes Moment in der Handlung fort. Nach Don Matas Tod und Bettys Verschwinden erkrankt Eloísa und das zunächst harmlos erscheinende Fieber wird zu einer schweren Malaria, die Eloísa am Ende des Buches das Leben kosten wird. Nun wird langsam verständlich, in welchem Zusammenhang das Mottozitat steht, mit dem das Buch beginnt und auch endet: "Tres navíos se hunden donde el sol se oculta" (11, 157). Im Bemühen um den Erhalt und die Weiterführung der Familie, die Don Mata gegründet hat und in der Eloísa ihre eigenen Ursprünge zu finden hofft, hat sie eine Rekonstruktion der Familiengeschichte versucht, in die sie neben ihren eigenen Reflexionen die Stimmen ihres Vaters selbst und die Bettys hineingewoben hat. Aus unterschiedlicher Perspektive wird die Geschichte Don Matas zusammengetragen, die erst über die Entfremdung durch seinen Tod überhaupt möglich wurde. Alle drei befinden sich jedoch auf dem Meer der Zeit, jedes Schiff steht für das eigene Leben, das sich durch dieses Meer bewegt und irgendwann an dem Punkt anlangt, an dem die Sonne sich versteckt hält, an dem die Wahrheit wohnt. Erst mit dem Tod wird die Gesamtheit des Lebens in seiner Sinnhaftigkeit oder Sinnlosigkeit erkennbar, "La verdadera índole de los actos se revela post-mortem" (131), die Wahrheit ist das Ende des Lebens.

Für Eloísa bedeutet diese Rekonstruktion, ihrem Vater gegenüberzutreten und die Erklärung ihres eigenen Lebens aus dem Bild seines Lebens zu erhoffen, "como si fuésemos recíprocas imágenes en el espejo" (153), das aus der erzählerischen Distanz hervorzutreten scheint: "El alejamiento no es una negación a la cercanía, sino el espacio en que se construye el sentido de la metáfora" (146). D.h. durch das Verweben subjektiver familiärer Episoden aus der Vergangenheit mit ihren eigenen Erinnerungen und den gegenwärtigen Briefen an Roberto – die ein weiteres Mittel ihrer Selbstvergewisserung sind: "Recuérdame" (133) –, findet ein Nebeneinander von Alltäglichem statt, das die Erzählerin in etwas Außergewöhnliches zu konvertieren sucht – "Sé que [...] todo esto es retórico, extravagancia, deseo de poner por escrito lo que es cotidiano y transformarlo así en algo extraordinario" (133) –, um der menschlichen Existenz einen Sinn zu verleihen.

Eloísa steht am Ende des Romans mit ihrem Vater auf gleicher Stufe. Don Matas im Delirium geäußerte Monologe zeigen sein verzweifeltes Bemühen, sich kurz vor dem eigenen Tod über das Erzählen der eigenen Geschichte immer wieder seiner selbst zu versichern bzw. sich sogar selbst zu *er*finden. Sie stellen einen letzten Versuch dar, seiner Existenz nachträglich Kohärenz und Sinn zu verleihen und damit über diese *Selbst*konstruktion seine Identität in der Gesamtheit der eigenen Geschichte zu erkennen, "*ESTA ES LA historia, creo, y por eso cuento y cuento una y otra vez/ O recuerdo, maybe*" (57). Eloísas Reflexionen im letzten Kapitel sind unter dem Einfluß von Fieberschüben geschrieben – "(Escritos de la fiebre)" (149) –, die sie während ihrer Krankheit erleidet. Das Fieber ermöglicht eine Transzendierung des Ich und schafft die notwendige Distanz, um zwischen Realität und Fiktion unterscheiden zu können. Außerdem läßt es sie über die Selbstreflexion, die im Fieberzustand nicht mehr durch kulturelle Normen kontrolliert wird, die Gründe für die versuchte Rekonstruktion der Familiengeschichte erkennen. Hat sie zunächst eine Aussöhnung mit ihrem Vater erhofft – "[...] *reencuentro padre-hija, reconciliación, exaltación del llanto, explosión de sentimientos*" (150), wurde daraus bald der Versuch, die Familie über das Erzählen weiterleben zu lassen – "[...] *salvar la estirpe* [...] allí donde se reúnen los hombres: en los labios de los vivientes" (150) und damit das Leben ihres Vaters über seinen Tod hinaus zu verlängern, "Pero tal vez sea posible conseguir una prórroga. Para esto estoy aquí" (152). Im Bemühen um eine Sinnstiftung für das Leben ihres Vaters entwickelt sich die Wiederholung der Geschichte des Vaters durch Eloísa und zeigt den immerwährenden Kreislauf von Leben und Vergehen in ein Spiel verkehrt, in dem das Ich in seinem Status einer zeitlichen Kategorie einem ständigen Wandel unterzogen ist. Zeit ist "irrevocable" (149) und schreitet schraubenförmig – "helicoidal" (150) – voran: *caracol* wird damit zum Symbol für den, durch den Verlust des Signifikats unendlichen, nicht abschließbaren Signifikationsprozeß, in dem auch Identität nicht mehr festzulegen ist. Vielmehr ist diese eine Art *performance*, die es notwendig macht,

> [...] a efectuar actos cotidianos de enmascaramiento y desenmascaramiento. En un gran cofre se guardan los disfraces del día, los antifaces y las máscaras. Al final del friso que protagonizamos está, obviamente, el rostro verdadero: la calavera descarnada [...]. (150)

Am Ende von *Mata el caracol* scheitert nicht nur der Versuch, über die Erinnerung eine (Familien)Geschichte zu rekonstruieren, sondern auch die Konstruktion des Textes selbst. Die auf jeder Ebene des Romans fehlende Kohärenz, konfrontiert die Lesenden mit einem Nebeneinander unterschiedlicher Dokumente, die das Bemühen nachzuzeichnen versuchen, über die Schrift die eigene Stimme hörbar zu machen und sich selbst erkennen zu können. Doch eine Rekonstruktion des Ich in der Konstruktion des Textes schlägt fehl, denn außerhalb des Schreibprozesses existiert das Ich nicht, und Eloísa kann das selbstgesteckte Ziel ihrer Anstrengungen nicht erreichen, ihre Mühen als menschliche Eitelkeit erkennend:

> *Fracaso, padre, en este juego. Pierdo. Porque ni puedo darle un final al drama: un desenlace.* [...] *tampoco podemos reencontrarnos.* [...] *La historia debe quedar, pues, sin desenlace, abierta hacia lo ignoto.* (150)
> [...]
> *Sólo soy una pobre narcisista que se mira (o pretende mirarse) en las palabras que escribe y que tampoco sirven. Porque son meros fragmentos de algo que tal vez un día fue grandioso y callado, pero hoy es grupo de escombros, nubes de polvo, trueno retumbante, y nada. No puedo reconstruir los muros del templo.* (154)

Am Ende ihrer eigenen Kräfte, als mit ihr die letzte Erinnerung an die Familie zu verlöschen droht, wird sie sich der Tragik bewußt, die in der Unmöglickeit ruht, einen gemeinsamen Lebenssinn zu finden. Statt dessen akzeptiert sie die Unausweichlichkeit der eigenen Endlichkeit. Die einzige tatsächliche Wahrheit besteht im Ende des/der Einzelnen, in der Auflösung der eigenen Geschichte, des eigenen Seins und des Selbstbewußtseins, als des Mediums, sich der Existenz des denkenden Subjekts zu vergewissern.

Mag sie auch den fortlaufenden Prozeß des Lebens als solchen erkannt haben, kann sie ihn jedoch nicht nutzbar machen – "*El movimiento* [...] *proceso abierto como motor y significación*" (156) –, und so bleibt sie in der Fatalität und in dem Begehren befangen, welche in der Unmöglichkeit, sich selbst jemals erkennen zu können, ständige Begleiter des Menschen sind:

> *Somos campanas rotas. Color de selva. Color de agua de estanques en el bosque: bronce roto y verde. Campanas sin badajo, sin sonido. En la tierra hundimos las raíces. Inútiles.* (53)

Milagros Mata Gil gelingt es durch den Rekurs auf die Familiengeschichte und in der Auseinandersetzung Eloísas mit der Figur des Vaters Don Mata, die Frage nach der Situation der Frau unter patriarchalem gesellschaftlichen Einfluß zu stellen. Eloísa steht dabei vor unüberwindbaren Schwierigkeiten, sich in traditionelle, vermeintlich identitätsbildende Familienstrukturen einzugliedern. Im Zusammenbruch der Familientradition offenbart sich die Illusion einer zielgerichteten Existenz, für die der traditionelle Wertekanon seine Gültigkeit verloren hat. Die überstarke Präsenz des Vaters, die aus der nicht geschafften Ablösung vom Vater resultiert, verdeutlicht die Abwesenheit des eigenen weiblichen Ich in der symbolischen Ordnung, zeigt dessen Nicht-Repräsentierbarkeit und damit die Chancenlosigkeit einer eigenständigen Entwicklung unter dem Primat männlicher Herrschaft. Die Suche nach den familiären Wurzeln kann als Versuch verstanden werden, sich in der symbolischen Ordnung einzurichten und den phallogozentrischen Diskurs durch das Bewohnen desselben aufzubrechen. Die Bemühungen Eloísas laufen jedoch ins Leere; ihr gelingt weder die Rekonstruktion der familiären Ursprünge, und damit das Finden des eigenen Ich, noch die Subversion des *logos*, um sich als Subjekt auf gesellschaftlicher Ebene durchzusetzen. Die Suche nach einem eigenen Ort bedeutet für *frau* immer auch die Konfrontation mit der phallogozentrisch orientierten Gesellschaft, die in *LA CASA* versinnbildlicht ist, und den Kampf um das eigene *selbst*ändige Sprechen.

Der Prozeß des Schreiben wird zum Ort einer versuchten Identitätsbildung, doch die Erkenntnis über die Unmöglichkeit, mit Schrift etwas ausdrücken zu können, läßt auch das letzte Bemühen um Sinnstiftung scheitern; übrig bleibt nur “[...] el vacío que intenta llenar con cuanto lo rodea, buscando en lo ausente el auxilio que no encuentra en lo presente” (156) und mit Eloísas Tod das Erfülltsein des Ich in der Zeit sowie die Rückkehr zu ihrem *Ursprung*, dem Nichts:

> *El viaje por el mar océano: por el mar tenebroso tiene aquí su remate y su cadencia: hay, al fin, una vuelta al hogar: periplo: reposo: finalidad: cumple ese viaje una perfecta y oculta* teleología. (157)

1.4 Paula Pérez Alonso (Argentinien). *No sé si casarme o comprarme un perro*: Der/die Andere als Projektionsfläche identitätsbildender Momente

Erst das Wiederaufnehmen der Zeit durch das Imaginäre
gibt dem Leben den Atem zurück.
(Marguerite Duras)

No sé si casarme o comprarme un perro ist der erste Roman der argentinischen Autorin Paula Pérez Alonso und wurde im Herbst 1995 in Argentinien veröffentlicht. Der Titel mag die Lesenden zunächst irreführen und die Erwartung auf eine Abrechnung mit der patriarchalen Gesellschaft richten. Diese Erwartung läuft jedoch bald ins Leere und das überraschte Lesepublikum sieht sich einem Roman gegenüber, der die Auseinandersetzung mit den Auswirkungen der politischen Vergangenheit Argentiniens auf das eigene Ich zu einer existentiell bedrohlichen Frage erhebt. Das Publikum und die Kritik waren von dem Roman so beeindruckt, daß dieser seitdem seine fünfte Auflage erfährt. Paula Pérez Alonso hat sich mit diesem Text als anerkannte Autorin durchgesetzt:

> [...] una narradora que, con esta novela, se ubica por encima de las pocas narradoras argentinas en la última década. (Sergio Olguín 1995)

> Paula Pérez Alonso entra en la literatura sin privarse de nada, comenzando por el equívoco inicial de hacer sonreír para después llevar al infierno. [...] Su prosa es dura y poética a la vez, gélida por momentos y desgarrada siempre. (Cecilia Absatz 1995)

In *No sé si casarme o comprarme un perro* entschließt sich die Ich-Erzählerin Juana Eguiza, die Geschichte mehrerer Freunde zu erzählen, deren einzelne Schicksale miteinander verbunden sind. Juana selbst kehrt nach fünfjährigem Exil in Madrid nach Buenos Aires zurück und erzählt von ihrer Wieder-Begegnung mit Argentinien nach der Videla-Diktatur, dem Versuch der Wieder-Eingliederung in eine mittlerweile fremd gewordene Heimat sowie von ihrer unumgänglichen Auseinandersetzung mit der Vergangenheit. Mit dem Schicksal von Juana ist das ihres Bruders Cris und seiner Freunde Max und Horacio sowie Horacios Freundin Oria verwoben, die alle auf ihre eigene Art versuchen, ihren Lebensweg zu finden. Dabei bleibt ihnen die Konfrontation mit der nationalen politischen Vergangenheit nicht erspart.

Der Roman beginnt mit einer direkten Ansprache an die Lesenden, in der die Festlegbarkeit auf eine bestimmte Gattung bestritten und auf eine fragmentarische Textstruktur verwiesen wird. Die Auslassungpunkte heben die Unmöglichkeit sich festzulegen zusätzlich hervor:

> Esta es la historia de unos amigos.... Pero no es la historia de una amistad; es la historia del mundo pero tampoco lo abarca todo... Es la historia de unos seres en el mundo; un fragmento, un recorte. (13)[67]

67 Die im folgenden genannten Zitate sind alle aus Paula Pérez Alonso (1995) entnommen und zeigen über die jeweilige Seitenzahl die Textstelle des entnommenen Zitates an.

Der fragmentarische Charakter von *No sé si casarme o comprarme un perro* offenbart sich bei näherer Betrachtung der Kapiteleinteilung. Der Text gliedert sich in 20 Kapitel, die jeweils numeriert und mit einer kurzen Überschrift in Form eines Wortes oder elliptischer Sätze versehen sind, "2. Desapego", "11. No capitular (Estrategias)", "16. ¿Podés vernos?" (7). Die Kapitel sind den chronologisch angeordneten, in alternierender Folge geschilderten Erlebnissen der einzelnen Protagonist/inn/en gewidmet. Die aus der Sicht Juanas erzählten Kapitel bzw. Kapitelanfänge lassen eine Dualität der Ich-Perspektive erkennen, wohingegen in den Kapiteln, in denen über die Erlebnisse von Cris, Max, Horacio und Oria berichtet wird, die Erzählperspektive mehrfach zwischen Ich-Erzählung, personaler und auktorialer Erzählweise variiert. Der Eindruck, der Text sei eine Art Zusammenschnitt fragmentarischer Lebensausschnitte der Figuren, die von einer übergeordneten Textinstanz zusammengehalten werden, verstärkt sich durch den an *Don Quijote* erinnernden Beginn des Romans, "No es mi historia ni la tuya, lector" (13). Ein wichtiges Merkmal der Erzählstruktur ist auch die Innenperspektive der Figuren, welche die Wiedergabe der Gedanken in eindringliche Unmittelbarkeit wandelt:

> Esa mujer Lidia pasa de ser una mujer de barrio simplona y transparente a una sutil manejadora de los acontecimientos y de pronto yo siento que me guía, que me lleva, que yo voy haciendo exactamente lo que ella tiene previsto para mí. ¿Cuál es su objetivo primero, final? ¿Todo lo que va sucediendo es lo que ella planificó? ¿Cuál es mi parte en esta obra? Me salgo de mí mismo para verme desde fuera, algún indicio tendré, alguna pista. (113)

Die Dialogstruktur wechselt in einigen Situationen zwischen der Form von Theaterdialogen, einer mimetisch-szenischen Darstellung mit Regieanweisungen und direkter Rede, der manchmal jegliche deiktische Formel fehlt. Die Spannung der jeweiligen Situation wird durch diese distanzierte Beschreibung erhöht:

> -Hola. -Hola, Horacio, llegué hoy. -Hola mi bebé, ¿cómo estás? ¡Qué lindo oírla! ¿Cómo le fue, mi ángel? Alivio, respiro. ¡Ah! -Bien, muy lindo. Dibujé mucho. Descansé. Hice unos cuantos *sketches* que ya quedan como definitivos, para incluir en el libro. Me trabé en el número trece. -¿Lindos? -Sí, creo que están bien. Sí, estoy contenta (145) [...] -Qué estás haciendo? Hace mucho que no te veo -le pregunté. -Volví a las andadas. Cejas que se levantan: -¿Qué tipo de andadas? -Las fotos ..., en realidad, sufrían de catalepsia. No habían muerto. -Su sonrisa se crispó apenas. -¿Y para qué quieren reencontrar la vida las fotos? -Para no olvidar. Pelos que se erizan. (162)

Die Erzählstruktur des Textes spiegelt die Fragmentierung des gesamten Romans wieder, die sich sowohl auf der Ebene der Handlung als auch in der Psychologie der Figuren findet.

Auslösendes Moment für Juanas Entscheidung, die Geschichte zu erzählen, ist ihre Suche nach einem geeigneten Partner, die sie zu ungewöhnlichen Überlegungen führt und die auf den Titel des Romans zurückverweist: *No sé si casarme o comprarme un perro.* Sie weiß nicht, ob sie heiraten oder sich statt dessen lieber einen Hund kaufen soll. Schließlich entscheidet sie sich dafür, eine Zeitungsannonce aufzugeben, in der sie einen Mann sucht, der mit einem Hund um die Liebe einer Frau zu kämpfen bereit ist:

> PERSONAS BUSCADAS: SE CONVOCA a un hombre que pueda competir con un labrador por el amor de una mujer. (16)

Die Erwartungshaltung der Lesenden ist erst einmal darauf gerichtet, der – vielleicht etwas ungewöhnlichen – Partnersuche einer selbstbewußten jungen Frau zu folgen, die sich, wie der Titel zu versprechen scheint, über den gesamten Roman ausdehnen wird. Die Erzählerin bezieht zunächst den (fiktiven) Leser "señor lector" (15), in ihre Suche ein, um von ihm eine gewisse objektive Mithilfe bei der Wahl des Partners zu erhalten. Die Anrede des männlichen Lesers mag zwar sprachlich zunächst nicht ungewöhnlich sein, gibt es doch immer noch Stimmen, die darin beide Geschlechter repräsentiert sehen. Zudem ist diese Unterscheidung im Spanischen noch nicht so evident, wie in der deutschen Sprache. Dennoch verbirgt sich hier der Hinweis auf die Orientierung der Erzählerin an ihren männlichen Partnern, die sie als Spiegel benutzt. Demzufolge wundert es nicht, daß sie keine Freundinnen hat, "no tenía amigas" (165). Also soll am Ende des Buches *der Leser* mit ihr zusammen entscheiden, welcher Kandidat für sie in Frage kommen könnte, wobei sie auch ihren Bruder und dessen beiden Freunde in dieses Spiel zu integrieren gedenkt:

> Al final de este libro sabré. Tal vez me ayudes a decidirlo, desde una posición mucho más objetiva. ¿Todos los candidatos son iguales? Mi hermano Cris y sus amigos Horacio y Max son personajes de esta historia, pero... ¿son candidatos? (15)

Nun, da die Erzählerin sozusagen die "Spielanleitung" des Textes/Spiels erklärt hat und die nachfolgende Partnersuche sozusagen zu einer "gemeinsamen" Angelegenheit sowohl der Erzählerin als auch der Lesenden erhoben hat, erwarten die Rezipierenden, dem Text entlang dieser Spielanleitung folgen zu können. Die Autorin nutzt hingegen diese textuelle Strategie, um mit dem Erzählen in Form eines literarischen Spiels die Konstruiertheit des Romans immer präsent zu erhalten. Es dauert jedoch nicht lange, bis die Lesenden feststellen, daß diese vermeintlich lebenswichtige Partnersuche Juanas nur zweitrangig ist. Typographisch im Anzeigenformat hervorgehoben, erscheint die Annonce mit verändertem bzw. erweitertem Inhalt in unregelmäßigen Abständen wieder. Sie gibt einen fortlaufenden Verweis darauf, daß die ursprüngliche Partnersuche über die geschilderten Ereignisse nicht aus den Augen verloren worden ist, obwohl diese Anzeige immer mehr von ihrer ursprünglichen Bedeutung verliert und als eine Art Maske vom eigentlichen Thema ablenkt. Gleichzeitig dient sie der Erzählerin und dem "señor lector" als eine Art Fixpunkt, um den *roten Faden* der Erzählung nicht zu verlieren. Wie es der Autorin gelingt, mit dieser Strategie die Leseerwartungen zu unterwandern und ausgehend von diesem zunächst unterhaltsam erscheinenden Vorhaben, die Konfrontation mit der argentinischen Geschichte und die Frage nach dem Sinn des einzelnen Menschenlebens zum eigentlichen Thema zu machen, wollen wir anhand einer näheren Betrachtung des Textes aufzeigen.

Die Kapitel, die von Juanas Geschichte erzählen, umfassen ihre Kindheits- und Jugenderinnerungen sowie ihre persönlichen Erfahrungen mit der politischen Vergangenheit Argentiniens und dem Exil, die sie durch Analepsen in die aktuelle Erzählhandlung, in der sich die Wege der Figuren immer wieder verzweigen, einfügt. Nach und nach läßt sich die Thematik des Romans als Kampf der Figuren erkennen, sich als gesellschaftliche Subjekte in einem Staat zu konstituieren, der sich erst langsam von den Schrecken der Gewaltherrschaft zu erholen beginnt. Dieser Kampf führt alle Figuren zu einer Konfrontation mit der nationalen Geschichte und vor allem mit sich selbst. Jede/r versucht, seine Vorstellungen eines sinnvollen Lebens zu verwirklichen, die er/sie am Ende als gescheitert betrachten muß. Die Autorin fängt mit diesem Roman gekonnt die Stimmung ein, die in einer politisch und menschlich-ethisch zerrissenen Gesellschaft zu Hoffnungslosigkeit und Verzweiflung führt, und in der sich alle der Tatsache bewußt sind, daß sich das Selbst nicht als feste Identität oder Subjektivität begreifen läßt, sich nicht einmal an Kategorien wie Nationalität oder Tradition orientieren kann. Diese Begegnung mit dem Ich als einem nirgendwo verankerten aber dennoch unlösbar mit der Geschichte verbundenen Subjekt wird zu einer Odyssee, die am Ende des Buches für alle Beteiligten ein tragisches Ende findet.

Juana stammt aus einer Familie der argentinischen Mittelklasse, deren Struktur sie nachhaltig prägt. In der familiären Konstellation zwischen einem gewalttätigen Vater, dessen ganze Aufmerksamkeit ihrem fünf Jahre älteren Bruder, Cris, gilt und einer unterdrückten, wehrlosen und stummen Mutter, ist für sie kein Platz. Sie überträgt daher ihre ganze Zuneigung auf ihren Bruder, den sie fast inzestuös liebt, "Cris era mi referencia y el hombre que yo amaba [...] ¡ Cómo lo amaba!" (18). Neben seiner Männlichkeit und Stärke bewundert sie vor allem seine Schönheit und Sensibilität. Cris verkörpert einen androgynen Menschentyp, der Eigenschaften in sich vereint, die im Rahmen einer klischeehaften Geschlechterdifferenzierung nur getrennt gedacht werden können. Diese Kombination wirkt anziehend auf andere Menschen und ihm wird – im Gegensatz zu Juana – von allen mit Sympathie und Aufmerksamkeit begegnet. Juana beginnt ihn zu imitieren und ist immer auf der Suche nach einem Lebenspartner mit seinen Eigenschaften. Cris ist aber nicht nur der Maßstab, an dem sie ihre männlichen Begleiter mißt, sondern er ist ihr eigentlicher Lebens(in)halt. Seit frühester Kindheit an die Ablehnung ihrer Eltern gewöhnt, hat sie bald erkannt, daß sie so sein muß wie er, wenn sie geliebt werden will, "para ser alguien querible había que ser como él" (18). Um herauszufinden, was ihren Bruder denn so liebenswert macht, begibt sie sich auf die Suche nach seinem Wesen. Dieses hofft sie über seine Bücher finden zu können, d.h. sie versucht deren Bedeutung für ihn zu ergründen, indem sie seine Bücher liest. Sie interessiert sich dabei allerdings nicht in erster Linie für den Inhalt der Texte, sondern für die Randnotizen, die Cris in den einzelnen Texten gemacht hat sowie die unterstrichenen Stellen. Von diesen persönlichen Gedanken erhofft sie sich Einblick in sein Inneres:

> Durante muchos años los libros habían ocupado un lugar tan importante en su vida [...] Recuerdo cuánto, durante mi infancia, me había intrigado el significado que tenían para Cris. Notaba que se pasaba horas, días con ellos, nada parecía tener más importancia. Al dejar la infancia empecé a preguntarme qué contenían los libros que Cris leía con tanta concentración. [...] Escudriñaba una y otra vez las frases subrayadas, los comentarios anotados en los márgenes, esforzándome por captar alguna idea. (33-34)

Auf der Suche nach ihrem Bruder liest sie sich durch einen männlich tradierten Kanon, dessen Textauswahl Cris als einen nachdenklichen Menschen charakterisiert, der mit sich selbst nicht ausgesöhnt ist. Getrieben von einer unbestimmten Sehnsucht, sucht er Zuflucht in der Literatur und Philosophie von Menschen, deren Zerrissenheit sich in ihren Texten spiegelt. Juana eignet sich auf diese Weise einen patriarchal geprägten Diskurs an, in dem die Frau immer schon ausgegrenzt war, und versucht ihre eigene Weiblichkeit zu negieren, indem sie ihren Bruder zu imitieren sucht:

> Así fue como a los dieciséis años ya había pasado de Cervantes, Maupassant, Felisberto Hernández, Melville y Henry James a Roa Bastos, Dante, Rilke, Sartre, Nietzsche, Hegel, Rabelais. (34)

Auch im Exil bleibt Cris Juanas Ideal und als Mensch der Spiegel, den sie braucht, um sich ihrer eigenen Existenz zu vergewissern und sich selbst zu bestätigen. Nur über ihn kann sie ihre vermeintlich eigene Identität ausbilden und durch die Nachahmung seines Charakters sich selbst als Subjekt konstituieren. Sie bleibt damit in der symbolischen Ordnung gefangen, ohne zu durchschauen, daß ihr Platz darin nicht authentisch ist, sondern daß sie sich nach bestimmten Wertvorstellungen richtet und Verhaltensmuster imitiert, denen sie nicht entspricht bzw. die ihr und ihrem Status als Frau in keiner Weise entsprechen. Selbst noch im spanischen Exil in Madrid kauft sie sich Cris Bücher wieder, um mit ihm in dieser Zeit verbunden zu bleiben und sich an diese konstruierte Identität, die nichts weiter als eine Fassade ist, aus Angst vor ihrem eigenen Untergang anklammern zu können:

> Al poco tiempo de instalarme en Madrid me di cuenta de que tenía que recuperar mis libros. Los volví a comprar [...] y Cris a través de ellos, lo que me salvó de peores angustias en mis días de mayor soledad y aislamiento. (35)

Der Grund für ihre Flucht und ihr späteres Exil war ihre Liebe zu dem Revolutionär Ernesto, der zu einem Ersatz für Cris wurde, da sich in ihm dessen bewunderte Stärke und Entschlossenheit potenzierten. Diese Beziehung war jedoch von vorneherein zum Scheitern verurteilt, da Ernesto – gemäß dem historischen Vorbild Che Guevara – seinem politischen Ideal treu blieb und dafür auch in den Tod ging. Juanas Versuch, sich aus ihrem Status als Tochter zu befreien, wird daher kein Befreiungsakt, sondern nur zu einer Projektion ihrer Wünsche auf eine wiederum stärkere Person, durch die sie zu leben glaubt. Sie ordnet sich seinem Lebenswandel unter und *läßt* sich leben, ohne selbst entscheiden zu können. Nach ihrer letzten Begegnung begreift sie, daß sie ihre Illusion eines friedlichen bürgerlichen Familienlebens – das Cris nach ihrer Rückkehr als letzte lebbare Möglichkeit betrachtet – aufgeben muß und sie flieht aus Buenos Aires, im sechsten Monat schwanger. Im siebten Monat bringt sie einen Jungen zur Welt, der nach vier Tagen stirbt und wenige Tage später erfährt sie vom Tode Ernestos. Sie verliert damit nicht nur die Menschen, die sie geliebt hat, sondern auch den Spiegel, der ihr das Gefühl der eigenen Zentriertheit, Ganzheit vermittelt hat. Ohne diesen Spiegel sieht sie sich ihrer eigenen Dezentriertheit und Zerrissenheit hilflos gegenüber. Der Unfähigkeit, ein *selbst*ändiges Leben zu führen, in dem sie ihr eigener Halt, ihr eigener Spiegel ist, versucht sie daher zunächst durch ihren eigenen Tod zu entgehen, "Tal vez me quería morir también" (25). Schließlich ist ihr Überlebenswille aber doch stärker und sie geht nach Spanien ins Exil.

Als sie nach fünf Jahren nach Buenos Aires zurückkehrt, stellt sie fest, daß Cris sich verändert hat. Er hat sich von den meisten seiner Bücher getrennt, hat jegliches Interesse an Politik, Sport oder Reisen verloren. Seine Lebensfreude ist einer Verletzlichkeit seiner Seele gewichen, die nach außen sichtbar geworden ist und aus ihm ein "ser excesivamente espiritual" (33) gemacht hat. Alle Dinge, mit denen er sich bisher umgeben hat, konnten ihm den Sinn des Lebens nicht eröffnen und ihm keine Orientierung bei der Suche nach sich selbst geben. Er kompensiert seine Desillusionierung nun in der Liebe zu seiner Freundin V., deren Name niemals vollständig genannt wird. Da er sich selbst nur als zerrissenes Wesen erlebt, projiziert er nun seine Vorstellungen von Ganzheit, Identität und Lebenssinn auf V. und hofft, mit der Gründung einer eigenen Familie sein inneres Gleichgewicht wiederzuerlangen und Frieden zu finden:

> Y por primera vez quería casarse, tener hijos, y sentía que formar una familia le iba a dar una cierta añorada paz. El se había imaginado capaz de inventar un mundo cerrado, donde ser feliz y estar seguro. (29)

Die wenigen Bücher, die er behalten hat, gehören weiterhin zum *master-discourse* eines traditionellen zentrumorientierten Literaturkanons, kennzeichnen aber immer noch seine momentane seelische Verfassung, die vor allem durch die den jeweiligen Autoren vorangestellten Adjektive verstärkt wird:

> Pound, Goethe, Nietzsche, algo de Huxley, casi todo Hemingway, Fitzgerald, Stendhal, Gide, Proust, Dostoievski y Tolstói, todo Camus, todo Kafka, *Los Thibault* y las biografías de Monty Clift, Bogart y Dylan. (33)

Es finden sich keine lateinamerikanischen Autoren mehr darunter. Da diese Verdrängung der eigenen Kultur parallel zu seinem Entschluß der Familiengründung stattfindet, kann sie als Abwehr des Eigenen – des Ich, des kulturellen und politischen Hintergrundes – unter gleichzeitiger Projektion auf das Andere – Europa, Amerika, V. – verstanden werden. D.h. der Mechanismus des Selbstschutzes erlaubt ihm über das Leben anderer die eigene Dezentrierung zu ertragen. Identität wird sowohl für Juana als auch für Cris zu einem Vehikel ihrer Projektionen, in denen das Ich nur auf die vermeintliche Ganzheit des Anderen ausgerichtet ist; dessen Dezentrierung wird aber aufgrund des eigenen Wunschdenkens nicht erkannt. D.h. beide lieben im Anderen nur das Bild von Ganzheit, versuchen sich dieses imaginierte Ideal anzueignen, das ihnen selbst fehlt. Dieser verzweifelte Versuch von Cris eine feste Identität auszubilden, die ihm hilft, das Leben tatsächlich leben zu können, wandelt sich in eine krankhafte Abhängigkeit von V., aus der er sich nicht mehr befreien kann. Er sucht in ihr nach der Einheit des anderen Ich, das ihn aus seinem Dunkel führen und sein eigenes Sein erfüllen soll. V. erinnert in ihrer Funktion als Ersatzobjekt für sein eigentliches Begehren, an den Signifikanten V des

Freudschen Wolfsmannes (vgl. Freud 1996), der dessen Urszene repräsentiert, die zu einer schweren Psychose führte. Während Cris sein Begehren auf seine Freundin V. richtet, in der Hoffnung sie möge die Leere, das Nichts ausfüllen, entfremdet er sich sich selbst immer mehr, bis er den Sinn des Lebens nur noch über V. zu greifen imstande ist. Für Juana ist V. später der Auslöser für ihren Haß, da sie sie für den Tod von Cris verantwortlich macht, d.h. V. erscheint im Text nur in der Funktion einer Spur, die auf den eigenen Mangel der Figuren verweist.

Die Ereignisse spitzen sich zu, als durch die Fehlgeburt des ersten Kindes Cris Ehe endgültig scheitert und er keinen Weg mehr aus seinem Leiden herausfindet. Ihm ist das Schicksal eines jeden Mensch bewußt geworden; in seinem Sein zum Tode liegt eine Sinnlosigkeit des Lebens begründet, an der er schließlich zerbricht:

> Ser único. Ser único es ser ése y no otro, es distinguirse, es diferenciarse, es crearse, crear un estilo, una personalidad. (70)
> [...]
> Había entrado en la conciencia, y ya no podría volver atrás, a recuperar el candor y el placer. Ahora sabía que los hombres mueren y no son felices. (97)

Diese Aussichtslosigkeit, die er in dem ständigen Aushandeln mit sich selbst in seiner zerrissenen und fragmentarischen Identität empfindet, das Nichts, das am Ende übrig bleibt, artikuliert er ein letztes Mal in einem Abschiedsbrief an seinen Freund Max. Er bezeichnet damit nicht nur sein eigenes Schicksal, sondern auch das aller anderen Figuren:

> Querido Max: ¿Por qué te fuiste tan lejos? No era necesario alejarse para averiguar, ni siquiera a tus veinte años; estaba acá nomás, adentro de uno, ahí es donde había que resolverlo. Esto es terrible. Esto es la nada. Es muy difícil de aprehender la nada, pero existe, es, densa, me cerca, me ahoga, no hay salida. Acá sí que no hay salida. No hay alternativa. Esto es todo y nada. NADA MAS, el fin, no hay vuelta, no hay vuelta atrás, no puedo retroceder, no puedo arrepentirme [...] ¿Por qué queremos seguir sufriendo? [...] La vida seguirá así, indiferente, su curso, sin nosotros. Somos nosotros, carajo, los que tenemos que adaptarnos. Si no, no queda otra que la muerte... (195)

Cris zieht die ihm einzig mögliche Konsequenz, er begeht Selbstmord, "Se había pegado un tiro en el corazón. Donde le dolía" (196).

Nach Juanas Rückkehr aus dem Exil, die ihr wie das Erwachen aus einem langen Traum vorkommt, "Volví como si me despertara de un largo sueño" (27), bleibt Cris weiterhin ihre Lebensmitte, aber mit veränderten Vorzeichen. Zunächst stellt sie fest, daß ihre – mittlerweile geschiedenen Eltern – sie aufgrund der Umstände ihrer Flucht aus der Familie ausgeschlossen haben, da sie in Bezug auf "los valores, la educación y el modo de ser" (153) auf keinen gemeinsamen Nenner mehr kommen können. Selbst die Vermittlungsversuche ihres Bruders erreichen nicht, daß sie miteinander wieder in Kontakt treten, "pero mi madre y mi padre -ya separados para entonces- no trataron de contactarme" (28). Cris nimmt damit wiederum den wichtigsten Platz in ihrem Leben ein und ist ihre einzige Familie. Er erleichtert ihr das "*re*-conocimiento" (27) der Stadt und hilft bei den ersten Schritten ihrer *Neu*-Entdeckung der fremd gewordenen Heimat. Durch ihn erhält sie ein Gefühl von Sicherheit und es zeigt sich, daß sie beide miteinander verbunden geblieben sind, nicht zuletzt durch den gemeinsamen Kampf auf der Suche nach dem eigenen Ich "seguíamos la misma lucha" (28). Doch nachdem sich die Rollen verkehrt haben und er nun Zuflucht bei ihr sucht, erkennt sie, daß ihr seine resignative Haltung nicht mehr Vorbild sein kann. Damit verliert sie erneut ihren Halt und die Sicherheit und sucht sich nun eine Strategie, die sie vor sich und anderen schützt. Der *Wieder*-Begegnung mit ihrem früheren Leben sowie ihrem Versuch, sich als gesellschaftliches Subjekt zu positionieren, kann sie sich nur mit Hilfe von Masken aussetzen, "no estaba en condiciones de circular sin una máscara" (28). Diese Maskerade wird zu einer unersetzlichen Überlebensstrategie, mit der sie ihre Verletzlichkeit zu verstecken sucht. Sie beginnt ein regelrechtes Maskenspiel, wobei sie die verschiedenen Masken nach Belieben und Situation auswählt und in die Rolle einer der zur Verfügung stehenden weiblichen Prototypen schlüpft. Mit dem Anlegen einer dieser Masken fühlt sie sich innerlich verwandelt, nimmt sogar in dieser Zeit Eigenschaften des durch sie dargestellten anderen Wesens an. Sie fühlt sich in dieser konstruierten Identitätsmaske sicher, da sie nach bestimmten Regeln funktioniert, die es einzuhalten gilt; außerdem wird sie nicht plötzlich mit dem eigenen verletzlichen Ich konfrontiert, das sich nicht kontrollieren läßt. Juana gesteht allen Masken den gleichen Wahrheitsanspruch zu und begreift Identität damit als einen fortwährenden Prozeß, als einen Akt der *performance*, der nicht als festlegbare Kategorie denkbar ist und den Anspruch einer absoluten Wahrheit unterläuft:

> Soy Juana, una de las tantas que he sido. Hoy vivo otro tramo de mis vidas. Poliedro caleidoscópico, ¿te detendrás en alguno de tus planos, en alguna de tus caras? Ninguna es más *verdadera* que otra. ¿Por qué los hombres se empecinarán en buscar *la verdad, una* verdad? ¿Por qué esa voluntad de reducir, de constreñir, de apresar, de unificar, de delimitar? Todas esas caras, todos esos planos han sido mi vida, necesarios segmentos encubridores o develadores que responden a un sentido. (18)

Das Sein wird nun zu einer Möglichkeit des Wandels, als etwas, dem man sich nur spielerisch nähern kann und innerhalb dessen jeder Versuch Identität festzulegen oder die absolute Wahrheit zu suchen gleichzeitig die eigene Existenz beschränken würde. Aber so positiv, wie sie dieses Maskenspiel auch einzuschätzen vermag, nach und nach verselbständigen sich die Masken und sie kann sie nicht mehr von ihrem Gesicht – von ihrer Person – lösen, "Hasta que un día encontré que no me la podía sacar aunque quisiera" (53). Die Angst vor dem Schmerz der Vergangenheit und vor der Frage, was das wahre Ich eigentlich bedeutet, hat sie immer weiter hinter die Masken verdrängt und sie bemüht sich zu vergessen, welch existentielle Bedrohung die Aufarbeitung ihrer vergangenen Erlebnisse bedeutet.

Geschützt durch die Masken, beginnt sie für eine Zeitschrift in Buenos Aires zu arbeiten und sie stellt fest, daß diese Arbeit ihrer neuen Art zu leben sehr entgegenkommt:

> [...] jamás imaginé que la nueva actividad tendría tanto que ver con la máscara que habría de inaugurar aquí. (31)

Sie ist nun auch wieder in der Lage, einen Partner in ihr Leben zu lassen und beginnt eine kurze Beziehung mit Horacio, einem der beiden Freunde von Cris, der jedoch keine Dauer beschieden ist. Als Juana bei ihm ihre Masken ablegt, bleibt nur noch die schwere Last der Vergangenheit. Ihr Schmerz und seine Wut und Hilflosigkeit prallen aufeinander und sie werden einander zu Projektionsflächen, auf denen sie ihre unverarbeiteten Gefühle immer wieder neu inszenieren, ohne daß sie sich aus diesem Kreislauf befreien können.

Horacio ist Fotograf, der zu Zeiten der Diktatur das Geschehen im Land fotografisch festgehalten hat und dessen Überzeugung es ist, mittels seiner Fotografien wahre Geschichte sichtbar zu machen. Ihm ist bewußt, daß Geschichte aus der Kombination von Bildern entsteht, die bestimmten Regeln und Ideologien, einem bestimmten Diskurs folgt, "[...] para Horacio la vida es una secuencia de fotogramas que revelan, que delatan, que cuentan la historia [...]" (38). Seine Fotos sind subjektive Momentaufnahmen, die er der staatlichen *Wahrheit* entgegenstellt. Er möchte mit ihnen nicht nur die Geschichte vervollständigen, sondern er erhebt damit auch seine Stimme und versucht, den offiziellen Diskurs des Regimes in seiner Verlogenheit vorzuführen. Für seinen Angriff auf die offizielle Wahrheit treffen ihn staatliche Sanktionen, er verbringt mehrere Monate im Gefängnis und muß das Fotografieren aufgeben. Er verliert seine Stimme, "él ya no habla" (39), verschließt sich, unterdrückt seine Arbeit sowie sein politisches Engagement und beginnt zu vergessen, "Había tenido que olvidar para callar" (123).

Horacio wird zur zentralen Figur der in den Verlauf des Romans eingearbeiteten Kriminalgeschichte, in der die Auseinandersetzung mit der jüngsten unheilvollen Vergangenheit Argentiniens zum Angelpunkt des Textes wird und die schließlich mit dem Schicksal Juanas zusammenläuft. Horacio möchte einen neuen Lebensanfang wagen und begibt sich auf die Suche nach einem Haus am Stadtrand. Der Versuch, die Zukunft zu beginnen wird statt dessen zu einer Reise in die Vergangenheit. Durch die Nachbarin des Hauses, das ihn interessiert, erfährt er dessen geheimnisvolle Geschichte, die schließlich seinen detektivischen Spürsinn weckt. Er beginnt auf eigene Faust mit den Nachforschungen und gerät immer tiefer in den Strudel der damaligen Ereignisse. Erst jetzt, aus der Distanz, scheint es ihm zu gelingen, die einzelnen Puzzlesteine der Vergangenheit mit Hilfe seiner wieder hervorgeholten Fotos zu einem ganzen Bild zusammenzusetzen. Erst die Entfremdung ermöglicht ihm das Erzählen der Geschichte, und so gelangt er über das Betrachten seiner über Jahre verschlossenen Fotos auch zu einer Auseinandersetzung mit sich selbst, seinem eigenen Verhalten, seinem Schweigen und seiner Tatenlosigkeit, die er als unverarbeitete Wut gegen andere richtete und die seine Freundin Oria geduldig ertrug, wobei er hin- und hergerissen war zwischen dem Bedürfnis nach menschlicher Nähe als Ort des Friedens (wie Cris) und der Aggression, die aus seiner Tatenlosigkeit resultierte und die einen Rückzug in die bürgerliche Normalität nicht dulden konnte. Er begreift daher dieses Wiederaufrollen, dieses *Neu-Betrachten* und anschließend *Neu-Schreiben* der Geschichte als Möglichkeit, in die Richtung der Wahrheit aufzubrechen:

> Ahora se encontraba impulsado hacia adelante, hacia esas imágenes que reproducían y revivían su historia y la Historia. El archivista en Horacio -*arché*: origen; no es que crea en el origen- se enfrentaba a ese mueble que había cancelado todos esos años, y se enfrentaba a sí mismo. Recuperaba una lucha, una dirección y un sentido, se apartaba de una mayoría entumecida que no conocía la palabra *no*, porque ilusionan, ilusos, con que el sí significa avanzar. Se quitaba la venda de los ojos, la mordaza de la boca y la cera de los oídos. (124)

Diese Rekonstruktion der/seiner Geschichte wird jedoch zum Beginn einer Odyssee, an deren Ende er das Streben nach politischer Wahrheit verloren geben muß. Er stößt im Keller des Hauses auf die Leichen mehrerer unter dem Regime ermordeter Menschen, unter denen sich auch die wirklichen sterblichen Überreste Ernestos befinden. Die offizielle Beerdigung Ernestos, an der Juana und Horacio gemeinsam teilgenommen haben, und die als Zeichen des guten Willens und des Neubeginns seitens des Staates gelten sollte – dank der "logros de la democracia" (56) – wird damit als Inszenierung des neuen demokratischen Systems entlarvt. Für Juana, die offiziell zu dieser Beerdigung eingeladen wurde, bedeutet dies einerseits die politische Rehabilitierung, andererseits einen ersten Schritt zurück in die von Masken geschützte Vergangenheit. Für Horacio werden seine Nachforschungen erneut zu einer Gefahr. Die Reise zum *Ursprung* des Geschehens als Ausgangspunkt für eine Rekonstruktion des Geschehenen behagt auch der neuen Regierung nicht. Seine Informationen werden gegen ihn verwendet und er wird in einem nach außen demokratischen Land zum politischen Flüchtling, der das Land verlassen muß. Die Umkehrung der Situation – das Gute wird zum Bösen stilisiert – macht aus dem Detektiv, in diesem Fall Horacio, den Verfolgten. Die Erwartung der Lesenden wird in ihr Gegenteil verkehrt, und es gelingt, die Gattung des Kriminalromans zu unterwandern.

Horacio scheitert mit seinem Versuch, die Geschichte neu zu schreiben und bleibt auf sich selbst zurückgeworfen. Die Vergangenheit läßt sich ebensowenig einholen, wie das Ich in seiner ursprünglichen Einheit. Die Wahrheit als Absolutes existiert nicht, zurück bleibt nur die Gewißheit der eigenen Dezentrierung und die Erkenntnis, als ein nach Wahrheit suchendes politisches Subjekt nur dann zu existieren, wenn man den vorgegebenen Ideologien folgt.

Juana hat nach der Beziehung mit Horacio ihr Maskenspiel wieder aufgenommen und ein Leben auf dieser sichtbaren und sicheren Oberfläche begonnen. Als sie Max kennenlernt, einen weiteren guten Freund von Cris, ist die Beziehung von Anbeginn gefährdet, weil er von ihr fordert, diese Charade aus nicht authentischen Wesensfragmenten abzulegen. Max ist der Sohn einer Großgrundbesitzerfamilie aus Corrientes, im Norden Argentiniens. Seinen Widerstand gegen das System und die Ansprüche seiner Eltern, ihn als Erben für den regimetreuen familiären Betrieb einzusetzen, kompensiert er in einem langjährigen Drogen- und Alkoholkonsum. Seine Eltern versuchen ihm zu helfen, indem sie ihn in eine psychiatrische Klinik einweisen lassen. Max gelingt jedoch die Flucht in die USA, wo er sich zu einem "solitario enigmático" (61) entwickelt, der als "andariego [...] [b]eduino, nómade, hombre de ninguna parte" (88) ein nomadisches Leben führt. Von ungeklärter Sehnsucht getrieben und auf der Suche nach sich selbst und seinem Ort auf dieser Erde bereist er die Welt. Nach fünfzehn Jahren Abwesenheit kehrt er schließlich nach Argentinien zurück, um nach dem Tod seiner Großmutter doch noch den Familienbesitz zu übernehmen. Seine Auseinandersetzung mit der nationalen Vergangenheit verarbeitet er in einem landwirtschaftlichen Projekt, mit dem er im Bereich des Großgrundbesitzes Reformen durchzusetzen hofft.

Max symbolisiert in diesem Text eine Art Außenperspektive, die sich durch die Raumstruktur des Textes erklärt. Dadurch daß er in Corrientes und nicht in Buenos Aires lebt, wie alle anderen Figuren, wird er zum Sinnbild für Veränderung, während Juana, Cris, Horacio und Oria sich immer weiter in ihre Vergangenheit verstricken, ohne einen Weg aus ihr heraus zu finden. So wundert es nicht, daß Max die letzte Person ist, an die sich Cris in seinem Abschiedsbrief wendet und daß sein Anwesen die letzte Station für Horacio und Oria wird, bevor sie das Land verlassen müssen. Die Opposition von außen und innen steht sich in Corrientes und Buenos Aires als offener und geschlossener Raum gegenüber und prägt über diese topographische Ebene das Schicksal der Figuren. Die Beziehung, die sich zwischen Max und Juana entspinnt und die von Max ständigen Reisen unterbrochen wird, charakterisiert sich als die Begegnung zweier Menschen, die über die körperliche Ebene ihrer Einsamkeit zu entfliehen versuchen. Daß beide diese Körperlichkeit unterschiedlich begreifen, bedeutet das Ende ihres gemeinsamen Weges. Juanas Kampf um ihre Unversehrtheit, d.h. ihre Weigerung das Maskenspiel aufzugeben steht Max Forderung nach absoluter körperlicher Hingabe entgegen, "Obligaba a una gran entrega física" (61). Einsamkeit ist für ihn "una elección de desconfinaza" (61), aus der er nur für Augenblicke durch sexuelle Aktivität heraustreten kann. Er ist von der tiefen Begegnung zweier Menschen im sexuellen Akt überzeugt, denn das wirkliche Sein des Anderen, sein wahres Ich enthüllt sich für ihn nur im Bann der Intimität. Juana hält eine wirkliche Begegnung zwischen zwei Menschen grundsätzlich für reine Illusion, "es la ilusión de una fusión" (61). Sie bevorzugt menschliche Begegnungen, die nicht den Beigeschmack des Dauerhaften haben. Dauerhaftigkeit bedeutet Tiefgründigkeit; diese wiederum würde einerseits von ihr verlangen, ihre Masken fallenzulassen und sich andererseits auf ein Machtspiel einzulassen, in dem es ihr um das ständige Aushandeln der stärkeren Position zu tun wäre. So sträubt sie sich mit dieser ablehnenden Haltung auch gegen den impliziten Machtanspruch, der sich mit dem Wunsch nach Erkenntnis des/der Anderen verbindet, damit sie ihre eigene Machtposition aufrechterhalten kann, und weiterhin sie diejenige ist, die Kontrolle über ihr (Gefühls)Leben ausübt und nicht der/die Andere/n. Andererseits tragen dauerhafte Partnerschaften immer schon ihr Ende vorgezeichnet; daher bedeutet Juanas Art, Körperlichkeit zu leben und Sexualität zu erfahren, nicht die Transzendierung des Ich auf der Suche nach Wahrheit, wie sie Max anstrebt, sondern ein Spiel – "coqueteos con el misterio" (63) –, das gleich nach dem vollzogenen Akt jegliche Bedeutung zu verlieren hat und keine Wurzeln schlagen darf. Juana empfindet die Einsamkeit, in die beide danach zurückfallen doppelt schwer, auf der einen Seite, weil der Versuch sich über die körperliche Exstase der schöpferischen Wahrheit anzunähern scheitert, und auf der anderen Seite, weil das Dauerhafte eine Illusion ist, die nicht aufrecht erhalten werden kann:

> Lo que me hace sospechar que si lo que sobreviene al orgasmo es el vacío y la decepción, no hay encuentro que perdure. (61)

Ich kann das Wort Begehren nimmer hören...

Tiefgründigkeit würde das Ende des Spiels bedeuten und die Frage nach dem eigenen Ich, der eigenen Wahrheit nicht länger verdrängen können. Demzufolge gründet sie ihr Leben auf Fragmente, in denen Partnerschaften zu flüchtigen Begegnungen werden, die niemals von Dauer sind und die sie mit Hilfe der Masken jedes Mal neu und anders beginnt. Wirklichkeit und Nichtwirklichkeit vermischen sich dabei und bilden ein nicht zu bezeichnendes *Dazwischen*, in dem sich ihr fragmentarisches Leben entfaltet. Folglich sind es immer nur bestimmte Aspekte, die sie an ihren wechselnden Liebhabern beeindrucken, niemals aber das/der Ganze, das/der in seiner Unerreichbarkeit erschreckt:

> Cuántas veces la ternura de Horacio, la pasión de Max, la alegría de Santiago, el color de Juan, la imaginación de Tomás, es lo que me recata y me conecta con la tierra. [...] Fragmentos que sigo amando. [...] Encuentros que no echan raíces, que son rizomas. En la realidad y la irrealidad, en ese *entre* está la vida que construimos todos los días. [...] ¿Quién tolera lo eternamente perdurable? (63)

Trotzdem gleicht ihr Argument, tiefgründige Menschen seien nicht sehr beliebt, “Quién dijo que había que ser profundo?” (64), dafür oberflächliche Frauen umso mehr, eher dem Ausdruck einer resignativen Haltung, denn ihrer wirklichen Überzeugung:

> La otra es más grave y se la toma muy en serio, es más profunda pero hay que cargarla entre dos porque es más pesada, se arranca las cejas, se tira de los pelos, no duerme de noche, se retuerce los dedos, se come las uñas, los pelejos, el pelo encanece precozmente, se queda pelada. (64)

Der ständige Partnerwechsel hebt die Unmöglichkeit einer *a priori* festlegbaren Identität in das Bewußtsein und faßt diese statt dessen als einen fortlaufenden Prozeß, der sich wie ein Gleiten an der Signifikantenkette bis zum Ende des Lebens nicht greifen läßt.

Die Autorin zeigt die Protagonistin verhaftet im Zwiespalt zwischen der Erkenntnis und Akzeptanz einer dezentrierten Weltanschauung und damit eines dezentrierten Ich und in dem Begehren nach der verlorenen Einheit. Die Widersprüchlichkeit ihrer Gefühle äußerst sich schließlich in einem Verhalten, dessen Tragweite die Erzählerin zunächst nicht abzuschätzen vermag. Im Schutze ihrer Maskerade geht sie einen Schritt zurück in die Vergangenheit und schreibt einen Artikel über die ehemaligen Militärangehörigen sowie deren Verhältnis zu Frauen und Männern aus der Zivilbevölkerung. Dazu tritt sie mit einem Ex-Militär in Kontakt, um ihn zu interviewen. Sie glaubt damit ihren “rasgo de mayor escisión” (159) auf die Probe zu stellen, fühlt sich in ihrer Maske “más frívola” (159) sicher, unterschätzt aber sowohl die Gefährlichkeit der Situation, die ihr zum Schaden gereichen könnte, als auch die Faszination, die von dieser Gefahr ausgeht. Sie übernimmt gleichzeitig den ersten Schritt in eine Richtung, die mit ihrer Selbstaufgabe endet. Zunächst zwingt sie jedoch die Veröffentlichung des Artikels zu einer mehrmonatigen Reise nach Europa, bis sich die Wogen wieder geglättet haben. Nach ihrer Rückkehr gesteht sie sich ein, daß sie sich von diesem General Giúdice “inteligente y peligroso [...] seductor y simpático” (159-160) angezogen fühlt, und sie ist hin- und hergerissen zwischen der Angst vor dem unnötigen Risiko, dem sie sich aussetzt sowie der Faszination des Schreckens – “la fascinación del horror” (161) – und der zu erwartenden Erkenntnis über die Vergangenheit. Die erotische Ausstrahlung des Generals resultiert aus seiner bekleideten Funktion. Er verkörpert den Aspekt der gesellschaftlichen männlichen Macht, die sich aufgrund seiner Position zu Zeiten der Diktatur in der Gewißheit über seine tatsächlich ausgeübte physische und psychische Macht verdichtet. Er ist sozusagen Symbol für die militärische und gesellschaftliche Hierarchie. Das Widerstandspotential, welches das Regime mit Hilfe der Angst als einem Terror- und damit wiederum Machtinstrument im Land unterdrückt hat, äußert sich für Juana nun in dem Reiz, dieser *Über*macht zu widerstehen, die eigene Kraft auszuloten und zu prüfen, inwieweit sie diesem Machtspiel gewachsen ist. Ihre Furcht schützt sie vor der gänzlichen Auflösung des Selbst, indem ihr ihre Angst, als Emotion verstanden, die zeitlich begrenzte körperliche Existenz bewußt macht und ihre Furcht in (Über)Lebensenergie umwandelt.

Der Faszination des Schreckens sehen sich auch Horacio und die Nachbarin des geheimnisvollen Hauses, Lidia, ausgeliefert. Schon die erste Besichtigung des Hauses beansprucht alle körperlichen Sinne Horacios. Er folgt seinem Geruchssinn – "sigue su olfato" (41) –, spürt die Blicke der Nachbarin im Rücken, als sie ihn taxiert – "siente los ojillos" (41) –, fühlt sich von dem Haus angezogen – "hay algo que lo atrae" (42) –, spürt schließlich das dringende Bedürfnis, seine Blase zu erleichtern – "de golpe sintió unas ganas de mear incontenibles" (42), und flieht überstürzt aus dem Haus. Bei seinem zweiten Besuch erzählt ihm Lidia die Geschichte des Hauses. Er erfährt von dem mysteriösen Tod der Lucrecia Kraude, die sich nach dem Tod ihres Vaters in der Badewanne ertränkt hat, und er spürt, daß dies nur die Spitze des Eisberges – "punta de iceberg" (46) – ist. Lidia steigert sich während des Erzählens in einen Rausch und überträgt ihre geistige und körperliche Erregung auf Horacio, dessen eigene Anspannung sich daraufhin noch während ihrer Beschreibung in einem Orgasmus entlädt, "Horacio respiraba entrecortado, sintió cómo mojaba los pantalones" (49). Sein dritter Besuch schließlich endet in dem alten Ehebett Lidias. Ihr gemeinsames Geheimnis zeugt von etwas Unheimlichen, dem etwas Bedrohliches anhaftet und das sie beide aus ihrer Alltäglichkeit und Lethargie herausreißt: Lidia aus ihrem Leben als unzufriedene Hausfrau und Horacio aus seinem Zustand des Stillstandes, des Schweigens. Das Geheimnis um Lucrecia und die angedeutete inzestuöse Beziehung zu ihrem Vater setzt in beiden Figuren eine libidinöse Energie frei, die beide zum Träger und nicht zum Agens der Sexualität machen. Agens bleibt das Unheimliche und die immanente Gefahr, die von diesem Haus ausgehen, und die sich in eine instinktive Bedrohung der eigenen Existenz wandeln. Die Verlagerung der Erregung von der psychischen auf die physische Ebene holt beide aus ihrer Verlorenheit heraus, schafft in ihrer Umsetzung in sexuelle Energie als dem *Lebens*trieb schlechthin die Illusion von Unsterblichkeit und Kraft und schützt vor der Selbstaufgabe bzw. vor der Auflösung des Selbst.

Die Lebensenergie hält bei Juana jedoch nicht lange vor, denn nach der Rückkehr von ihrer Reise überschlagen sich die Ereignisse und für alle Protagonist/inn/en wird der Preis der Erkenntnis, "El precio del saber" (185), des Wissen-Wollens, den sie zahlen müssen, hoch. Mit dem Tod von Cris erhält der Text eine Zäsur, die sich nicht nur auf die Handlungsebene auswirkt, sondern auch auf die formale Ebene des Textes. Cris *Preis des*

Wissens ist der selbstgewählte Tod, den er als letzte Möglichkeit angesichts der Frage nach dem Sinn seiner eigenen Existenz und nach dem Sinn des Leidens sieht, wie er es in seinem Abschiedsbrief an Max zu formulieren versucht hat. Für Juana, die diesen letzten konsequenten Schritt nicht ahnte, bedeutet sein Tod, den sie erst durch Max erfährt, den Zusammenbruch ihres eigenen Lebens. Sie verliert mit ihm alles, was ihr noch geblieben ist: ihre einzige Familie. Umso mehr trifft es sie, daß er ohne Abschied (von ihr) gegangen ist:

> Estoy impotente. Nada de lo que diga, piense, haga, sienta, cambiará este hecho horrible. Puedo morirme, incluso. No hay vuelta atrás. Llegamos al final. Nada, nada. Nunca más. Nunca más. [...] No me pude despedir. No le pude decir, una vez más, cuánto lo quiero, lo importante que es para mí. No lo pude ver más. [...] Sentía que mi corazón iba a explotar en cualquier momento, y a astillarse adentro de mí, dejándome paralizada, incrustada contra esa pared. (196-198)

Aber sie verliert mit ihm auch ihren wichtigsten – der ausschließlich männlichen – Spiegel, und damit zerbricht ihre konstruierte Welt, von der aus sie durch das Spiel mit den Masken die Wirklichkeit in verzerrter Form wahrgenommen hat. Nun bricht die Realität mit aller Macht in diese schützende Welt ein und konfrontiert sie mit sich selbst und ihrer unverarbeiteten Vergangenheit. Sie verliert ihren Lebenshalt, und durch den übermächtigen Schmerz, den der Tod ihres Bruders in seinem Status eines existentiell bedrohlichen Verlustes hervorruft, verliert sie auch ihre Stimme, "No podía hablar, no tenía nada que decir" (205). Bisher hatte die Protagonistin selbst die Erzählung vorangetrieben und damit ihre Stimme erhoben. Über den Prozeß des Schreibens versuchte sie sich selbst zu konstituieren, indem sie die Geschichte aus einer (vermeintlichen) Distanz schilderte, die es ihr erst zu ermöglichen schien, dem Zusammenhang der Ereignisse einen eventuellen Sinn zuzuordnen. Nun aber sehen sich die Lesenden mit dem Verschwinden der Erzähler/innen/instanz konfrontiert. Die Distanz ist aufgehoben und macht einer Unmittelbarkeit Platz, die im weiteren Verlauf des Textes das Erzählen der Geschichte verhindert. Juana hat jetzt nichts mehr zu berichten, sie ist gefangen in ihrem unmittelbaren Schmerz. Damit ist ihr Versuch, sich im Akt des Schreibens ihrer selbst zu versichern, gescheitert. *Der Leser* ist zugleich seiner Funktion des Entscheidungsfinders bei der Partnersuche enthoben, und die von der Erzählerin vorgegebene Spur sowie die Motivation für das Erzählen führen ins Leere. Das Verschwinden Juanas als Erzählinstanz beginnt mit der Suche nach sich selbst im Text, "Yo, sí, era yo, Juana" (206). Zwar fühlt sie sich durch ihren Haß auf V., die sie für den Tod ihres Bruders verantwortlich macht, noch lebendig, "Sentía que la odiaba y eso me indicaba que yo todavía estaba viva" (207), aber die Erzählstruktur weist auf das Gegenteil voraus. Zeit- und Raumebenen beginnen sich zu vermischen, Träume und Realität sind kaum noch voneinander zu unterscheiden, und die Protagonistin fällt in ein Delirium. Die letzten, eindeutig Juana zuzuordnenden Worte zeigen, daß sie die Kontrolle über sich selbst verloren hat, daß sie ihrer Vergangenheit und sich selbst vollständig ausgeliefert ist:

> Mi cabeza. Creo que voy a terminar cortando mi cabeza y dejarla apoyada en mi mesa de luz. No me responde, hace lo que quiere. No tengo ya ningún poder sobre mi mente. He perdido todas las máscaras y no sé dónde encontrarlos. (257)

Mit dem Verschwinden Juanas verändert sich auch die Erzählperspektive und Oria, die Freundin von Horacio tritt an ihre Stelle, um die Geschichte zu beenden. Oria, die als Grafikerin in einer Firma arbeitet, konstruiert ihre Welt in ihren und über ihre Zeichnungen. Als sie Juanas Platz einnimmt, gelingt es ihr, ihre Bilder zu einer Geschichte zusammenzufügen und wir erfahren, aus der Sicht von Oria, in einem kurzen Rückblick das Schicksal der anderen Figuren. Horacio ist nach der Veröffentlichung der Ereignisse, die in dem Haus stattgefunden haben, auf der Flucht, da er zum Spielball der neuen und alten Mächtigen geworden ist, und versteckt sich bei Max. Dort wartet er auf Oria, die sich entschlossen hat, mit ihm zu gehen. Wir erfahren auch von dem einzigen und letzten Anruf, den Oria von Juana erhalten hat, als diese nämlich durch die Presse erfährt, daß die Überreste Ernestos in dem Haus gefunden wurden, das Horacio kaufen wollte und dessen Geheimnis er schließlich gelüftet hatte. Sie versucht über Oria mit Horacio Kontakt aufzunehmen, doch diese erneute Hiobsbotschaft hat ihr die letzte Kraft geraubt, und Oria wird Zeugin ihres endgültigen Verstummens. Das Spiel, das sie mit ihren Masken und mit der Anzeige gespielt hat ist nun endgültig vorüber, ihre Stimme wird immer schwächer, ist nur noch ein "hilito, apenas audible" (246), bis sie schließlich restlos verstummt. Sie beendet das Gespräch, bevor Oria erfahren kann, wo sie sich aufhält. Oria begibt sich nun auf die Suche nach Juana und erfährt von deren Arbeitskollegen, daß Juana den ehemaligen General Giúdice heiraten und mit ihm nun mehrere Wochen verreisen wolle, bis seine Scheidung rechtsgültig sei. Sie hat ihre Wohnung aufgegeben und niemandem ihren Aufenthaltsort mitgeteilt, damit hat sie neben dem Verlust der Stimme auch keinen Ort mehr und irrt in einer Welt umher, die weder Sinn noch Bedeutung hat, in der es weder Wurzeln noch Ziele für sie gibt. Bevor sie endgültig verschwindet, verabschiedet sie sich telefonisch von ihrer Mutter. Ihr gegenüber läßt sie zum ersten Mal ihre Verzweiflung anklingen:

> Y de pronto se puso a llorar de una manera..., y yo no podía ayudarla porque en ningún momento me dijo qué le pasaba, lloraba y lloraba sin parar y de golpe susurró: "Adiós, mamá". (265)

Die passive und immer stumme Mutter, zu der Juana nie eine Beziehung hatte, ist die einzige, die über die Verzweiflung der Figuren Bescheid weiß, und sie ist die letzte Anlaufstelle, sowohl für Cris als auch für Juana bevor diese mit dem General ein neues Leben beginnt. Die Mutter bekommt die ganze Last ihrer Kinder aufgebürdet, sie ist diejenige, an die sich Cris zuletzt gewendet hat, durch sie hat Juana die Einzelheiten über den Tod ihres Bruders erfahren und sie ist die einzige, bei der Juana etwas von ihrem Seelenzustand erkennen läßt. Dennoch bleibt sie in ihrer Passivität gefangen, sie kann nicht helfen. Juana, die ihre Identitätsprojektionen niemals auf weibliche Personen gerichtet hat, sie, die keine Freundinnen hat, der andere Frauen mit Ablehnung begegnen und die sich ihnen gegenüber selbst abweisend und distanziert verhält, sucht ein letztes scheint eine ganz gute Analyse zu sein

Mal – ein erstes Mal? – den Kontakt zu ihrer Mutter. Vergessen scheint die Wehrlosigkeit und Schwäche ihrer Mutter, die sie niemals ertragen hat und deren Objektstatus sie auf alle anderen Frauen, die ihr begegnen, überträgt. Das Objekt ihres Begehrens bleibt der Bruder bzw. die Liebe, die er von seinen Eltern erhält und die ihr verwehrt wurde. Und trotzdem, eingedenk aller Notwendigkeit männlicher Spiegelbilder, berichten nur die weiblichen Figuren, Juana und Oria, aus der Ich-Perspektive. Die Autorin erteilt nur den Frauen das Wort, sie müssen die Stimme erheben und *Ich sagen*, während die männlichen Protagonisten in ihrer Spiegelfunktion niemals selber *Ich sagen*, sondern immer nur *erzählt werden.*

Das Verhalten Juanas erscheint zunächst als eine nicht adäquate, nicht angemessene Reaktion, die mit der sprachlichen Auflösung einhergeht. Es gibt keine Erklärung des *Warum* ihres Handelns, sondern nur *daß* sie so handelt, also beabsichtigt, den General zu heiraten. Bei näherer Betrachtung ergibt sich jedoch eine logische Fortführung ihrer bisher immer angewandten Verdrängungs- aber auch Unterwerfungsstrategien, die jetzt nicht mehr funktionieren. Es hat den Anschein, als kuliminieren diese Strategien in einer Art Schizophrenie, indem sie das bisher existierende Ich, das dem Schmerz nicht mehr gewachsen ist, abspaltet bzw. sozusagen tötet und in eine Persönlichkeit flüchtet, die den Zwiespalt zwischen ihrem Inneren und der Außenwelt aufhebt, zwischen dem unerträglichen Schmerz und dem Wissen um ihr inadäquates Verhalten. Ihre Biographie macht deutlich, daß sie immer schon versucht hat, der unwirtlichen Realität auszuweichen. Als Kind und Jugendliche hat sie auf die mangelnde Liebe ihrer Eltern, die nach ihrer Rückkehr aus dem Exil im Ausgeschlossenwerden aus der Familie gipfelt, mit der Imitation ihres Bruders reagiert, sich selbst verleugnend. Schon damals hat sie begonnen, sich ihre eigene Welt zu konstruieren und sich den Regeln dieser imaginierten Welt zu unterwerfen, d.h. an Stelle einer Ich-Konstituierung findet die Verleugnung des Ich und die Projektion identitätsbildender Momente auf ihren Bruder statt. Mit der Bekanntschaft von Ernesto hat sie nur das Ziel ihrer Projektion verändert. Nach seinem Tode und der Fehlgeburt ist sie gezwungen, sich im Exil eine neue Welt zu konstruieren, deren Regeln sie sich erneut unterwarf, um ihr eigenes Überleben zu sichern:

> Mis años en Madrid me habían mostrado que uno puede crear su propia historia, creíble hasta para uno mismo, y que no vale la pena deambular preguntándose por el origen ni buscando la armonía entre todos los elementos de la propia existencia. (153)

Nach ihrer Rückkehr weicht sie der Möglichkeit aus, ihrer Vergangenheit und ihrem nie manifest gewordenen Ich zu begegnen. Statt dessen beginnt sie ein Maskenspiel, das ihr gestattet, die Wirklichkeit verzerrt wahrzunehmen und als Spiel zu betrachten, das ihr nicht bedrohlich erscheint. Der Tod von Cris und die gefundenen Überreste von Ernesto, die sie offiziell beerdigt gewähnt hatte, bringen schließlich ihre Fassade zum Einsturz. Ihre Reaktionen nehmen schizophrene Züge an, sie wird von Wahnideen gequält und steigert sich in die Angst, ihre Gedanken nicht mehr kontrollieren zu können, "Debe de estar volviéndose esquizofrénica" (247). Im Gegensatz zu den Symptomen wirklicher Schizophrenie ist aber das Wechseln zwischen den Persönlichkeiten bei Juana nicht vorhanden, vielmehr ist die Trennung von ihrer vorherigen Persönlichkeit definitiv.

Einen Hinweis darauf gibt die letzte Nachricht, die Juana auf dem Anrufbeantworter von Oria hinterläßt. Ihre Stimme hat sich vollständig verändert, so daß Oria sie kaum erkennen kann. In einer plötzlichen Hellsichtigkeit Juanas wird ihr Wechsel der Persönlichkeit angezeigt, "Lo he perdido todo y ahora sé" (259). Anschließend flieht sie erneut aus der Realität in die Rolle der Ehefrau des Täters, entwickelt eine neue Überlebensstrategie, indem sie sich der Macht unterwirft, die für Ernestos Tod verantwortlich ist. In der Hoffnung, das andere Subjekt könne ihr das eigene Dunkel der Unwissenheit enthüllen und das eigene Sein erfüllen, führt sie ihre gewohnten Projektionen fort, nur diesmal scheint es, als habe sie sich endgültig entschlossen, als gebe es kein Zurück mehr, keine "vuelta atrás" (196). Die Anpassung an dasjenige, das Ersatzbefriedigung verspricht, führt letztlich zur Selbstaufgabe.

Oria überläßt die Suche nach Juana schließlich Max, der als einziger – im äußeren Raum – noch Möglichkeiten der Entwicklung hat und weiterhin an seinem Landwirtschaftsprojekt arbeitet. Er wird versuchen, Juana zu finden, mit der er sich immer noch sehr verbunden fühlt. Als einziger, der selbst die Dunkelheit überwunden hat, "Max venía de una noche muy larga" (84), wird er den Schritt wagen, sie aus ihrem Dunkel zu befreien:

> Supe que, en cuanto Horacio y yo hubiésemos partido, Max saldría en busca de Juana o de lo que quedara de ella. (279)

Der Roman endet mit der Auflösung aller Werte, die die Figuren vertreten haben, nichts hat Bestand gehabt und alle wissen, daß sie an den Fragen des Lebens gescheitert sind. Jede Figur kehrt zurück in die eigene Einsamkeit, das Leben wird verstanden als *Interim* zwischen dem Nichts und jede/r muß versuchen, von diesem Nichts aus das eigene Leben zu gestalten. Am Ende der Auseinandersetzung mit den Auswirkungen der nationalen Vergangenheit auf das eigene Ich steht die Desillusionierung und die Auflösung von *Hilfskonstruktionen* wie Identität oder Subjektivität, die in *No sé si casarme o comprarme un perro* als existentielle Fragestellung zu einer Projektion auf den/die Andere/n verschoben werden. Sie gestatten in ihrer Übertragung Halt gegenüber dem Leben in all seiner Unerträglichkeit.

Die Suche nach Identität, dem wahren Ich und der Frage nach dem Sinn des Lebens, wird in *No sé si casarme o comprarme un perro* durch die Erzählstruktur sowie durch den Prozeß des Schreibens als aussichtslos erkannt. Die Autorin nutzt vielfach Wortspiele, um die vielfältigen Bedeutungen zu eröffnen, das Nicht-Greifbare zu begreifen, das Denken des *Dazwischen* zu ermöglichen. Gleichzeitig wird sowohl die Unmöglichkeit einer festen Bedeutungszuordnung durch das Verschwinden der Erzählerin als textuelle Instanz als auch die Aussichtslosigkeit des Daseins darin manifest: "Libres-solos-sueltos. Ayer qué es. Compresión-con presión-compensar-con pensar no se arregla nada.[...] Rizoma. Raíces, para qué". (81)

Wirkliche Freiheit ist keiner der Figuren angesichts des eigenen Todes möglich. Sie alle sind Fremde in einer Welt, die von Sinnlosigkeit geprägt ist. Der Versuch, sich als gesellschaftliche Subjekte mit nationaler Identität zu positionieren, scheitert zusätzlich an der Erkenntnis des eigenen endlichen Lebens und der Machtlosigkeit gegenüber dem politischen System, in dem Gerechtigkeit nur nach den Regeln der Mächtigen funktioniert. Was den einzelnen Figuren bleibt, ist absolute Einsamkeit und die Frage nach dem Warum des Weiterlebens:

> Esta soledad en la que entrábamos y que sería una de las pocas cosas que nos acompañaría para siempre, se hacía inmensa, eterna, inconmensurable [...]. (276)

Erst mit dem Erkennen dieses *menschlichen Grundzustandes* ergibt sich die Möglichkeit zu handeln. Handeln, das jedoch von seiner Absurdität weiß und alle Ereignisse auf der Ebene der Gleichgültigkeit nivelliert:

> [...] el esfuerzo por construir un mundo, una vida a partir de la nada, de lo negativo o de algo, y su fragilidad y su absurdo. (280)

1.5 Reina Roffé (Argentinien). *El cielo dividido*: Diskurs des Schweigens. Die eigene Stimme finden

Ihre Augen wurden feucht vor leiser Freude und Dankbarkeit:
Sie hatte gesprochen ...
Die Wörter waren gekommen von jenseits der Sprache,
aus der Quelle, aus der wirklichen Quelle.
(Clarice Lispector)

El cielo dividido, der vierte Roman der in Spanien lebenden argentinischen Autorin Reina Roffé, stellt nach eigenen Angaben den Versuch dar, das Motiv der Reise aus ihrem vorherigen Roman *La rompiente* zu variieren. Die Rückkehr der Protagonistin Eleonora/Ellis nach langjährigem Exil in den USA in ihr Heimatland und die Begegnung mit alten und neuen Bekannten wird zum Ausgangspunkt für das Hinterfragen identitätsbildender Komponenten in ihrer zeitlichen Kontinuität.

Eleonora kehrt Mitte der 80er Jahre nach Buenos Aires zurück, um für ihre Doktorarbeit, die sich mit der argentinischen Geschichte zur Zeit der Militär-Diktatur beschäftigt, vor Ort recherchieren zu können. Ihr Ehemann Frank Brumer bleibt in den USA, da es sich nur um einen zeitlich begrenzten Forschungsaufenthalt handelt. Sie verläßt damit ihr schützendes "espacio-refugio" (41),[68] in dem sie sich nach ihrer Flucht aus der Heimat eingerichtet hat "[...] en Princeton estaba ahora con todas las cosas que amaba o por las que tenía apego" (26). Ihr Ehemann ist für sie zu einem notwendigen Lebenshalt geworden, den sie nur vorübergehend aufzugeben gedenkt: "Él la contenía: a él quería volver" (41). Sehr bald zeigt sich jedoch, daß ihre Arbeit nur ein Vorwand für die Suche nach ihrem "*verdadero deseo*" (16) ist, mit dem nicht das sichere Leben an der Seite ihres Ehemannes gemeint ist – "[...] un marido tranquiliza, aplaca la paranoia" (41) –, sondern daß es sich dabei um die unausweichliche Auseinandersetzung mit ihrem eigenen Selbst handelt, das untrennbar mit der Geschichte des Heimatlandes verbunden ist. Das literarische Motiv der Reise wird zu einer Metapher für die Reise in das Ich und die Rückkehr in die – mittlerweile fremd gewordene – Heimat zu einer Suche nach den eigenen Wurzeln sowie nach einem Ort und einer eigenen Stimme. Hierbei handelt es sich jeweils um eine Reise von außen nach innen, die sich an der Semantisierung der Räume erkennen und als topographische Opposition von Außen und Innen, Zentrum und Peripherie, beschreiben läßt: Es geht um die Gegenüberstellung von Princeton (*Aus*land) und Buenos Aires (*In*land) sowie die Fremdwahrnehmung ihrer Person durch die sie umgebenden Menschen (die *Außen*welt, mit den gültigen Normen) und die Konfrontation mit dem eigenen Ich (*Innen*perspektive).

Zunächst hat es den Anschein, als sei sich Eleonora dieser anderen Dimension ihrer Reise nicht bewußt, denn auf die Frage ihrer Freundin Alia, "¿A qué viniste, Ellis?", antwortet sie "No sé a qué vine" (18-19) und hüllt sich fortan in Schweigen, da sie ihre eigentliche Motivation für ihre Rückkehr nicht ausdrücken kann. Alia übernimmt daher

68 Die im folgenden genannten Zitate sind alle aus Reina Roffé (1996) entnommen und zeigen über die jeweilige Seitenzahl die Textstelle des entnommenen Zitates an.

zunächst die Funktion einer Sprachmittlerin, d.h. indem sie versucht, ihre eigene Innenwelt in Worte zu fassen, ihre Suche nach der "[...] continuidad más allá de mí misma" (22) hörbar zu machen, wird sie zum auslösenden Moment für Eleonoras Hinterfragen ihrer eigenen Haltung – "[...] Qué hacía en esta otra punta del mapa donde nunca había sido feliz" (23). Sie treibt Eleonoras eigentliches Bestreben einer Ich-Suche voran, so daß Eleonora ihre Rückkehr in die USA immer weiter hinauszögert. Schließlich zieht sie sogar bei ihrer Mutter aus, um sich ein eigenes Appartement zu nehmen. Von diesem Refugium aus, in dem sie vor ihrer inneren Zerrissenheit, vor dem Gefühl unter freiem Himmel "a la intemperie" (23) zu leben, Schutz sucht, beginnt sie die Reise in ihr Inneres über die Auseinandersetzung mit der Vergangenheit.

Der Titel *El cielo dividido* – im deutschsprachigen Raum zunächst mit *Der geteilte Himmel* von Christa Wolf assoziiert – stellt nach Meinung der Autorin selbst den Bezug zu "[...] los contenidos de la novela como su estrategia discursiva" (Vázquez 1996) her. Vordergründig erinnert er aber sowohl an die arabische Vorstellung, Frauen seien die Hälfte des Himmels "[...] para los árabes, la mitad del cielo [...]" (ebd.) als auch an den griechischen Mythos der Pleiaden. Die sieben Frauengestalten (Eleonora, Alia, Donna, Celia, Lisa, Mijal und Giselle), deren Wege und Lebensentwürfe in diesem Text kaleidoskopartig miteinander verzweigt sind, läßt an das *Siebengestirn* denken, mit dem die sieben Töchter des Atlas und der Pleione gemeint sind und die von Zeus *zu ihrem eigenen Schutz* an den Himmel versetzt wurden. Aus einer vergleichbaren Randposition, in welche die patriarchale Gesellschaftsform die sieben Frauenfiguren aus *El cielo dividido* gedrängt hat, befreien diese sich nach und nach und mischen sich von dort aus in den Diskurs des Zentrums ein. Der Bezug zum Himmel bleibt im Text stetig präsent und kann als Warnung vor einer erneuten Marginalisierung betrachtet werden, als Zeichen für die Notwendigkeit, sich einen eigenen Standort zu erkämpfen. Damit diese Warnung nicht in Vergessenheit gerät, befinden sich in Eleonoras Appartement unzählige Sterne an der Schlafzimmerdecke, die den Himmel repräsentieren. Gleichzeitig verstärken sie aber auch Eleonoras Eindruck, sich *a la intemperie* zu befinden:

> ¿A quién se le habría ocurrido pegar allí todas estas estrellas, [...] Pensó que se había volado el techo y se encontraba a la intemperie [...]. (51)

El cielo dividido charakterisiert sich durch eine Polyphonie sich überlagernder, verschiebender und fragmentarischer Stimmen,

> [...] entre mujeres bajo un cielo dividido [...], que se buscan y rechazan, que se idealizan y deploran [...] (Roffé 1996:4),

die miteinander verwoben sind und welche die Erzählung in der dritten Person durchbrechen. Die Erzählperspektive wechselt immer dann in die erste Person, wenn die Frauen von sich selbst erzählen und wenn sich Eleonora in monologisierender Form an die beiden Adressatinnen, Alia und Mijal, richtet bzw. wenn ihre eigenen schriftlichen Notizen in den Text eingefügt werden. Diese Ich-Perspektive wird von der Erzählerin – unter Veränderung der grammatischen Zeit – vorausweisend eingeleitet:

> Eleonora se apeó bajo esa promesa. Tenía una cita con Donna Caravaggio. [...] Así le contaría a Mijal su primer encuentro con Donna: "Salí de casa con mucho tiempo de antelación" [...]. (27)

In dieser Kombination unterschiedlicher Erzählverfahren – die Erzählerin tritt aus der Erzählung hervor, unterbricht diese quasi, um eine zukünftige direkte Rede einzuleiten –, deutet sich der Weg an, den Eleonora im Verlaufe des Textes zurücklegen muß bis sie ihr Schweigen zu durchbrechen vermag und ihre eigene Stimme hörbar machen kann. Von *Ich werde erzählt* "Eleonora [...] era contada, recontada, recreada" (89) bis zu *Ich erzähle* bedarf es einer langen Entwicklung.

Innerhalb der Dialoge finden sich Unterbrechungen durch Analepsen und Prolepsen, so daß es zu einer Überlagerung der raum-zeitlichen Ebenen kommt. Die Analepsen beziehen sich auf Erinnerungen an die Zeit vor dem Exil sowie Eleonoras Leben in den USA, die Prolepsen geben ein gerade stattfindendes Gespräch zusammenfassend und analysiert wieder, wie es in einer zukünftigen Unterhaltung anderen Personen (Mijal und Alia) vermittelt wird. Innerhalb dieser Dialogstruktur läßt sich eine Veränderung im Verhalten Eleonoras erkennen:

> -Acabo de darme cuenta -dijo Donna- a quién te parecés, a la Gioconda. Eleonora se sonrojó. [...] Pidió excusas, se levantó y fue hacia los servicios. [...] Cuando regresó [...] Declaró su enojo: -Detesto que digan que me parezco a la Monna Lisa, [...]. Esto, literalmente, fue lo que le gritaría a Mijal en la noche del apagón [...] A Donna, cuando volvió del baño, sencillamente dijo que tenía ganas de irse. (31-32)

Diese diskursive Vernetzung prägt auch die Gesamtstruktur des Textes. Der sich in drei Teile gliedernde Roman verbindet dabei simultan Vergangenes mit Zukünftigem und Gegenwärtigem in zirkulärer Folge. Einzelne Handlungssequenzen werden wiederholt aufgenommen, wodurch die Situation aus einer veränderten Perspektive betrachtet werden kann. Die Stimmen vereinen sich dabei zu einem Chor, der sich, aus der Peripherie heraustretend, Gehör verschafft.

Die Suche nach der eigenen Stimme betrifft jedoch hauptsächlich Eleonora. Im Verlaufe des Textes wandelt sie sich von einer passiven Zuhörerin, deren einziger Schutz die Flucht in das Schweigen ist, zu einer aktiv Sprechenden, die sich gegen die Meinungen über sie und Fremdzuschreibungen durch andere auflehnt und ihre Stimme den anderen entgegenstellt:

> Te he dicho lo que acabo de decirte porque tarde o temprano llegará a tus oídos en otra voz, con su carga de fantasía y subjetividad. (44)

In der Veränderung Eleonoras zeigt sich aber auch gleichzeitig die Instabilität von a priori festgelegten Begriffen wie Identität oder Subjektivität; diese werden vielmehr als fortlaufend, sich ständig verändernde Prozesse deutlich.

Dementsprechend ist auch der Versuch der Einordnung von *El cielo dividido* unter die Kategorie Roman in traditionellem Sinne nicht möglich. Die Lesenden sehen sich einer Welt gegenüber, deren Referenz ebensowenig eine eindeutig erklärbare Wirklichkeit ist bzw. eine bestimmte Funktion erfüllt, wie es kausale Erzählzusammenhänge gibt, so daß der Text weder eine didaktisch-moralische noch eine primär sozialkritische oder gar testimoniale Funktion erfüllt:

> [...] de aquella literatura testimonial que, desde luego, Giselle aborrecía, tal vez con razón, ostentando una rebeldía absoluta contra el peso de lo real. (45)

Die fragmentarische Textstruktur entspricht der fragmentarischen Handlung, die sich den Lesenden oftmals entzieht. Es kommt zu einer Sinnstreuung, einer *dissémination*, in der die Bedeutungen immer wieder aufgeschoben werden. Das Einfügen verschiedener Textsorten – Tagebucheintragungen, Briefe, Notizzettel für die Recherchen – in den Haupttext sowie die durchgehend weibliche Perspektive der unterschiedlichen Stimmen des *Siebengestirns* unterstreichen die Subversion der Kategorie Roman. Diese weiblichen Stimmen, die üblicherweise ihren Ort in der Peripherie haben, werden hier jedoch *selbst* aktiv. Sie schildern aus subjektiver Sicht Ausschnitte aus ihrem Leben, d.h. sie nehmen ihren Platz im Zentrum ein. Die männlichen Protagonisten hingegen werden aus einer distanzierten Perspektive der Erzählerin beschrieben, haben keine eigene Stimme und sind als aktive Persönlichkeiten nur über die Vermittlung von Briefen und Notizzettel angedeutet. Sie werden damit an den Rand, in die Peripherie gedrängt.

Die Notizzettel, die Eleonora mit Bemerkungen für ihre Dissertation füllt, nehmen Bezug auf die politische Vergangenheit Argentiniens. Auch hier wird aus subjektiver Sicht, persönlich erlebte Erfahrung geschildert, wodurch Eleonora den offiziellen Diskurs nationaler Geschichte erweitert und unterläuft. Die Autorin nutzt hier zusätzlich einen intratextuellen Bezug zu ihrem vorherigen Roman *La Rompiente*. Sie nimmt die dort erscheinende Figur, *el Estudiante*, einen Spitzel, der in unterschiedlicher Verkleidung Freunde und Bekannte an das Militärregime ausgeliefert hat, wieder auf. In *El cielo dividido* findet Eleonora auf einer dieser alphabetisch sortierten Karteikarten unter dem Buchstaben E Hinweise zu seiner Person:

> Estudiante. Había un hombrecillo en esa ciudad que se hacía pasar por estudiante. Al poco tiempo se presentó como abogado, luego conducía un taxi, definitivamente era policía. Merecía juicio y castigo. (37)

El cielo dividido ist sozusagen die Umkehrung des vorherigen Romans, in dem die Erzählerin in das Exil flüchtete und verstummte. Dieser Prozeß wird nun rückgängig gemacht. In diesem Zusammenhang können die in den Text eingefügten Dokumente als Zentrum des Machtdiskurses betrachtet werden, das aber durch das aktive Eingreifen peripherer Stimmen seinem Absolutheitsanspruch enthoben wird. Besonders deutlich zeigt sich dies in Eleonoras Beziehung zu Roberto Suárez. Er ist ein guter Freund, den sie noch aus der Zeit vor ihrem Exil kennt. Seine Stimme wird aber hauptsächlich über seine Briefe hörbar – d.h. in geschriebener Form –, die er ihr in die USA geschickt hat, um ihr von den Vorgängen im Land zu berichten. Er ist ihre einzige Informationsquelle über die politische Situation, für deren Zuverlässigkeit seine (männliche, symbolische) Stimme steht. Die Briefe von Roberto Suárez, mit ihren unveränderlichen Aussagen, sind das Medium, mit deren Hilfe die Vergangenheit re-*präsent*-iert wird. Seine subjektiv geschilderten Eindrücke zeigen partikuläre Momente des Alltagslebens zu Zeiten der Diktatur und erlauben Eleonora die Situation in ihrer Heimat aus zweiter Sicht zu verfolgen. Das Wahrnehmen seiner Stimme geschieht aber nur über die zusätzliche in den Haupttext eingearbeitete textuelle Ebene, den Brief. D.h. die *Sprache des Vaters* wird in Briefform festgelegt und wird durch die Distanz der Erzählperspektive zu einem passiven unveränderlichen Moment. Die Briefe geben jedoch nicht nur Zeugnis von der politischen Situation Argentiniens. Über ihren passiven Status hinaus werden sie auch zu einem Medium, mit dessen Hilfe sich Roberto für Eleonora zu einer Projektionsfläche entwickelt, auf der sie ihre eigenen Wünsche und Sehnsüchte über erotische Phantasien kompensiert: "Eleonora recordó haber tenido fantasías eróticas con Roberto" (86). Es entsteht eine Beziehung zwischen beiden, die sich allein auf den Prozeß des Schreibens gründet – "[...] que esa relación sólo podía proliferar epistolarmente" (65) – und die zu einer Gewohnheit, zu einem Ritual in der Fremde wird, das Eleonora hilft, ihre eigene Unruhe, die dem Gefühl des Mangels, der unbestimmten Sehnsucht im Exil entspringt, zu kanalisieren:

> Cada día repetía y prolongaba su ritual de las mañanas a la espera del cartero. Toda acción estaba sujeta a la hora en que habitualmente llegaba el funcionario con su uniforme azul a hacer el reparto. A veces, impedida por la expectativa que suscitaba en ella ese momento, no podía más que agazaparse frente a la ventana y espiar el movimiento de la calle [...]. (72)

Diese Unruhe resultiert nicht nur aus der äußeren Situation des Exils und dem Bewußtsein, die politische Vergangenheit ihres Heimatlandes aufarbeiten zu müssen. Vielmehr lesen sich die Briefe Robertos wie eine Spur, welche die Suche nach etwas ausdrückt, das Eleonora sich selbst zwar nicht recht eingestehen mag, dessen Nichtvorhandensein ihr aber existentiell bedrohlich erscheint: die Frage nach der Existenz des eigenen Ich hinter der verschlossenen Tür.

Die unausweichliche Liebesnacht mit Roberto nach ihrer Rückkehr scheint der letzte Tribut an die Regeln eines patriarchalen Systems zu sein, das Roberto repräsentiert. Für Eleonora bedeutet es die endgültige Abkehr von dem absoluten Wahrheitsanspruch der symbolischen Ordnung:

> Supo que la entrega [...] había sido premeditada; no sólo respondía a la melancolía del deseo, sino también a la urgencia de saldar una cuenta pendiente que arrastraba desde hacía años. (141-142)

Die Verbindung zu ihrem Ehemann Frank wird ebenfalls nur über (seine) Briefe aufrechterhalten, jedoch liest Eleonora die Briefe meistens erst später oder sie bleiben sogar ungeöffnet, so daß die Lesenden keinen Aufschluß über deren Inhalt erhalten. Frank Brumer bleibt, wie der Inhalt der Briefe, eine Art Phantom *in presentia*. Sein kurzer Besuch in Argentinien wird mit Eleonoras Fahrt zum Flughafen ausgeblendet und erscheint nur als Randnotiz. Er selbst tritt nicht persönlich in Erscheinung, sondern bildet ausschließlich die Illusion eines Ruhepunktes, eine Art Rettungsanker – "su casa-ostra" (76) –, den Eleonora in ihrem Bedürfnis nach Schutz benötigt, um sich nicht zu verlieren. D.h. die gewohnten Strukturen einer logozentrisch strukturierten Gesellschaft bleiben vorerst noch die einzige Gewißheit in einer für Eleonora auseinanderbrechenden Welt. So dient Franks Besuch nur ihrer eigenen Bestätigung dieses Schutzes, wird zu einem "encuentro de una confirmación" (77), bevor sie an sich selbst Halt findet.

Demzufolge erscheinen auch die sexuellen Beziehungen zu Männern – Frank und Roberto – in *El cielo dividido* wie ein Festhalten an diesen alten Strukturen, die bisher eine Stütze zu sein versprachen. Das Zerbrechen dieser Strukturen durch das langsame Bewußtwerden über sich selbst und Eleonoras Suche nach ihrem eigenen Ort in dieser Welt sowie die Tatsache ihrer (noch) fehlenden Stimme machen diese Rückzugsmöglichkeit noch nötig. Erst nachdem sie innerlich mit diesen Beziehungen abgeschlossen hat, sozusagen die Rechnung mit der symbolischen Ordnung beglichen hat, wendet sie sich einem eigenständigen Leben zu. Dieses erkämpft sie sich in der Auseinandersetzung mit dem *Siebengestirn* und in ihren lesbischen Liebesbeziehungen mit Donna und Mijal. Mit der Überschreitung der geschlechtlichen Grenzen des sexuellen Begehrens findet nicht nur die Unterwanderung eines heterosexistischen Blickwinkels statt, und damit gleichzeitig die Aufhebung der Reduktion Eleonoras auf ihre Reproduktionsfunktion, sondern es wird auch die erneute Manifestation einer fehlenden authentischen Identität gespiegelt. D.h. nicht einmal die sexuelle Orientierung bietet Eleonora die Möglichkeit einer *a priori* festlegbaren Identität, vielmehr wird die Positionalität, der ständige Akt einer performativen Konstruktion des Selbst zur Grundlage ihres/des Seins.

Der Prozeß, den die argentinischen Schriftsteller/innen nach der Zeit der Repression und des Schweigens durchlaufen haben, bis sie ihre Vergangenheit endlich thematisieren konnten und ihre Stimme wiederfanden, ist parallel zu der Entwicklung Eleonoras zu betrachten:

> Las tensiones creadas nos llevaron a un forzado ensimismamiento, a la soledad. [...] En el 81 [...] presentamos un documento [...] donde, entre otras cosas, se habla de la censura, la violencia, el problema de los desaparecidos, el éxodo, la corrupción, [...] etc. (Roffé 1985: 151)

Schrift und Schreiben bilden für Eleonora das wichtigste Medium, über das sie lernt, sich auszudrücken und ihrer Vergangenheit zu begegnen, in das sie vor allem ihre Körpersprache zu *übersetzen* vermag. Der Körper ist für Eleonora eine Art Vermittler und repräsentiert das *Unbehagen* bezüglich der äußeren gesellschaftlichen Umstände und der Frage nach Eleonoras eigener Rolle in der symbolischen Ordnung. Er ist eine Art Katalysator für Sprache, wobei das Gefühl des Mangels solange über körperliche Befindlichkeiten ausgedrückt wird, bis sie lernt, selbst zu sprechen:

> [...] expresar el malestar de la historia con el malestar del cuerpo o la mente, hacer hablar a los personajes a través de síntomas internos sobre un exterior desapacible y hostil [...]. (Roffé 1996: 4)

Der Körper stellt damit das Bindeglied zu ihrer Erinnerung dar, die ebenso bruchstückhaft ist, wie es die Wahrnehmung ihrer Empfindungen über die einzelnen Körperteile vermuten läßt:

> Su cuerpo tenía memoria. Sintió el sabor del café en su boca, toda su piel restituida, y la sangre perezosa que la irrigaba como una lluvia fina. (52)

D.h. jeder Teil ihres Körpers erinnert sie an Momente ihres Lebens, die sie jedoch nicht gemeinsam wahrnimmt, sondern nur partiell, voneinander getrennt. Diese fehlende ganzheitliche Körperwahrnehmung gleicht einer Fragmentarisierung des Körpers und entspricht der Fragmentarisierung des einzelnen Subjekts, über das im Text nur partikuläre Momente erzählt werden und das nirgendwo verankert scheint. Diese Bruchstückhaftigkeit wiederum widerspiegelt sich in der Konstruktion des Gesamttextes, als eine sich überlagernde, fragmentarische Komposition.

Die Suche nach dem eigenen Ich ist begleitet von der Desillusionierung, daß das wahre Ich niemals gefunden werden kann. So findet auch der Mangel, der als Ergebnis der Konfrontation von Sprache und Begehren hervortritt, seine Umsetzung in *El cielo dividido* auf der Ebene der Körperlichkeit, denn das, was nicht verbal ausgedrückt werden kann, wird somatisiert bzw. kompensiert:

> ¿Había de verdad algo en la atmósfera, un virus, que destruía el raciocinio? Se levantó las solapas del abrigo. [...] El frío, para colmo, agudizaba el estado de emergencia. Estornudó: ¿la habría atacado el virus? (157)

Nicht nur die Konfrontation mit der Vergangenheit findet über den Akt des Schreibens statt, sondern auch der Prozeß der Wandlung von einer passiven, introvertierten zu einer aktiv sprechenden Person, d.h. das Heraustreten aus ihrer Sprachlosigkeit beginnt mit der Historisierung ihrer eigenen Geschichte. Während ihre *tesis doctoral* immer weiter in den Hintergrund gerät, "la tesis, la maldita tesis" (106), und die wissenschaftliche Analyse der Vergangenheit Argentiniens als "imposibilidad de la escritura" (Otero 1996) erkannt wird, findet Eleonora in der Fiktionalisierung ihrer Erinnerungen die Möglichkeit, sich selbst in Beziehung zu den anderen und der politischen Situation zu setzen und ihre Körpererinnerungen schließlich in Sprache umzuwandeln.

Der Akt des Schreibens führt Eleonora über die Verbalisierung ihrer Erinnerungen zu einer Reise in das eigene Ich, vorbei an bisher gültigen identitätsbildenden Momenten wie Nationalität oder sozialem Umfeld bzw. religiöser Zugehörigkeit, aber hin zu der Erkenntnis einer hybriden Existenz, in der die Zielgerichtetheit der Welt nicht mehr existiert. Bevor Eleonora jedoch diese Situation als Chance erkennt, muß sie sich aus ihrem Schweigen befreien und verstehen, daß das Leben an der Seite ihres Ehemannes eine Illusion ist, die ihr einen Sinn nur vortäuscht. Zunächst bleibt sie noch in ihrer Position einer passiven Beobachterin verhaftet und wird damit zur Projektionsfläche für die Vorstellungen der anderer Personen *über* sie, d.h. ihre Wehrlosigkeit verleitet vor allem Donna und Mijal, sie nach bestimmten Merkmalen zu klassifizieren. Beide wollen sie als geheimnisvolle und melancholische Person festlegen, ihr sozusagen unveränderliche Eigenschaften zuschreiben. Eleonoras Introvertiertheit und Passivität reproduzieren damit die hierarchische binäre Struktur der Geschlechterdifferenz im Hinblick auf geschlechtsspezifisches Rollenverhalten auch innerhalb der Beziehung unter den sieben Frauen: der Anderen gefallen zu wollen und sich dafür selbst zurücknehmen, unterwürfig handeln, aus dem Zentrum heraustreten, sich *leben lassen* anstatt selbst zu leben. Aber genau diese mangelnde Positionierung ihrer eigenen Persönlichkeit sowie ihre Unfähigkeit, die Schwelle zwischen Passivität und Aktivität zu überschreiten, ist der Punkt, der bei den Anderen Aggression auslöst und machtbezogenes Verhalten hervorruft, "[...] y es entonces cuando tu silencio produce en los otros una curiosa violencia" (33). Nach und nach beginnt sie sich aus ihrer Erstarrung zu lösen und schreibt ihre Erinnerungen in Tagebuchform nieder. Über den Prozeß des Schreibens versucht sie nun, sich selbst zu greifen, aber der Zweifel an der Sprache als solcher verhindert vorerst diesen Versuch, "cuando todavía creía que era posible recobrar la palabra" (46-47). Noch kann sie das Medium des Schreibens nicht als ihren Weg akzeptieren. Eleonora sieht sich selbst in der symbolischen Ordnung gefangen, in der sie nur aus der Distanz, vom Rand her und aus der Perspektive der Anderen wahrgenommen wird. Die Reproduktion des traditionellen patriarchalen Blickwinkels, der auf den Oppositionen Selbst/Andere, Zentrum/Peripherie, Geist/Körper, Kultur/ Natur basiert und sich im Bestreben um Macht äußert, findet hier seine Entsprechung in der hierarchisch angelegten Beziehung zwischen Eleonora und Giselle, die beide vor Eleonoras Exil eingegangen waren. Sie begegnen sich nach Eleonoras Rückkehr zwar nicht mehr, aber Giselle bleibt trotz ihrer Abwesenheit ständig präsent und bildet gleichzeitig das Verbindungsglied zwischen den anderen Figuren des *Siebengestirns*. In diesem Zusammenwirken reziproker hierarchischer Verhaltensmuster stellt sich die Frage nach den Funktionsmechanismen von Lust und Begehren, wie sie Eleonora während des späteren Schreibaktes selbst aufwirft – "Creería, también yo, que de esa manera circula el deseo?" (50). Sie muß sich jedoch eingestehen, daß beides in der machtvollen symbolischen Ordnung einen Platz innehat, der weiblicher Lust und weiblichem Begehren keinen eigenen Raum zugesteht. So bleibt auch Eleonora dort nur der Spielball in einem Machtkampf, in dem immer nur der oder die Stärkere das Recht auf Lust durchsetzt, und sich die Lust der Anderen aneignet. Weibliche Lust spiegelt sich im Begehren des bzw. der Anderen und verwischt die eigene Wahrnehmung. D.h. es findet die Reproduktion eines männlichen Begehrens statt, das es zu erfüllen gilt, in der sich aber das Weibliche nur über die Identifikation mit dem Anderen – als dem Selben, der Norm – transformiert als männliches Lustprinzip findet, das in seiner Konkretisierung über den Phallus symbolisiert ist. In Begriffen wie *metalenguaje* (49), *metáfora, metonimia* oder *red de los significantes* (50), die in den Text einfließen, deutet sich an, daß Eleonora dieses System durchschaut hat und sich über ihr eigentliches Begehren nach einer verlorenen vorsprachlichen Einheit bewußt ist:

> [...] yo era como un mueble del despacho. [...] mi papel era el de quedarme afuera. [...] Lo que no pensaba entonces, [...] era en lo indispensable de mi inerte presencia para que la función tuviera éxito. [...] Entre tanta metáfora, metonomia y guiños que arrojaban sobre la mesa -con el propósito de aniquilar al otro mediante la réplica instantánea y la necesidad de

> seducir [...] consentía en preguntarme si allí era yo el sujeto atrapado en la red de los significantes. (49-50)

Eleonora erkennt, daß sie über diese Metasprache durch die Anderen auf den Status des Objekts reduziert wird, dessen Ausgrenzung mit Hilfe der Sprache angestrebt wird. Gleichwohl befindet sie sich selbst in einem rhizomatischen Netz, so daß eine feste Bedeutungszuordnung ihrer Person mißlingt. Sie entzieht sich, hinterläßt immer nur eine Spur dessen, was sie wirklich ist. Niemals gelingt es den Anderen sie einzuholen, sie zu verstehen. Sie bleibt das Fremde, das Andere, dessen Differenz nicht anerkannt wird, sondern das vielmehr Gegenstand eines Verhaltens wird, das einer "feindlichen Machtübernahme" nahe kommt.

Die Technik der Autorin, bestimmte Ereignisse durch deren Wiederaufnahme aus verschiedenen Perspektiven – durch die Erzählerin, in der direkten Rede durch Eleonora selbst oder über ihre Tagebuchaufzeichnungen – zu berichten, entspricht einer Art psychologischer Verarbeitungspraxis, mit Hilfe derer sich die Protagonistin ihrer eigenen Veränderung bewußt wird. Zunächst erlebt Eleonora eine bestimmte Situation, die den Lesenden durch die Erzählerin vermittelt wird, dann erinnert sie sich an diese beschriebene Situation selbst mittels direkter Anrede an Alia oder Mijal oder in ihren Tagebuchaufzeichnungen, schließlich verwindet sie die Situation, d.h. sie integriert ihre Vergangenheit – ihre bewußte Auseinandersetzung mit sich selbst und ihrem Land – in die gegenwärtige Situation, wie sie sich ihr am Ende des Buches darstellt, als "[...] diversos ciclos del pasado" (171).

Der ständige Umgang mit Erinnerungen stellt erneut den Wahrheitsbegriff in Frage und führt zu der Erkenntnis, daß "En la memoria, todo se hacía inverificable" (73). D.h. Eleonora erkennt zwar, daß sie, indem sie ihre eigene Geschichte schreibt, sich selbst fiktionalisiert und sie vorsichtige Anzeichen einer Identität nur über diese narrative Ebene fassen kann. Die Zweifel an der Glaubwürdigkeit von Erinnerungen bleiben hingegen, trotz oder vielmehr gerade wegen der Rekonstruktion ihrer vergangenen Erlebnisse, präsent. Oftmals überlagern sich daher Realität und Imagination, um den Wahrheitsgehalt der Erinnerungen in Zweifel zu ziehen. Die fiktive Begegnung mit Giselle, die Eleonora zwar immer erwartet hatte, die aber niemals eintritt, wird von Eleonora imaginiert, während sie in einer Bar etwas trinkt, in der sich Giselle früher oft aufgehalten hat. Im Verlauf dieses fiktiven Gesprächs verfällt das Lokal nach und nach in Schutt und Asche. Erst als Eleonora selbst das Glas aus der Hand fällt und die Kellner ihr zu Hilfe eilen, erkennt sie, daß sie geträumt hat. Sie stellt fest, daß das Verhaftetsein in der Vergangenheit keine Zukunftsperspektive bietet, "Sólo los nostálgicos persistían en el lugar de siempre y con la gente de toda la vida" (155). Die Rekonstruktion ihrer Vergangenheit über die Erinnerung entwickelt sich so zu einem beständigen Spiel der Signifikanten, unter denen die Bedeutung gleitet und die ihr so den Zugriff zu einer identitätsbildenden Komponente verweigern.

Zentrales Motiv des *Siebengestrins* in *El cielo dividido* ist die Suche nach "la hebra del yo" (171). Reina Roffé selbst beschreibt ihre Figuren als

> [...] seres arrojados a una búsqueda casi infructuosa de un sentido individual frente a una realidad vaciada de fundamentos políticos y culturales [...]. (Vázquez 1996)

Diese Suche nach dem "roten Faden" des eigenen Ich spiegelt sich in der Wandlung der Protagonistin Eleonora, die sich von ihrer überstarken Sehnsucht nach Schutz lösen muß und zur Akzeptanz einer nicht festlegbaren Identität gelangt sowie zu der Gewißheit den "roten Faden" ihres Ich niemals endgültig (be)greifen zu können. Diese Wandlung erfolgt seit dem Auszug aus der Wohnung ihrer Mutter in ihr eigenes Appartement, das sie wortspielerisch als *casa-ostra*, *caja de zapatos* oder *caja de sorpresa* bezeichnet. Hier beginnt für sie die eigentliche Konfrontation mit ihrem Leben vor dem Exil. Das Gefühl der Fremdheit, das sich bei dem Versuch, sich erneut in ihrer Heimat einzurichten, eingestellt hat, bleibt ihr ständiger Begleiter. Zunächst betrifft es primär die Tatsache, daß sie sich wieder in das gesellschaftliche Leben einzugliedern versucht "[...] de integrarme nuevamente, si alguna vez lo estuve" (39), wobei sie aber feststellt, daß ihr sogar die Sprache fremd geworden ist, "Ahora sabía -se lo había dicho su madre- que un *avión* era algo así como una mesa de dinero" (28). Sehr bald dehnt sich diese Fremdheit jedoch zu einem allgemeinen Gefühl des Fremdseins in der Welt aus, das sich sogar in der vermeintlichen Auflösung ihres Körper reflektiert:

> [...] Eleonora tuvo un fuerte sentimiento de extrañeza. [...] esa idea corrosiva de no pertenecer a nada, a nadie; de estar aquí y allá ajena al tiempo y al espacio. [...] Había perdido las formas de su cuerpo, se había disuelta en sustancia. (55)

Kurz nach dem Einzug in ihr Appartement schickt ihr Roberto ein Foto, das er selbst von ihr aufgenommen hat. Es zeigt sie als

> [...] una mujer de rasgos regulares, de pelo y ojos castaños. Tenía una mirada tranquila, pero su boca dilataba ansiedad. Personalmente parecía menor, el pelo era más claro y, por las mañanas, sus ojos como su boca no cesaban de sonreír. (13)

Sie legt das Foto unter die Glasplatte ihres Wohnzimmertisches, damit sie es ständig im Blick hat, d.h. ihr eigenes Foto dient ihr als Spiegelbild ihrer nie zu erreichenden vermeintlichen Ganzheit. Es weist auf den Konflikt voraus, der zwischen der Fremdwahrnehmung ihrer Person und ihrer Selbsteinschätzung besteht. Die Tatsache, daß andere sich von ihr ein festes Bild gemacht haben, wie z.B. Donna "[...] te parecés, a la Gioconda" (31) oder Mijal, die diese Meinung wieder aufnimmt "Donna tiene razón, es cierto, te parecés a la Gioconda" (117), erzeugt Eleonoras Unmut. Ihre Reaktion über derartige Festschreibungen geht zunächst in ihrem Schweigen unter, sie findet keinen Weg aus sich heraus und zieht es vor, das Thema zu wechseln. Erst sehr viel später wird sie in der Lage sein, dieser angestauten Wut Luft zu machen:

> De ver su rostro en el espejo, lo habría visto rojo. Mijal la dejó gritar a gusto. En efecto, gritó todo lo que no se había animado a pronunciar frente a Donna. Por qué tenían que colgarle sambenitos antojadizamente, por qué nadie se tomaba el trabajo de averiguar quién era, qué le pasaba, qué sentía. (118)

Der Zwiespalt zwischen der Ablehnung einer von anderen konstruierten Fassade und ihrer eigenen Zögerlichkeit, sich selbst in Frage zu stellen, scheint sie zu lähmen. Sie sträubt sich, die Türe zu ihrem Inneren zu öffnen, um herauszufinden, welche Art Ich sich dahinter verbergen könnte. Sie fürchtet, ihr kunstvoll zurechtgelegtes Schutzsystem gegen die Außenwelt könne zerbrechen und ihr die spiegelbildliche (Foto)Intaktheit als Illusion entlarven – "Quién desea saber qué clase de monstruo se oculta detrás de una puerta" (18). Daher versucht sie zunächst mit ständigen Rechtfertigungen diese Fassade aufrechtzuerhalten – "[...] por qué [...] debía rendir cuenta de su vida, como su vida fuese una dudosa prueba" (16) –, wohl wissend, daß sie sich und den Anderen damit eine Maske zeigt, die den Vermutungen der Anderen in nichts nachsteht.

Die Funktion der einzelnen Figuren in *El cielo dividido*, welche diese in Bezug auf Eleonora in der Phase ihrer Wiedereingliederung in ihr Heimatland haben, läßt sich als stufenweiser Prozeß von Eleonoras Entwicklung beschreiben; diese Figuren helfen ihr bei diesem Prozeß, zu einem selbständigen, selbst stehenden Subjekt zu werden. Von besonderer Wichtigkeit sind dabei ihre Freundin Alia sowie Donna und Mijal.

In ihrem Bemühen in Buenos Aires wieder Fuß zu fassen, beginnt sie zunächst mit der Kontaktaufnahme zu früheren Bekannten. Sie begegnet Alia, ihrer damals vertrautesten Freundin, die neben ihrer Mutter und Roberto die einzige war, mit der sie während ihres Exils in Verbindung stand und die sie auch in den USA besucht hat. Alia ist die erste, die den Vorwand für Eleonoras Rückkehr – die wissenschaftliche Arbeit – in Zweifel zieht, indem sie deren eigenen Selbstzweifel zur Sprache bringt. Wie Mónica Szurmuk (2000) dargestellt hat, stammt der Name Alia aus dem Hebräischen und bedeutet *Rückkehr*. Alia steht aber nicht nur für die Rückkehr aus dem Exil in die Heimat, sondern sie ist auch diejenige, zu der Eleonora immer wieder zurückkehrt, wenn sie eine bestimmte Erfahrung gemacht hat; so, als wolle sie Kraft schöpfen für einen neuen Schritt vorwärts. Alia wird damit zu einer Art Verbindungsglied zwischen der Außenwelt und dem Innenleben Eleonoras. Sie sagt Eleonora sogar ihre Zukunft in Bezug auf ihre Liebesbeziehungen voraus:

> Alia le auguró que tendría próximamente un vínculo sentimental regido por un fuerte enlace erótico, el cual se extinguiría pronto, seguido de otro todavía más breve que daría paso a una relación estable. (38)

Alia vergleicht Eleonoras Rückkehr mit dem Schicksal des jüdischen Volkes, das sie in dem Begriff *Galuth* zusammenfaßt. Der Begriff *Galuth* stammt ebenfalls aus dem Hebräischen und bedeutet Exil bzw. Verbannung. Er bezeichnet das Leben des jüdischen Volkes außerhalb Israels, als es keinen eigenen Staat hatte. Die *Galuth* wird meistens als Strafe gesehen, welche die Möglichkeit der Buße enthält und mit dem Erscheinen des Messias endet. Das Ziel ist die Heimkehr, Heimkehr an einen unbekannten Ort, auf den auch die Sehnsucht aller Figuren in *El cielo dividido* gerichtet ist:

> Tú eres la encarnación más viva de algo que sucedió después de la caída de Adán, el *galut*. A pesar de ello, no debes preocuparte. Todos nos hallamos en las mismas condiciones. (38)

Am Ende des Buches zeigt sich, daß die eingeschobenen Monologe Eleonoras die letzte Etappe ihrer Rückkehr in die Heimat darstellen. Die Monologe entpuppen sich als Erzählung der Ereignisse seit der Rückkehr Eleonoras aus den USA, wobei Alia diejenige ist, der Eleonora ihre gesamte Geschichte erzählt. Erst nachdem Eleonora ihre Stimme erhoben hat und ihre Geschichte aus der erzählerischen Distanz heraus als Lebensabschnitt verstanden und verarbeitet hat, kann sie einen Neuanfang wagen:

> [...] y comenzó a contarle, desde el principio, su historia con Mijal y sus impresiones sobre el regreso. Alia escuchaba atenta, en silencio, como si hubiese llegado de pronto a la madurez, al estadio en el que es preciso escuchar. (170)

Alia und Eleonora trennen sich erneut, nun aber sind die Rollen vertauscht, Eleonora ist diejenige, die bleibt und Alia geht fort: "Alia iría a despedirse. La extrañeza de que no fuese ella la que se despidiese [...]" (169). Bis es jedoch dazu kommt, bedarf es der Begegnung mit zwei weiteren Personen, Donna und Mijal, die für Eleonoras Entscheidung zu bleiben und ihr Leben vorerst allein zu gestalten wichtig sind.

In den ersten Tagen der Unsicherheit nach Eleonoras Rückkehr, als sie die neuen Eindrücke verarbeitet, trifft sie auf Donna. Sie befindet sich in einem Zustand innerer Zerrissenheit und betrachtet ihr Leben als ein unlösbares Gewirr, in das sie verstrickt ist. Donna wird für sie zu einem ersten Halt, seit sie die schützende Umgebung ihres Ehemannes verlassen hat:

> ¿Qué significó Donna? Tal vez un puente por donde dar los primeros trancos sobre ese mar de fondo que se agitaba dentro de mí. La posibilidad de volver, a riesgo de morirme, a la matriz enderma de la que procedía. (57)

Donna ist Literaturagentin, die sich mit der Herausgabe einer Buchserie "*Los lenguajes marginales*" (30) befaßt. In einem der Bücher werden auch Eleonora und Alia als ambitionierte Laienschauspielerinnen erwähnt. Die Bekanntschaft mit Donna entsteht über die Vermittlung von Roberto, der dafür sorgte, daß Donna ihr Buch an Eleonora in die USA schickte. Das erste Treffen zwischen Eleonora und Donna nach ihrer Rückkehr zeigt die traditionelle Rollenverteilung, die, ähnlich wie in der Beziehung zu Giselle vor ihrem Exil, die Hierarchie einer binär organisierten Gesellschaft reproduziert. Eleonora verharrt in ihrer passiven Beobachtungsposition, während Donna ihre eigene Sicht mit Festigkeit vertritt. Für Eleonora vermischen sich die Stimmen von Roberto und Donna, denn beide stehen – unabhängig vom jeweiligen Geschlecht – für die *Macht des Diskurses*, dem Eleonora schwer standhalten kann:

> De pronto, se le confundían las voces. ¿Quién hablaba, Roberto o Donna? [...] Era inútil desviar la vista. Debería, como pudiera, sostener la mirada frontal de Donna y su discurso absoluto. [...] No era el contenido de sus frases, sino el tono rotundo de sus enunciaciones, la seguridad con que afirmaba cada palabra, sus cuatro supuestas verdades [...] Pero en mí surtían el efecto contrario: me ensombrecían. (30-31)

In seiner Dominanz und beanspruchten Allgemeingültigkeit löst Donnas *discurso absoluto* bei Eleonora keinen Widerstand aus, sondern das Gegenteil. Sie zieht sich in ihr Schweigen zurück. Als Donna sie nach dem äußeren Eindruck beurteilt und Eleonora sozusagen erst durch ihren eigenen Diskurs hervorbringt, d.h. eine Konstruktion Eleonoras nach ihren Vorstellungen über sie entstehen läßt, richtet Eleonora die Aggression, die in ihr aufsteigt, zunächst noch gegen sich selbst. Bevor sie es schafft, sich selbst zur Wehr zu setzen, muß sie die Fessel der Passivität von sich werfen.

Ihr Unwohlsein gegenüber ihrer Ortlosigkeit, das sich in ihrem Gefühl der Fremdheit äußert, drückt sich wiederum durch ihren Körper aus, d.h. sie wandelt Aggression in Krankheit um, während ihre Stimmlosigkeit durch ihr leises Sprechen unterstrichen wird. Sie wird von den anderen nicht einmal gehört und damit auch nicht wahrgenommen, obwohl es ihr tiefster Wunsch ist, *gehört* zu werden:

> Algo, por dentro, se hacía cristal en polvo. Balbuceó unas palabras que Lisa no oyó. Le ocurriría con frecuencia: hablaba tan bajo que, a veces, nadie la oía. [...] Tuvo deseos de manifestar su penoso estado físico. Decir, por ejemplo, me muero. Pero era incapaz de expresarse, [...] sintió que se cernía en su garganta el mal del silencio. (56)

Donna konstruiert Eleonoras Bild in Gesprächen mit anderen noch stärker, als sie es ihr selbst gegenüber äußert, d.h. sie gibt ihr eine festgeschriebene Identität, die über narrative Elemente konstruiert ist. Dies führt zu einer Diskrepanz zwischen Fremd- und Selbsteinschätzung, die Eleonora, als sie davon erfährt, als Resultat ihres Schweigens erkennen muß. Dominanzgebaren und Aggression bei den anderen sind die Konsequenz, der Eleonora nichts entgegensetzen kann:

> Ahora escuchaba lo que Donna le había endilgado [...] ¿Con que había que amarla mucho para soportar su melancolía? [...] Se desconocía. Tal vez, de todo aquel fárrago de hechos y dichos, sólo fuese cierto que su silencio producía en los otros una curiosa violencia. (133)

Die Entscheidung sich von Donna zu trennen, fällt Eleonora, als sie erfährt, daß auch Donna dem unerreichbaren Charme von Giselle verfallen ist, "Donna se enamora siempre de lo inalcanzable" (43). Eleonoras Entschluß, sich von Donna zu trennen, vollzieht sich aber immer noch schweigend:

> Después de acompañar a Donna hasta la parada del autobús, Eleonora se despidió sin pronunciar palabra [...] la saludó con el brazo en alto y una sonrisa que era un gesto de dolor. (60)

Giselle, Eleonoras Freundin aus den Zeiten vor dem Exil, tritt jedoch niemals im Text auf, sie existiert nur über die Reden der Anderen und wird zu einem Phantom sowie einer weiteren Projektionsfläche für die Sehnsüchte aller miteinander verwobenen Frauengestalten. So ist die Verkettung der Personen, mit denen Eleonora zusammentrifft, wie ein Signifikantennetz, in dem sich alle gefangen fühlen und deren schwebende Bedeutungen sich immer wieder dem Zugriff entziehen.

Hatte Roberto für Eleonoras Bekanntschaft mit Donna eine Vermittlerposition eingenommen, entsteht ihre Beziehung zu Mijal durch die Vermittlung von Donna. Die Funktion, die Mijal in Bezug auf Eleonora erfüllt, stellt einen wichtigen Faktor in ihrer Selbst- und Stimmfindung dar, denn Mijal ist diejenige, die sie zum Sprechen bringt. Von Anbeginn ihrer Beziehung provoziert sie in Eleonora innere Auflehnung und schließlich ruft sie ihren Widerstand hervor. Mijal wirft ihr unter anderem vor, sie sei "una mujer sin rostro" (43) sowie "una espectadora pasiva" (43), und beginnt sich in Eleonoras Leben einzurichten, das dadurch eine abrupte Wendung erfährt. Mijals Provokation besteht vor allem im Nichtrespektieren der Persönlichkeit Eleonoras sowie ihrer Privatsphäre. Dies zeigt sich schon bei Mijals erstem Besuch in Eleonoras Wohnung und deutet auf den folgenden Machtkampf beider Frauen hin, durch den Eleonora lernt, sich selbst in das Zentrum des Geschehens zu stellen. Eleonora bleibt eines Abends mit einer starken Erkältung zu Hause, als sie von Irma und Mijal Besuch erhält. Beide wissen nicht, daß Eleonora krank ist. Die Erkältung, die sich Eleonora zugezogen hat, ist wieder einmal die körperliche Reaktion auf nichtverarbeitete schmerzhafte Erinnerungen, diesmal an ihre Zeit in New York, die sie am Vortag bei einer Verabredung mit Irma eingeholt hatten. Nach diesem Treffen mit Irma fühlt sie sich in ihrem Appartement wie in einem "santuario consagrado al más íntimo y miserable yo" (92) und empfindet das Weiterleben als heroischen Akt, "que era un acto heróico sobrevivir otro día" (92). Sie wird krank und verfällt in einen unruhigen Schlaf, von erneuten Erinnerungsfetzen gequält und in die Dunkelheit der Nacht – in eine "noche cerrada" (92) – zurückgeworfen:

> La noche, -cuidado con esa puerta oscura- había llegado al cielo, al cielo raso donde titilaban las estrellas artificiales en el ocaso de su día interior. (95-96)

Der Besuch von Irma und Mijal reißt sie aus diesem Traum, und sie wird von Mijal sofort mit deren Dominanzanspruch konfrontiert. Gleich zu Beginn stellt Mijal ihre Erkältung in Frage: "-¿Nerviosa? [...] -No, estoy enferma. -Enferma o loca?" (97). Eleonora muß sich von diesem ersten Moment an wehren: "Suelo estar enferma, cuando estoy enferma; y loca, cuando estoy loca" (97). In diesem Fall bedarf es gleich einer doppelten Gegenwehr, denn bisher hat Eleonora immer verheimlicht, daß sie zwei Tanten hatte, die dem Wahnsinn verfallen waren. Dennoch stößt Mijal durch ihr forderndes Interesse an Eleonora selbst sowie an ihrer Vergangenheit eine Tür auf, die Eleonora zu sich selbst führt. Sie wird sich zum ersten Mal bewußt, daß es jemanden gibt, der sie selbst meint und keine von ihr oder anderen konstruierte Fassade:

> Tenía una extraña avidez por conocerme, por explorar en mi biografía los detalles más ínfimos que tejen el paño del que una está hecha. Nadie se había interesado por mí de esa manera. (98)

Unausweichlich in das Zentrum des Interesses gerückt, kann sich der Knoten in Eleonora lösen. Sie beginnt ihr Leben zu erzählen, an dessen Last sie schon lange zu ersticken droht. Sie berichtet Mijal von dem bisher verschwiegenen Familiengeheimnis des Wahnsinns ihrer Tanten, den beide als Flucht vor der Wirklichkeit genutzt haben. Diese

Krankheit steht als unheilvolles Zeichen und als Warnung vor Eleonora und sie fürchtet, eines Tages selbst wahnsinnig zu werden. Über allem Interesse, das Mijal für Eleonora zeigt, merkt Eleonora viel zu spät, daß das bohrende Hinterfragen und das Erfragen jedes Details nicht nur reine Anteilnahme an ihrer Person bedeutet, sondern einem eigenen egoistischen Streben entspricht: Mijal will Macht über andere gewinnen, indem sie sich jede Einzelheit der Anderen zunutze macht. Damit glaubt sie, sich selbst vor ihrer eigenen Angst und Zerrissenheit schützen zu können, sich einen Ort zu sichern:

> Ahora sé que el interés de Mijal por indagar en el fondo de cada uno es una forma de tener poder sobre el otro, de asegurarse un lugar. (98)

Nachdem Mijal in ihre Wohnung eingezogen ist, erscheint sie Eleonora zunächst als "una dádiva perversa de la palabra" (111). Sie gibt ihr zwar neuen Halt, aber Eleonora merkt sehr bald, daß sie erneut zu einem fremdbestimmten Spielball wird: "Poseía, [...] ese don de hibridez con que endulzaba, adormecía sus sentidos" (116). Mijals Art und Weise Eleonora mit ihrem Gesagten als einer alleingültigen Wahrheit zu konfrontieren, zeigt Eleonora deutlich, daß in ihrer Umgebung alle zwischenmenschlichen Beziehungen nur über diesen Machtdiskurs funktionieren. Die Stimmen beginnen sich in der Erinnerung Eleonoras zu vermischen, sind nur noch "Ecos del mismo discurso. Matices diversos para una sola entonación" (117). Schließlich fühlt sie sich so sehr von Mijal vereinnahmt und in ihrem Appartement so sehr eingeengt, daß sich zwischen ihnen ein Kampf entwickelt, eine "suerte de rivalidad" (111). Jede versucht, die andere zu dominieren. Trotzdem ist aber erst in dieser Konfrontation mit Mijal die Abgrenzung möglich, lassen sich nach und nach die Züge eines eigenen Ich erkennen:

> Y pese a esta lucha, a momentos de profunda incomprensión y arrebato, se acendraba en nosotras, con fuego creciente, la filiación de nuestras señas de identidad o del encuentro desvaído de dos mitades. (111)

Eleonora benötigt zwei Anläufe, um sich von Mijal zu trennen; die erste Trennung dauert eine Woche, dann holt sie Mijal zurück. Die zweite Trennung ist endgültig, und obwohl sie zu sprechen begonnen hat, vollzieht sie auch diese Trennung schweigend. Nach einem Spaziergang mit Mijal gelangt sie als erste nach Hause, packt Mijals Sachen zusammen und stellt diese vor die Tür. Das anschließende Schellen an der Haustür erträgt sie als Kompensation ihrer Erfahrung in New York, wo sie mit einer ähnlichen Erfahrung – "la humillación de un rechazo mudo" (167) – konfrontiert war.

Die letzte Etappe ihrer Stimmfindung zeichnet sich bei Alias letztem Besuch ab, als diese Eleonora erneut fragt, "¿A qué viniste?" (170). Diesmal fügt sie aber hinzu, "¿Por qué quedaste?" (170). Eleonora beginnt auf die Frage nach dem Grund ihrer Rückkehr und ihres Bleibens nun endlich ihre ganze Geschichte zu erzählen, wohl wissend, daß sie zwar auch diesmal keine eindeutige Antwort geben kann, daß sie aber die narrative Distanz benötigt, um ihre Motivation selbst wahrnehmen zu können und einen Neuanfang zu wagen:

> Eleonora tampoco tenía esta vez una respuesta que pudiera formularse en pocas palabras y que se ciñera a una única verdad. [...] Cuando Eleonora acabó su narración, la brisa de la noche hacía vibrar el cristal de la ventana. No, no sabía a ciencia cierta a qué vino y por qué se quedó, ni si volvería a irse. (170)

Am Ende von *El cielo dividido* ist Eleonora wieder allein, Alia hat die Stadt verlassen, und von Donna und Mijal lebt sie getrennt. Ihr Mann Frank schickt ihr weiterhin Briefe, die sie aber immer noch nicht öffnet. Sie betrachtet ihr Foto, das bisher unter der Glasplatte ihres Wohnzimmertisches gelegen hat und erblickt darauf das Gesicht einer Fremden. Sie legt es als abgeschlossenes Kapitel an die Seite. Nun kann sie endlich das Medium, über das sie sich auszudrücken vermag, als ihren Weg anerkennen: Sie beginnt zu schreiben. Über das Schreiben bringt sie endgültig ihre Stimme zu Gehör, die aus einem ihr unbekannten Teil ihres Ich hervorbricht und sie nähert sich darüber ihrem Unbewußten:

> Cómo nombrarse [...] cómo darle nombre a esta parte de mí que tomará la palabra, que templará su voz, que compondrá un fragmento. (170-171)

Sie begreift, daß alle Personen, mit denen sie eine Beziehung eingegangen war, nur ein Refugium waren, "un saliente donde apoyar el pie y caminar sobre firme" (147) und fürchtet sich nicht mehr vor der Dunkelheit, vor der Nacht, obwohl diese immer noch eine Gefahr birgt:

> La noche -cuidado con esa puerta oscura- se había vuelto de una serena peligrosidad. Y pese a ello, quiso creer que podría mirarla de frente, dibujar con pequeños e indecisos trazos, una línea propia, suya, candente, alzarse contra la agonía de la luz. (171)

El cielo dividido skizziert über die Metapher der Reise die Suche nach den eigenen Wurzeln, nach dem eigenen Ursprung sowie nach einer damit verbundenen Identität. Die Vertextungsverfahren verhindern jedoch das Finden dieses Ursprungs. Die Autorin nutzt sowohl intratextuelle – zu ihrem Roman *La Rompiente* – als auch intertextuelle Bezüge – vor allem zu Carson McCullers *The Ballad of the Sad Café* und Djuna Barnes *Nightwood* – zur Konstruktion von *El cielo dividido*, und es gelingt ihr mit Hilfe der fragmentarischen Erzähl- und Handlungsstruktur den Anspruch einer einzigen allgemeingültigen Wahrheit in Frage zu stellen, die versucht, *a priori* festgelegte Kategorien wie Subjektivität und Identität hervorzubringen. Jegliche Zielgerichtetheit hat in der heutigen Welt ihre Gültigkeit verloren, daher ist Subjektivität nur noch – in Anlehnung an Deleuze – nomadisch greifbar, d.h. sie ist ein sich ständig vollziehender Prozeß, in dem sich die Figuren einem fortwährenden Aushandeln mit sich selbst gegenüber sehen, sich also immer wieder neu konstituieren müssen. Die fragmentarische Darstellung der einzelnen Lebensentwürfe, die unter Aussparung der Zusammenhänge nur partikuläre Momente aus dem Leben der einzelnen Figuren schildert, gibt davon Zeugnis. Unterstrichen wird dies zusätzlich durch die Überlagerung von Erzählperspektiven und raum-zeitlichen Anordnungen, die zu einer verschachtelten Textstruktur führen, in der sich die Stimmen der Protagonistinnen zu einem Chor vermischen, der schließlich aus der Peripherie heraustritt.

Die Veränderungen Eleonoras seit ihrer Rückkehr mögen den Anschein einer Entwicklung haben, tatsächlich erreicht sie jedoch kein festes Ziel. Eleonora steht am Ende des Textes ihrer Zerrissenheit mit voller Bewußtheit gegenüber. Die Desillusionierung, daß es niemals möglich sein wird, sich selbst als *Ganzes* zu erkennen, wandelt sich am Ende in eine Gelassenheit, mit der sie ihrer Zukunft entgegensieht:

> "Sé que hay algo peor que saber la verdad", diría, al fin, condescendiente, "ignorar cuál es. Entonces, en aquellos días, me dejaba llevar creyendo que quizá me encontraría entera cuando menos lo pensara. [...] Desde luego, esto me sigue pasando. Siento que mi vida de este último período se ha convertido en una perpetua aporía. (57)

Das Abschütteln einer nach traditionellem Vorbild fremdbestimmten weiblichen Subjektivität und die Befreiung von der Vergangenheit geben Eleonora die Möglichkeit, ihre eigene Stimme hörbar zu machen und den Diskurs des Schweigens zu durchbrechen. Sie begreift schließlich, daß jede der Figuren auf der Suche nach dem letzten Sinn der eigenen Existenz, der "hebra del Yo", ist, den alle über die eigene Stimmen, über das Erzählen und Konstruieren ihrer jeweils eigenen Welt zu finden hoff(t)en:

> [...] todas, sin excepción, eran protagonistas-narradoras o amanuenses que, por un misterioso mandato, iban componiendo su mundo personal, alienado y fragmentario, para buscar y, a veces, encontrar en la propia voz, como en un cofre antiguo, el ordenamiento de los sentidos y un sentido último. (161)

1.6 Alicia Steimberg (Argentinien). *Cuando digo Magdalena*: Das Vergessen als Symbol für die Unmöglichkeit der Signifikation

Wenn man erst einmal weiß,
weiß man auch, daß man weiß,
Und wüßte lieber nicht.
Aber zu spät.
(Mascha Kaléko)

Die argentinische Autorin Alicia Steimberg gewann mit ihrem Roman *Cuando digo Magdalena* 1992 den argentinischen Literaturpreis Premio Planeta Biblioteca del Sur. Argentinischen Zeitungen war dieses Ereignis nicht nur eine literarische Notiz wert, sondern sie bekundeten auch ihre Überraschung darüber, daß eine Autor*in* den Preis erhalten hatte – interessant, daß dies noch heute Überraschung auslöst , zumal das Komitee ausschließlich aus männlichen Juroren bestand: José Donoso, Antonio Dal Masetto, Dalmiro Sáenz, Juan Forn und Mario Lacruz (vgl. Steimberg 1992: 6). Dies war für viele, unter ihnen Maria Luisa Bemberg, Anlaß zur Sorge, die sich jedoch diesmal als unbegründet herausstellte:

> Para sorpresa de muchos, el ganador del premio Planeta/Biblioteca del Sur a la mejor novela inédita 1991/92 no resultó un ganador sino una ganadora: Alicia Steimberg con su novela Cuando digo Magdalena. (Pomeraniec 1992: 37)

Gemäß der Umschlagseite von *Cuando digo Magdalena* erzählt der Text die Geschichte einer *verwirrten* Frau, "La historia de una mujer perturbada" (Steimberg 1992), namens Magdalena, die ungefähr fünfzig Jahre alt ist. Diese Verwirrung – *perturbación* – der Protagonistin resultiert aus dem Verlust ihres Gedächtnisses, welcher offenbar durch ein traumatisches Ereignis ausgelöst wurde, das in der die Rahmenhandlung des Textes konstituierenden Kriminalgeschichte seinen Grund zu haben scheint. Auch ihren ursprünglichen Namen kann oder will die Protagonistin nicht erinnern, so daß sie den Namen Magdalena selbst ausgewählt hat. Namentlich festlegen mag sie sich allerdings auch nicht, daher ersetzt sie Magdalena mehrfach durch Sabina, Marlene, Magui, Lili Marlene und entwickelt daraus ein Spiel, durch das ihr eine ständige Veränderung ihrer Identität gelingt. Auf diese Art verweigert sie sich gleich zu Beginn des Textes einer festen Zuschreibung ihrer Person:

> -Sabina... -¿Me llamo Sabina? -Sí. No te gusta? -No. [...] -Bueno. Gertrudis... -No. [...] -¿Magdalena? -Está bien. (12)
> [...]
> -No sé por qué aceptaste llamarte Sabina, si habíamos quedado en que te llamaras Magdalena. -Me llamaré, nomás, Magdalena. Para ahorrar tiempo. (38)[69]

---

69 Die im folgenden genannten Zitate sind alle aus Alicia Steimberg (1992) entnommen und zeigen über die jeweilige Seitenzahl die Textstelle des entnommenen Zitates an.

Die Verwirrung Magdalenas spiegelt sich als dominierendes Moment in der gesamten Textstruktur und bildet die Basis für die Dekonstruktion der Erwartungshaltung der Lesenden sowohl im Hinblick auf die *Entwirrung* der Gedanken der Protagonistin als auch bezüglich der Auflösung der Kriminalgeschichte, wie es weiter unten genauer ausgeführt wird. Bei der Konstruktion des Textes hingegen spielt das Vergessen und im Gegenzug die Rückgewinnung der verlorenen Erinnerungen eine zentrale Rolle. Nicht von ungefähr werden Assoziationen zu Marcel Prousts Werk *A la recherche du temps perdu* hervorgerufen. *Magdalena* kann als intertextueller Verweis auf das Gebäck der *Madeleine* verstanden werden, über dessen Eintauchen in die Tasse Tee der proustsche Erzähler Erinnerungen evoziert (vgl. hierzu auch Calabrese 1996: 62):

> Gleich darauf führte ich [...] einen Löffel Tee mit dem aufgeweichten kleinen Stück Madeleine darin an die Lippen. In der Sekunde nun, als dieser mit dem Kuchengeschmack gemischte Schluck Tee meinen Gaumen berührte, zuckte ich zusammen [...]. Es ist ganz offenbar, daß die Wahrheit, die ich suche, nicht in ihm ist, sondern in mir. [...] Ich setze die Tasse nieder und wende mich meinem Geiste zu. Er muß die Wahrheit finden. [...] Und dann mit einem Male war die Erinnerung da. (Proust 1974: I, 108-110)

Die Rückgewinnung der verlorenen Erinnerung in *Cuando digo Magdalena* dient in erster Linie der Suche nach der Wahrheit, d.h. konkret der Aufklärung eines Mordes. Um Magdalena von ihrer Amnesie zu heilen und Licht in das Dunkel des Verbrechens zu bringen, bittet ihr Ehemann Enrique einen gemeinsamen Freund und pensionierten Arzt, Iñaki, um Hilfe. Magdalena versucht nun in therapeutischen Gesprächen mit Iñaki die Rekonstruktion der Ereignisse, die auf dem Anwesen *Las Lilas* in der Nähe von Buenos Aires stattgefunden haben und die offenbar Auslöser für Magdalenas Vergessen sind. Gemeinsam mit ihrem Ehemann und anderen Teilnehmenden eines Kurses zum Erlernen mentaler Kontrolle, den sie in Buenos Aires besucht hatte, war sie eingeladen worden ein Wochenende auf *Las Lilas* zu verbringen. Während dieses Aufenthaltes kommt ein junger Angestellter, Cirilio, der dort Pferde zureitet, gewaltsam ums Leben. Der Hergang des Verbrechens bleibt zunächst ebenso im Dunkeln, wie die Gründe für den Verlust von Magdalenas Gedächtnis. Ebensowenig erhellen ihre Andeutungen über ihre vermutliche Verwicklung in diese Ereignisse das Geschehen:

> Pero yo tuve la impresión cabal de que si Alcides estaba en *Las Lilas*, si había tenido alguna participación en la muerte del domador, era porque *yo* había hecho algo para que todo eso sucediera, y decidí que era mejor, por mi propia seguridad y la de él, que me callara. (186-187)

Magdalena kehrt also mit Iñaki nach *Las Lilas* zurück, um über das Wiedersehen mit dem Ort des Geschehens Klarheit in die Angelegenheit zu bringen. Ihre Rückkehr wird zwar tatsächlich zum Motor für ihre Erinnerung, aber über den Versuch, sich an das traumatische Erlebnis zu erinnern, gerät sie gleichzeitig in ein Wirrwarr ungeordneter Erinnerungen, die sich nicht nur mit der Rekonstruktion des besagten Wochenendes beschäftigen, sondern sie unversehens mit der Frage nach den Ursprüngen ihrer eigenen Existenz, ihrer eigenen Geschichte und ihrer eigenen Identität konfrontieren. Auf diese

Weise nutzt sie den erneuten Aufenthalt auf *Las Lilas* zusätzlich für die Rekonstruktion ihres eigenen Lebens, zumal sie sich an diesem Ort, der sie trotz des Verbrechens an ein verlorenes Paradies zu erinnern scheint, wohl fühlt: "algo hubo en mi pasado que me hace sentir muy cómoda aquí" (68).

Auslösendes Moment für die Erzählung ist das Vergessen Magdalenas und der Wunsch – weniger Magdalenas als vielmehr ihres Ehemannes – ihren Seelenfrieden wiederherzustellen, damit es möglich wird, das geregelte (Familien)Leben wieder aufzunehmen. Mit anderen Worten, sie soll wieder ein funktionierendes Mitglied der Gesellschaft werden. Dies kann aber nur über das Erinnern gelingen und dabei soll ihr Iñaki helfen.

Das Vergessen verschafft Magdalena einen gewissen *Status Quo*, eine *pantalla en blanco* (143). Die Protagonistin sieht sich einer leeren, weißen Fläche gegenüber, die noch frei ist von jeglicher Bedeutungszuordnung und auf der sie ihr Leben noch nach ihren eigenen Vorstellungen entwickeln kann. Die möglichen Wege der Handlung sind noch unbegangen, die Richtung der Erinnerungen ist noch nicht entschieden. Doch bald werden die ungeordneten Gedanken als unbearbeitetes Material den Rahmen vorgeben, innerhalb dessen sich schließlich die Geschichte im Prozeß des Erinnerns, im Akt des Schreibens selbst abzuzeichnen beginnt:

> -¿No tenía yo que decir únicamente lo que se ve en la pantalla? (29)
> [...]
> Veo la pantalla en blanco, *con el marco que yo fabriqué.* (143)
> [...]
> ¿Contar esta historia? Es como ir haciendo un ovillo de una madeja muy enredada. Pero la madeja existe de antemano. (100)

Mit jedem Schritt des Erinnerns, des *Wieder*erlebens der Vergangenheit füllt sich die Leinwand, einerseits mit fragmentarischen Erlebnissen aus ihrer Kindheit, andererseits mit den zu rekonstruierenden Ereignissen auf *Las Lilas*. Die kriminalistische Komponente wird dabei schon zu Beginn des Textes durch den intertextuellen Bezug auf die amerikanische Krimiautorin Ellery Queen angedeutet, "[...] me senté en la cama a leer una vieja novela de Ellery Queen [...]" (9). Durch die Wiederherstellung der Erinnerungen vollzieht sich die Konstruktion des Textes – "romper la amnesia es hacer la novela" (Mercado 1992) –, die sich allein auf diesen Hinweis einer zu erwartende Kriminalgeschichte stützt. Das Aufblitzen von Erinnerungsfragmenten macht jedes Kapitel zu einem Mosaiksteinchen der zu entwerfenden Handlung, in deren verschachtelter Struktur sich die einzelnen Gedanken immer wieder neu verzweigen und die Leinwand mit Bruchstücken aus Magdalenas Vergangenheit füllen.

Die Struktur des Textes spiegelt das Aufblitzen dieser bruchstückhaften Erinnerungen. Dementsprechend gliedert sich *Cuando digo Magdalena* in mehrere fragmentarische Textteile, die entweder aus einem erzählten Teil oder einem Dialog bestehen und in keiner kausalen Abfolge miteinander verbunden sind. Manche Erzählteile werden dabei immer wieder aufgenommen, wobei sich die Perspektive verändert:

> En el umbral de una de esas está sentado un chico de seis años, [...] (27)
> [...]
> [...] y la calle está desierta, excepto un chico sentado en el umbral [...] (83)
> El chico está sentado en el umbral de la casa [...]. (105)

Zwischen den einzelnen Fragmenten gibt es jeweils kurze trennende Absätze, wobei die Teile an fünf Stellen stärker voneinander abgehoben sind, ohne dabei aber durch Überschrift, Numerierung oder Kapiteleinteilung getrennt zu sein. So entsteht der Eindruck eines Gedankenflusses – "Siempre se puede dejar vagar los pensamientos" (77) –, der in loser Folge Assoziationen aneinanderreiht und zu einer rhizomatischen Erzählstruktur verknüpft, in der sich Zeit- und Raumebenen analog zu den Gedankensprüngen verzweigen. Das Bewußtsein der Protagonistin für ihre Eingebundenheit in Raum und Zeit ist durch das Vergessen verloren gegangen, sie lebt in ihrer eigenen inneren zeitlichen Wirklichkeit, einer *durée réelle*:

> -Supongo que es inútil preguntarte cuánto tiempo nos quedaremos en la isla. -Lo que quieras. Pasaremos del Tigre a *Las Lilas* y de *Las Lilas* a Mar de Plata todas las veces que quieras. -También a Córdoba, a Embalse de Río Tercero. (128)
> [...]
> -Querida... -Sí, Iñaki. -¿Podrías, por favor, aclarar de qué noche se trata? Estábamos en la cena del sábado. -Se trata de esa cena. Hemos retrocedido en el tiempo, pero sólo un poquito. (157)

Die erzählenden Fragmente kennzeichnen sich durch einen Wechsel von auktorialer und personaler Erzählsituation und werden als Einzelteile der die Rahmenhandlung bildenden Kriminalgeschichte erkennbar, die langsam aus dem zu rekonstruierenden Geschehen in *Las Lilas* erwächst. Neben diesen Erzählteilen finden sich tagebuchähnliche Aufzeichnungen, die mit Datum versehen sind – "19 de diciembre" (75), "21 de diciembre" (83). Hier wird entweder das bisher Geschehene zu ordnen versucht oder es werden endlose Assoziationsketten gebildet, die Zeugnis von dem gedanklichen Durcheinander Magdalenas geben, das sie jedoch dem Einordnen der Ereignisse vorzieht:

> Querés hacerme creer que lo dije para que intente un trabajo ordenado. Prefiero el caos. Prefiero arrojarme de cabeza desde el borde de un precipicio y caer en un río turbulento [...]. (114)

Für die Konstruktion des Textes nutzt die Autorin des weiteren verschiedene Gattungselemente und untergräbt damit die traditionelle Form des Romans als eines zielgerichteten Mediums. Dementsprechend finden sich Elemente aus dem Film- und Theaterbereich, so daß sich die Lesenden entweder in die Rolle der Zuschauenden versetzt sehen:

> -Cómo no voy a ser sumisa. No soy más que una voz en *off*. La cámara viaja a la vereda de enfrente para mostrar lo que está mirando el chico: es el frente de un almacén con vidrieras opacas, llenas de polvo. En la vidriera se ve una fila de botellas de sidra [...]. (27)

Oder aber sie folgen dem Text, als handele es sich um Regieanweisungen:

> *(La niña se queda paseando por la habitación, mascullando cosas para sí misma. Se oye una voz femenina en* off.*)* -¡Magdalena! MAGDALENA *(En voz baja, como hablando consigo misma)*: Carajo, me siguen llamando Magdalena. *(A los gritos)* ¡Sí, mamá! VOZ EN *OFF*: ¿Ya estás lista para subir [...]. (136)

Intertextuelle Anspielungen setzen oftmals den Erzählvorgang in Bewegung oder beschleunigen ihn. Sie sind vielfach eine Motivation für das Erzählen, weil sie erneute gedankliche Assoziationen auslösen. Als Beispiel sei das Anzitieren des Essays von Paul Nizan *Aden Arabie* angeführt, aus dem die Erzählerin als eine Art Motto für ihre eigene Geschichte eine Textzeile mehrfach wiederholt und dem Verlauf sowie dem jeweiligen Stand ihrer Erinnerungen verändernd angleicht. Dadurch läßt die Erzählerin nicht nur erkennen, daß sie ihr eigenes Sein im Wesen seiner Zeitlichkeit erkannt hat:

> Entonces yo tenía veinte años, y no permitiré que nadie diga que es la edad más hermosa de la vida. (31, 121)
> [...]
> Entonces ya no teníamos veinte años, y el que quiera puede decir que fue la edad más hermosa de nuestra vida. (199)

Hier wird vielmehr das kritische und melancholische Nachdenken Nizans über die europäische Gesellschaft der zwanziger Jahre zu einer kritisch-ironischen Auseinandersetzung mit der hybriden Struktur der argentinischen Mittelklasse und der Rolle, welche die Protagonistin in ihr einzunehmen hat. Der Fluchtpunkt in *Cuando digo Magdalena* ist daher nicht der exotische Ort *Aden*, sondern das Vergessen und, über die Wiederherstellung der Erinnerung, das Eintauchen in das eigene Ich, mit dem das Bewußtwerden über den Anfang vom Ende einhergeht, d.h. über das Schicksal der eigenen menschlichen Endlichkeit.

Das durch das Vergessen ausgelöste Chaos in Magdalenas Gedankengängen reflektiert sich in den Dialogen, die sich in den meisten Fällen zwischen Magdalena und Iñaki sowie den jeweiligen Ehepartner/inne/n, Enrique und Flora entspinnen. Die Zuordnung der Sprechenden ist jedoch nicht immer möglich, da jede deiktische Formel fehlt, so daß sich die Dialoge zu einem Gemisch unterschiedlicher Stimmen vermengen, die sich überlagern und als Erinnerungsfetzen frei im Text schweben, ohne daß sich die Teilnehmenden selbst immer darüber im Klaren sind, wer gerade gesprochen hat:

> -Puedo preguntar cómo te llamas? [...] -Me llamo Ignacio Ibargüengoitía. [...] -No me acuerdo cómo te llamás vos. -Flora. -¿No te llamabas Sabina? -No. Flora. -¿Flora Rosenfeld? -Rosenblatt. -Rosenberg. -Rosenblum. -Rosenvasser. -Rosenstein. -Lo dudo. -Sin embargo, sí. ¿Quién habló, vos o yo? -No estoy segura. -Da lo mismo. Flora, entonces. (16)
> [...]
> -Hablé yo hablaste vos? -Hablé yo. -A ver, constatemos, ¿quién pasó innumerables veranos en Mar del Plata [...] -Yo, yo. Y vos me estabas contando eso [...] -¿Yo te estaba contando eso? (47)
> [...]
> Últimamente ya no sé si hablé yo o hablaste vos. (83)

> [...]
> -De nada, mija, de nada. -¿Quién habló? -Hablé Yo. -¿Con mayúscula? -Sí mijita. (122)

Mit Hilfe dieser Vertextungsverfahren gelingt es der Autorin auch, die Auflösung eines *a priori* festgelegten Identitätsbegriffes vorzuführen. Um dies zu verdeutlichen, kehren wir erneut zu dem wichtigsten Aspekt des Textes zurück, dem Vergessen. Das Vergessen kann als das Schwinden von Bewußtseinsinhalten betrachtet werden, deren Erinnern verhindert wird. In der Psychoanalyse wird es als Widerstand gegen das Bewußtwerden von Gedanken aus Angst vor denselben verstanden. In *Die Krankheit des Vergessens* schreibt Carola Klier (1995) das Vergessen ursächlich einer Sinnkrise zu. Die Fragen, die sich dazu in *Cuando digo Magdalena* ergeben, betreffen sowohl die Sinnkrise der Protagonistin als auch das, was das Vergessen für sie eigentlich bedeutet, und damit verbunden das Erstaunen über den häufigen Namenswechsel. Hier werden identitätsbildende Merkmale in den Vordergrund gerückt und gleichzeitig angezweifelt. In diesem Zusammenhang wird noch einmal das Spiel mit den Namen wichtig. Ein Name ist nach Derrida zunächst ein Merkmal, über das sich ein Individuum identifiziert und damit einem bestimmten System klassifikatorisch zuordnet. Diese Zuordnung bedeutet eine Festlegung, ist also "die Bezeichnung einer Zugehörigkeit und eine sprachlich-soziale Klassifizierung" (Derrida 1996: 196). Der rekonstruierte Lebenslauf Magdalenas kennzeichnet sich jedoch durch Unsicherheiten und Hybridität, die vor allem aus ihrer russisch-jüdischen Herkunft resultieren. Das Spiel mit den Namen ist für Magdalena daher ein Schutz, um sich der Klassifizierung und damit Festschreibung ihrer Person zu widersetzen, aber auch, um sich mit ihrer eigenen *Wahrheit* nicht konfrontieren zu müssen, aus Angst vor dem großen Unbekannten, dem *Anderen*, dem wahren Ich:

> -Si creés que yo lo sé y no quiero decirlo, ay, qué equivocado estás. Cuando hablo es como si tirara del hilo, y el hilo traerá lo que esperamos. [...] Tengo miedo de enterarme de alguna cosa que quizá no quiera saber. (150-152)

Die Wirklichkeit, die Magdalena vergessen hat, ist für sie nur noch als fragmentarische, subjektive Wahrnehmung faßbar, in der mit Hilfe der Vervielfältigung ihres Namens ihr Ich als Zentrum negiert. Diese vielfältige Maske ihres Ich in Form mehrfacher Namensveränderung läßt sich als "freie Schöpfung des Individuums" (Derrida 1996: 191) betrachten, das "einen momentanen Zustand seiner eigenen Subjektivität zum Ausdruck bringt" (ebd.). Diese Subjektivität ist allerdings diskontinuierlich und alle *Fäden* dieser Namen führen in ein Labyrinth von Erinnerungen, die sich durch Hybridität, Unsicherheiten und Ängste kennzeichnen. In diesen momentanen subjektiven Zuständen, die sie jeweils durch den veränderten Namen anzeigt, versucht Magdalena, ihre Geschichte zu erinnern. Geschichte wiederum setzt aber Sprache voraus, und so wird der Vorgang des Erinnerns über den Prozeß des Sprechens zu einer Eingliederung der Vergangenheit, und damit auch des ständigen Begehrens, in die symbolische Ordnung der Sprache, "Resumiendo lo ya narrado" (66) [...] "para que intente un trabajo ordenado" (114). Magdalenas Versuch, das Vergessen zu durchbrechen und damit ihr eigenes Leben als Wirklichkeit auf der Grundlage von Phantasien und Assoziationsketten zu konstruieren, beginnt mit dem Aufrollen der Kriminalgeschichte durch den "Kraftakt" des Erinnerns. Sprechen bzw. Schreiben und Erinnern werden in ihrer Produktivität als Prozesse gleichgesetzt:

> -Sí, Magui, veo que empezás a recordar. (47)
> [...]
> -La historia podría contarse de otra manera. Pero yo sólo puedo contarla como la estoy contando (175)
> [...]
> -¿Por qué hay que sufrir otra vez? -¿Qué te hace sufrir? -Todo este esfuerzo por recordar. (190)

Die Form des Dialogs bietet Magdalena die Möglichkeit, selbst das Wort zu ergreifen, Dinge zu evozieren, den Gedanken freien Lauf zu lassen und damit zu versuchen, das *wahre* Sprechen (vgl. Lacan 1973: 145) des *moi* hervortreten zu lassen. Daß sie sich dabei aber in der Sprache verliert, wird deutlich, als sie über ihren Gedankengängen ihren Gesprächspartner nicht mehr erkennt und sich erst seiner Identität vergewissern muß:

> "No me has dicho cómo te llamas. [...] ¡Iñaki! ¡Así que sos vos!" (69)
> [...]
> "Bien..., al menos ahora estás segura de que soy Iñaki [...]". (183)

Im Verlaufe dieser Dialoge werden über ihre Kindheitserinnerungen auch Einblicke in die gesellschaftliche Struktur der argentinischen Mittelklasse vermittelt, in der sich durch die Einwanderung von Familien unterschiedlicher kultureller und religiöser – in diesem Falle jüdischer und katholischer – Zugehörigkeit eine hybride Lebensform herausgebildet hat, so daß die Frage nach religiöser, nationaler und sprachlicher Identität in den Dialogen ständig präsent ist und die Zerrissenheit ihrer eigenen Existenz hervorgehoben wird. Demzufolge beginnt der erste Dialog zwischen Iñaki und Magdalena mit der Frage nach der im folgenden zu benutzenden Sprache: argentinisches oder kastilisches Spanisch. Hier wird in ironisierender Weise explizit auf die periphere Situation Lateinamerikas verwiesen, das sich bei dem Versuch, aus der Peripherie herauszutreten, die eigenen sprachlichen Begebenheiten bewußt machen muß, bevor es sich mit einer eigenen Stimme in den Diskurs des Zentrums mischen kann:

> [...] doce personas alrededor de la mesa, los mozos con uniforme... -¿Dijiste *mozos*? -Sí. Lo dije con cierta vacilación. -¿No deberías haber dicho *camareros*? -Para qué. Mejor abandonemos toda pretensión de español universal. -No, eso es excesivo. Mantengámonos en un español más o menos universal con algunos localismos inevitables. -Bueno. Los mozos terminaron de servir (11)
> [...]
> -¡Chiquitas! Mucho me temo que en español universal hay que decir *pequeñas*. (18)

Der Mißstand in der Anerkennung der sprachlichen Vielfalt innerhalb der spanischen Sprache wird durch Iñakis baskische Abstammung vertieft. Diese Problematik wird im weiteren Verlauf von *Cuando digo Magdalena* durch die Personifizierung des kastilischen Spanisch noch zusätzlich ironisch unterstrichen und hebt noch einmal die Opposition zwischen Zentrum und Peripherie, zwischen *la madre patria* Spanien – die für die Protagonistin eigentlich Rußland ist, "Pero mi madre patria era Rusia" (68) – und Argentinien hervor, die sich in einem Ungleichgewicht der gegenseitigen sprachlichen Akzeptanz manifestiert. Der Autorin gelingt dieser Fingerzeig mittels einer betont ironischen Darstellung, mit der sie auf die in Spanien sehr traditionelle Institution der Sprachpflege mit dem Anspruch auf Unveränderlichkeit der Sprache rekurriert:

> -¿En español universal no se dice *no hay prisa*? -Tal vez. -No se puede estar siempre al tanto de lo que se dice en español universal. -Ayer lo vi. -¿A quién? -Al Español Universal. -No te puedo creer. ¿Es amoroso? -Bueno, yo soy un hombre, Magdalena. No voy a decir que el español universal es *amoroso*. Es de estatura mediana, cabello y ojos castaños, rasgos regulares, dientes blancos y parejos, sonrisa franca. [...] -¿Y es joven? -Unos treinta y cinco. -Qué curioso. La gente joven se pone ropa menos convencional. -Él no podría. Pasa mañana, tarde y noche en la confitería Richmond de calle Florida, para aclarar a quien quiera consultarle cualquier duda que pudiera presentarse en el uso del idioma. -¿Y no viaja? ¿No va a España y a Latinoamérica? -No. Tiene miedo de que se le estropee el acento. -¿Cómo es su acento? -Es un acento neutro, con una leve diferencia entre la *s* y la *z*, por ejemplo entre *casa* y *caza*. También entre la *s* y la *c*, por ejemplo entre *siento* y *ciento*. -Esto último me parece el colmo de la exquisitez. Me imagino que hablará de tú y no de vos. -Descontado. (81-82)

Die Sprache als Medium der Kommunikation wird zur Frage nach der Zugehörigkeit in einer Gesellschaft, in der sich durch Einwanderung unterschiedliche Kulturen zu einer hybriden Gemeinschaft zusammenschließen und versuchen, über mehrere Generationen ein Moment der Gemeinsamkeit auszubilden. Die Frage nach einer nationalen und religiösen Identität wird zu einem Spiel mit Komponenten kultureller Vielfalt im Hinblick auf die Wertung, die mit der Hervorhebung der einzelnen Aspekte im Rahmen gesellschaftlicher Normen verbunden ist:

> Qué tenga que pensar cuidadosamente si voy a decir que soy judía y argentina o que soy argentina y judía, para que el orden elegido no moleste a nadie. (23)

Davon gibt der erste Dialog zwischen Magdalena und Iñaki Zeugnis, in dem sich die Protagonist/inn/en als Mitglieder der argentinischen Mittelklasse in Buenos Aires zu erkennen geben, deren familiäre Ursprünge in unterschiedlichen Kulturen zu finden sind. Magdalena stammt aus einer – vermutlich wohlhabenden – russisch-jüdischen Familie, während Iñaki aus einer baskisch-katholischen Familie kommt, aber mit der (wahrscheinlich) polnischen Jüdin Flora verheiratet ist. Die kulturelle Vermischung und diese Konstellation unterschiedlicher Herkunft führt Magdalena auch ihre religiöse Zerrissenheit vor Augen, "¿Qué significa, pues ser judío?" (25). Die Auseinandersetzung mit der jüdischen Religion gestaltet sich als zentraler Punkt ihrer Suche nach sich selbst und wird zur Schlüsselfrage ihrer eigenen Existenz "¿Dónde estoy? ¿Quién soy?" (160). Als nicht praktizierende Jüdin beobachtet Magdalena den Umgang mit der jüdischen

Religion aus einer eher distanzierten Position und stellt das Judentum dem Katholizismus vergleichend gegenüber. Vom Katholizismus könne sich jeder eher lossagen als von der jüdischen Religion, auch wenn diese nicht praktiziert werde. Die Fremdwahrnehmung und die vorgefertigten Klassifizierungsmerkmale in Bezug auf das "Jude/Jüdin sein", lassen Magdalena keinen Freiraum für ihren eigenen Weg, zeigen die starren Strukturen eines logozentrischen Diskurses, aus denen sie nicht entkommen kann und der sie auf etwas reduziert, das sie gar nicht ist:

> -¿Vos sos judío? -No. -¿Sos católico? Mis abuelos maternos eran católicos, practicantes. Mi abuelo paterno era un furibundo librepensador y anticlerical [...] Mi abuela era católica a su manera [...] Mis padres no practicaban la religión [...] -Sí, sos católico de la misma manera que yo soy judía. [...] Te molesta ser católico? -No es que me moleste. No lo soy. -En cambio a mí con mucha frecuencia me molesta ser judía, y nunca puedo decir que no lo soy. Ya viste qué triste papel hacen los judíos que dicen que no son judíos: *¿Nombre y apellido?* Samuel Goldenstein. *Ah, sí Goldenstein. ¿Usted es judío?* Soy de familia judía alemana, sí, pero no practico la religión. O: *¿Nombre y apellido?* Samuel Goldenstein. *Goldenstein... Goldenstein... ¿Y ése qué apellido es?* Es un apellido alemán... judío alemán. *¿Así que usted es judío?* No, mis abuelos eran judíos, pero mis padres no practicaban la religión, y yo menos que menos... (60)

In diesen Kontext eingebunden ist auch die deiktische Funktion der Familiennamen im Sinne einer a priori verbundenen Wertung und Klassifizierung des oder der Einzelnen:

> -¿Y mi apellido? -Ibargüengoitía. -Iribarne. -Uribelarrea. -Altolaguirre. Carriquiriborde. -No es posible. [...] ¿Ser vasco es mejor que ser judío? -Según dónde se encunetra uno. [...] -¿Será mejor ser italianos? -¿Descendiente de italianos? ¿Llamarse Bellagamba? -No sé. -Suenan mejor los apellidos italianos. -¿El problema es el idioma, entonces? -Es el principal problema. (18)

Dies wiederum weist auf die Verweigerung Magdalenas zurück, sich für einen festen Namens zu entscheiden. Mit ihrem Namenspiel entzieht sie sich immer wieder den Festlegungen ihres bisherigen Lebens, in dem sie traditionelle Rollen – als Ehefrau, Hausfrau und Mutter – eines weiblichen Lebensweges übernommen hatte. Zu den Namensänderungen läßt sie sich unter anderem durch intertextuelle Bezüge, wie z.B. Zitate oder Liedertexte anregen, die in den Text eingefügt sind. Das Lied *Lili Marlene* ist z.B. ausschlaggebend für Magdalena, ein letztes Mal ihre Identität zu wechseln:

> -No, me niego. -Te lo pido por favor, Iñaki. -No. Los cambios son demasiado frecuentes y conducen a la confusión. -Será la última vez, Iñaki, te lo prometo solemnemente. [...] -No te pido otra cosa, Iñaki. Lili Marlene para siempre. (171)

Neben der Bewältigung der Schwierigkeiten eines traditionell weiblichen Lebensentwurfes versucht Magdalena zusätzlich, einen Mittelweg zwischen ihrer jüdischen Abstammung und dem Katholizismus zu finden. So ist sie hin- und hergerissen zwischen der Wertigkeit der die Religionen charakterisierenden Merkmale. Einerseits bekennt sie sich bewußt zuerst zu ihrer jüdischen Religion und zwar immer dann, wenn sie sich an ihre Kindheit erinnert und erkennt, daß das "Jüdin-Sein" viele Dinge gleichzeitig bedeutet, ohne daß damit eine Eingrenzung verbunden ist, durch die sie auf diese Religion festgelegt würde:

> [...] ser judío es una mezcla de muchas cosas: recuerdos de infancia, una manera especial de llorar y de quejarse, un idioma que no se quiere entender [...]. (60)

Andererseits ist der Vergleich beider Religionen ein Abwägen zwischen bestimmten Riten oder Glaubensvorstellungen, die für sie annehmbar sind, ohne sich dabei auf eine der Religionen festlegen zu müssen. Sie versucht, sich in dem *Dazwischen* einzurichten und auf dem Wege ihrer Suche nach einem Lebenssinn bzw. nach ihrem Ich das für sie Notwendige aus beiden Religionen auszuwählen. Es soll für sie eine persönliche Bereicherung und keine Beschränkung sein:

> ¿Cómo era eso de *Que Dios te ayude, Que Dios te bendiga*? -Son cosas que dicen los católicos. -Los judíos tendrán su equivalente. -Seguramente, pero sin nombrar a Dios. Y a mí me gusta nombrarlo. (47)
> [...]
> [...] he encontrado algo que confirma lo que sospechaba: las páginas del Antiguo Testamento no enseñan que el alma es inmortal ni registran una doctrina de futuros castigos y recompensas. [...] Lo que importa es que el judío perfecto, o por lo menos muy, muy judío, no piensa en una vida después de la muerte [...] los judíos imperfectos que conocemos en Buenos Aires [...] piensan, aunque no lo confiesen, que tal vez haya al fin y al cabo un lugar limpio y bien iluminado [...] donde pasar la eternidad. (102-103)

Gleichzeitig besteht sie aber darauf, zuerst Argentinierin zu sein, womit sie auf die strengen Speisevorschriften des jüdischen Glaubens anspielt, mit denen eine Reglementierung ihres Lebens verbunden ist, die ihr eine freie Entscheidungshaltung verweigert:

> ¿Algún reparo vegetariano? -En absoluto, soy argentina, me gusta la carne y puedo comerla en abundancia. (50)

Diese Zerrissenheit Magdalenas nicht zu wissen, wohin sie gehört, führt schließlich zu ihrer Verwirrung und funktioniert wie ein Spiegel für die Nichtfestlegbarkeit ihrer Identität, die sich weder über religiöse noch über nationale Elemente greifen läßt und zu einer Mischung subjektiv erlebter Wahrnehmung wird. Hinzu treten Probleme, die sich aus ihrem Alter sowie ihrer familiären Eingebundenheit und damit aus der Routine des Alltags ergeben. Dazu gehört auch ihre Mutterrolle, die ihr nicht zu behagen scheint, gibt sie doch zu erkennen, daß ihr kleine Kinder nicht besonders lieb sind "Debo confesar que no tengo vocación por los niños pequeños" (10). Diese Routine entfernt, entfremdet, sie von sich selbst, "así ha sido siempre, incluso ahora que ya somos todos viejos, o casi viejos" (32). Erste Anzeichen einer beginnenden Verrücktheit machen sich bemerkbar, "Sencillamente tenía miedo de volverme loca" (66), die aus der Angst entsteht, dem Alltagsstreß nicht mehr gewachsen zu sein bzw. sein zu wollen. Ihre Gedanken beginnen sich zu verwirren, "[...] se me desordenaban las ideas" (66) und sie belegt daraufhin einen Kurs für mentale Kontrolle – el curso de *Control Mental*:

> [...] estábamos en aprender diversas técnicas para no resultar víctimas, como tantos otros, de las presiones de la vida moderna. (33)

In diesem Kurs werden bestimmte Verhaltensregeln vermittelt, die eine Kontrolle über die eigene Persönlichkeit erlauben und mittels derer Magdalena hofft, sich und ihre Gedanken in den Griff zu bekommen, bevor diese im Gegenzug sie kontrollieren. Einer direkten Psychotherapie will sie sich nicht unterziehen, weil diese nur sehr langsam Resultate zeigt. Da sie sich aber am Rande eines Abgrundes "al borde del precipicio" (128) fühlt, hat sie schnelle Hilfe nötig. Die Techniken des Kurses, sich selbst bzw. die eigenen Gedanken zu kontrollieren, laufen in letzter Konsequenz auf ein Verdrängen, auf das Vergessen hinaus, das schließlich durch die Ereignisse in *Las Lilas* ausgelöst wird.

Das Vergessen als Verleugnung des Bewußtseins bedeutet zunächst das Abwälzen der eigenen Verantwortung und den Rückzug in die Passivität. Zum aktiven Handeln zurückzufinden würde die Reintegration in die symbolische Ordnung nach sich ziehen. Durch die explizite Bevorzugung des gedanklichen und damit sprachlichen Chaos verweigert sich Magdalena aber nicht nur dem (Wieder)Eintritt in das Regelwerk einer symbolischen Ordnung. Sie scheint ihre psychische Krise vielmehr zu nutzen, um aus dieser Ordnung endlich vollständig heraustreten zu können, nachdem sie sich Jahrzehnte lang bemüht hat, sich dort einen Platz zu erobern. Das eigentliche Leiden besteht für sie demzufolge im Erzählen der Geschichte, ihrer eigenen Geschichte, weil sie dadurch wieder zum Ursprung ihres Leidens zurückgeführt wird: zu der Ordnung, aus der sie geflohen ist. Daß sie dennoch eine Geschichte zu erzählen versucht, setzt dem Akt des Erzählens das Äquivalent der Textproduktion entgegen, deren gemeinsames Ziel in Frage gestellt wird:

> Todo es curioso. Es un forma de bordear el sufrimiento, de sobrevivir. ¿Por qué tanto sufrimiento? ¿Se ha muerto alguien? Se han muerto muchos, pero no se trata de eso, es el sufrimiento de tener que contar la historia. ¿Por qué hay que contar la historia? Todos los días hay millones de historias que quedan sin contar. Pero si se empieza a contar una historia hay que terminar de contarla. ¿Y si no se termina de contarla? Eso sería un fracaso. ¿Un fracaso para el que la cuenta o para el que la escucha? Un fracaso para el que la cuenta, y una cruel frustración para el que la escucha. (125)

Der Text ist aber gleichzeitig der Ort, an dem sich das Vergessen in Bewußtwerdung transformiert, indem parallel zum therapeutischen Dialog das Heraufdämmern des wahren Sprechens beschworen wird, an dem aber auch über seinem narrativen Prozeß die Fiktionalisierung des eigenen Ich erkennbar bleibt, "-Precipicio. Tonterías. Grandes palabras. [...] -Decadente. Palabras. Literatura" (46). Inwieweit Magdalena Bewußtheit erlangt, bleibt unbeantwortet, daß aber der Prozeß der Bewußtwerdung unausweichlich begonnen hat, zeigt ihr bewußtes Verharren in ihrer schützenden Verwirrung.

Daß sie über den Prozeß des Erinnerns dennoch manchmal das wahre Ich zu streifen glaubt, darauf weist folgende Szene hin. Juan Antonio, der Besitzer von *Las*

Lilas rettete in seiner Kindheit Schmetterlinge, die sich bei ihrem Flug in das Wasser des Schwimmbeckens verirrt hatten und dort zu ertrinken drohten. Die Schmetterlinge stellen einen direkten Bezug zu Magdalenas eigenen Erinnerungen, ihrem Ich, her. Der symbolische Wert der Schmetterlinge kann zu dem griechischen Wort *psyché* in Beziehung gesetzt werden, das die Seele oder das Seelenleben bezeichnet und nicht zuletzt auf Derridas (1987) *Psyché. Inventions de l'autre* verweist. Um das wahre Ich zu erfahren, also die Schmetterlinge zu retten, bedarf es der Rede, der Erinnerungen Magdalenas, die als lesbare Spuren in einer unendlichen Signifikantenkette aufeinander verweisen, auf der Suche nach dem aus dem Text Ausgeschlossenen, dem *moi*, ohne es dabei aber jemals greifen zu können. Die Unmöglichkeit, sich selbst einzuholen verängstigen Magdalena:

> -No, Iñaki, me da miedo quedarme sola con las mariposas que caen al agua y luego viene Juan Antonio niño a zambullirse vestido para salvarlas. -Eso no debe darte miedo, Magdalena. Hay que salvar a las mariposas. (70)

Der Schmetterling symbolisiert durch seine Fähigkeit der sichtbaren Metamorphose aber auch die eigene seelische Wandlung, und so wird das Gedankenchaos Magdalenas zu einer Metapher für die Chance, die in einer fragmentarischen Subjektivität und Identität, die es immer wieder neu auszuloten gilt, liegt. Ihr Vergessen wird damit zu einer aktiven Handlung, die sie nach anfänglicher Sorge als einzige Möglichkeit erkennt, sich gegen den herrschenden Diskurs aufzulehnen, der in ihrem Therapeuten und Freund Iñaki repräsentiert ist. Sie lehnt ein Ordnen ihrer Gedanken ab und wehrt sich damit gegen eine logozentrische, festschreibende symbolische Ordnung, in der sie nur das *Andere* ist. Ihr Vergessen wird zur Weigerung, sich in diese etablierte Ordnung *wieder*einzugliedern.

Am Ende von *Cuando digo Magdalena* sehen sich die Lesenden sowohl bei der Rekonstruktion der Kriminalgeschichte als auch bei der Begegnung mit Magdalenas eigener Geschichte durch unterschiedliche Techniken und Perspektiven in das rhizomatische Geflecht der Gedanken hineingezogen und stellen fest, daß sie zusammen mit Magdalena, in einer Art gemeinsamer Textproduktion, versucht haben, das Puzzle des Romans zusammenzusetzen. Schließlich erkennen sie, daß sie nicht nur bei der vermeintlichen Aufklärung der Kriminalgeschichte ins Leere gelaufen sind, sondern daß auch der Genesungsprozeß Magdalenas zu keinem Ende geführt hat. D.h. *Cuando digo Magdalena* unterwandert in jeder Hinsicht die Leseerwartungen und gibt sich damit als Dekonstruktion der Kategorie des traditionellen Kriminalromans zu erkennen, denn das Ziel der detektivischen Arbeit ist nicht erreicht worden. Der Handlungsverlauf stellt sich als ein Irrweg heraus, da der Roman mit dem Tod einer am Geschehen völlig unbeteiligten Person endet und auch kein Mörder bestätigt wurde. Es wird der Eindruck erweckt, als sei dieser Kriminalfall nur eine Ausrede für etwas, das jedoch unbenannt bleibt, eine Spur, die sich im Gefüge der Signifikantenkette unendlich weiterverfolgen läßt. Ebenso erleben die Lesenden das Scheitern des therapeutischen Gesprächs zwischen Magdalena und Iñaki. Nicht die (Re)Integration des Subjekts in die symbolische Ordnung ist gelungen, sondern über das Anerkennen des menschlichen, endlichen Status, erfolgt die Verweigerung eines strukturierten, geordneten Lebens durch das bewußte Verharren im gedanklichen Chaos. Die Suche nach der (textuellen) Wahrheit ist an kein Ziel gelangt und die Lesenden bleiben in diesem Textgeflecht verfangen, das von Vieldeutigkeiten geprägt ist, die wiederum zu einer Sinnstreuung führen und schließlich ins Leere laufen. In diesem unabschließbaren Prozeß der Bedeutungsaufschiebung bleibt auch das Ende offen, "[...] Solamente quiero saber una cosa, Iñaki. -Sí, Lili Marlene. -¿Estoy mejor? -¿Mejor?" (201). Besserung würde den Versuch einer Sinnstiftung sowie die (Re)Integration Magdalenas in die symbolische Ordnung bedeuten und damit zur Festlegung Magdalenas auf ihre vorgegebene Rolle führen. Beiden Aspekten entzieht sich der Text.

Wenn demzufolge der Weg das Ziel ist, ist es in diesem Fall der Weg des Schreibprozesses, an dem sowohl von den Protagonist/inn/en als auch von den Lesenden aktiv teilgenommen wird. Der Verdacht einer absoluten Selbstreferenz des Textes, in der einzig die *verschlungenen Pfade* das Ziel zu sein scheinen, wird durch die mehrfachen intertextuellen Bezüge auf Jorge Luis Borges bestätigt, die Magdalenas Gedankenlabyrinth als rein textuelle Strategie ausweisen:

> -¿Te acordás que Borges decía [...] -Porque hoy estaba leyendo a Borges, y se me ocurrió que se podría saludar diciendo *Jorge Luis Borges*, y el otro respondería... -Aleijem Scholem. (103)
> [...]
> He estado recostada en el diván, leyendo un libro donde Borges habla de libros y de escritores. (159)

Der Text entpuppt sich demzufolge als ein Gewebe, in dem Kategorien wie Ursprung und Ziel aufgehoben sind und in dem sich Identität als Suche nach dem wahren Ich in einem ständigen Verweisen der Zeichen auf sich selbst als unabschließbarer Prozeß manifestiert:

> Los tres estamos solos
> viviendo en un recuerdo:
> Mi eco, mi sombra y yo. (189)

IV. Schlußbetrachtung

> Das Subjekt der ewigen Wiederkehr ist nicht das Selbe,
> sondern das Differente, nicht das Ähnliche,
> sondern das Unähnliche, nicht das Eine,
> sondern das Viele, nicht die Notwendigkeit,
> sondern der Zufall.
> (Gilles Deleuze)

Alle besprochenen Romane haben die Suche der Protagonist/inn/en nach ihrem eigenen Ich gemeinsam. Diese Suche vollzieht sich in der Form einer Rückbesinnung auf sich selbst, auf die Struktur der jeweiligen Persönlichkeit. Dabei bleibt die Frage nach den Möglichkeiten, Identität auszubilden oder Subjektivität zu begründen, offen. Diese Rückbesinnung findet über den Akt des Erinnerns und des Schreibens statt. Das Schreiben stellt eine Art psychotherapeutische Maßnahme dar, mittels derer über die Distanzierung zu sich selbst das einzelne Leben als erzählte Geschichte hervortritt. Über diese Distanz erhoffen sich alle Figuren, den wahren Gehalt ihres Ich zu erkennen. Diese Hoffnung, daß sich das eigentliche Begehren im Akt des Schreibens über metonymische und metaphorische Verschiebungen offenbart und sich doch noch Ansätze einer Identität greifen lassen, motiviert alle Erzählerinnen der behandelten Romane, ihre Geschichte(n) zu erzählen. Daß die Praxis des Schreibens dabei mit dem Unbewußten zu konvergieren scheint, macht deutlich, daß Identität für die Figuren nicht über die äußere Welt ausbildbar ist, sondern daß es sich um einen inneren Prozeß handelt. Mittels einer "reflexiv-kritische(n) Auseinandersetzung" (Zima 2000: 291) über das eigene Selbst führt dieser Prozeß der Bewußtwerdung zu der Gewißheit, daß auch das Innere eines Menschen eine sich ständig verändernde Instanz ist und zeigt damit gleichzeitig die Absurdität authentischer, *a priori* festgeschriebener Kategorien wie Identität oder Subjektivität. Erst die bewußte Konfrontation mit dem veränderlichen und vergänglichen Status des Menschen als einer "mechanischen" und materiellen Konstruktion erlaubt die Distanzierung von sich selbst im narrativen Prozeß. Im Akt des Schreibens also läßt sich der einzige Ort möglicher Identitätsbildung erkennen. Mit dem Schreiben wird Identität greifbar, nach Beendigung des Textes verliert sich ihre Spur, "La identidad no es más que el relato que nos hacemos de nosotros mismos" (Rosa Montero 1997: 17).

Alle Protagonist/inn/en haben versucht, unter unterschiedlichen Bedingungen ihren eigenen Weg zu sich selbst zu finden. Yanitzia Canetti hat in *Al otro lado* die Kirche als Ort für eine Subversion des logozentrischen Diskurses genutzt. Die Suche nach dem Ich führt die Protagonistin direkt an den Ursprung des *logos*. Die Erzählung ihrer Lebensgeschichte in Form einer Beichte zeigt ihre innere Zerrissenheit, die sie über Sexualität zu überwinden sucht. Gleichzeitig nutzt sie die Beichte, um sich bedingungslos zu ihrer eigenen körperlichen (weiblichen) Lust zu bekennen und kontaminiert damit den Ursprung des *logos*. Schließlich erkennt sie, daß nicht der patriarchale logozentrische Diskurs das Maß aller Dinge ist, sondern das eigene (weibliche) Ich, das sich in seiner kurzen Existenz in all seiner Zerrissenheit selbst anzunehmen hat und zu seinem Menschsein mit allen Konsequenzen stehen muß.

Martha Cerda bewegt sich in *La señora Rodríguez* in dem familiären Kontext, über den sich traditionell weibliche Subjektivität ausgebildet hat und in dessen Rahmen Identität nur im Sinne einer Definition des Selbst über Andere möglich war/ist. Die metafiktionale Ebene des Textes macht jedoch den Konstruktcharakter der Protagonistin deutlich und verweist gleichzeitig auf die Konstruiertheit normativ geprägter Rollenmuster, wie in diesem Fall die Mehrfachbelastung einer Ehefrau, Hausfrau und Mutter. Über die Gegenstände in der Tasche der Protagonistin entsteht eine Lebensgeschichte, die variierbar erscheint, da sich die Geschichte anhand der zufällig zutage beförderten Gegenstände orientiert, so daß die Figur von Señora Rodríguez sich als solche erst im Prozeß des Schreibens herausbildet. Über die Technik des *mise en abyme* wird die Protagonistin im Text selbst mit dem Manuskript ihrer eigenen Geschichte konfrontiert, und sie beginnt sich daraufhin anhand des Manuskriptes selbst zu zeichnen. Diese Hervorhebung der Fiktionalisierung der Figur ermöglicht deren ständiges Neuschreiben und auch Neuzeichnen, wodurch der fortlaufende Prozeß der Veränderung unterstrichen wird. Am Ende des Textes erkennt die Protagonistin jedoch, daß sie ohne ihre Tasche, also ihre Geschichte, nicht existiert und sie zieht es vor, mitsamt ihrer Tasche zu sterben.

Milagros Mata Gil führt die Protagonistin in *Mata el caracol* zu der Gewißheit, daß Identität nicht über das Finden der eigenen Wurzeln erreicht werden kann. Für die Protagonistin Eloísa wird die Rückkehr in ihr Elternhaus zu einer Konfrontation mit der Vergangenheit – vor allem mit ihrem Vater –, die sie über das Schreiben zu lösen versucht. Der Prozeß des Schreibens wird zum Ort einer versuchten Identitätsbildung, doch die Erkenntnis der Unmöglichkeit, mit Schrift etwas ausdrücken zu können, läßt auch ihr letztes Bemühen um eine Sinnstiftung ihres eigenen Lebens scheitern. Der Prozeß dieser Bewußtwerdung geht mit dem Prozeß der Verschlechterung von Eloísas gesundheitlichem Zustand einher, so daß sich schließlich mit ihrem Tod das Erfüllen des Ich in der Zeit sowie die Rückkehr zum menschlichen *Ursprung*, dem Nichts, vollzogen hat.

Paula Pérez Alonso setzt sich in *No sé si casarme o comprarme un perro* mit den Schwierigkeiten einer versuchten gesellschaftlichen (Re)Integration nach der Rückkehr aus dem Exil auseinander. Dabei spielen die Begegnungen mit anderen Personen eine wichtige Rolle, da sie in der Funktion der/des Anderen als Projektionsfläche für identitätsbildende Momente dienen. Die Figuren fühlen sich allesamt wie Fremde in einem Staat, der sich von den Schrecken der Diktatur zu erholen beginnt, Fremde in einer Welt, die von Sinnlosigkeit geprägt ist. Die Erkenntnis, daß wirkliche Freiheit für keine der Figuren angesichts des eigenen Todes möglich ist, läßt auch jeden Versuch scheitern, sich als gesellschaftliche Subjekte mit nationaler Identität zu positionieren, denn auch nach Beendigung der Diktatur bleiben sie dem neuen politischen System machtlos ausgeliefert, in dem nach wie vor Gerechtigkeit nur nach den Regeln der Mächtigen funktioniert. Was den einzelnen Figuren bleibt, ist die Erkenntnis über die absolute Einsamkeit als menschlicher Grundzustand und die Frage nach dem Warum des Weiterlebens. Konsequenterweise verschwindet die Erzählerin Juana am Ende des Romans als textuelle Instanz und übergibt das Wort einer anderen Figur, Oria.

Reina Roffé bettet ihre Protagonistin in *El cielo dividido* ebenfalls in die Wirrnisse nach der Rückkehr aus dem Exil ein. In diesem Text steht aber die Bemühung der Protagonistin Eleonora im Vordergrund, ihr Schweigen zu durchbrechen und die eigene Stimme zu finden. Dies gelingt ihr schließlich über das Abschütteln einer nach traditionellem Vorbild fremdbestimmten weiblichen Subjektivität und über die Befreiung von der Vergangenheit. Sie erkennt, daß jede der Figuren auf der Suche nach dem letzten Sinn der eigenen Existenz, der "hebra del Yo", ist, den alle Figuren im Roman über die eigene Stimme, über das Erzählen und Konstruieren ihrer jeweils eigenen Welt zu finden hoffen. Die Protagonistin nutzt diese gewonnene Erkenntnis für einen Neuanfang und ist neben *Al otro lado* der einzige Text, der die erreichte Bewußtheit als Chance begreift.

Alicia Steimberg schließlich bedient sich in *Cuando digo Magdalena* der Strategie des Vergessens. Der Prozeß der Erkenntnis vollzieht sich über ein Labyrinth ihrer Gedankengänge, die sie mit Hilfe eines Analytikers zu sortieren versucht. Dabei wird der Text zu einem Gewebe, in dem Kategorien wie Ursprung und Ziel aufgehoben sind, und in dem sich Identität als Suche nach dem wahren Ich, in einem ständigen Verweisen der Zeichen als unabschließbarer Prozeß manifestiert. Die Unmöglichkeit der Signifikation wird sichtbar und kulminiert in der Weigerung der Protagonistin, dieses Vergessen als Schutz gegen jeden Versuch der Festlegung aufzugeben. Der Weg des Schreibprozesses wird hier zum konstruierenden Element des Textes, an dem sowohl von den Protagonist/inn/en als auch von den Leser/inne/n aktiv teilgenommen wird. Dadurch erweckt der Roman den Anschein einer absoluten Selbstreferenz, in dem einzig die *verschlungenen Pfade* der Gedankengänge das Ziel zu sein vorgeben.

In keinem der Texte findet sich authentische Identität oder Subjektivität, die den Figuren den Eindruck kohärenter, in sich schlüssiger Seinsweise vermitteln könnte. Dem entspricht die fragmentarische Textstruktur, welche die Gattungszuordnung sogar auf den Buchdeckeln in Frage stellt, sowie der häufige Wechsel der Erzählperspektiven. Statt-dessen lassen sich nur Positionalitäten erkennen, die Resultat einer Dezentrierung des Subjekts und einer konstruierten Identität sind, die erst im Augenblick des Schreibens entsteht und sich als Ergebnis kultureller Diskurse entpuppt. Die Wandlung des Weltbildes von einem geozentrischen über ein heliozentrisches bis hin zu einem dezentrierten Weltbild, welche die Dezentrierung des Subjekts in sich birgt und zu einer Identität führt, die sich nicht anders begreifen läßt als mit einem Akt der ständigen *performance*, des ständigen Aushandelns mit sich selbst, ist wesentlich für die Texte; eine einheitliche Lösung für den Umgang mit dieser veränderten Wirklichkeit läßt sich anhand der Romane nicht aufzeigen. Der von Judith Butler in die Diskussion eingebrachte Begriff der *performance* soll aber nicht im Sinne einer bewußten theatralischen Selbstinszenierung verstanden werden, sondern als unbewußte Matrix, die sich aus der ständigen Re-Inszenierung vorgegebener Normen ergibt. Dadurch daß den Protagonistinnen diese unbewußte Matrix zur Bewußtheit gerät, kann die jeweilige Suche nach dem Selbst in den Kontext sinnentleerter Begriffe wie Identität gestellt werden, die, wenn überhaupt, sich erst im Verlauf eines Schreibprozesses abzeichnet. Das Aushandeln mit sich selbst kann dann entweder als Aporie begriffen werden oder aber als Chance.

Die Suche nach dem Ich in Form des fortwährenden Hinterfragens der eigenen Position geht immer von einem allgemeinmenschlichen Punkt aus: der Endlichkeit des menschlichen Lebens. Die übliche Verdrängung dieses Aspekts, die Ausklammerung des

Todes aus den abendländischen Kulturen, erfährt in diesen Texten eine Revision, wird thematisiert und zur Basis für die Selbstreflexionen überhaupt. Jeder Text zeigt dabei individuelle Lösungsversuche, um mit dieser inhärenten Grundvoraussetzung das eigene Leben lebbar machen zu können. Bei Yanitzia Canetti und Reina Roffé werden die Gedanken über Sinn und Sinnlosigkeit der individuellen Existenz positiv gewertet und als Chance für einen Neubeginn genutzt, bei Martha Cerda und Milagros Mata Gil endet dieser Prozeß mit dem Tod der Protagonistinnen und bei Alicia Steimberg und Paula Pérez Alonso führt er zu Verdrängungsmechanismen: Vergessen bzw. Identifikation mit dem Aggressor.

Mag die Ausrufung eines postmodernen Subjekts auch vielfach auf Abwehr stoßen, seine Akzeptanz birgt aber gerade trotz seiner vermeintlichen "Schwäche" auch Chancen in sich. In dieser fragmentarischen und vielfältigen Welt kann sich das Ich einem Prozeß ständiger Erfahrungserweiterung aussetzen; es wird ihm möglich, Differenzen zu leben, den neuen Anforderungen einer globalisierten Welt entgegenzutreten und sich dort einen Platz zu erobern. Schmuckli (1996) zeigt die Vorteile eines postmodernen Subjekts, indem sie zwischen dem starken modernen Subjekt und dem schwachen postmodernen Subjekt unterscheidet. Das starke Subjekt hat "die Bewältigung des Anderen in einem modernen Pathos der Einheitlichkeit und der Endgültigkeit" (Schmuckli 1996: 174) zum Ziel und kennzeichnet sich dadurch, daß es "subjektiv empfindlich und kränkend, hierarchisch organisiert und strukturiert" (ebd.) ist und in "Oppositionsbildungen" (ebd.) denkt. Damit ist die Unterworfenheit des *subiectum* offensichtlich. Diese wandelt sich jedoch in postmoderner Vorstellung zu einem Subjekt, das sich "auf Anderes und Andere" (ebd.) einläßt, "die Fähigkeit des Hin- und Herpendelns" (ebd.) besitzt und vor allem "wahrnehmungsgestärkt" (ebd.) ist, wobei die vielfältigen Subjektkonstruktionen die Möglichkeit eröffnen, das Andere verstehen zu lernen. Ziel ist dabei nicht, das *Sich-Aneignen* des Anderen, sondern "Es geht darum, sich dem Anderen zu öffnen, um anders zu werden; nicht darum, das Andere zu werden oder es zu vereinnahmen" (Zima 2000: 290). Im Rahmen dieses Prozesses können dann Differenzen akzeptiert und die entstehenden Spannungen ausgehalten werden.

Das bewußte Sich-Einlassen auf diese neue Weltanschauung beinhaltet auch Verantwortung für sich selbst zu übernehmen. Das aber ist genau der Punkt, an dem viele Frauen noch heute scheitern. Wir befinden uns nicht mehr in einer Übergangsphase vom *Nicht mehr* bestimmter Weiblichkeitsvorstellungen zum *Noch nicht* eines wertneutralen Miteinanders, sondern es werden Ansätze eines *Schon wieder* erkennbar. D.h. einige Frauen treten dieser neuen Weltordnung nicht mit autonomem selbstbestimmtem Handeln entgegen, sondern machen einen Schritt zurück in eine "abgesicherte" Welt, die ihnen nach dem alten Rollenschema jede Verantwortung abnimmt. Autonomes und selbstbestimmtes Handeln wird in den Texten als ein Ablösungsprozeß von traditionellen Abhängigkeiten dargestellt und gelingt nicht immer. Nur die Protagonistinnen aus *Al otro lado* und aus *El cielo dividido* bewältigen die Angst vor dieser *Umwertung aller Werte*. Alle anderen scheitern daran, sie finden entweder die *end*gültige Lösung, den Tod, oder aber sie verweigern sich einer Selbstverantwortung.

Die Autorinnen sind weit entfernt von einer Überhöhung der Weiblichkeit, wie sie in französischer poststrukturalistischer Tradition stattgefunden hat. Es gibt auch keine Abgrenzung innerhalb der problematischen Diskussion um Erste-Welt vs. Dritte Welt – Positionen. Ausgangspunkt aller Texte ist das Infragestellen des eigenen Ich in seinen jeweils unterschiedlichen individuellen Begebenheiten und die Frage nach einer (un)-möglichen Sinnkonstitution des eigenen Lebens. Dabei findet weder eine Inszenierung von Weiblichkeit statt, noch eine definitive Ausgrenzung einer phallogozentrischen Gesellschaft. Statt dessen versuchen alle Figuren, sich in eben dieser Gesellschaftsform einzurichten und subversiv tätig zu werden. Dabei bleibt der Ausgangspunkt das Hinterfragen des eigenen Seins in einer sowohl geschlechterübergreifenden als auch grenzüberschreitenden Dimension.

Vielleicht hilft diese allgemeinmenschliche Dimension, Literatur von Frauen nicht mehr nur als *das Andere*, hierarchisch untergeordnete und qualitativ schlechtere zu sehen, sondern als gleichwertigen Teil einer Literatur(geschichte), die (hoffentlich) auf dem Weg ist, sich aus ihrer Marginalität herauszubewegen. Vielleicht ist dann eines Tages das übliche Ab- und Ausgrenzungsverhalten innerhalb und außerhalb der Literaturkritik überholt. Vielleicht werden dann Aussagen eines Jorge Zicolillo, als Lob getarnt, allen als Ausgrenzung deutlich und damit als überflüssiger Diskussionsbeitrag erkennbar:

> Y, además, en la deliberada impronta femenina que tiene su escritura. Escapándole minuciosamente al síndrome que padece buena parte de las escritoras latinoamericanas, Noemí Ulla no procura escribir como un varón. (Zicolillo 1994: 5)

Offensichtlich weiß er mehr als alle anderen, was eine *impronta femenina*, eine weibliche Eigenart, innerhalb der Literatur meint. Zudem ist es befremdlich, Literatur von Autorinnen mit dem Makel eines Syndroms beschrieben zu sehen, an dem sie *leide*, die kein anderes Interesse hätte, als die Nachahmung männlicher Schreibweisen. Um solchen Platitüden in Zukunft ausweichen zu können, wird eine ernsthaftere Diskussion um *Literatur* notwendig sein, die derartige Allgemeinplätze zu verhindern weiß und *Frauenliteratur* nicht mehr nur in den Bereich der Erforschung von Minoritäten verlegt. Noemí Ulla selbst sieht in dieser Kritik den Einfluß männlicher Urängste, die es auszumerzen gilt, will man/frau eine neue Diskussionsbasis erreichen:

> Lo más sorprendente es que él está convencido de haberme favorecido con semejantes reflexiones. Así es la cosa. La crítica está sumergida en prejuicios que vienen de muy lejos y que debemos tratar de desterrar.[70]

Hoffen wir, daß die Texte von Autorinnen in Zukunft aufgrund ihres literarischen Wertes beurteilt werden mögen, und nicht nach der Frage des Geschlechtes.

70 Noemí Ulla in einer persönlichen email an mich vom 19.01.2001.

V. BIBLIOGRAPHIE

I. Primärliteratur

Yanitzia Canetti. (1997). *Al otro lado*. Seix Barral. Barcelona.

Martha Cerda. (1990). *La señora Rodríguez y otros mundos*. Editorial Joaquín Mortiz. México D.F.

Milagros Mata Gil. (1992). *Mata el caracol*. Monte Ávila Editores Latinoamericana. Caracas.

Paula Pérez Alonso. (1995). *No sé si casarme o comprarme un perro*. Tusquets Editores. Barcelona.

Reina Roffé. (1996). *El cielo dividido*. Editorial Sudamericana. Buenos Aires.

Alicia Steimberg. (1992). *Cuando digo Magdalena*. Editorial Planeta. Buenos Aires.

I.1. Literatur zu den einzelnen Autorinnen[71]

I.1.1. Yanitzia Canetti

Bilotti, Natalia. (1998). "La oscura memoria", in: *Buena Letra*. S. 183-184.

Canmara, Madeline. (1999). "Con premeditación y alevosía", in: *El Nuevo Herald*. 28. Februar (o.S.).

Chaviano, Daína. (1998). "Cuando leer es un placer", in: *Newsweek en español*. 11. März. S. 48.

Forero, José Antonio. (1999). "Sobre *Al otro lado* de Yanitzia Canetti", in: *Nuevo Mundo*. 21. Februar. (o.S.).

Goñi, Javier. (1998). "Muestrarios de Pecados", in: *El País*. 11. Juli. S. 12.

Juristo, Juan Ángel. (1998). "Cartas al padre", in: *El Mundo*. 10. Januar. (o.S.).

Madrigal, Roberto. (1998). "El OTRO LADO de la identidad", in: *El Nuevo Herald*. (o.D., o.S.).

Meneses, Carlos. (1998). "La estética ante todo", in: *Diario Málaga-Costa del Sol*. 8. März. (o.S.).

Niurka, Norma. (1998). "La escritora del bosque encantado", in: *El Nuevo Herald*. 13. November. (o.S.).

71 Viele der zitierten Zeitungsartikel sind mir von den jeweiligen Autorinnen zugeschickt worden. Daher sind einige der Angaben nicht vollständig. Die Texte befinden sich jedoch alle in meinem Besitz.

----. (1998). "Sorpresas en la Feria del Libro", in: *El Nuevo Herald*. 13. November. (o.S.).

Pablos Miguel, Clemente de. (1998). "Erotismo y represión", in: *El Norte de Castilla*. 10. April. (o.S.).

Sánchez, Maritza. (1998). "Los que más nos gustaron", in: *Glamour en español*. Dezember. S. 32.

Sarmiento, Carlos. (2000). "Entrevista con Yanitzia Canetti", in: http://www.bostonenespanol.com/literatura/literat67.htm

Sotuyo, Carlos. (1999). "De este lado, 'Al otro lado', Entrevista con Yanitzia Canetti", in: *La Voz Libre*. (o.D., o.S.).

I.1.2. Martha Cerda

Aguilera Garramuno, Marco Tulio. (1994). "Humor, erotismo y lenguaje en tres cuentistas latinoamericanas", in: *La Palabra y el Hombre*. 92: 178-84.

Arredondo, Carlos/Leal, Celina. (1993). "El juego como posibilidad óntica. Aproximación a *La señora Rodríguez y otros mundos*. Vortrag an der Universidad Autónoma de Nuevo León, Facultad de Filosofía y Letras am 3. Dezember. (o.S.).

García Irenne. (1993). "Una dama, sus juegos y sus mundos. (La posmodernidad en los cuentos de Martha Cerda)", in: Pavón, Alfredo. (Hrsg.). *Cuento contigo. La ficción en México*. Universidad Autónoma de Tlaxcala. S. 175-188.

González Cortina, Dora. (1992). *El Placer en* La señora Rodríguez y otros mundos *de Martha Cerda*. Magisterarbeit an der Universidad Autónoma de Nuevo León, Facultad de Filosofía y Letras. (o.S.).

Martínez-Zalce, Graciela. (1993). "El árbol de las bolsas". Ponencia leída en el Congreso de Tlaxcala en 1993. (o.S.).

Montoya González, María Asunción. (1990). "Presentación del libro *La señora Rodríguez y otros mundos* de Martha Cerda". (o.S.).

Rodríguez S., Gloria. (1992). *Análisis de 'La señora Rodríguez y otros mundos'*. Magisterarbeit an der Universidad Autónoma de Nuevo León, Facultad de Filosofía y Letras. (o.S.).

Valencia, Diana Patricia. (1994). "Y apenas era miércoles de Martha Cerda: Entre la ficción y el testimonio", in: *Osamayor*. 4, 8: 11-20.

Velázquez, Gloria. (1991). "*La señora Rodríguez y otros mundos* de Martha Cerda".

Zavalo, Lauro. (1989). "El nuevo cuento mexicano", in: *Revista Iberoamericana*. 148-149: (o.S.).

----. (1993). "La ficción posmoderna como espacio fronterizo", in: *Revista Blanco Móvil*. 7. März. 5: 18-25.

----. (1994). "Humor, erotismo y lenguaje en tres cuentistas latinoamericanas", in: *La Palabra y el Hombre*. 92: 178-184.

I.1.3. Milagros Mata Gil

Alarcón Vargas, Marigle. (1998). "Políticas de la representación en la narrativa de Ana Teresa Torres, Milagros Mata Gil y Cristina Policastro", in: *Confluencia.* 13, 2: 125-34.

Cunha Giabbai, Gloria da. (1997). "En búsqueda de la utópica plenitud humana: Malena de cinco mundos", in: Rivas, Luz Marina (Hrsg.). *La historia en la mirada: La conciencia histórica y la intrahistoria en la narrativa de Ana Teresa Torres, Laura Antillano y Milagros Mata Gil.* Ciudad Bolívar: Fondo Editorial del Centro de Estudios Literarios. S. 165-74.

Dimo, Edith/Hidalgo de Jesús, Amarilis. (1995). *Escritura y desafío. Narradoras venezolanas del siglo XX.* Caracas: Monte Ávila Editores Latinoamericana.

Mata Gil, Milagros. (1993). "El espacio de la nostalgia en la escritura venezolana", in: *Inti.* 37-38: 23-28.

Pfeiffer, Erna. (1998). *Territorium Frau.* Frankfurt am Main: Vervuert Verlag.

Torres, Ana Teresa. (1993). "El escritor ante la realidad política venezolana", in: *Inti. Revista de Literatura Hispánica.* 37-38: 37-45.

I.1.4. Paula Pérez Alonso

Absatz, Cecilia. (o.J.). "En carne viva", in: *Página 12.* Buenos Aires. (o.S.).

Aranda, Quim. (o.J.). "Ni olvido ni perdono por los desaparecidos", in: *El Mundo.* Barcelona. (o.S.).

Avigliano, Marisa. (1995). "Marido de raza", in: *Noticias.* 9. Juli. (o.S.).

Domínguez, Eva. (o.J.). "La entrevista: Paula Pérez Alonso". (o.S.).

Furió, María José. (1996). "Perro u hombre", in: *La Vanguardia.* 2. Mai. (o.S.).

Gudiño Kieffer, Eduardo. (o.J.). "Inteligente strip-tease", in: *La Nación.* S. 4.

Nuñez, Jorgelina. (1995). "Azares de la vida", in: *Clarín.* 24. August. S. 10.

Olguin, Sergio. (o.J.). "Libros", in: *Página 30.* S. 34.

Pérez Alonso, Paula. (1995). "Amores y animales", in: *Clarín.* 1. Juni. (o.S.).

Vázquez, Esther María. (o.J.). "La alegría y la pena de vivir", in: *La Nación.* (o.S.).

Viau, Susana. (1995). "Al otro lado del mostrador", in: *Página 12.* 11. Juni. (o.S.).

I.1.5. Reina Roffé:

N.N. (1996). "El lenguaje que sutura", in: *El Día*, 15. September. La Plata. (o.S.).

Martínez de Richter, Marily. (1993). "Textualizaciones de la violencia: Informe bajo llave de Marta Lynch y La rompiente de Reina Roffé", in: *Siglo XX 20th Century.* 11, 1-2: 89-117.

Otero, José Luis. (1996). "Exorcismo de la oscuridad", in: *La Nación.* 8. September. (o.S.).

Paris, Diana. (1995). "Encontrar la propia voz en un cofre antiguo. Entrevista a Reina Roffé", in: *Confluencia*. 10, 2: 204-207.
Roffé, Reina. (1985). "Diversidad y dispersión en la narrativa actual argentina", in: Minc, Rose S. (Hrsg.). *El Cono Sur: Dinámica y dimensiones de su literatura*. Montclair: Ediciones del Norte. S. 146-152.
----. (1996). "Los cielos negros", in: *Clarín*. 12.September. (o.S.).
Szurmuk, Mónica. (2000). "Entre mujeres: sexo, pasión y escritura en *El cielo dividido de Reina Roffé*", in: Balderston, Daniel. (Hrsg.). *Sexo y nación en Latinoamérica*. Pittsburgh: Instituto Internacional de Literatura Iberoamericana. (o. S.).
Tierney Tello, Mary Beth. (1993). "From Silence to Subjectivity: Reading and Writing in Reina Roffé's La rompiente", in: *Latin American Literary Review*. 21, 42: 34-56.
Vázquez, María Esther. (1996). "El cielo dividido y la postmodernidad", in: *La Nación*. (o.S.).

I.1.6. Alicia Steimberg

Barone, Roxana. (1992). "La memoria antojadiza", in: *El Cronista Comercial*. 6. September. (o.S.).
Calabrese, Elisa T. (1996). "Mujeres, memoria e identidad en Cuando digo Magdalena, de Alicia Steimberg", in: *Confluencia*. 11, 2: 58-65.
Flori, Monica. (1993). "Conversación con Alicia Steimberg sobre Amatista, su novela erótica", in: *Alba de América*. 11, 20-21: 433-36.
----. (1995). *Streams of Silver. Six Contemporary Women Writers from Argentina*. Cranbury/London/Mississauga: Associated University Presses. S. 147-184.
Gómez, Carlos Alberto. (1992). "Los personajes son co-autores", in: *La Gaceta*. 18. Oktober. (o.S.).
Mercado, Tununa. (1992). "Romper la amnesia", in: *Carnets*. (o.S.).
Miguel, María Esther de. (o.J.). "El humus de la memoria", in: *La Nación*. S. 5.
Moret, Zulema. (1997). "Cuando digo Magdalena, ¿a quién nombro? (Estudio sobre Cuando digo Magdalena de Alicia Steimberg)", in: *Alba de America*. 15, 28-29: 227-35.
Mucci, Cristina. (1992). "Alicia en el país de las maravilas", in: *El Cronista Cultural*. 28. Juni. (o.S.).
Pomeraniec, Hinde. (1992). "Alicia Steimberg ganó el Premio Planeta argentino", in: *Clarín*. 20. Juni. S. 37.
----. (1992a). "Alicia Steimberg: la fuerza de lo cotidiano", in: *Clarín*. 25. Juni. S. 12.
Russo, Miguel. (1992). "Alicia Steimberg obtuvo el Premio Plantea", in: *La Maga*. 24. Juni. (o.S.).
----. (1992a). "*Cuando digo Magdalena* aparece en agosto", in: *La Maga*. 8. Juli. (o.S.).
Schneider, Judith Morganroth. (1993). "Alicia Stemberg: Inscriptions of a Jewish, Female Identity", in: *Yiddish*. 9, 1 (MJS Annual VIII/2): 92-104.
Steimberg, Alicia. (1995). "Cuando digo Magdalena", in: *La Maga*. 22. März. S. 42.

Tompkins, Cynthia. "Intertextualidad en Amatista y Cuando digo Magdalena de Alicia Steimberg", in: *Hispamerica.* 26, 76-77: 197-201.

II. Sekundärliteratur

Acevedo Leal, Anabella. (1992). "El reconocimiento de la realidad a través de la alteridad en Las posibilidades del odio", in: *Monographic Review Revista Monográfica.* 8: 223-28.

----. (1996). "Vagas desapariciones: La afirmación del ser a través de la palabra", in: *Venezuelan Literature and Arts Journal Revista de Literatura y Artes Venezolanas.* 2, 1: 113-24

Achugar, Hugo. (1994). "Fin de siglo. Reflexiones desde la periferia", in: Herlinghaus, Hermann/Walter, Monika. (Hrsg.). *Posmodernidad en la periferia. Enfoques latinoamericanos de la nueva teoría cultural.* Berlin: Langer. S. 233-255.

Adorno, Th. W. (1966). *Negative Dialektik.* Frankfurt am Main: Suhrkamp.

Agosín, Marjorie. (1993). *Las hacedoras. Mujer, imagen, escritura.* Santiago de Chile: Cuarto Propio.

----. (Hrsg.). (1995). *A Dream of Light and Shadow: Portraits of Latin American Women Writers.* Albuquerque: University of New Mexico Press.

Alcide Jofré Manuel. (1990). "El estilo de la mujer", in: Berenguer, German/Eltit, Diamela/Olea, Raquel/Ortega, Eliana/Richard, Nelly. (Hrsg.). *Escribir en los bordes*: Congreso Internacional de Literatura Femenina Latinoamericana 1987. Santiago de Chile: Cuarto Propio. S. 33-44.

Alcoff, Linda. (1989). "Femenismo cultural versus posestructuralismo: la crisis de la identidad en la teoría feminista", in: *Feminaria.* 2, 4: 1-18.

Álvarez, Sonia E. (1997). "Articulazación y transnacionalización de los feminismos latinoamericanos", in: *Debate Feminista.* 8, 15: 146-170.

----/Arturo Escobar/Evelina Dagnino. (Hrsg.). (1997). *Cultures of Politics/Politics of Culture*: *Revisioning Latin American Social Movements.* Boulder: Westview Press.

Anzaldo González, Demetrio. (1996). "Recorrer los hilos en el enlace con el otro a través del cuento hispanoamericano", in: Hernández Monroy, Rosaura/Medina, Manuel F. (Hrsg.). *La seducción de la escritura: Los discursos de la cultura hoy.* Mexico. (o.V.). S. 278-86

Arancibia, Juana Alcira. (Hrsg.). (1988). *Mujer y sociedad en América.* IV Simposio. Vol. I. Westminster: Editorial Universitaria Centroamericana.

----. (Hrsg.). (1990). *El descubrimiento y los desplazamientos: La literatura hispanoamericana como diálogo entre centros y periferias.* Westminster: Editorial Universitaria Centroamericana.

----. (Hrsg.). (1990a). *Mujer y sociedad en América.* VI Simposio. Vol. II. Buenos Aires: Ocruxaves.

----. (Hrsg.). (1992). *Literatura del mundo hispánico.* VIII Simposio Internacional de Literatura. Westminster: Editorial Universitaria Centroamericana.

----/Camero, Juan José/LaCroze de Fortabat, Amalia/Ortiz, Carmen/ Pla, Josefina/Roa Bastos, Augusto. (Hrsg.). (1993). *Literatura como intertextualidad: IX Simposio International de Literatura*. Buenos Aires: Inst. Lit. y Cultural Hispánico.

----/Rosas, Yolanda/Lojo, María Rosa. (Hrsg.). (1995). *La nueva mujer en la escritura de autoras hispánicas: Ensayos críticos*. Montevideo: Editorial Graffiti.

Araujo, Helena. (1989). *La Sherezade criolla. Ensayos sobre Escritura Femenina Latinoamericana*. Colombia: Universidad Nacional de Colombia.

Ashcroft, Bill/Gareth, Griffiths/Helen Tiffin. (1995). *The Post-Colonial Studies Reader*. London/New York: Routledge.

Ashrcroft, W.D. (1989). "Intersecting Marginalities: Post-Colonialism and Feminism, in: *Kunapipi*. 7, 2: 23-35.

Ayuso Ventimiglia, Monica Graciela. (1994). *Thinking Back Through Our Mothers: Virginia Woolf in the Spanish-Speaking Feminine Imagination*. DAI No.: DA9607025. University of Florida.

Balderston, Daniel/Donna J. Guy (Hrsg.). (1997). *Sex and Sexuality in Latin America*. New York/London: New York University Press.

----. (Hrsg.). (2000). *Sexualidad y nación*. Pittsburgh: Instituto Internacional de Literatura Iberoamericana.

Barquet, Mercedes. (1991). "El estado actual de los estudios de género: Un breve recorrido por la teoría feminista", in: *Casa de las Américas*. 31, 183: 19-25.

Barthes, Roland. (1970). *S/Z*. Paris: Editions du Seuil. (Dt.: *S/Z*. Frankfurt am Main: Suhrkamp, 1987)

Basnett, Susan. (Hrsg.). (1990). *Knives and Angels. Women Writers in Latin America*. London and New Jersey: Zed Books Ltd.

Beauvoir, Simone de. (1949). *Le deuxième sexe*. Paris: Gallimard. (Dt.:*Das andere Geschlecht. Sitte und Sexus der Frau*. Neuübersetzung. Reinbek bei Hamburg: rowohlt, 1992)

Becker-Cantarino, Barbara. (1989). *Der lange Weg zur Mündigkeit*. München: dtv.

Bell, Daniel. (1973). *The Coming of Post-Industrial Society. A Venture in Social Forecasting*. New York: Basic Books.

Belsey, Catherine/Moore, Jane. (Hrsg.). (1989). *The Feminist reader. Essays in Gender and the Politics of Literary Criticism*. New York: Blackwell.

Benhabib, Seyla. (1995). *Selbst im Kontext*. Frankfurt am Main: Suhrkamp.

----/Judith Butler/Drucilla Cornell/Nancy Fraser. (1993). *Der Streit um Differenz. Feminismus und Postmoderne in der Gegenwart*. Frankfurt: Fischer.

Benjamin, Jessica. (1988). *The Bonds of Love. Psychoanalysis, Feminism, and the Problem of Domination*. New York: Pantheon.

----. (1998). *Shadow of the Other. Intersubjectivity and Gender in Psychoanalysis*. London/New York: Routledge.

Berenguer, German/Eltit, Diamela/Olea, Raquel/Ortega, Eliana/Richard, Nelly. (Hrsg.). (1990). *Escribir en los bordes*: Congreso Internacional de Literatura Femenina Latinoamericana 1987. Santiago de Chile: Cuarto Propio.

Berg, Temma F./Elfenbein, Anna Shannon/Larsen, Jeanne/Sparks, Elisa Kay/Gilbert, Sandra M. (Hrsg.). (1989). *Engendering the Word: Feminist Essays in Psychosexual Poetics*. Urbana: University of Illinois Press.

Bergmann, Emilie/Greenberg, Janet/Kirkpatrick, Gwen/Masiello Francine/ Miller, Francesca/Morello-Frosch, Marta/Newman, Kathleen/Pratt, Mary Louise. (Hrsg.). (1990). *Women, Culture, and Politics in Latin America. Seminar on Feminism and Culture in Latin America.* Berkeley/Los Angeles/Oxford: University of California Press.

Bergmann, Emilie L./Smith, Paul Julian. (Hrsg.). (1995). *Entiendes? Queer Readings, Hispanic Writings*. Durham: Duke University Press.

Bhabha, Homi K. (1994). *The Location of Culture*. New York: Routledge.

Bilbija, Ksenija. (1990). *(Des)enmascaramientos textuales: Diferencia e identidad en la narrativa femenina hispanoamericana.* DAI No.: DA9103193. University of Iowa.

Bishop, Ellen R. (1995). *Feminism, Postmodernism, and Science Fiction: Gender and Ways of Thinking Otherwise*. DAI No.: DA9529153. University of Pittsburgh.

Borges, Jorge Luis. (1986). *El escritor argentino y la tradición*, in: ders. *discusión.* Buenos Aires: Emecé. S. 128-137.

Bovenschen, Silvia. (1979). *Die imaginierte Weiblichkeit. Exemplarische Untersuchungen zu kulturgeschichtlichen und literarischen Präsentationsformen des Weiblichen.* Frankfurt am Main: Suhrkamp.

Bradu, Fabienne. (1991). "Algunas reflexiones sobre la crítica feminista", in: *Literatura Mexicana.* 2, 2: 471-80.

Braidotti, Rosi. (1991). *Patterns of Disonance*. Cambridge: Polity Press.

Brinker-Gabler, Gisela. (1988). *Deutsche Literatur von Frauen.* Bd 1. München: C.H. Beck.

Bristow, Joseph. (1997). *Sexuality*. London/New York: Routledge.

Broich, Ulrich/Pfister, Manfred. (1985). *Intertextualität.* Tübingen: Niemeyer.

Brooks, Ann. (1997). *Postfeminisms. Feminism, Cultural Theory and Cultural Forms*. London/New York: Routledge.

Brooks, Linda Marie. (Hrsg.). (1995). *Alternative Identities. The Self in Literature, History, Theory*. New York/London: Garland.

Brooks, Thomas.R. (1974). *Walls come tumbling down.* Engelwood Cliffs: Prentice Hall.

Brown, Carolyn. (1989). "Feminist Literary Strategies in the Postmodern Condition", in: Carr, Helen. (Hrsg.). *From My Guy to Sci-Fi: Genre and Women's Writing in the Postmodern World.* London: Pandora. S. 112-134.

Brown, Cheryl L./Olson, Karen. (Hrsg.). (1978). *Feminist Criticism. Essays on Theory, Poetry and Prose*. London/New York/Metuchen: Scavecrow.

Brunner, José Joaquín. (1986). "El proceso de modernización y la cultura", in: Martner, G. (Hrsg.). *América Latina hacia el 2000. Opciones y estrategias*. Caracas: Nueva Sociedad.

----. (1988). *Un espejo trizado.* Ensayos sobre cultura y política culturales. Santiago de Chile: CLACSO.

----. (1993). "Notes on Modernity and Postmodernity in Latin American Culture", in: *Boundary 2*. 20, 3: 34-54.

Buche, Irina. (1994). "Mexikanische Kulturtheorie zwischen Moderne und Postindigenismus: Guillermo Bonfil Batalla und Néstor García Canclini", in: Scharlau, Birgit. (Hrsg.). *Lateinamerika denken. Kulturtheoretische Grenzgänge zwischen Moderne und Postmoderne*. Tübingen: Gunter Narr. S. 122-131.

Bullrich, Silvina. (1985). "The Woman Writer in Latin America", in: *Américas*. 37, 5: 54-55.

Bürger, Christa. (Hrsg.). (1996). *Stationen weiblichen Schreibens im 20. Jahrhundert*. Stuttgart: M und P Verlag für Wiss. und Forschung.

Bürger, Peter (1998). *Das Verschwinden des Subjekts: eine Geschichte der Subjektivität von Montaigne bis Barthes*. Frankfurt am Main: Suhrkamp.

Butler, Judith. (1990). *Gender Trouble. Feminism and the Subversion of Identity*. London/New York: Routledge.

----. (1991). *Das Unbehagen der Geschlechter*. Frankfurt am Main: Suhrkamp.

----. (1993). "Kontingente Grundlagen: Der Feminismus und die Frage der Postmoderne.", in: Benhabib, Seyla/Judith Butler/Drucilla Cornell/Nancy Fraser. *Der Streit um Differenz. Feminismus und Postmoderne in der Gegenwart*. Frankfurt: Fischer. S. 31-58.

Callaghan, Dympna/Pat Parker. (1991). "Feminism in Postmodernity", in: Easthope, Antony/Thompson, John O. (Hrsg.). *Contemporary Poetry Meets Modern Theory*. Toronto: University of Toronto Press. S. 128-138.

Carr, Helen. (1989). "Genre and women's writing in the postmodern world", in: dies. (Hrsg.). *From My Guy to Sci-Fi: Genre and Women's Writing in the Postmodern World*. London: Pandora. S. 3-15.

Caruth, Cathy/Esch, Deborah. (1995). (Hrsg.). *Critical Encounters: Reference and Responsability in Deconstructive Writing*. New Brunswick: Rutgers University Press.

Castillo, Debra A. (1992). *Talking back: Toward a Latin American Feminist Literary Criticism*. Ithaca/London: Cornell University Press.

Castro-Klarén, Sara. (1984). "La crítica literaria feminista y la escritora en América Latina", in: González, Patricia Elena/Ortega, Eliana. (Hrsg.). *La sartén por el mango. Encuentro de escritoras latinoamericanas*. Río Piedras/Puerto Rico: Ediciones Huracán.

----/Molloy, Sylvia/Sarlo, Beatriz. (Hrsg.). (1991). *Women's writing in Latin America*. Boulder/San Francisco/Oxford: Westview Press.

Ciplijauskaité, Biruté. (1988). *La novela femenina contemporánea (1970-1985). Hacia una tipología de la narración en primera persona*. Barcelona. Anthropos.

Cixous, Hélène. (1975/76). "The Laugh of the Medusa", in: *Signs*. 1: 875-893.

----. (1977). *Die unendliche Zirkulation des Begehrens*. Berlin: Merve.

----. (1980). *Weiblichkeit in der Schrift*. Berlin: Merve.

Colás, Santiago. (1994). *Postmodernity in Latin America. The Argentine Paradigma*. Durham/London: Duke University Press.

Condé, Lisa P./Hart, Stephen M. (Hrsg.). (1991). *Feminist Readings on Spanish and Latin-American Literature*. Lewiston: E. Mellen Press.

Cunha Giabbai, Gloria da. (1995). "La mujer venezolana hacia el nuevo milenio", in: *Venezuelan Literature and Arts Journal/Revista de Literatura y Artes Venezolanas*: 1, 1: 65-75.

Davidson, Harriet. (1995). "I say I am there: Siting/Citing the subject of feminism and deconstruction", in: Caruth, Cathy/Esch, Deborah. (Hrsg.). *Critical Encounters: Reference and Responsability in Deconstructive Writing*. New Brunswick: Rutgers University Press. S. 241-261.

Davies, Catherine. (1996). "National Feminism in Cuba: The Elaboration of a Counter--Discourse, 1900-1935 ", in: *The Modern Language Review*. 91, 1: 107-23.

Deleuze, Gilles. (1968). *Différence et répétition*. Paris:

----. (1992). *Differenz und Wiederholung*. München: Fink.

----/Guattari, Félix. (1977). *Rhizom*. Berlin: Merve.

Derrida, Jacques. (1979). *Die Stimme und das Phänomen*. Frankfurt am Main: Suhrkamp.

----. (1986). "Sporen. Die Stile Nietzsches", in: Hamacher, Werner. (Hrsg.). *Nietzsche in Frankreich*. Frankfurt am Main: Suhrkamp.

----. (1988). *Randgänge der Philosophie*. Hrsg. von Peter Engelmann. Wien: Passagen Verlag.

----. (^{6}1996). *Grammatologie*. Frankfurt am Main: Suhrkamp.

----. (^{7}1997). *Die Schrift und die Differenz*. Frankfurt am Main: Suhrkamp.

----. (2000). Sendung über Leben und Werk von Jacques Derrida in 3sat vom 29.03.2000.

Díaz-Diocaretz/Iris M. Zavala. (Hrsg.). (1993). *Breve historia feminista de la literatura española*. Vol. I: *Teoría feminista: discursos y diferencia*. Madrid/Barcelona: Anthropos.

Dick, Leslie. (1989). "Feminism, Writing, Postmodernism", in: Carr, Helen. (Hrsg.). *From My Guy to Sci-Fi: Genre and Women's Writing in the Postmodern World*. London: Pandora. S. 204-214.

Dietzen, Agnes. (1993). *Soziales Geschlecht. Soziale, kulturelle und symbolische Dimensionen des Gender-Konzepts*. Opladen: Westdeutscher Verlag.

Dimo, Edith/Hidalgo de Jesús, Amarilis. (Hrsg.). (1996). *Escritura y desafío: Narradoras venezolanas del siglo XX*. Caracas: Monte Ávila.

Diprose, Rosalyn. (1994). *The Bodies of Women. Ethics, Embodiment and Sexual Difference*. London/New York: Routledge.

Doan, Laura. (1994). *The Lesbian Postmodern*. New York: Columbia University Press.

Dolan, Jill. (1993). *Presence and Desire. Essays on Gender, Sexuality, Performance*. Ann Arbor: University of Michigan Press.

Dömer, Cornelia. (1994). *Mütter, Machos und Marginalität. Themen der Literatur von Frauen im 20. Jahrhundert*. Köln/Weimar/Wien: Böhlau.

Donaldson, Laura E. (1992). *Decolonizing Feminisms: Race, Gender and Empire-Building*. Chapell Hill: University of Carolina Press.

Dreymüller, Cecilia. (1996). *Die Lippen des Mondes. Spanische Lyrikerinnen der Gegenwart (1950-1990)*. Wilhelmsfeld: Gottfried Eggert Verlag.

Duden, Barbara. (1977). "Das schöne Eigentum. Zur Herausbildung des bürgerlichen Frauenbildes an der Wende vom 18. zum 19. Jahrhundert", in: *Kursbuch*. 47: 125-140.

Dussel, Enrique. (1983). *Introducción a la filosofía de la liberación*. Bogotá: Ed. Sudamericana.

Ecker, Gisela. (1985). "A Map to Rereading. Intertextualität aus der Perspektive einer feministischen Literaturwissenschaft", in: Broich, Ulrich/ Pfister, Manfred: *Intertextualität*. Tübingen: Niemeyer. S. 297-311.

Eco, Umberto. (1994). "Postmodernismus, Ironie und Vergnügen", in: Welsch, Wolfgang. (Hrsg.). *Wege aus der Moderne*. Berlin: Akademie Verlag. S. 75-78.

Ellmann, Mary. (1968). *Thinking about Women*. New York/Harcourt: Brace & World.

EMMA. (1998). Frauenverlags GmbH. Nr. 6. S. 28.

Etzioni, Amitai. (1968). *The Active Society. A Theory of Societal and Political Processes*. New York: Free Press.

Faria Coutinho, Eduardo de. (1995). "The rupture of eurocentric perspective in Latin America's fictional and critical discourse", in: Gillespie, Gerald/Higonnet, Margaret R./Jones, Sumie. (Hrsg.). *ICLA '91 Tokyo: The Force of Vision, 2: Visions in History; Visions of the Other*. Tokyo. S. 366-373.

Feijóo, María del Carmen. (Hrsg.). (1993). *Tiempo y espacio: las luchas sociales de las mujeres latinoamericanas*. Buenos Aires: CLACSO.

Felski, Rita. (1992). "Más allá de una estética feminista", in: *Revista de Occidente*. 139: 67-98.

Ferman, Claudia. (Hrsg.). (1996). *The Postmodern in Latin and Latino American Cultural Narratives*. New York: Garland.

Fiedler Leslie. (1969). "Cross the border, close the gap", in: *Playboy*. Dezember. S. 151, 230, 252-254,256-258.

----. (1994). "Überquert die Grenze, schließt den Graben", in: Welsch, Wolfgang. (Hrsg.). *Wege aus der Moderne*. Berlin: Akademie Verlag. S. 57-84.

Fink-Eitel, Hinrich. (1992). *Foucault zur Einführung*. Hamburg: Junius Verlag.

Flax, Jane: "Posmodernismo y relaciones de género en la teoría feminista", in: *Feminaria*. 3, 5: 1-14.

Fokkema, Douwe. (1986). *Workshop on Postmodernism*. Approaching postmodernism papers presented at a Workshop on Postmodernism 21-23 september 1984, University of Utrech. Amsterdam/Philadelphia: J. Benjamins.

Förster, W. (^{2}1973). *Das Rassenproblem in den USA*. München: Beck.

Foster, David Wiiliam. (1995). *Violence in Argentine Literature: Cultural Responses to Tyranny*. Columbia/London: University of Missouri Press.

Foucault, Michel. (1966). *Les mots et les choses*. Paris: Gallimard.

----. (1980). *Power/Knowledge. Selected Interviews and Other Writings 1972-1977*. Pantheon Books: New York.

----. (^{8}1997). *Archäologie des Wissens*. Frankfurt am Main: Suhrkamp.

----. ([15]1999). *Die Ordnung der Dinge*. Frankfurt am Main: Suhrkamp.

Franco, Jean. (1989). *Plotting Women, Gender & Representation in Mexico*. London/ New York: Routledge. (Span.: *Las conspiradoras: La representación de la mujer en México*. Versión actualizada. México 1994. ECM, efe.).

Frank, Manfred. (1984). *Was ist Neostrukturalismus?* Frankfurt am Main: Suhrkamp.

----. (1991). *Selbstbewußtsein und Selbsterkenntnis*. Stuttgart: Reclam.

Franklin, John Hope ([5]1980). *From slavery to freedom*. New York: Knopf.

Fraser, Nancy/Nicholson, Linda J. (1990). "Social Criticism without Philosophy: An Encounter between Feminism and Postmodernism", in: Nicholson, Linda J. (Hrsg.). *Feminism/Postmodernism*. London/New York: Routledge. S. 19-38.

Freud, Sigmund. (1996). *Die Traumdeutung*. Frankfurt am Main: Fischer.

----. (1997). *Das Unbehagen in der Kultur*. Frankfurt am Main: Fischer.

----. (1998). *Schriften über Liebe und Sexualität*. Frankfurt am Main: Fischer.

Frey Waxman, Barbara. (Hrsg.). (1993). *Multicultural Literatures through Feminist/ Poststructuralist Lenses*. Knoxville: University of Tennessee Press.

Friedan, Betty. (1963). *The Feminine Mystique*. New York: Norton Verlag.

Fullbrook, Kate. (1995). "Whose Postmodernism?" In: Dowson, Jane/ Earnshaw, Steven (Hrsg.) *Postmodern Subjects/Postmodern Texts*. Amsterdam/Atlanta: Rodopi.

Fuss, Diana. (1989). *Essentially Speaking: Feminism, Nature and Difference*. London/ New York: Routledge.

----. (1995). "Inside/Out", in: Caruth, Cathy/Esch, Deborah. (Hrsg.). *Critical Encounters: Reference and Responsability in Deconstructive Writing*. New Brunswick: Rutgers University Press. S. 233-240.

García Canclini, Néstor. (1991). "Los estudios culturales de los 80 a los 90: Perspectivas antropológicas y sociales en América Latina", in: *Iztapalapa*. 24: 9-26.

----. (1992). *Culturas híbridas. Estrategías para entrar y salir de la modernidad*. Buenos Aires: Editorial Sudamericana.

----. (1993). "The Hybrid: A Conversation with Margarita Zires, Raymundo Mier, and Mable Piccini", in: *Boundary 2*. 20, 3: 77-92.

García-Pinto, Magdalena. (1988). *Historias íntimas. Conversaciones con diez escritoras latinoamericanas*. Hanover: Norte.

Genette, Gérard. (1993). *Palimpsests. Die Literatur auf zweiter Stufe*. Frankfurt am Main: Suhrkamp.

Geoffrey Kantaris, Elia. (1995). *The Subversive Psyche. Contemporary Women's Narrative from Argentina y Uruguay*. Oxford: Clarendon Press.

Ghosh, Bishnupriya/Bose, Brinda/Mohanty, Chandra Talpade. (Hrsg.). (1997). *Interventions: Feminist Dialogues on Third World Women's Literature and Film*. London/New York: Garland Publishing.

Gibaja, Regina Elena. (1990). *Imágenes de la condición femenina*. Buenos Aires: Editorial Universitaria de Buenos Aires.

Giberti, Eva/A. M. Fernández. (1989). *La mujer y la violencia invisible*. Buenos Aires: Editorial Sudamericana.

Gilbert, Sandra M./Gubar, Susan. (1979). *The Madwoman in the Attic*. New Haven and London: Yale University Press.

Gillespie, Gerald/Higonnet, Margaret R./Jones, Sumie. (Hrsg.). (1995). *ICLA '91 Tokyo: The Force of Vision, 2: Visions in History; Visions of the Other*. Tokyo: International Comparative Literature Association.

Gilmore, Leigh. (1994). *Autobiographics. A Feminist Theory of Women's Self-Representation.* Ithaca/London: Cornell University Press.

Glantz, Margo. (1992). "Interview", in: Pfeiffer, Erna. (1992). *Entrevistas. Diez escritoras mexicanas desde bastidores*. Frankfurt am Main: Vervuert. S. 89-111.

Gnüg, Hiltrud/Möhrmann, Renate. (Hrsg.). (1985). *Schreibende Frauen. Frauen – Literatur – Geschichte vom Mittelalter bis zur Gegenwart*. Stuttgart: Suhrkamp. (Dies.: *Frauen – Literatur – Geschichte*. Vollständig neu bearbeitete und erweiterte Auflage Stuttgart: Metzler 1999).

Godard, Barbara. (1995). "From Visions of the Other to Theories of Difference: The Canadian Literatures", in: Gillespie, Gerald/Higonnet, Margaret R./Jones, Sumie. (Hrsg.). *ICLA '91 Tokyo: The Force of Vision, 2: Visions in History; Visions of the Other*. Tokyo. S. 646-657.

Gómez, Jaime Pablo. (1993). *Testimonio, magia y polifonia: La denuncia de la dictadura, militar en la narrativa femenina del Cono Sur*. DAI No.: DA9421130. University of Iowa.

González, Mirta Aurora. (1994). "Inovación en la actual novela feminista mexicana. Domecq, Mastretta y Sefchovich", in: Villegas, Juan. (Hrsg.). *Actas Irvine-92, Asociación Internacional de Hispanistas, Bd. II: La mujer y su representación en las literaturas hispánicas*. Irvine: University of California: S. 220-27.

González, Patricia Elena. (1985). "Introducción", in: González, Patricia Elena/Ortega, Eliana. (Hrsg.). *La sartén por el mango. Encuentro de escritoras latinoamericanas*. Río Piedras, Puerto Rico: Ediciones Huracán. S. 13-18.

González, Patricia Elena/Ortega, Eliana. (Hrsg.). (1985). *La sartén por el mango. Encuentro de escritoras latinoamericanas*. Río Piedras, Puerto Rico: Ediciones Huracán.

Gordon, Colin. (Hrsg.). (1980). *Power/Knowledge. Selected Interviews and Other Writings 1972-1977. Michel Foucault*. New York: Pantheon Books.

Gorodischer, Angelica. (1984). "Las mujeres y las palabras", in: *Hispamerica*. 13, 39: 45-48.

----. (1985). "Contra el silencio por la desobediencia", in: *Revista Iberoamericana*. 51, 132-133: 479-481.

Granillo Vázquez, Lilia. (Hrsg.). (1996). *Literatura, historia e identidad: Los discursos de la cultura hoy*. México: Universidad Autónoma Metropolitana-Azcapotzalco, Centro de Cultura Casa Lamm.

Greene, Gayle/Kahn, Coppélia. (Hrsg.). (1985). *Making a Difference: Feminists Literary Criticism*. London/New York: Routledge.

Grewal, Inderpal/Kaplan, Caren. (Hrsg.). (1994). *Scatteres Hegemonies. Postmodernity and Transnational Feminist Practices*. Minneapolis: University of Minnesota Press.

Guerra Cunningham, Lucia. (Hrsg.). (1990). *Splintering Darkness: Latin American Women Writers in Search of Themselves*. Pittsburgh: Latin American Literary Review Press.

----. (1995). "Silencios, disidencias y claudicaciones: Los problemas teóricos de la nueva crítica feminista", in: López de Martínez, Adelaida. (Hrsg.). *Discurso femenino actual*. San Juan: Editorial de la Universidad de Puerto Rico. S. 21-32.

Guerra, Lucía. (1990). "Teoría feminista y crítica literaria", in: Berenguer, German/ Eltit, Diamela/Olea, Raquel/Ortega, Eliana/Richard, Nelly. (Hrsg.). *Escribir en los bordes*: Congreso Internacional de Literatura Femenina Latinoamericana 1987. Santiago de Chile: Cuarto Propio. S. 45-51.

----. (1994). *La mujer fragmentada. Historias de un signo*. Colombia: Ediciones Casa de las Américas.

Habermas, Jürgen. (1969). *Protestbewegung und Hochschulreform*. Frankfurt am Main: Suhrkamp.

Hahn, Barbara. (1990). *Feministische Literaturwissenschaft: Vom Mittelweg der Frauen in der Theorie*, in: Bogdal, Klaus-Michael. (Hrsg.). *Neue Literaturtheorien: Eine Einführung*. Opladen: Westdeutscher Verlag. S. 218-34.

Hart, Stephen M. (1995). "Is Women's Writing in Spanish America Gender-Specific?", in: *MLN*. 110, 2: 335-52.

Hartstock, Nancy C.M. (1990). "Foucault on Power: A Theory for Women?", in: Nicholson, Linda J. (Hrsg.). *Feminism/Postmodernism*. London/New York: Routledge. S. 157-175.

----. (1998). *The Feminist Standpoint Revisited and Other Essays*. Boulder: Westview Press.

Helferich, Christoph. (^{2}1999). *Geschichte der Philosophie*. München: Deutscher Taschenbuch Verlag.

Hegel, Georg Wilhelm Friedrich. (1985). *Vorlesungen über die Philosophie der Geschichte*, in: *Werke in zwanzig Bänden*, Bd. 12. Frankfurt am Main: Suhrkamp.

Heidegger, Martin. (1957/^{10}1996). *Identität und Differenz*. Stuttgart: Günter Neske.

Herlinghaus, Hermann/Walter, Monika. (Hrsg.). (1994). *Posmodernidad en la periferia. Enfoques latinoamericanos de la nueva teoría cultural*. Berlin: Langer.

----. (1997). "Lateinamerikanische Peripherie - diesseits und jenseits der Moderne", in: Weimann, Robert. (Hrsg.). *Ränder der Moderne. Repräsentation und Alterität im (post)kolonialen Diskurs*. Frankfurt am Main: Suhrkamp. S. 242-300.

Hernández Monroy, Rosaura/Medina, Manuel F. (Hrsg.). (1997). *La seducción de la escritura: Los discursos de la cultura hoy*. Mexico: (o.V.).

Heydenreich, Titus. (Hrsg.). (1986). *Der Umgang mit dem Fremden: Beiträge zur Literatur aus und über Lateinamerika*. München: Fink.

Hidalgo, Pilar. (1991). "La feminización de la novela posmodernista", in: *Atlantis*. 12, 2: 65-81.

Higgins, Dick. (1978). *A Dialectic of Centuries. Notes Towards a Theory of the New Arts*. New York: Printed Editions.

Higonnet, Margaret R. (1995). "From the others to the self", in: Gillespie, Gerald/ Higonnet, Margaret R./Jones, Sumie. (Hrsg.). (1995). *ICLA '91 Tokyo: The Force of Vision, 2: Visions in History; Visions of the Other*. Tokyo. S. 297-302.

Hollinger, Veronica. (1994). "Utopia, Science, Postmodernism, and Feminism: A Trilogy of Significant Works", in: *Science Fiction Studies*. 21, 2: 232-37.

Holst Petersen, Kirsten. (1995). "First-Things-First: Problems of a Feminist Approach to African Literature, in: Ashcroft, Bill/Gareth, Griffiths/Helen Tiffin. (1995). *The Post-Colonial Studies Reader*. London/New York: Routledge. S. 251-54.

hooks, bell. (1984). *Feminist Theory. From Margin to Center.* Boston: South End Press.

Hope, Joan. (1996). *The Feminist Gaze: Feminism, Postmodernism, and Women's Bodies*. DAI No.: DA9627032. Indiana University.

Howe, Irving. (1959). "Mass Society and Postmodern Fiction", in: *Partisan Review* XXVI, 420-436.

Hutcheon, Linda. (1988). "Representing the Postmodern", in: dies. *The Politics of Postmodernism*. New York: Routledge. S. 1-29.

----. (1989). "Feminism and Postmodernism", in: Testaterri, Ada. (Hrsg.): *Donna: Women in Italian Culture*. Ottawa: Dovehouse. S. 25-37.

Irigaray, Luce. (1974). *Speculum de l'autre femme*. Paris: Minuit.

----. (1979). *Das Geschlecht das nicht eins ist*. Berlin: Merve.

----. (1980). *Speculum. Spiegel des anderen Geschlechts*. Frankfurt am Main: Suhrkamp.

Jacobus, Mary. (Hrsg.). (1979). *Women Writing and Writing about Women*. London: Croom Helm.

Jagger, Alison/Young, Iris. (Hrsg.). (1998). *A Companion to Feminist Philosophy*. Colorado: Blackwell.

Jaquette, Jane S. (Hrsg.). (1989). *The Women's Movement in Latin America. Feminism and the Transition to Democracy.* Boston: Unwin Hyman.

Jaramillo, María Mercedes/Osorio de Negret, Betty/Robledo, Angela Inès. (Hrsg.). (1995). *Literatura y diferencia: Escritoras colombianas del siglo XX*. Santafé de Bogotá/Medellín: Editorial Univ. de Antioquia.

Jasbir, Jain. (Hrsg.). (1996). *Women's Writing: Text and Context*. Jaipur: Rawat.

Jauss, Hans Robert. (1977). *Alterität und Modernität der mittelalterlichen Literatur*. Gesammelte Aufsätze 1956-1976. München: Fink.

----. (1983). " Der literarische Prozeß der Modernisierung von Rousseau bis Adorno", in: Friedeburg, Ludwig von/Habermas, Jürgen. *Adorno-Konferenz*. Frankfurt am Main: Suhrkamp.

Jehenson, Myriam Yvonne. (1995). *Latin-American Women Writers. Class, Race, and Gender*. New York: State University of New York Press.

Jehlen, Myra. (1995). "Gender", in: Lentricchia, Frank/McLaughlin, Thomas. (Hrsg.). *Critical Terms for Literary Study*. Chicago. S. 263-273.

Jencks, Charles. (1994). *Die Sprache der postmodernen Architektur*, in: Welsch, Wolfgang. (Hrsg.). *Wege aus der Moderne*. Berlin: Akademie Verlag. S. 85-98.

Juchler, Ingo. (1996). *Die Studentenbewegungen in den Vereinigten Staaten und der Bundesrepublik Deutschland der sechziger Jahre*. Berlin: Duncker & Humblot.

Kaminsky, Amy. (1993). *Reading the Body Politic. Feminist Criticism and Latin American Women Writers*. Minneapolis/London: University of Minnesota Press.

Kantaris, Elia Geoffrey. (1995). *The Subversive Psyche. Contemporary Women's Narrative from Argentina and Uruguay*. Oxford: Clarendon Press.

Kenwood, Alun. (Hrsg.). (1993). *Travellers' Tales, Real and Imaginary, in the Hispanic World and its Literature*. Melbourne: Voz Hispánica.

Keupp, Heiner/Höfer, Renate. (Hrsg.). (1997). *Identitätsarbeit heute. Klassische und aktuelle Perspektiven der Identitätsforschung*. Frankfurt am Main: Suhrkamp.

Kimmerle, Heinz. (^{3}1992). *Derrida zur Einführung*. Hamburg: Junius Verlag.

Köster, Barbara. (1999). "Der Raum dazwischen. Über die Entstehung des weiblichen Begehrens", in: Frankfurter Frauenschule (Hrsg.). *Begehren Denken*. Königstein/Taunus: Ulrike Helmer Verlag. S. 83-115.

Küppers, Gabriele. (1985). "Wir sammeln die stummen Worte und die zornigen Stimmen", in: Gnüg, Hiltrud/Möhrmann, Renate. (Hrsg.). *Schreibende Frauen. Frauen - Literatur - Geschichte vom Mittelalter bis zur Gegenwart*. Stuttgart: Metzler. S. 453-474.

Kreissl, Reinhard. (2000). *Die ewige Zweite*. München: Droemer.

Kristeva, Julia. (1974). *La révolution de la langue poétique*. Paris: Éditions du Seuil.

----. (1979). "Les Temps des femmes", in: *Cahiers de recherche de sciences et des textes et documents*. 33/34, 5:

----. (^{8}1995). *Die Revolution der poetischen Sprache*. Frankfurt am Main: Suhrkamp.

Kritzman, Lawrence D. (Hrsg.). (1988). *Michel Foucault. Politics, Philosophy, Culture. Interviews and Other Writings 1977-1984*. London/New York: Routledge.

Kroll, Renate. (1999). "Was können *Gender Studies* heute leisten? Zu Versionen der Subversion und (weiblicher) Subjektkonstitution", in: Kroll, Renate/Margarete Zimmermann. (Hrsg.). *Gender Studies in den romanischen Literaturen: Revisionen, Subversionen*. Bd. I. Frankfurt am Main: dipa-Verlag. S. 13-28.

Kroll, Renate/Margarete Zimmermann. (Hrsg.). (1995). *Feministische Litraturwissenschaft in der Romanistik. Theoretische Grundlagen - Forschungsstand - Neuinterpretationen*. Stuttgart/Weimar: Metzler.

Lacan, Jacques. (1964). "La ligne et la lumière", in: *Le Séminaire IX. Les quatre concepts fondamentaux de la psychanalyse*. Paris: Éditions du Seuil.

----. (1973). "Das Spiegelstadium als Bildner der Ichfunktion", in: *Schriften I*. hrsg. von Norbert Haas. Olten/Freiburg im Breisgau: Walter Verlag. S. 61-70.

----. (1975). *Schriften II*. hrsg. von Norbert Haas. Olten/Freiburg im Breisgau: Walter Verlag.

----. (1975a). "Dieu et la jouissance de ~~la~~ femme", in: *Livre XX, Encore, 1972-1973*. Paris: Seuil. S. 61-71.

----. (1980). *Das Seminar II. Das Ich in der Theorie Freuds und in der Technik der Psychoanalyse (1954-55)*. hrsg. von Norbert Haas. Olten/Freiburg im Breisgau: Walter Verlag.

Lagos, María Inés. (1996). *En Tono Mayor: Relatos de formación de protagonista femenina en Hispanoamérica*. Santiago de Chile: Cuarto Propio.

Lauretis, Teresa de. (Hrsg.). (1986). *Feminist Studies/Critical Studies.* Bloomington: Indiana University Press.

Lennon, Kathlee/Whitford, Margaret. (Hrsg.). (1994). *Knowing the Difference. Feminist Perspectives in Epistemogoly.* London/New York: Routledge.

Lentricchia, Frank/McLaughlin, Thomas. (1995). *Critical Terms for Literary Studies.* Second Edition. Chicago/London: The University of Chicago Press.

Levin, Harry. (1960). "What Was Modernism?" In: *Massachusetts Review.* 1, 4: 609-630.

Levine, George. (Hrsg.). (1992). *Constructions of the Self.* New Brunswick: Rutgers University Press.

Lindhoff, Lena. (1995). *Einführung in die feministische Literaturtheorie.* Stuttgart: Metzler.

Lisi, Cristina. (1986). "El proyecto cultural de la revista SUR (1931-1970): Un ejemplo de literatura 'marginal' en el Río de la Plata", in: Morales Saravia, José. (Hrsg.). *La literatura en la sociedad de America Latina.* Lima: Latinoamericana. S. 65-84.

List, Elisabeth/Studer, Herlinde. (Hrsg.). (1989). *Denkverhältnisse. Feminismus und Kritik.* Frankfurt am Main: Suhrkamp.

Logan, Joy. (1996). "Southern Discomfort in Argentina: Postmodernism, Feminism, and Luisa Valenzuela's Simetrias", in: *Latin American Literary Review.* 24, 48: 5-18.

Lojo, María Rosa. (1995). "Prólogo", in: Arancibia, Juana Alcira/Rosas, Yolanda/Lojo, María Rosa. (Hrsg.). *La nueva mujer en la escritura de autoras hispánicas: Ensayos críticos.* Montevideo: Editorial Graffiti. S. 9-14.

López González, Aralia. (1991). "Nuevas formas de ser mujer en la narrativa contemporánea de escritoras mexicanas", in: *Casa de las Américas.* 31, 183: 3-8.

----/Malagamba, Amelia/Urrutia, Elena. (1990). *Mujer y literatura mexicana y chicana. Culturas en contacto.* México: ECM.

López de Martínez, Adelaida. (Hrsg.). (1995). *Discurso femenino actual.* San Juan: Editorial de la Universidad de Puerto Rico.

Lotman, Jurij M. (1993). *Die Struktur literarischer Texte.* München: UTB.

Ludmer, Josefina. (1984). "Tretas del débil", in: González, Patricia Elena/Ortega, Eliana. (Hrsg.). *La sartén por el mango. Encuentro de escritoras latinoamericanas.* Río Piedras: Ediciones Huracán. S. 47-54.

Lyotard, Jean-François. (1979). *La condition postmoderne: rapport sur le savoir.* Paris: Éditions de Minuit.

----. (1983). *Le Différend.* Paris: Éditions de Minuit.

----. (1994). "Beantwortung der Frage: Was ist postmodern?", in: Welsch, Wolfgang. (Hrsg.). *Wege aus der Moderne.* Berlin: Akademie Verlag. S. 193-203.

Macaya, Emilia. (1992). *Cuando estalla el silencio. Para una lectura femenina de textos hispánicos.* San José: Editorial de la Universidad de Costa Rica.

Maguire, Marie. (1995). *Men, Women, Passion, and Power. Gender Issues in Psychotherapy.* London/New York: Routledge.

Maihofer, Andrea. (1995). *Geschlecht als Existenzweise. Macht, Moral, Recht und Geschlechterdifferenz.* Königstein/Taunus: Ulrike Helmer Verlag.

Makward, Christiane P./Cottenet-Hage, Madeleine. (1996). *Dictionnaire littéraire des femmes de langue française*. Paris: Karthala.

Martín-Barbero, Jesús. (1988). "Matrices culturales de las telenovelas", in: *Estudios sobre las culturas contemporáneas*. 4, 5: 137-164.

----/Muñoz, Sonia. (Hrsg.). (1992). *Televisión y melodrama: géneros y lecturas de la telenovelas en Colombia*. Bogotá: Tercer Mundo Editores.

Marks, Elaine/Courtivron, Isabelle de. (Hrsg.). (1980). *New French Feminism*. Amherst: University of Massachusetts Press.

Marting, Diane. (Hrsg.). (1990). *Spanish American Women Writers. A Bio-Bibliographical Source Book*. New York/Westport/Connecticut/London: Greenwood Press.

Masiello, Francine. (1992). *Between Civilization & Barbarism. Women, Culture & Literary Culture in Modern Argentina*. Lincoln: University of Nebraska Press.

Mayer Hans. (1975). *Außenseiter*. Frankfurt am Main: Suhrkamp.

McClintock, Anne. (1994). "The Angel of Progress: Pitfalls of the Term 'Post-Colonialism'", in: Williams, Patrick/Chrisman, Laura. (Hrsg.). *Colonial Discourse and Post-Colonial Theory. A Reader*. New York: Columbia University Press. S. 291-304.

McGraw, Betty R. (1992). "Jean-Francois Lyotard's Postmodernism: Feminism, History, and the Question of Justice", in: *Women's Studies*. 20, 3-4: 259-72.

Menchacatorre, Felix. (Hrsg.). (1990). *Ensayos de literatura europea e hispanoamericana*. San Sebastián: Universidad del País Vasco.

Méndez Rodenas, Adriana. (1989). "Tradition and Women's Writing: Towards a poetics of difference." In: Berg, Temma F./ Elfenbein, Anna Shannon/Larsen, Jeanne/Sparks, Elisa Kay/Gilbert, Sandra M. (Hrsg.). (1989). *Engendering the Word: Feminist Essays in Psychosexual Poetics*. Urbana: University of Illinois Press. S. 29-50.

Metzler Lexikon: Literatur- und Kulturtheorie. (1998). Hrsg. von Ansgar Nünning. Stuttgart/Weimar: Metzler.

Metzler-Autorinnen-Lexikon. (1998). Hrsg. von Ute Hechtfischer, Reante Hof, Inge Stephan, Flora Veit-Wild. Stuttgart/Weimar: Metzler.

Metzler-Philosophie-Lexikon: Begriffe und Definitionen. (1999). Hrsg. von Peter Prechtl und Franz-Peter Burkard. 2. überar. und aktualisierte Auflage. Stuttgart/ Weimar: Metzler.

Meuter, Norbert. (1995). *Narrative Identität. Das Problem der personalen Identität im Anschluß an Ernst Tugendhart, Niklas Luhmann und Paul Ricoeur*. Stuttgart: M & P.

Meyer, Doris. (Hrsg.). (1995). *Reinterpreting the Spanish American Essay: Women Writers of the 19th and 20th Centuries*. Austin: University of Texas Press.

----/Fernández Olmos, Margarite. (Hrsg.). (1983). *Contemporary Women Authors of Latin America: Introductory Essays*. Brooklyn: Brooklyn College Press.

Meyer, Ursula I. (1997). *Einführung in die feministische Philosophie*. München: Deutscher Taschenbuchverlag.

Mignolo, Walter D. (1995). "La razón postcolonial: herencias coloniales y teorías postcoloniales", in: *Revista Chilena de Literatura*. 47: 91-114.
----. (1997). "La razón postcolonial: herencias coloniales y teorías postcoloniales", in: Toro, Alfonso de. (Hrsg.). *Postmodernidad y Postcolonialidad. Breves reflexiones sobre Latinoamérica*. Frankfurt am Main: Vervuert. S. 51-70.
Millett, Kate. (1970). *Sexual Politics*. Garden City: Doubleday.
Minc, Rose S. (Hrsg.). (1985). *El Cono Sur: Dinámica y dimensiones de su literatura, A Symposium*. Montclair: Ediciones del Norte.
Minh-ha, Trinh. T. (1989). *Woman, Native, Other. Writing Postcoloniality and Feminism.* Bloomington/Indianapolis: Indiana University Press.
Moers, Ellen. (1976). *Literary Women*. Garden City: Doubleday.
Mohanty, Chandra Talpade. (1984). "Under Western Eyes; Feminist Scholarship and Colonial Discourses", in: *Boundary 2*. 12, 3/13, 1: 333-358.
Moi, Toril. (1985). *Sexual/Textual Politics: Feminist Literary Theory*. London/New York: Methuen.
----. (Hrsg.). (1986). *The Kristeva Reader*. Oxford: Blackwell; New York: Columbia University Press.
----. (1988). "Feminism, Postmodernism, and Style: Recent Feminist Criticism in the United States", in: *Cultural Critique*. 9: 3-22.
Molloy, Sylvia. (1988). "Interview", in: García-Pinto, Magdalena. *Historias íntimas. Conversaciones con diez escritoras latinoamericanas*. Hanover: Norte. S. 125-143.
----. (1991). "Female Textual Identities: The Strategies of Self-Figuration", in: Castro-Klarén, Sara/Molloy, Sylvia/Sarlo, Beatriz. (Hrsg.). *Women's writing in Latin America*. Boulder/San Francisco/Oxford: Westview Press. S. 107-124.
Montero, Rosa. (1997). *La hija del caníbal*. Madrid: Espasa Calpe.
Mora, Gabriela/Van Hooft, Karen S. (Hrsg.). (1982). *Theory and Practice of Feminist Literary Criticism*. Ypsilanti: Bilingual Press.
Morales Saravia, José. (Hrsg.). (1986). *La literatura en la sociedad de América Latina*. Lima: Latinoamericana.
Moscovici, Claudia. (1996). *From Sex Objects to Sexual Subjects*. London/New York: Routledge.
Munt, Sally. (Hrsg.). (1992). *New Lesbian Criticism. Literary and Cultural Readings*. Hertfordshire: Harvester Wheatsheaf.
Muñoz, Willy O. (1992). *El personaje femenino en la narrativa de escritoras hispanoamericanas*. Madrid: Editorial Pliegos.
Myers, Eunice/Adamson, Ginette. (Hrsg.). (1987). *Continental, Latin American and Francophone Women Writers*. Lanham: University Presses of America.
Narayan, Uma. (1997). *Dislocating Cultures. Identities, Traditions, and Third-World-Feminism*. London/New York: Routledge.
Newton, Judith/Rosenfelt, Deborah. (1985). *Feminist Criticism and Social Change. Sex, Class, and Race in Literature and Culture*. London/New York: Methuen.
Nicholson, Linda J. (Hrsg.). (1990). *Feminism/Postmodernism*. London/New York: Routledge.

Nietzsche, Friedrich. (1999). *Also sprach Zarathustra*, in: *Kritische Studienausgabe*. Hrsg. Giorgio Colli/Mazzino Montinari. Bd.4. München: dtv/de Gruyter.

----. (1999a). *Zur Genealogie der Moral*, in: *Kritische Studienausgabe*. Hrsg. Giorgio Colli/Mazzino Montinari. Bd.5. München: dtv/de Gruyter.

----. (1999b). *Die fröhliche Wissenschaft*, in: *Kritische Studienausgabe*. Hrsg. Giorgio Colli/Mazzino Montinari. Bd.3. München: dtv/de Gruyter.

Nitsch, Wolfgang. (1989). *20 Jahre Student/inn/enbewegung - kein Grund zum Feiern*. Oldenburg: Bis.

Olivera Williams, María Rosa. (1989). "Feminine Voices in Exile", in: Berg, Temma F./ Elfenbein, Anna Shannon/Larsen, Jeanne/Sparks, Elisa Kay/Gilbert, Sandra M. (Hrsg.). *Engendering the Word: Feminist Essays in Psychosexual Poetics*. Urbana: University of Illinois Press. S. 151-166.

Onís, Federico de. (1934). *Antología de la Poesía Española e Hispanoamericana. XVIII.* Madrid: Imp. de la Lib. y casa edit. Hernando (s.a.).

Osinski, Jutta. (1998). *Einführung in die feministische Literaturwissenschaft*. Berlin: Erich Schmidt Verlag.

Owens, Craig. (1989). "Der Diskurs der Anderen - Feministinnen und Postmoderne", in: Huyssen Andreas/Klaus R. Scherpe. (Hrsg.): Postmoderne. Zeichen eines kulturellen Wandels. Reinbek bei Hamburg: Rowohlt Taschenbuch Verlag. S. 172-195.

Palkar, Sarla. (1996). "Feminist literary theory: Creating new maps." In: Jain, Jasbir. (Hrsg.). *Women's Writing: Text and Context*. Jaipur: Rawat Publications. S. 12-27.

Pannwitz, Rudolf. (1917). *Die Krisis der europäischen Kultur*. Nürnberg: H. Carl.

Paolini, Gilbert. (Hrsg.). (1981). *La Chispa '81*: Selected Proceedings, February 26-28. New Orleans: Tulane University.

Paz, Octavio. (1981). *Der menschenfreundliche Menschenfresser. Geschichte und Politik 1971-1980*. Frankfurt am Main: Suhrkamp.

----. (1995). *El laberinto de la soledad*. Madrid: Cátedra.

Peavler, Terry J./Standish, Peter. (Hrsg.). (1996). *Structures of Power*. Albany/New York: State University of New York Press.

Perry, Donna. (1993). *Backtalk. Women Writers Speak Out*. New Brunswick: Rutgers University Press.

Peters, Michaela. (1999). *Weibsbilder. Weiblichkeitskonzepte in der mexikanischen Erzählliteratur von Rulfo bis Boullosa*. Frankfurt am Main: Vervuert.

Pfeiffer, Erna. (1992). *Entrevistas. Diez escritoras mexicanas desde bastidores*. Frankfurt am Main: Vervuert.

----. (1995). *Exiliadas, emigrantes, viajeras. Encuentros con diez escritoras latinoamericanas*. Frankfurt am Main: Vervuert.

----. (1998). *Territorium Frau. Körpererfahrung als Erkenntnisprozeß in Texten zeitgenössischer lateinamerikanischer Autorinnen*. Frankfurt am Main: Vervuert.

Picón-Garfield, Evelyn. (Hrsg.). (1987). *Women's Voices from Latin America (Anthology)*. Detroit: Wayne State University Press.

----. (1988). *Women's Fiction from Latin America (interviews)*. Detroit: Wayne State University Press.
Poniatowska, Elena. (1990). "Discurso inaugural al VI Simposio MUJER Y SOCIEDAD", in: Arancibia, Juana Alcira. (Hrsg.). *Mujer y sociedad en América*. VI Simposio. Vol. II. Buenos Aires: Ocruxaves.
Potvin, Claudine. (1991). "Feminisme et Postmodernisme: La main trachante ...", in: *Voix et Images: Littérature Québécoise*. 17, 49: 66-74.
Qué Leer. Revista mensual, Año 4, 34. Juni 1999. S. 96-99.
Rama, Angel. (1984). *La ciudad letrada*. Hanover: Ediciones del Norte.
Reichhardt, Dieter. (Hrsg.). (1992). *Autorenlexikon Lateinamerika*. Frankfurt am Main: Suhrkamp.
Reinhardt, Thomas. (2000). *Jenseits der Schrift: dialogische Anthropologie nach der Postmoderne*. Frankfurt am Main: IKO.
Rendtorff, Barbara. (1998). *Geschlecht und différance. Die Sexuierung des Wissens. Eine Einführung*. Königstein/Taunus: Ulrike Helmer.
Rich, Adrienne. (1972). "When we Dead Awaken. Writing as Re-Vision", in: *College English*. 34, 1: 18-30.
Richard, Nelly. (1989). "Mujer y diferencia", in: dies.: *La estratificación de los márgenes*. Santiago de Chile: F. Zegers Editor. S. 59-78.
Ricoeur, Paul. (1996). *Das Selbst als ein Anderer*. München: Fink.
Riera, Carme. (1982). "Literatura femenina: ¿Un lenguaje prestado?" in: *Quimera*. 18: 9-12.
Rivero, Eliana. (1995). "Precisiones de lo femenino y lo feminista en la práctica literaria hispanoamericana", in: *Inti*: *Revista de Literatura Hispánica*. 40-41: 21-46.
Rogers, Katharine M. (1966). *The Troublesome Helpmate: A History of Misogyny in Literature*. Seattle: University of Washington Press.
Rojas, Mario. (1985). "*La casa de los espíritus* de Isabel Allende: un caleidoscopio de espejos desordenados", in: *Revista Iberoamericana*. 132-133: 917-25.
Said, Edward. (1978). *Orientalism*. New York: Pantheon Books.
----. (1993). *Culture and Imperialsm*. New York: Alfred A. Knopf.
----. (1999). *Out of Place. A Memoir*. New York: Alfred A. Knopf.
Sarlo, Beatriz. (1988). *Una modernidad periférica: Buenos Aires 1920-1930*. Buenos Aires: Ediciones Nueva Visión.
----. (1990). "En torno a Buenos Aires: Una modernidad periférica", in: *Nuevo Texto Crítico*. 3: 155-168.
Schaefer, Claudia. (1992). *Textured Lives. Women, Art and Representation in Modern Mexico*. Tucson/London: The University of Arizona Press.
Scharlau, Birgit. (Hrsg.). (1994). *Lateinamerika denken. Kulturtheoretische Grenzgänge zwischen Moderne und Postmoderne*. Tübingen: Narr.
Scholz, Hannelore. (1992). *Widersprüche im bürgerlichen Frauenbild*. Weinheim: Deutscher Studien Verlag.
Schmuckli, Lisa. (1996). *Differenzen und Dissonanzen. Zugänge zu feministsichen Erkenntnistheorien in der Postmoderne*. Königstein/Taunus: Ulrike Helmer.

Schumm, Petra. (1994). "'Mestizaje' und 'culturas híbridas' – kulturtheoretische Konzepte im Vergleich", in: Scharlau, Birgit. (Hrsg.). (1994). *Lateinamerika denken. Kulturtheoretische Grenzgänge zwischen Moderne und Postmoderne.* Tübingen: Narr. S. 59-81.

Seifert, Edith. (1987). *Was will das Weib? Zu Begehren und Lust bei Freud und Lacan.* Weinheim/Berlin: Quadriga.

Seminar on Feminism and Culture in Latin America. Vid. Bergmann, Emilie (1990).

Shea, Maureen. (1988). "A Growing Awareness of Sexual Oppression in the Novels of Contemporary Latin American Women Writers", in: *Confluencia.* 4, 1: 53-59.

Showalter, Elaine. (1977). *A Literature of Their Own.* Princeton: Princeton University Press.

----. (1979). "Towards a Feminist Poetics", in: Jacobus, Mary. (Hrsg.). *Women Writing and Writing about Women.* London: Croom Helm, New York: Barnes & Noble. S. 22-41.

Sicard, Alain/Moreno, Fernando. (Hrsg.). (1990). *Coloquio Internacional: Escritura y sexualidad en la literatura hispanoamericana.* Madrid: Fundamentos.

Smith, Paul Julian. (1992). *Representing the Other. 'Race', Text and Gender in Spanish and Spanish American Narrative.* Oxford: Clarendon.

Smith, Sidonie. (1987). *A Poetics of Women's Autobiography. Marginality and Fiction of Self-Representation.* Bloomington: Indiana University Press.

---. (1993). *Subjectivity, Identity, and the Body. Women's Autobiographical Practices in the Twentieth Century.* Bloomington: Indiana University Press.

Sokal, Alan/Bricmont, Jean. (2001). *Eleganter Unsinn. Wie die Denker der Postmoderne die Wissenschaften mißbrauchen.* München: dtv.

Sontag, Susan. (1966). *Against Interpretation.* New York: Farrar, Straus & Giroux.

Spivak, Gayatri Chakravorty. (1985). "Three Women's Texts and a Critique of Imperialism", in: *Critical Inquiry.* 12, 1: 243-261.

----. (1988). "French Feminism in an International Frame", in: Spivak, Gayatri Chakravorty. *In Other Worlds.* New York, London: Routledge. S. 134-153.

----. (1991). "Feminism in Decolonization", in: *differences.* 3, 3: 139-175.

----. (1992). "Verschiebung und Diskurs der Frau", in: Vinken, Barbara. (Hrsg.). *Dekonstruktiver Feminismus. Literaturwissenschaft in Amerika.* Frankfurt am Main: Suhrkamp.

----. (1993). *Outside in The Teaching Machine.* New York, London: Routledge.

----. (1994). "Can the Subaltern Speak?", in: Williams, Patrick/Chrisman, Laura. (Hrsg.). *Colonial Discourse and Post-Colonial Theory. A Reader.* New York: Columbia University Press. S. 66-111.

Steele, Cynthia. (1992). *Politics, Gender and the Mexican Novel 1968-1988. Beyond the Pyramid.* Austin: University of Texas Press.

Stephan, Inge. (1988). "Bilder und immer wieder Bilder... Überlegungen zur Untersuchung von Frauenbildern in männlicher Literatur", in: Stephan, Inge/Weigel, Sigrid. (Hrsg.). *Die verborgene Frau.* Hamburg: Argument Verlag. S. 15-34.

Strausfeld, Michi. (Hrsg.). (1989). *Lateinamerikanische Literatur*. Frankfurt am Main: Suhrkamp.

Suleri, Sara. (1992). "Woman Skin Deep: Feminism and the Postcolonial Condition", in: *Critical Inquiry*. 18, 4: 756-769.

Tahán, Halima. (1998). *Dramas de mujeres*. Buenos Aires: Biblioteca Nacional Ediciones.

Tanesini, Alessandra. (1998). *An Introduction to Feminist Epistemologies*. Wales: Blackwell.

Taylor, Charles. (1994). *Quellen des Selbst. Die Entstehung der neuzeitlichen Identität*. Frankfurt am Main: Suhrkamp.

Taylor, Mark C. (1987). *Altarity*. Chicago/London: University of Chicago Press.

Theweleit, Klaus. (1993). *Männerphantasien*. Reinbek bei Hamburg: Rowohlt.

Tiffin, Helen. (1987). "Post-Colonial Literatures and Counter Discourse", in: *Kunapipi*. 9, 3: 17-34.

Tong, Rosemarie. (1989). *Feminist Thought. A Comprehensive Introduction*. Boulder: Westview Press.

Toro, Alfonso de. (1990). "Postmodernidad y Latinoamérica (con un modelo para la novela latinoamericana)", in: *Acta Literaria*. 15: 71-100. (Wiederabgedruckt in: *Forga* 162 (Costa Rica) (Abril 1991) 2-4 *Revista Iberoamericana* (Pittsburgh) 155-156 (1991) 441-468 *Plural. Revista cultural de Excelsior* (Mexiko), Nr. 233, febrero 1991, S. 47-61,"Die Postmoderne und Lateinamerika", in: Höfner, Eckhard/Schoell, Konrad. (Hrsg.) *Erzählte Welt: Studien zur Narrativik in Frankreich, Spanien und Lateinamerika. Festschrift für Leo Pollmann*. Frankfurt am Main: Vervuert. 1996, S. 259-299.)

----. (1997). "Fundamentos epistemológicos de la condición contemporánea: postmodernidad, postcolonialidad en diálogo con Latinoamérica", in: ders. (Hrsg.). *Postmodernidad y Postcolonialidad. Breves reflexiones sobre Latinoamérica*. Frankfurt am Main: Vervuert. S. 11-49.

----. (1999). "Cambio de paradigma en el pensamiento latinoamericano. Postcolonialidad/postmodernidad y Latinoamérica - Discusión en el contexto de la teoría de la cultura latinoamericana bajo el signo de la globalización", in: Toro, Alfonso de/Toro, Fernando. (Hrsg.). *El debate de la postcolonialidad en. Una postmodernidad periférica o Cambio de paradigma en el pensamiento latinoamericano*. Frankfurt am Main: Vervuert. S. 31-77.

Toro, Fernando de. (1995). "From where to speak? Post-Modern/Post-Colonial Positionalities", in: Toro, Alfonso de/Toro, Fernando de. (Hrsg.). *Borders and Margins. Post-Colonialism and Post-Modernism*. Frankfurt am Main: Vervuert. S. 131-148.

Toynbee, Arnold J. (1947). *A Study of History*. Abridgement of Volumes I-VI. Oxford: D.C. Somervell.

----. (^{3}1952). *Der Gang der Weltgeschichte*. Stuttgart: W. Kohlhammer Verlag.

Valenzuela, Luisa. (1982). "Mis brujas favoritas", in: Mora, Gabriela/Van Hooft, Karen S. (Hrsg.). *Theory and Practice of Feminist Literary Criticism*. Ypsilanti: Bilingual Press. S. 88-95.

----. (1983). *Cola de lagartija*. Buenos Aires: Editorial Bruguera.
----. (1988). "Interview", in: García-Pinto, Magdalena. *Historias íntimas. Conversaciones con diez escritoras latinoamericanas*. Hanover: Norte. S. 195-221.
Valis, Noel/Maier, Carol. (Hrsg.). (1990). *In the Feminine Mode: Essays on Hispanic Women Writers*. Lewisburg/London: Bucknell University Press.
Vattimo, Gianni. (1994). "Nihilismus und Postmoderne in der Philosophie", in: Welsch, Wolfgang. (Hrsg.). *Wege aus der Moderne*. Berlin: Akademie Verlag. S. 233-246.
Villegas, Juan. (1994). *La mujer y su representación en las literaturas hispánicas*. Irvine: University of California Press.
Vinken, Barbara. (Hrsg.). (1992). *Dekonstruktiver Feminismus. Literaturwissenschaft in Amerika*. Frankfurt am Main: Suhrkamp.
Walter, Monika. (1994). "Wie modern ist das Denken über Moderne in Lateinamerika?", in: Scharlau, Birgit. (Hrsg.). *Lateinamerika denken. Kulturtheoretische Grenzgänge zwischen Moderne und Postmoderne*. Tübingen: Narr. S. 36-49.
Walters, Suzanna Danuta. (1996). "From Here to Queer: Radical Feminism, Postmodernism, and the Lesbian Menace (or, Why Can't a Woman Be More like a Fag?)", in: *Signs*. 21, 4: 830-69.
Waugh, Patricia. (1989). *Feminine Fictions. Revisiting the Postmodern*. London/New York: Routledge.
Waxman, Barbara Frey. (Hrsg.). (1993). *Multicultural Literatures through Feminist/Poststructuralist Lenses*. Knoxville: University of Tennessee Press.
Waylen, Georgina. (1996). *Gender in the Third World Politics*. Essex: Lynne Rienner Publishers.
Weber, Ingeborg. (Hrsg.). (1994). *Weiblichkeit und weibliches Schreiben*. Darmstadt: Wissenschaftliche Buchgesellschaft.
Weedon, Chris. (1987). *Feminist Practice and Poststructuralist Theory*. Cambridge: Blackwell.
Weigel, Sigrid. (1986). "Die Verdoppelung des männlichen Blicks und der Ausschluß von Frauen aus der Literaturwissenschaft", in: Hausen, Karin/Helga Nowotny: *Wie männlich ist die Wissenschaft?* Frankfurt am Main: Suhrkamp. S. 43-61.
----. (1988). "Der schielende Blick", in: Inge Stephan/Sigrid Weigel: *Die verborgene Frau*. Hamburg: Argument Verlag. S. 83-137.
----. (1995). *Die Stimme der Medusa*. Dülmen-Hiddingsel: tende.
Weimann, Robert. (Hrsg.). (1997). *Ränder der Moderne. Repräsentation und Alterität im (post)kolonialen Diskurs*. Frankfurt am Main: Suhrkamp.
Welles, Marcia L. (1983). "The changing face of woman in Latin American Fiction", in: Miller, Beth. (Hrsg.). *Women in Hispanic Literature. Icons and Fallen Idols*. Berkeley/Los Angeles/London: University of California Press.
Welsch, Wolfgang. (1986). "Nach welcher Moderne? Klärungsversuche im Feld von Philosophie und Architektur", in: Koslowski, Peter/Spaemann, Robert/Löw, Reinhard. (Hrsg.). *Moderne oder Postmoderne? Zur Signatur des gegenwärtigen Zeitalters*. Weinheim: Acta Humaniora. S. 237-257.
----. (1994). *Wege aus der Moderne*. Berlin: Akademie Verlag.

----. (1996). *Vernunft*. Frankfurt am Main: Suhrkamp.
----. (^{5}1997). *Unsere postmoderne Moderne*. Berlin: Akademie Verlag.
Welton, Donna. (Hrsg.). (1998). *Body and Flesh. A Philosophical Reader*. New York: Blackwell.
----. (1998a). *The Body. Classic and Contemporary Readings*. New York: Blackwell.
White, Hayden. (^{5}1992). *Tropics of Discourse*. Baltimore: Johns Hopkins University Press.
----. (^{2}1992a). *The Content of Form*. Baltimore: Johns Hopkins University Press.
----. (1994). *Metahistory*. Frankfurt am Main: Fischer.
Wiese, Claudia. (1990). "La recepción de la literatura del boom hispanoamericana en Alemania." In: Menchacatorre, Felix. (Hrsg.). *Ensayos de literatura europea e hispanoamericana*. San Sebastián: Universidad del País Vasco. S. 587-590.
Williams, Patrick/Chrisman, Laura. (Hrsg.). (1994). *Colonial Discourse and Post-Colonial Theory. A Reader*. New York: Columbia University Press.
Williams, Raymond Leslie. (1992). "Woman Writing in the Americas: New Projects in the 1980s", in: ders. (Hrsg.). *The Novel in the Americas*. Niwot: University of Colorado Press. S. 119-131.
----. (1995). *The Postmodern Novel in Latin America. Politics, Culture, and the Crisis of Truth*. London: MacMillan Press.
Woolf, Virginia. (1929). *A Room of One's Own*. London: Peter Owen.
Yúdice, George. (1989). "¿Puede hablarse de Postmodernidad en Latinoamérica?", in: *Revista de Crítica Literaria Latinoamericana*. 15, 29: 105-128.
Zack, Naomi/Shrage, Laurie/Sartwell, Crispin. (Hrsg.). (1998). *Race, Class, Gender, and Sexuality: The Big Questions*. London: Blackwell.
Zicolillo, Jorge. (1994). "El cerco del deseo", in: *La Prensa. Cultura* vom 24.12.
Zima, Peter V. (2000). *Theorie des Subjekts*. Tübingen/Basel: Francke.

TCCL - TEORÍA Y CRÍTICA DE LA CULTURA Y LITERATURA
TKKL – THEORIE UND KRITIK DER KULTUR UND LITERATUR

TCCL - THEORY AND CRITICISM OF CULTURE AND LITERATURE

1. **E. Cros:** *Ideosemas y Morfogénesis del Texto.* Frankfurt am Main 1992, 203 p.
2. **K. A. Blüher/A. de Toro (eds.):** *Jorge Luis Borges. Variaciones interpretativas sobre sus procedimientos literarios y bases epistemológicas.* Frankfurt am Main / Madrid ²1995, 212 p.
3. **A. de Toro:** *Los laberintos del tiempo. Temporalidad y narración como estrategia textual y lectora en la novela contemporánea.* Frankfurt am Main 1992, 268 p.
4. **D. Castillo Durante:** *Ernesto Sábato. La littérature et les abattoirs de la modernité.* Frankfurt am Main / Madrid 1995, 154 p.
5. **F. de Toro/A. de Toro (eds.):** *Borders and Margins. Post-Colonialism and Post-Modernism.* Frankfurt am Main / Madrid 1995, 205 p.
6. **A. K. Robertson:** *The Grotesque Interface. Deformity, Debasement, Dissolution.* Frankfurt am Main / Madrid 1996, 132 p.
7. **J. Joset:** *Historias cruzadas de novelas hispanoamericanas.* Frankfurt am Main / Madrid 1995, 202 p.
8. **E. Höfner/K. Schoell (Hrsg.):** *Erzählte Welt. Studien zur Narrativik in Frankreich, Spanien und Lateinamerika.* Frankfurt am Main 1996, 320 p.
9. **E. Aizenberg:** *Borges, el tejedor del Aleph. Del hebraísmo al poscolonialismo*, Frankfurt am Main / Madrid 1997, 176 p.
10. **J. M. Cevalier:** *A Postmodern Revelation: Signs of Astrology and the Apocalypse.* Frankfurt am Main / Madrid 1997, 418 p.
11. **A. de Toro (ed.):** *Postmodernidad y Postcolonialidad. Breves reflexiones sobre Latinoamérica.* Frankfurt am Main / Madrid 1997, 288 p.
12. **W. Krysinski:** *La novela en sus modernidades. A favor y en contra de Bajtin.* Frankfurt am Main / Madrid 1998, 256 p.
13. **L. Pollmann:** *La separación de los estilos. Para una historia de la conciencia literaria argentina.* Frankfurt am Main / Madrid 1998, 152 p.
14. **P. Imbert:** *The Permanent Transition.* Frankfurt am Main / Madrid 1998, 122 p.
15. **F. de Toro (ed.):** *Explorations on Post-Theory: Toward a Third Space.* Frankfurt am Main / Madrid 1999, 188 p.
16. **A. de Toro/F. de Toro (eds.):** *Jorge Luis Borges: Pensamiento y saber en el siglo XX.* Frankfurt am Main / Madrid 1999, 376 p.
17. **A. de Toro/F. de Toro (Eds.):** *Jorge Luis Borges: Thought and Knowledge in the XXth Century.* Frankfurt am Main / Madrid 1999, 316 p.
18. **A. de Toro/F. de Toro (eds.):** *El debate de la postcolonialidad en Latinoamérica.* Frankfurt am Main / Madrid 1999, 408 p.
19. **A. de Toro/F. de Toro (eds.):** *El siglo de Borges. Vol. I: Retrospectiva - Presente - Futuro.* Frankfurt am Main / Madrid 1999, 602 p.
20. **A. de Toro/S. Regazzoni (eds.):** *El siglo de Borges. Vol. II: Literatura - Ciencia - Filosofía.* Frankfurt am Main / Madrid 1999, 224 p.
21. **Valter Sinder:** *Configurações da narrativa: Verdade, literatura e etnografia.* Frankfurt am Main / Madrid 2002, 130 p.
22. **Susanna Regazzoni (eds.):** *Cuba: una literatura sin fronteras.* Frankfurt am Main / Madrid 2001, 152 p.

23. **Alfonso de Toro/Susanna Regazzoni (eds.):** *Homenaje a Adolfo Bioy Casares. Retrospectiva - Literatura - Ensayo - Filosofía - Teoría de la Cultura - Crítica Literaria.* Frankfurt am Main / Madrid 2002, 352 p.

24. **Sara Castro-Klarén (ed.):** *Narrativa Femenina en América Latina: Prácticas y Perspectivas Teóricas / Latin American Women's Narrative: Practices and Theoretical Perspectives.* Frankfurt am Main / Madrid 2002, 404 p.

25. **Annegret Thiem:** *Repräsentationsformen von Subjektivität und Identität in zeitgenössischen Texten lateinamerikanischer Autorinnen: Postmoderne und postkoloniale Strategien,* Frankfurt am Main 2002, 244p.

Iberoamericana
c/Amor de Dios, 1
E - 28014 Madrid
Tel.: (+34) 91-429 35 22
Fax: (+34) 91-429 53 97
E-mail: info@iberoamericanalibros.com
http://www.ibero-americana.net

Vervuert
Verlagsgesellschaft
Wielandstr. 40
D - 60318 Frankfurt am Main
Tel.: (+49) 69-597 46 17
Fax: (+49) 69-597 87 43
E-mail: info@iberoamericanalibros.com
http://www.ibero-americana.net